Renate Börger
Auroville – eine Vision in Arbeit

W0209136

3. aktualisierte und erweiterte Auflage 2004
veröffentlicht von der Connection Medien GmbH

© Renate Börger, München, alle Rechte vorbehalten
Titelfoto: Ireno Guerci, Auroville
weitere Fotos: wenn nicht anders genannt, Renate Börger
Umschlagdesign: Harry Ramming, München
Scans, Satz, Herstellung: Harry Ramming
ISBN: 3-928248-01-4
Druck auf umweltfreundlichem, chlorfrei gebleichtem Papier.

Renate Börger

Auroville – eine Vision in Arbeit

connection

Inhalt

Ein persönliches Vorwort

Es gäbe verständliche Gründe, sich von Auroville abzuwenden:

- Viele Ideale blieben unverwirklicht.
- Der neue integrale Mensch ist noch ziemlich der alte.
- Von einer vorbildlichen Ökostadt kann noch nicht die Rede sein.
- Man trifft auf koloniales Gebaren und auf kaum lösbare Probleme mit den einheimischen Tamilen. Die erste und die dritte Welt treffen schmerzhaft aufeinander.
- Auroville hängt noch immer zu sehr am Tropf von wohlwollenden Sponsoren und Projekt-Geldern, von Entwicklungshilfe und großzügigen Verwandten, von Renten und Erbschaften aus der verlassenen Heimat.

Es gibt gute Gründe, sich Auroville trotzdem interessiert und gespannt zuzuwenden:

- Manche Ideale werden beharrlich umgesetzt, die meisten AurovillianerInnen sind selbstehrlich Suchende und haben das innige Streben nach einem tief sinnvollen Leben trotz reichlicher Widrigkeiten nicht aufgegeben.
- Es wäre vielleicht sowieso besser, keinen neuen Menschen zu erwarten. Vielleicht und hoffentlich ist es auch gar nicht nötig.
- Auroville ist dank gelungener Wiederaufforstung ein grünes Paradies, ganze Vogelorchester zwitschern im Laub kräftiger Bäume, die Schatten und Früchte schenken und den kostbaren Monsunregen im gut verwurzelten Erdreich halten. Vor 35 Jahren war das erodierte Land nackt und blank der gleißenden Sonne ausgesetzt und konnte auch die Einheimischen nicht mehr nähren.
- Man trifft auf viele engagierte Menschen, denen ein freundschaftliches und wechselseitiges Miteinander von Tamilen und Aurovillianern ein Herzensanliegen ist.
- Einige beachtenswerte Projekte und Anliegen auf dem Weg zu einem internationalen Campus rechtfertigen den unterstützenden Fluss von Geldern.
- Viele Experimente rund um die wesentlichen Fragen von Stadtentwicklung, Lebensstil, Geld, Verdienst, Eigentum und Arbeit machen Auroville zu einem aufregenden Ort. Aufregend, weil er voller offener Prozesse, voller Überraschungen ist, weil eine große Gestaltungsfreiheit gegeben ist. Und die wird auch genutzt.
- In Auroville liegen Scheitern und Gelingen verdichtet beieinander, das macht es menschlich. Es ist immerhin eines der wenigen bestehenden Groß-Experimente auf der Welt, wo ohne Rigorosität an einem alternativen Gemeinwesen gebaut wird, in dem die wesentlichen Fragen von Individualität und Gemeinschaft zukunftsträchtig gestellt und in Lebenspraxis umgesetzt werden.

Als Außenbeobachterin ist es mein Wunsch, Auroville's Scheitern und Gelingen eher nüchtern zu beschreiben. Ich tue dies ohne eigenen spirituellen Hintergrund, eher aus einem politischen Fragen heraus, dem Fragen nach würdigen Formen des Lebens und Liebens, dem Fragen nach dem menschlichen Emanzipationsauftrag im Weltengang, im Zusammenleben und in der Ökonomie, trotz oder gerade wegen der globalisierten

Welt- und Wirtschaftszusammenhänge, die die Welt in einen kriegerischen Warenumschlagplatz zu verwandeln drohen.

Insgesamt sieben Monate war ich im Laufe von 15 Jahren in Auroville, am längsten vor zehn Jahren, als die erste Auflage entstand. Und 2003 – für diese Neuauflage – ein viertes Mal für einige Wochen.

Herzlich und dankbar verbunden fühle ich mich den Menschen, die mir ihre Lebensgeschichten anvertraut haben und deren Abenteuermut und seelische Entschlossenheit mich tief beeindrucken.

Diesen Lebensgeschichten werde ich in ihrer biografischen Komplexität keineswegs gerecht, sondern habe exemplarische Aspekte momenthaft heraus gegriffen. In meiner subjektiven Auswahl dieser Aspekte ging es mir darum, die Mannigfaltigkeit des aurovillianischen Lebens in einer Art Streifzug einzufangen.

Mein herzlicher Dank gilt den AurovillianerInnen, die mir auch auf »nervige« Fragen geduldig Rede und Antwort gestanden haben! Zum Beispiel Mauna, Liane, Njal, Gundolf, Rolf, Manfred, Peter, Chinmayi, Ruth, Ratna, Ajit, Heinrich, Chantal und Coreolan, sowie Marianne, Friedrike, Wolfgang und Godfrey vom deutschen Auroville-Verein.

Ich bin sehr gespannt, wie es mit Auroville weiter geht und hoffe, mit diesem Buch zum Kennenlernen dieses eigensinnigen Projekts beizutragen!

München, im September 2003

Renate Börger

Eine Vision in Arbeit

Man könnte sie die anderen 68er nennen, die Menschen, die es vor 35 Jahren nach Auroville zog, um eine Zukunftstadt für WeltbürgerInnen zu bauen.
Die anderen 68er flüchteten sowohl von der anti-kapitalistischen »Nieder mit...!«- Front, als auch vom Kampffeld der Karrieren. Und zum Öko-Bauern fehlte die ländliche Ambition. War da nicht noch etwas anderes? Sie brachen auf, um in Indien nach den Wurzeln des Geistes zu schürfen, der in den westlichen Welten verloren gegangen war. Zwar entstanden zeitgleich gerade auch im Westen esoterische Spielwiesen, aber die konnten sie nicht so recht ernst nehmen, sie waren ihnen zu regressiv, und Osho's Poona, das ein wenig später entstand, war ihnen zu vordergründig expressiv. Mit der Idee Auroville jedoch lockte ein Abenteuer für urbane Geist- *und* Tathungrige. Westliches Ich und östliche Transzendenz sollten hier in größtmöglicher Gestaltungsfreiheit verschmelzen lassen. Da ging es um eine richtige Pionierstadt mit allem drum und dran, mit Ökonomie, Landwirtschaft, Kultur und Spiritualität, und nicht nur um ein Meditations- oder Therapiezentrum! Diese Stadt sollte für die Welt ein Modell, ein leuchtendes Vorbild für kosmopolitische Zukunft werden, und was gibt es aufregenderes, als Teil einer solchen Utopie zu sein?

Die Lehre des integralen Yoga von Sri Aurobindo bot erstmalig eine Synthese aus moderner Evolutionsforschung und östlichen Weisheitslehren. Er hatte auf hinduistischem Hintergrund ein ähnliches Denkgebäude herausgearbeitet wie in der Schweiz der Bewusstseinsforscher Jean Gebser und in Frankreich – auf katholischem Grund – der Franzose Teilhard de Chardin. Die Menschheit durchschreitet demnach Stufen der geistigen Entwicklung, an deren Ende die jetzige mentale Epoche des vitalen Ich's abgelöst wird von der *supramentalen* Epoche, was bei Teilhard de Chardin etwa der *Weg zum Punkt Omega* ist und bei Jean Gebser – wie aktuell bei Ken Wilber – das *integrale Zeitalter*. Integral, das soll mehr sein als eine Synthese, mehr als einfach nur eine Zusammenfügung. Es ist die Fähigkeit, vorherige Seinsstufen in ständigen Hin- und Herbewegungen des Wahrnehmens und Würdigens mit in den neuen Seinsszustand hinein zu nehmen, also einerseits aufzusteigen, andererseits beim langfristigen und unaufhörlichen Aufstieg immer wieder auch herabzusteigen und das Vorherige mit hinauf zu tragen, um es weiter oben zu integrieren und zu wandeln. Diese Fähigkeit des ständigen inneren Integrierens – mit Hilfe von Intuition, Empfindung und meditativer Konzentration ebenso wie mit Hilfe der Ratio – ist eine neuartig komplexe Geistesverfassung, die sich laut ihrer Vorboten momentan herausbildet, auch wenn sich davon vordergründig wenig bemerken lässt. Die spezielle Sicht von Sri Aurobiondo – ausgedrückt im Sri Aurobindo-Symbol – (siehe S. 229) war darüber hinaus, dass sich das neue, supramentale Bewusstsein mit Hilfe der *Herabkunft* göttlicher Hilfe vollzieht, Hilfe bei der anstrengenden Arbeit der Wandlung und Transformation der vorherigen Entwicklungsstufen. Das aufsteigende geistige Bewusstsein und das herabkommende göttliche Bewusstssein bilden sozusagen mit vereinten Kräften die offenbarte, verkörperte Göttlichkeit, gleichsam die Lotusblüte auf dem Wasser der Schöpfung.

Das integrale Bewusstsein, das zum Supramentalen führt – ist eine fortschreitende Annäherung an das Göttliche, man wird zu einem immer besseren Mitarbeiter Gottes.

Aber manche stellen sich darunter auch »das geistige Prinzip« oder eine Art geklärtes Sein im All-Einen vor. Es ist ein Zustand, in dem sich angeblich die Wahrnehmung für Ursprung, Gegenwart und Zukunft aus der engen Zeit-Raum-Begrenzung zu lösen vermag, aber andererseits sehr konkret, im alltäglichen Geschehen verwurzelt und verwirklicht bleibt und insofern nicht esoterisch oder in ein Nirwana abhebt.

1920 bekam Sri Aurobindo weibliche Verstärkung, die Französin Mira Alfassa rückte mit großer innerer Schicksalsentschiedenheit an seine Seite, sie war eine illustre Abenteuerin des Bewusstseins ebenso wie eine lebenspraktische Visionärin. Nach 30 Jahren gemeinsamer geistiger Entwicklung führte sie nach seinem Tod 1950 die Schülergemeinschaft im Ashram von Pondicherry alleine weiter, aber das war ihr nicht genug. Sie wollte etwas Weltbedeutsames schaffen ... »the city the earth needs«.

1954 hatte sie einen Traum und der wurde später zur *Charta von Auroville*

»Es sollte irgendwo auf der Erde einen Ort geben, den keine Nation als ihr Eigentum beanspruchen könnte, wo alle gutwilligen Menschen mit einer aufrichtigen ›Aspiration‹ frei als Weltbürger leben und einer einzigen Autorität, der der höchsten Wahrheit, gehorchen würden;

ein Ort des Friedens, der Eintracht und der Harmonie, wo alle kämpferischen Instinkte des Menschen ausschließlich dazu benutzt würden, die Ursachen seines Leidens und Elends zu bewältigen, seine Schwächen und seine Unwissenheit zu überwinden, über seine Begrenzungen und Unfähigkeiten zu triumphieren;

ein Ort, an dem die Bedürfnisse des Geistes und die Sorge um Fortschritt der Befriedigung der Begierden und Leidenschaften und der Suche nach materiellen Vergnügungen und Genuss vorgezogen würden.

An diesem Ort würden die Kinder wachsen und sich integral entwickeln können, ohne die Verbindung mit ihrer Seele zu verlieren.

Unterricht würde erteilt werden, nicht um Examen zu bestehen oder Zeugnisse und Stellungen zu erhalten, sondern um schon vorhandene Fähigkeiten zu bereichern und neue hervorzubringen. An diesem Ort würden Titel und Stellungen ersetzt werden durch Gelegenheiten zu dienen und zu organisieren.

Den Bedürfnissen des Körpers würde für alle in gleicher Weise entsprochen werden, und in der allgemeinen Organisation würde sich intellektuelle, moralische und spirituelle Überlegenheit nicht durch Vermehrung der Vergnügen und Mächte des Lebens ausdrücken, sondern durch Anwachsen der Pflichten und Verantwortungen.

Schönheit in allen künstlerischen Formen – Malerei, Bildhauerei, Musik und Literatur – wäre allen gleichermaßen zugänglich. Die Gelegenheit, an der Freude, die sie gibt, teilzuhaben, würde nur durch die Fähigkeit jedes Einzelnen begrenzt sein und nicht durch seine soziale oder finanzielle Stellung.

Denn an diesem Ort wäre Geld nicht mehr der unumschränkte Herrscher. Der individuelle Wert des Menschen wäre von größerer Bedeutung als materieller Reichtum und soziale Position.

Arbeit wäre hier nicht ein Mittel, seinen Lebensunterhalt zu verdienen, sondern ein Mittel, sich auszudrücken und seine Fähigkeiten und Möglichkeiten zu entwickeln. Zugleich würde sie der Gemeinschaft dienen, die dann ihrerseits für den Unterhalt des Einzelnen aufkommen und für sein Arbeitsgebiet sorgen würde.

Kurz, es würde ein Ort sein, wo die Beziehungen zwischen den Menschen, die sich gewöhnlich fast ausschließlich auf ehrgeizigen Wettbewerb und Kampf gründen, ersetzt wären durch Beziehungen des Wetteiferns, bei dem jeder sich bemüht, sein Bestes zu tun, Beziehungen also der Zusammenarbeit und wahren Brüderlichkeit.«

Hier klingen sozialistische Ideen der Geschwisterlichkeit, das gute alte Marx'sche Ideal: Jeder nach seinen Fähigkeiten, jedem nach seinen Bedürfnissen, jedoch hat *die Mutter* keine zentralistische Planwirtschaft mit spiritueller Ausrichtung im Sinn, sondern ein weise schwingendes Gemeinwesen, dass auf einem anspruchsvollen, spirituell motivierten Subjektivismus mit einem radikalen Verständnis von Selbstverantwortung gebaut ist. (Möglicherweise hätte Marx an ihrer Version des Satzes sogar mehr Freude gehabt als dem, was in drögen Staatsmonopolen daraus wurde.)

»Der Einzelne ist das Tor der Entwicklung«, beharrte Sri Aurobindo stets, und nur aus hoch entwickelten Einzelnen bildet sich die neue, die freie Art von Gemeinwesen, geleitet nicht durch religiöse oder politische Führer, sondern allein durch wachsende innere Weisheit, gewidmet dem göttlichen Bewusstsein und der geistigen Evolution, eine sozusagen qualifizierte Mitwirkung am göttlichen, am »größeren Plan«, wie Sri Aurobindo das folgende Gedicht nannte:

In des Menschen Seele wohnt ein Bedürfnis tief
das der Oberfläche Glanz nie sättigen kann,
denn Leben und Geist und ihre Glorie und Zwist
sind des größeren Themas langes Präludium,
eines überirdischen Planes wirrer Entwurf
zu des höchstem ureigenen Epos nur ein Prolog.

Die Idee Auroville als Laboratorium des neuen, spirituellen Menschen nimmt in den 60er Jahren konkrete Formen an, *die Mutter* wählt den französischen Architekten Roger Anger – den Ehemann ihrer Enkelin – zum bevorzugten Mitplaner. Roger Anger fängt Feuer (es lodert bis heute!), aus seiner Feder stammt der große Wurf, eine futuristische Galaxie, eine spiralförmig angelegte Stadt mit vier nach außen schwingenden Zonen. Im Zentrum – da, wo andernorts Kaufhäuser und Konsum den Wesenskern bilden – soll ein imposantes spirituelles Kuglel-Gebäude, das Matrimandir (wörtlich: *Mutter*tempel, der universellen *Mutter* gewidmet) zur inneren Sammlung einladen, umgeben von kunstvoll angelegten Gärten, die das darin Schreiten nicht nur ästhetisch, sondern auch geistig inspirieren und dabei helfen, das Bewusstsein auf dem Weg ins sakrale Zentrum zu klären.

Die Galaxie macht weltweit die Runde, in Radio-Sendungen und Zeitschriften – am meisten in Frankreich und Indien – wird die Idee verbreitet.

»Auroville ist das Zuhause all jener, die der Zukunft entgegeneilen wollen, einer Zukunft in Weisheit, Erkenntnis, Frieden und Einheit«, verkündet *die Mutter* im März 1967. »Um in Auroville zu leben, muss ein großer Fortschritt im Bewusstsein gemacht werden. Aber die Zeit ist reif: dieser Fortschritt ist heute möglich«, sagt sie im Juni 1968.

»Die Erde braucht einen Platz, wo Menschen jenseits nationaler Rivalitäten, sozialer Konventionen, in sich widersprüchlicher Moralitäten und einengender Religionen leben können ... Auroville ist der ideale Platz für solche, die die Freude und Befreiung erfahren möchten, keinen persönlichen Besitz mehr zu haben«, sagt sie im September 1969.

Auroville soll eine Stadt für 50.000 Menschen werden, mit einer möglichst autonomen Ökonomie und einem landwirtschaftlichen Grüngürtel für die Eigenversorgung. Eine Stadt für Menschen, die Hierarchien nicht mehr brauchen: Meister ihrer selbst, Meister ihres Selbst! Der Name Auroville bedeutet: Stadt der Morgenröte (Aurora – die Morgenröte). Aufgehen soll hier in der Morgendämmerung das integrale Bewusstsein.

Die Idee trifft auch bei vielen Indern den Nerv der Zeit, für sie ist die Betonung der Weltverantwortung bei gleichzeitiger Individuation eine reizvolle Vision, Sri Aurobindo wird als derjenige verehrt, der die Idee des Subjektivismus mit der hinduistische Geisteshaltung versöhnte.

Die charismatische Persönlichkeit *der Mutter* sorgt zudem für Aufbruchstimmung und Zuversicht, die Begegnung mit ihr pflanzt sich tief in die Seelen. »Es ist, als ob jemand Licht macht und alles wird plötzlich hell und klar!« – so oder ähnlich beschreiben es die, denen persönliche Gespräche mit ihr vergönnt waren. Es scheint eine Kraft zu sein, die gleichzeitig aufwühlt und beruhigt, eine Kraft, die die Energien ruft und ins Fliessen bringt, die Berge und Träume zu versetzen mag. (Foto *Mutter* auf dem Balkon)

Friedensforscher, Städteplaner, Anthropologen, Dritte-Welt-Gruppen horchen auf, Indira Gandhi zeigt Sympathie, die UNESCO ruft 1968 sogar offiziell zur Unterstützung auf:

»Die UNESCO lädt ihre Mitgliedstaaten und internationale regierungsunabhängige Organisationen ein, an der Entwicklung von Auroville als einer internationalen kulturellen Gemeinschaft teilzuhaben und sie zu fördern. Eine Gemeinschaft, die darauf angelegt ist, die Werte verschiedener Kulturen und Zivilisationen zusammenzubringen, in einer harmonischen Umgebung mit integriertem Lebensstandard, die mit den physischen und spirituellen Bedürfnissen des Menschen übereinstimmen.«

Die innere Weisheit soll sich ohne spezielle Methoden, ohne spezielle Meditationen üben, im ganz praktischen Leben, im tätigen Tun, es ist in zweifacher Hinsicht eine Vision in Arbeit. Die Arbeit ist das Zentrum des Tuns, ist Werk und ist sinnvolle Produktion. Sie schafft Verbindung im Miteinander, lässt über sich hinauswachsen und ist zugleich Arbeit an sich selbst. Eine Vision in Arbeit ist Auroville aber auch insofern, als es sich der Prozesshaftigkeit von Anfang an konsequent stellen will. Im beherzten Anfangen liegt der erste Schritt, der nächste Schritt ergibt sich aus den vorherigen und jeder Schritt soll wiederum die vorherigen integrieren. Die Durchführungspläne sind vage und das sind sie bis heute geblieben. Das wirkt wie ein Scheitern, ist aber andererseits ein Trost angesichts allzu hoch gehängter Ansprüche.

Auroville will ein Ort sein, an dem sich die erhoffte kritische Masse von Menschen bilden, die den Durchbruch zum integralen Zeitalter schaffen und damit dem Weltengang einen Dienst erweisen, einen evolutionären Schub.

Diese Vision von einem weltbewegenden Geburtsgeschehen weckt auch negative Assoziationen. Trugen nicht anno dazu mal auch die amerikanischen Gründungsväter verhängnisvolle Vorstellungen von gottgelobtem Land für gottgelobte Zukunftsbauer in sich? War nicht auch die Reißbrettstadt Brasilia – in fünf Jahren auf blankem Land hochgezogen – gebaut auf der Vision einer zukünftigen »modernen« Zivilisation (wenn auch mit der *technischen* Variante von Erlösungsverheißung, den Menschen aus der Mangelhaftigkeit des Seins durch Funktionsperfektion zu befreien)?

Und kamen nicht auch die israelischen Siedler mit gefährlich messianischem Bewusstsein?

Ist Auroville also wieder mal so eine Siedlungsutopie mit allzu messianischen Verheißungen? Führt gerade die Erlösungssehnsucht wieder mal zu umso schlimmerer Enttäuschung?

Ja und Nein! Es ist (Gott sei Dank?) aus dem galaktischen Auroville für 50.000 Menschen nichts geworden. Schon nach den Einführungsfeierlichkeiten 1968 ging es mit den ehrgeizigen Plänen und der Aufbruchstimmung abwärts. Aufwärts ging es dann mit einem ganz anderen, ungeplanten Auroville und in gewisser Weise hat es in seinen 35 Jahren eine heilsame Wirklichkeitstherapie durchgestanden. Insbesondere seit dem Tod *der Mutter* – 1973 – hat es sich beim Arbeiten, Leben und Lieben auf realistische Nahziele zurückgestutzt. Statt der künstlichen Stadt vom Reißbrett ist ein locker gefügtes Siedlungsgewebe entstanden, und es differenziert sich – halb geplant, halb ungeplant – in Allmählichkeit aus. (Genauer beschrieben im Kapitel »Auroville wird geboren«.)

Allerdings lebt dabei das große Ziel, die große Durchbruchsvision mitsamt den Vorstellungen einer richtigen, urbanen Stadt als Langzeitvision fort, und sorgt für kaum abgekühlte, heiße Herzen. *Die Mutter* und Sri Aurobindo sind als hoch vereehrte Eltern überall präsent, geben Auroville in Wort und Bild, in Traum und Wirklichkeit ihre Prägung. Ihnen ist das Mühen gewidmet, als personifiziertes göttliches Bewusstsein. Einzelne mögen aus anderen Gründen hier sein und Auroville mag eine in Rituale gefasste Religiosität ablehnen, aber es ist doch eine Glaubensgemeinschaft und die Gemeinsamkeit des starken Glaubens ist das unsichtbare Band, das durch Irrungen und Wirrungen hindurchleitet.

Was in 35 Jahren entstanden ist:

- Ein Netzwerk aus kleinen und größeren Kommunities für 1.200 Erwachsenen und mehrere Hundert Kinder, auf erfolgreich aufgeforstetem Land, in üppiger Flora und Fauna, in guter sozialer Infrastuktur, mit zentraler Solar-Großküche, Cafes, Gesundheitszentrum, Theater, Chor und Badestrand.
- Die Lebens- und Bauweisen changieren zwischen einfach und luxuriös, zwischen Einsiedelei und Gemeinschaftsbezogenheit.
- Ein Grüngürtel mit Öko-Landbau wächst dem Ziel der Selbstversorgung entgegen.
- Städtebaulicher und künstlerischer Freiraum – mit vergleichsweise wenig Geld genutzt – haben Oasen der Kreativität geschaffen. Mit vielen internationale Preisen wurde die innovative Architektur belohnt und belobt.
- Mit interessanten Forschungsprojekten und spannenden Schulversuchen nähert sich Auroville dem Anspruch, ein Ort des schöpferischen Lernens zu sein. Psychologische und naturheilkundliche Therapiemethoden erweitern das Lernfeld der Arbeit am Selbst.
- Ein weit gespannte Ökonomie, mit Bau- und Solartechnik, Handwerklichem, Schönem, Nützlichem – und auch in der IT-Branche vorne mitrudernd – entspricht dem Ziel, eine Vision in Arbeit zu sein. Zwar ist Auroville noch kein postkapitalistischer Wegweiser, aber die wirtschaftlichen Grundfragen nach Markt, Eigentum, angemes-

senem Verdienst, Ungleichheit oder Gleichheit, der Rolle des Geldes und der Gestaltung von Verantwortung werden hier immer wieder neu aufgeworfen und in Praxis erkundet.

- Das weit verstreute, unzusammenhängende Siedlungsgebiet ist durchzogen von vielen rotsandigen Wegen und einer Asphaltstraße. Die Aurovillianer durchmessen ihren weiten Raum überwiegend auf dem Motorrad, denn für ein kollektives Nahverkehrssystem fehlt es an quantitativer und räumlicher Dichte.
- Die erfolgreiche, 35-jährige Wiederauforstungsmühe trägt reiche Früchte: das Land ist geheilt und dankt es mit prachtvoller Schönheit, üppigen Mangos und Papaya. Die Vögel sind zurückgekehrt, Woodpacker, Kingfisher und der bunte Specht »Golden Backet« erfüllen Auroville mit sinfonischem Gezwitscher, wohnen komfortabel in den Wipfeln von Eukalyptus, Ebenholz, Neem und Aglaia. Die Schmetterlinge »Blue Tiger« und »Lemon Emigrant« flattern umher, Reptilien schwänzeln des Weges und Fledermäuse huschen durch die Nacht.
- Als sozialpsychologisches Experiment erkundet Auroville die Spannweite zwischen Individualität und Gemeinschaft, zwischen Freiheit aus Bewusstheit und Ordnung aus Regeln. Es ist ein ständiger, zuweilen aufreibender, möglicherweise aber auch sinnvoller Prozess: was ist eine angemessene Regelhaftigkeit und was kann der persönlichen Bewusstseinskraft überlassen bleiben, angefangen bei der Frage des knappen Wassers und seiner Verteilung, über die Frage von Stundenlöhnen und Leistungsbewertung bis zur Frage, zu welchen ökologischen Bau- und Lebensstandards man sich verpflichten will und welche Luxusartikel im Laden angeboten oder nicht angeboten werden sollen.
- Die Mühen um eine partizipative Basisdemokratie, ja gar die Suche nach besseren als den herkömmlichen demokratischen Regierungsformen lassen viele zwar stöhnen (siehe Meetings, Macht und Meinungen!), aber gehören zum Suchprozess jenseits von Machthierachien wohl unumgänglich dazu. Neue Hoffnung auf erleichterte Meinungsbildung macht die elektronische Kommunikation per Intranet usw.
- Auroville hat die organisationsrechtliche Form einer Stiftung, der Auroville-Foundation, mit quasi exterritorialer Entscheidungsautonomie, aber beobachtet von der indischen Regierung, die sich die Hoheit über das Aufenthaltsrecht der ausländischen Aurovillianer vorbehält. Den Status »Aurovillianer« erreicht man nach 2-jährigem Probeleben und einem Gespräch, in dem die wechselnden Mitglieder der sogenannten Entry-Group Motivation und Perspektiven erfragt.
- Im Rahmen der Stiftung sind alle gewerblichen Aktivitäten Non-Profit-Unternehmungen.

Die erste und die dritte Welt Tür an Tür...

Mit vereinten Kräften von Morgenland und Abendland!

Auroville ist ein Ort, an dem die erste und die dritte Welt sich auf Schritt und Tritt begegnen, dabei manchmal hart aufeinander prallen, manchmal freundlich annähern. Gerade dieser Situation, so konfliktträchtig sie immer war und wohl auch bleiben wird, ist aber zu verdanken, dass Auroville nie ein abgehobener Ort wurde, sondern permanent auf den Boden der Welttatsachen gezwungen ist.

Mehrere Dörfer der einheimischen Tamilen und die Auroville-Siedlungen bilden miteinander einen Fleckerlteppich in einem Radius von rund 15 Kilometern. »Die Tamilen sind die ersten Aurovillianer!« hatte *die Mutter* – ohne sie zu fragen – definiert und die extrem Unterschiedlichen ins kalte Wasser der notgedrungenen Anfreundung geschubst. Auch wenn in den 35 Jahren mehr und mehr Auroville- Land erworben wurde: ein quasi geschlossenes Auroville-Gebiet wird es nie geben. (Es sei denn, man würde die Tamilen vertreiben und ihre Dörfer versetzen wie bei einem Staudamm-Projekt!)

In den Lehmhüttendörfern lebt auf kargem Lebensstandard indische Tradition im Großfamilien- und Kastenverbund fort, das Bauernland trug vor 35 Jahren erosionsbedingt kaum noch Früchte, die Verarmung ging mit Alkohol- und Gewaltproblemen einher. In dieses Umfeld rückten die westlichen Freaks in Shorts gemeinsam mit eleganten Nordindern und Sponsoren an, rollten den Plan für die Stadt der Zukunft aus, errichteten auf den ersten gekauften Grundstücken ersten improvisierte Hütten, pflanzten Bäume und hoben die Baugrube für das Matrimandir, dem spirituellen Zentrum Aurovilles, aus. Dazu allerdings brauchten sie sehr, sehr viel physische Hilfe, und die fanden sie bei den hitzegewöhnten Tamilen, die plötzlich viele Jobs fanden. Das Verhältnis war schnell besiegelt: erfreuliche Arbeitsplätze (inzwischen sind es 5000!) versöhnen mit unerfreulichen Irritationen!

Der Wohlstand in den Dörfern – besseres Wasser, bessere Häuser, mehr Holz, mehr Gesundheit und mehr Bildung – ist mit Auroville gewachsen, allerdings auch die Klüfte innerhalb der Dörfer und die materiellen Ansprüche, die im Gegensatz zum Leben in Auroville unerfüllt bleiben. Denn während in den Dörfern alles nur aus den eigenen Händen geschaffen werden kann, ist Auroville mächtig aufgepumpt mit Finanzspritzen aus weltweit aquirierten Spenden und Erträgen aus heimischen Renten, Erbschaften und Kapitalanlagen. Gewissermaßen ist Auroville erbaut auf der finanziellen Grundlage westlich dominierter und globalisierter Wertschöpfung aus der langen Phase kapitalistischer Vermögensbildung, die nun weltweit in die Krise geraten ist und auch in Auroville für spürbare finanzielle Ausdünnung sorgt. Sie leben Tür an Tür, Haustür an Hüttenvorhang, mit denen, die auf der Schattenseite der Globalisierung leben und nichts als ihre Arbeitskraft und – wenn sie Glück haben – ein Stückchen verdorrtes Land anzubieten

haben. Letzteres bereuen inzwischen nicht wenige, weil sie mit dem Land auch ihre Lebensgrundlage verkauft haben und sich davon abhängig gemacht haben, ein Lohnarbeitsverhältnis mit Auroville einzugehen. Söhne werfen dies ihren Vätern bitter vor. Da aber wiederum ihr Land ja kaum fruchtbar und wenig wert war, können Aurovillianer mit Recht sagen, dass es ihrem umsichtigen, investitionsintensiven Öko-Engagement zu verdanken ist, dass das Land wieder reich und fruchtbar ist. Zurückschenken wollen sie es allerdings nicht, denn es soll ja jetzt dem größeren Ziel, der großen Vision dienen und die künftige Stadt mit Lebensmitteln versorge!

In den Dörfern gibt es derweil trotz Auroville große Alkoholprobleme vor allem der Männer, die trotz Auroville arbeitslos sind und keine würdige Aufgabe mehr finden. Der Tod der landwirtschaftlichen Selbstversorgung und des traditionellen Handwerks (z.B. der Weber und Schneider) durch industrielle Weltmarktkonkurrenz hinterlässt Wunden tiefer Demütigung, andererseits ist das Begehren gewachsen, so zu leben wie die im Fernsehen. Viele flüchten in ethnische und religiöse Fundamentalismen, die sich indienweit zu politischen Gefahren verdichten und wohl auch politisch instrumentalisiert werden.

Auroville lebt geradezu exemplarisch dramatisch inmitten von Konflikten, wie sie weltweit toben.

In zahlreichen Aktivitäten und Kampagnen gibt man sich allerdings Mühe, die Dörfer entwicklungsmäßig irgendwie mitzuziehen, denn man möchte schließlich auch hier integrales Vorbild sein. Manches – wie bessere Gesundheit und Bildung – scheint zu glücken, manches scheitert. Weder hat sich der Öko-Landbau gegen DDT und alte Vorstellungen von Ertragssteigerungen durchsetzen können, noch verhindert die bessere Bildung insbesondere der Frauen, dass noch immer weibliche Föten getötet werden.

Auroville hält jedoch tapfer am Anspruch fest:

»In einer Welt, die nach wie vor in ethnische Kämpfen, Kriegen und Umweltzerstörung zerrieben wird, und in der die Kluft zwischen Armen und Reichen immer größer wird, steht Auroville für ein beachtenswertes Experiment der Manifestation einer anderen menschheitlichen Zukunft. » (Zitat aus einem Prospekt)

Human Unity

Vielfalt einerseits, »Human Unity« andererseits bleiben das hehre, schwer definierbare Ziel. Es soll einerseits das Universelle im Individuellen und andererseits das jeweils Individuelle im Universellen offenbar werden. Den gemeinsamen Nenner des Menschheitlichen zu suchen, das Verbindende spürbar zu machen, ist ja tatsächlich weltweit äußerst dringlich, im Sinne einer Grundlage auch für eine Art global governance. Es ist- politisch gesehen- die Frage danach, wie ein solcher Nenner für globale Fragen tragfähig werden könnte und wie andererseits die Vielfalt vor Ort, die lokale Kultur, die regionale Eigenheit bewahrt bleibt und sich einer plumpen Vereinheitlichung, einer Homogenisierung widersetzt. In Auroville wird Human Unity besonders als spirituelle Gemeinsamkeit angestrebt, allerdings ist es offenbar schwierig, unaufgesetzte Formen zu finden, die eine solche gelebte Human Unity spürbar machen. Allenfalls in schweigendem Zusammensein bei Meetings, im internationalen Chorgesang oder beim Morgendämmerungsfeuer zwei oder dreimal im Jahr liegt so etwas wie Human Unity feierlich, wenn auch zaghaft, in der Luft

Die Frage nach der Vielfalt, nach dem Einzelbeitrag zum Ganzen, manifestiert sich zur Zeit in der entstehenden »internationalen Zone«, in der die einzelnen, in Auroville vertretenen Nationen in einem ureigenen Pavillon die Essenz ihrer Kultur präsentieren sollen. (siehe auch Kapitel Weltbürger Peter) Die Frage danach, worin der Beitrag der Herkunftskultur für die Menschheit besteht, schickt einen in ins kreative Grübeln und animiert zu der Frage, was Heimat und kulturelle Identität überhaupt bedeuten und inwieweit sich beides in eine universelle Art der Beheimatung auflösen lässt. Die Antworten darauf, dargestellt in den Pavillons, machen neugierig! An den Antworten wirken übrigens die Auroville-Vereine in den jeweiligen Herkunftsländern mit. So besteht zwischen den deutschen Auroville-FreundInnen und den Aurovillianern ein lebhafter Diskurs über das Deutschsein, wie es sich historisch darstellt und wie es jeder in sich spürt.

Das praktische Leben in Auroville zeigt: einerseits bleibt die Neigung zur eigenen Sprach- und Herkunftsgemeinschaft in Grüppchen und Paarungen unübersehbar und unüberhörbar, andererseits ist Auroville eine einzigartige, gelebte Kosmopolis und allein schon die Vielfalt des Lebens, wie sie sich in den recht interessanten weißen und farbigen Menschen aus 50 Nationen repräsentiert, macht Auroville zu einem besonders attraktiven, bunt schillernden Flecken Welt.

- Auroville wird weltweit von einem Netzwerk von Freundesvereinen unterstützt. Sie stärken die internationalen Bande, helfen bei der Spendenaquisition, organisieren Studienreisen und Studentenaustausch, veranstalten nationale und internationale Jahrestreffen und informieren vor Ort über die Entwicklung ihres geliebten Auroville, dem sie sich verbunden fühlen, auch wenn sie nicht dort leben.
- Auroville-Tourismus. Außer Verwandten und treuen Auroville-Freunden kommen viele Gäste zu Besuch, hauptsächlich in den angenehmen frühsommerlichen Monaten Dezember, Januar und Februar. Sie können organisierte Einführungswochen mitmachen oder auf eigene Faust, von einem der vielen Gästehäuser aus, Auroville erkunden. Sie können irgendwo mitarbeiten, landwirtschaftlich, am Computer, in den Schulen unterrichten, einen für Auroville interessanten Vortrag, einen Workshop halten, oder sich an der Freiwilligenarbeit am Matrimandir beteiligen. Geld darf man dafür allerdings nicht erwarten, darf umgekehrt dafür aber alle Kulturangebote Aurovilles kostenlos genießen. Man kann inzwischen auch eine Art Kur im neuen Therapiezentrum oder einen Yoga- Kurs buchen, das weite Feld der New-Age-Therapien ist zunehmend vertreten. Es bietet sich jedenfalls an, die vielen Möglichkeiten des Mittuns zu nutzen, denn umso besser findet man hinein, in das schwer durchschaubare und kaum überschaubare Auroville!

Fotografischer Streifzug durch Auroville.

Das Matriamandir, ein Jahrzehnte-Werk: vor 10 Jahren und heute, vergoldet, begrünt und vollendet. Der umgebende Park ist noch im Entstehen. In Auroville wird gerne und empathisch geplant. Bei der Umsetzung funkt dann beharrlich das Leben an sich dazwischen.

Ihr Blick scheint zu sagen: Ihr schafft das schon! Ich bin ja bei euch!

Foto: Pino

Stadtplaner Roger Anger, der erste Mitarbeiter *der Mutter*, tut sich mit aurovillianischer Basisdemokratie eher schwer und hätte wohl lieber mit *Mutter* allein gebaut! Der Bau des Matrimandir und – aktuell – die Umsetzung der Gartenvisionen zieht und zieht sich hin. Aber lieber demokratisch hingezogen als machteinsam bezwungen, oder?

Nach langen, drögen Jahren ist nun Gastlichkeit – wenn auch auf Plastikstühlen – in Auroville eingekehrt.

Kulturelle Vielfalt oder Homogenisierung? Bitte, bitte, Auroville, haltet diese scheußlichen Symbole globalisierter Einfalt raus aus eurem schönen Ort. Wie konnten sie überhaupt eindringen??

Gemeinsam oder einsam tanzen?

Die zentrale, solarbetriebe Gemeinschaftsküche *Solar Kitchen*, Treffpunkt, Palaver und Infobörse.

Moderne Solartechnik und bewährte Traditionstechniken together!

Feierliche Morgenröte, Human Unity im Gedenken an *Mutter* und Sri Aurobindo.

Dem landwirtschaftlichen Ziel der Selbstversorgung näher kommen ist mühsam, aber wichtig.

Ökologischer Fortschritt in Baumschulen, Workshops und Forschung.

Weites Auroville-Land, für ein Nahverkehrsmittel noch zu wenig dicht bebaut, durchfahren mit Motorrad (Aurovillianer), mit Fahrrad (angestellte Tamilen aus den Dörfern), zu Fuß (Kinder sowie die heiligen Kühe aus den Dörfern) und per Taxi (Touristen).

Vom Kindergarten bis zum Abitur ist Auroville ein Ort schöpferischen Lernens.

Miriam wurde selbst in Auroville groß und hilft nun den Kleinen beim Großwerden (siehe Kapitel Miriam/Erziehung in Auroville).

Altaurovillianer Frederick hält sich beim täglichen Sport mit den Kids selbst fit.

Pferd statt Schulbus, da lernt man doch gleich ganz anders!

Aurovilles Natur ist ein riesiger Abenteuerspielplatz.

Chali vor dem frisch gegründeten *Centre for further learning,* wo man nun sogar das englische Abitur machen kann.

Mit Feuerplatz und ohne Elektrizität, bewusst einfach und mit Fahrrad ... Marti mit ihrem Gast Sumit (siehe Kapitel Marti).

Eine »Amma«, eine Hilfe für Haus, Garten und Wäsche, gehört fast zu jedem Auroville-Haushalt dazu! Es ist ein beliebter Arbeitsplatz für Tamilinnen, aber diese postkoloniale Attitüde verstört viele, die nach Auroville kommen.

Aurovillianer brauchen viele Meetings, um das Viele zu besprechen.

Sonntagsfreuden am nahen Strand

Vogelparadies Auroville,
berechtigt stolz dokumentiert.

Die lachsfarbene Hibiscusblüte ist das Wahrzeichen aurovillianischer Naturschönheit.

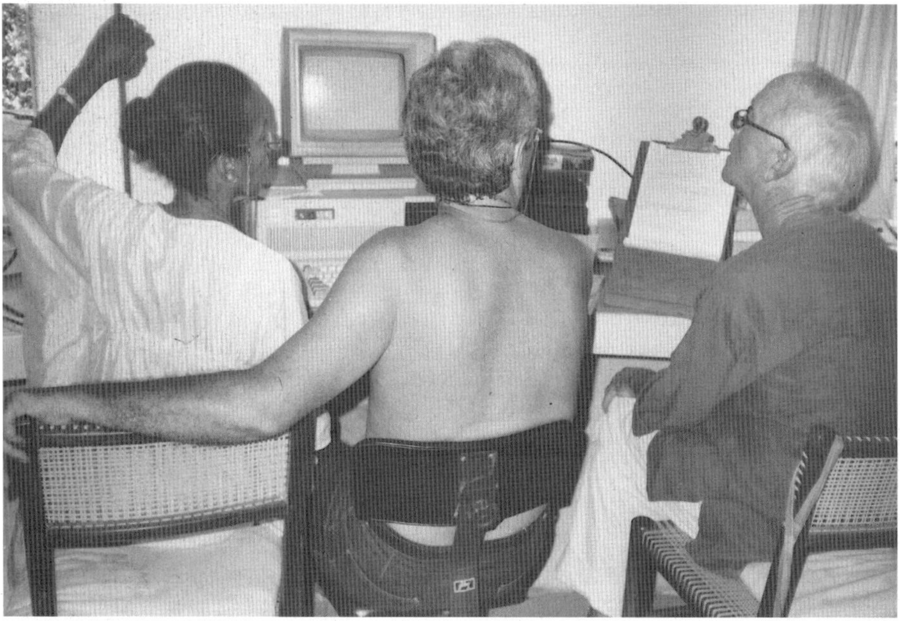

Foto: Sven Ulsa

In die Computernutzung ist Auroville munter und erfolgreich eingestiegen, ob online mit der Welt, als IT-Existenzgründer oder per Intranet für internen Ratsch und basidemokratische Information.

Die Siedlung »Brüderlichkeit« ... nur für Bewohner und Gäste. Schrankenlosigkeit ist zwischen Auroville und den Dörfern nicht realistisch.

Futuristische Enklave mit gepflegtem Einlass in Aurovilles Villenviertel

... reihenhäuslich und schon ein bisschen urban

... pfiffig- malerische Kleinkolonie

Einsteigermodell: Die Kapsel.

Für Fortgeschrittene: vielfältige Einflüsse, geschmackvoll kombiniert.

Bauteile aus Ferrozement ... und ein verirrtes Kälbchen

In den Dörfern gibt es dank Auroville wieder reichlich Brennholz!

Seidenmalerei für den Eso-Kitsch-Markt

Schönheit in Vielfalt, die Gäste gerne in der Auroville-Boutique erwerben.

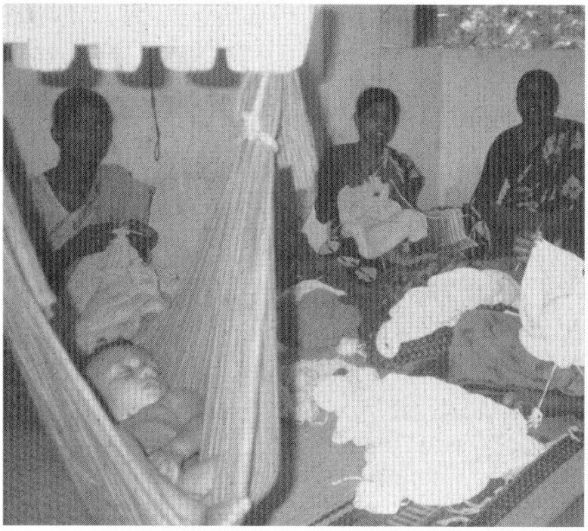

Gewerbe in Auroville:
Babyfreundliche Arbeitsplätze, Stricken im »workshop« für die Fair Trade-Kataloge!

In Auromode wird Kleidung in großem Stil für den Fair-Trade-Markt produziert

Auroville spiegelt das Muster der Dienstleistungsgesellschaft. Es wird viel gemanagt und die physische Arbeit verrichten BilliglöhnerInnen. Aber dieser Widerspruch ist dort nur unmittelbarer sichtbar als bei uns. Und in Auroville ist die Verdienstkluft wesentlich geringer als bei uns.

Kleingewerbe der Tamilen an der Straße durch Auroville

Aurovilles Geschichte

Am Anfang war ein Traum

Die Idee Auroville wurde 1954 in Pondicherry, einer kleinen Stadt 180 km südlich von Madras, geboren, wo sich in den 20er-Jahren um *Sri Aurobindo*, den Schöpfer des Integralen Yoga, eine Schülergemeinschaft gebildet hatte.

Unter der Leitung seiner Lebensgefährtin Mira Alfassa, *Die Mutter* genannt, wächst eine Gemeinschaft von annähernd 2.000 Menschen aus aller Welt heran, ein ganzes Ashramviertel entsteht, mit florierenden Betrieben, mit Wohnkomplexen, Kantine und Sportplatz sowie einem internationalen Universitätszentrum. Ganze Familien kommen, der Ashram gilt als besonders weltoffen und ist bekannt für seinen Versuch einer Synthese aus asiatischer Mystik und abendländischer Geistes- und Naturwissenschaft, bekannt auch für das Bemühen, Spiritualität an irdische Verantwortung zu binden.

Sogar der pragmatische Jawaharlal Nehru besucht den Ashram, zusammen mit seiner Tochter Indira Gandhi, die Zeit ihres Lebens einen innigen Kontakt zur *Mutter* und später auch zu Auroville pflegt.

1950 stirbt *Sri Aurobindo*, nach Jahren der Zurückgezogenheit, *Die Mutter* führt sein Werk fort. Das Ashramleben ist ihr jedoch zu begrenzt und immer noch zu klösterlich. Sie möchte mehr Experiment, mehr weltweite Relevanz und Resonanz.

1954 hat sie eine Vision einer Zukunftsstadt und formuliert sie als ihren »TRAUM«. Er wird der geistige Grundstein für Auroville:

»Es sollte irgendwo auf der Erde einen Ort geben, den keine Nation als ihr Eigentum beanspruchen könnte, wo alle gutwilligen Menschen mit einer aufrichtigen ‚Aspiration' frei als Weltbürger leben und einer einzigen Autorität, der der höchsten Wahrheit, gehorchen würden; einen Ort des Friedens, der Eintracht und der Harmonie, wo alle kämpferischen Instinkte des Menschen ausschließlich dazu benutzt würden, die Ursachen seines Leidens und Elends zu bewältigen, seine Schwächen und seine Unwissenheit zu überwinden, über seine Begrenzungen und Unfähigkeiten zu triumphieren;

einen Ort, an dem die Bedürfnisse des Geistes und die Sorge um Fortschritt der Befriedigung der Begierden und Leidenschaften und der Suche nach materiellen Vergnügungen und Genuss vorgezogen würden.

An diesem Ort würden die Kinder wachsen und sich integral entwickeln können, ohne die Verbindung mit ihrer Seele zu verlieren.

Unterricht würde erteilt werden, nicht um Examen zu bestehen oder Zeugnisse und Stellungen zu erhalten, sondern um schon vorhandene Fähigkeiten zu bereichern und neue hervorzubringen. An diesem Ort würden Titel und Stellungen ersetzt werden durch Gelegenheiten zu dienen und zu organisieren.

Den Bedürfnissen des Körpers würde für alle in gleicher Weise entsprochen werden, und in der allgemeinen Organisation würde sich intellektuelle, moralische und spirituelle Überlegenheit nicht durch Vermehrung der Vergnügen und Mächte des Lebens ausdrücken, sondern durch Anwachsen der Pflichten und Verantwortungen.

Schönheit in allen künstlerischen Formen – Malerei, Bildhauerei, Musik und Literatur – wäre allen gleichermaßen zugänglich. Die Gelegenheit, an der Freude, die sie gibt, teilzuhaben, würde nur durch die Fähigkeit jedes Einzelnen begrenzt sein und nicht durch seine soziale oder finanzielle Stellung.

Denn an diesem Ort wäre Geld nicht mehr der unumschränkte Herrscher. Der individuelle Wert des Menschen wäre von größerer Bedeutung als materieller Reichtum und soziale Position.

Arbeit wäre hier nicht ein Mittel, seinen Lebensunterhalt zu verdienen, sondern ein Mittel, sich auszudrücken und seine Fähigkeiten und Möglichkeiten zu entwickeln. Zugleich würde sie der Gemeinschaft dienen, die dann ihrerseits für den Unterhalt des Einzelnen aufkommen und für sein Arbeitsgebiet sorgen würde.

Kurz, es würde ein Ort sein, wo die Beziehungen zwischen den Menschen, die sich gewöhnlich fast ausschließlich auf ehrgeizigen Wettbewerb und Kampf gründen, ersetzt wären durch Beziehungen des Wetteiferns, bei dem jeder sich bemüht, sein Bestes zu tun, Beziehungen also der Zusammenarbeit und wahren Brüderlichkeit.«

Doch es vergehen noch über zehn Jahre, bis *Die Mutter* die Zeit für reif hält, ihren Traum »in Arbeit« zu geben.

Ende der 60er-Jahre lassen unter anderem die Unruhen der Intellektuellen Europas und Amerikas sie hoffen. Sie sieht Anzeichen einer weltweiten, auch spirituellen Erneuerungsbewegung, sie glaubt an einen bevorstehenden Evolutionsschub.

»Die Menschheit ist nicht die letzte Stufe der irdischen Schöpfung. Die Evolution geht weiter, der Mensch wird übertroffen werden. Jeder Einzelne muss wissen, ob er an der Geburt dieser neuen Spezies teilhaben möchte ...« (August 1966).

Nun werden konkrete Pläne geschmiedet. *Die Mutter* gewinnt den französischen Architekten Roger Anger als Chefplaner und unterbreitet ihm ihre Grundidee einer Stadt mit vier Zonen, einem Kleeblatt ähnlich: eine Wohnzone, eine Gewerbezone, eine Kulturzone für Kunst, Sport und Schule sowie eine internationale Zone für Bildung und Wissenschaft. Ein landwirtschaftlich genutzter Grüngürtel soll die Stadt umgeben und versorgen.

Roger Anger entwickelt mit einem Architektenteam und in engem Kontakt zur *Mutter* ein erstes modifiziertes Modell, die »Galaxie«. Spiralförmig streben darin die vier Zonen auseinander, einem galaktischen Nebel gleich. Im Zentrum der Wohnzone sind Hochhäuser für kollektives Wohnen geplant, in ihrem Randbereich ist Platz für individuelle Häuser. Die Kulturzone wartet neben Museen, Schulen und Forschungsinstituten sogar mit einem olympischen Stadion auf. Man sieht Auroville bereits als Austragungsort für Olympia im Jahre 2000! In der Industriezone sollen sich mittlere und kleine Unternehmen ansiedeln. Im Zentrum der Spirale ist eine parkartige Ruhezone, ein meditativer Mittelpunkt vorgesehen, mit einer Art Wahrzeichen der Zukunftsstadt, dem Matrimandir. Matrimandir heißt *Mutter*tempel, und es ist damit die universelle, göttliche *Mutter*kraft gemeint.

Die Idee Auroville als Wiege des neuen, spirituellen Menschen nimmt konkrete Formen an, *Die Mutter* lässt die Pläne verbreiten.

»Auroville ist das Zuhause all jener, die der Zukunft entgegeneilen wollen, einer Zukunft in Weisheit, Erkenntnis, Frieden und Einheit«, sagt sie im März 1967. »Um in Auroville

zu leben, muss ein großer Fortschritt im Bewusstsein gemacht werden. Aber die Zeit ist reif: dieser Fortschritt ist heute möglich.« (Juni 1968) »Die Erde braucht einen Platz, wo Menschen jenseits nationaler Rivalitäten, sozialer Konventionen, in sich widersprüchlicher Moralitäten und einengender Religionen leben können; einen Platz, wo Menschen sich befreit von aller Sklaverei der Vergangenheit vollständig der Entdeckung und der lebendigen Erfahrung des göttlichen Bewusstseins hingeben können, das sich zu manifestieren sucht. Auroville will dieser Platz sein und bietet sich all denen an, die sich danach sehnen, die Wahrheit von morgen zu leben.« »Auroville ist der ideale Platz für solche, die die Freude und Befreiung erfahren möchten, keinen persönlichen Besitz mehr zu haben.« (Sept. 1969)

Auroville soll eine Stadt für 50.000 Menschen werden, mit einer möglichst autonomen Ökonomie und einem möglichst frei schwingenden Gemeinwesen. Es soll sich aus der Substanz ihrer Individuen nähren. Individuen, die sich von innen heraus geleitet fühlen, die Hierarchien nicht mehr brauchen: Meister ihrer selbst, Meister ihres Selbst!

Der Name Auroville leitet sich nicht von *Sri Aurobindo* ab, sondern bedeutet: Stadt der Morgenröte (Aurora – die Morgenröte).

Die Mutter trifft offenbar den Nerv der Zeit. Angezogen fühlen sich zum Beispiel Westeuropäer, die hier das marxsche Ideal »Jeder nach seinen Fähigkeiten, jedem nach seinen Bedürfnissen« spirituell verfeinert wieder finden. Aber auch Inder, für die die Betonung der Weltverantwortung bei gleichzeitiger Individuation als reizvolle Vision auf dem Hintergrund ihrer Tradition lockt.

Die charismatische Persönlichkeit *der Mutter* sorgt zudem für mitreißende Begeisterung. Sollte mit ihrer Hilfe die uralte Utopie menschlicher Einheit konkrete Form annehmen können? Das Echo ist hoffnungsfroh:

Friedensforscher, Städteplaner, Anthropologen, Dritte-Welt-Gruppen horchen auf, Indira Gandhi zeigt Sympathie, aus aller Welt wird Interesse bekundet, sogar die UNESCO ruft zur Unterstützung auf:

»Die UNESCO lädt ihre Mitgliedstaaten und internationale regierungsunabhängige Organisationen ein, an der Entwicklung von Auroville als einer internationalen kulturellen Gemeinschaft teilzuhaben und sie zu fördern. Eine Gemeinschaft, die darauf angelegt ist, die Werte verschiedener Kulturen und Zivilisationen zusammenzubringen, in einer harmonischen Umgebung mit integriertem Lebensstandard, die mit den physischen und spirituellen Bedürfnissen des Menschen übereinstimmen.« (1968)

Auroville wird geboren

1968 ist das Geburtsjahr. Ausgewählt wird ein brachliegendes Plateau 7 km von Pondicherry entfernt, mit einem majestätischen Banyon-Baum im Zentrum, 5 km entfernt von der Küste. Dieses Plateau mit einem Radius von 1200 Metern soll Aurovilles Stadtkern werden.

In diesem subtropischen Küstengebiet am Golf von Bengalen tummelten sich noch vor 200 Jahren wilde Elefanten im Dschungel. Jetzt liegt es im Sterben, zerstört durch jahrelange Holzausbeutung und Überweidung. Die Aurovillianer finden eine rote, ausgedörrte Erde vor, von der Sonne hart gebacken und von Canyons zerklüftet. Den Segen des Monsunregens kann kein Wurzel- und Blattwerk mehr bewahren, er flutet

Das durch Erosion entstandene Öd-Land soll einst Auroville sein. Die ersten Jahre sind ein Kampf gegen die von der Sonne hart gebackene rote Erde.

über die Erde hinweg, nimmt die obere Erdschicht mit sich, hinterlässt Gräben wie Schnittwunden.

Nur noch vereinzelte Palmen und Dornenbüsche halten sich, die Einheimischen in der Umgebung können nur noch kläglich von Nusssträuchern leben, wer kann, verdingt sich in Pondicherry als Tagelöhner.

Und hier soll eine Zukunftstadt aus dem Boden gestampft werden?! Auf die Aurovillianer wartet ein langwieriger Lernprozess. Der stürmische Aufbruch wird schon bald von den Gegebenheiten heftig ausgebremst. Die Lebenssituation der Einheimischen will berücksichtigt sein und eine gesunde ökologische Infrastruktur muss geschaffen werden. Die Erde will geheilt sein, wenn sie Weltbürger von morgen beheimaten und ernähren soll. Und für die Einheimischen muss sie ebenfalls Heimat bleiben. *Die Mutter* sagt: Die Einheimischen sind die ersten Aurovillianer! Sie sieht es als Vorsehung, dass sie da sind, sie sind ungefragter Teil der Vision, ein heikler Annäherungsweg beginnt.

Ein anderer Teil des Lernprozesses ist die Auseinandersetzung zwischen Organisatoren und Geldgebern des Ashrams in der Sri Aurobindo Society sowie den Auroville-Pionieren vor Ort, die sich als erste Siedler den unmittelbaren Herausforderungen der Erde und der Menschen stellen wollen und damit aber die geradlinige Planung von langer Hand stören und »chaotisieren«. Das Chaos wird ungeplant zu Aurovilles schöpferischer Kraft, es prägt seinen weiteren, eher stolpernden Weg, bringt anarchischen Charme, aber auch traumatische Konflikte.

Feierlicher Gründungstag Aurovilles soll der 28. Februar 1968 sein. Fieberhaft wird eine erste Straße in das zukünftige Zentrum gebaut; ein Amphitheater für die Eröffnungsfeierlichkeiten entsteht, ein erstes Hüttendorf für die ersten Siedler. Die Architektengruppe um Roger Anger bastelt in ihrem Büro in Pondicherry weiter am Modell der Galaxie. Radiosender bringen weltweit Meldungen, die UNESCO und viele andere Organisationen unterstützen den Start der Hoffnungsstadt. *Die Mutter* wirkt im Hintergrund, kann mit ihren neunzig Jahren nur noch beratend begleiten, was sie ins Rollen gebracht hat. Gleichwohl bleibt sie die entscheidende, die treibende und die integrierende Kraft.

Die Gründungsfeier gerät zu olympischer Größe: Aus der ganzen Welt werden Delegationen von Jugendlichen geschickt, 15.000 Menschen aus 121 Ländern versammeln sich auf dem Auroville-Plateau! Sie haben Erde aus ihrer Heimat mitgebracht, und jeweils zwei Jugendliche aus jeder Delegation tragen eine Hand voll davon über einen spiralförmigen Weg einen Hügel hinauf, der von einer marmornen Urne gekrönt wird. In dieser Urne liegt seitdem Erde aus den 121 vertretenen Ländern verschlossen, Symbol globaler Verbundenheit, geborgen und mahnend zugleich!

Von ihrem Ashramzimmer aus verkündet *die Mutter* während der Feier eine Botschaft an die Welt, der indische Rundfunk überträgt sie live:

»Grüße aus Auroville an alle gutwilligen Menschen. All jene sind eingeladen, nach Auroville zu kommen, die nach Fortschritt dürsten und ein höheres und wahreres Leben ersehnen.«

Dann verliest sie die Charta von Auroville:

1. Auroville gehört niemandem im Besonderen. Auroville gehört der ganzen Menschheit. Aber um in Auroville zu leben, muss man bereit sein, dem göttlichen Bewusstsein zu dienen.
2. Auroville wird der Ort einer Erziehung ohne Ende, ständigen Fortschritts und einer Jugend sein, die niemals altert.
3. Auroville möchte die Brücke zwischen Vergangenheit und Zukunft sein. Durch Nutzung aller äußeren und inneren Entdeckungen wird Auroville zukünftigen Verwirklichungen kühn entgegen schreiten.
4. Auroville wird der Platz materieller und spiritueller Forschung für eine lebendige Verkörperung einer wirklichen menschlichen Einheit sein.

Auch *Indira Gandhi* schickt eine Grußbotschaft:

»Auroville ist ein aufregendes Projekt, um die Lebensbedingungen für das spirituelle Wachstum des Menschen kennen zu lernen. Möge Auroville wahrhaftig eine Stadt des Lichtes und des Friedens werden.«

Aurovillianer gibt es gleichwohl erst einige wenige. Das heißt, es gibt »eingetragene Aurovillianer«, die im Pondicherry-Ashram leben und von dort aus auf die Stadt warten bzw. die Stadt vorbereiten, und es gibt die aurovillianischen Freaks, die sich in der roten Wüste eine erste kleine Hüttensiedlung bauen und ihr den programmatischen Namen Promesse (Verheißung) geben. Sie kümmern sich um eine erste Infrastruktur, um Wege, Wasser und Unterkünfte für die vielen zukünftigen Arbeiter. Von Anfang an besteht Auroville aus zwei Welten. Hier die Pioniere vor Ort, allen Widrigkeiten und Herausforderungen des kargen Lebens ausgesetzt, und dort die Ashramiten, die den Traum einer internationalen Stadt von Pondicherry dirigieren wollen.

Die gesamte Organisation obliegt der »Sri Aurobindo Society« (SAS), die schon vorher weltweit mit Kulturprojekten im Geiste Sri Aurobindos betraut war und als eine Art Geschäftsführung des Ashrams fungiert. *Die Mutter* vertraut ihr auch die Verwaltung von Auroville an. Die SAS sorgt für Kontakte, für Aquisition und Verteilung der Spenden, und beaufsichtigt alle Aktivitäten. Ihr Generalsekretär ist Sri Navajata (bürgerlich: Keshavdev Poddar), sein Vertreter Shyamsundar Jhunwala. Beide gehören der politisch und finanziell machtvollen Kaste der »Marwaris« an. Sie sind zugleich ganz Manager und ganz Verehrer der Ideen *Sri Aurobindos* und *der Mutter* und vertreten die in Indien vertraute Symbiose aus Geschäft und Spiritualität.

Die, die aus dem Westen heran strömen, sind auf der antiautoritären Welle nach Auroville gespült worden. Sie sind den soliden Indern von Anfang an suspekt, die Zusammenarbeit gestaltet sich schwierig. Doch *die Mutter* ist ja da und hält alles zusammen. Ihre innere Weite bietet jedem seinen Platz, solange das Bestreben, die »Aspiration«, aufrichtig bleibt.

Einweihungszeremonie mit der Urne.
Die Geschichte der Urne hat eine Komik, die die steife Gründungszeremonie unfreiwillig karikiert: Ursprünglich sollte sie die Form einer Lotusblüte haben, nach einem Entwurf *der Mutter*, wurde sie dann aber aus praktischen Zwängen zu einer einfacheren, kegelartigen Form abgewandelt. Vincenzo, ein Sizilianer, hatte sie unter großem Zeitdruck in zwei Wochen aus 13.000 Marmorstückchen zusammengesetzt. Er war dann am Gründungstag selber so müde, dass er ihn verschlafen hat. *Die Mutter* wiederum war dann von dem Werk nicht gerade angetan und meinte, die Urne wirke wie eine Bombe, die gerade eingeschlagen habe.

Eindrücke aus Aurovilles ersten Stunden von Frederik:

»Natürlich, die Einweihungsfeierlichkeiten waren für uns alle überwältigend, wie ein Keil von Licht, ein magischer Moment; die Botschaften hatten geholfen, die Indian Airlines hatten geholfen, Roger Anger und Navajata hatten alles gemanagt. Die meisten von uns wohnten in improvisierten Hütten in Promesse, alles war sehr mühsam, aber wir arbeiteten begeistert auf den Einweihungstag hin, bauten die Straße, sorgten für Wasser, schafften Holz für die Bühne und für Bänke ran – und dann kamen wie aus dem Nichts Karawanen von Leuten! Unter dem schönen großen Banyon-Baum war ein großer Ballon angebunden, der schwankte im Wind und ich lief mit den Kindern von unserer Hütte zum Platz. Wir bestaunten alle die Menschen und alle die Flaggen und lauschten den vielen Begrüßungsreden.

Dann war der Tag zu Ende und ich ging abends nochmal über den Platz. Papierfetzen flogen herum, alle waren weg, alles war vorbei und jetzt dieser Gegensatz:

Es war öde und leer und ich fragte mich, ja, also wie geht's denn jetzt weiter? Ein paar Tage später fuhr ich zu Navajata in den Ashram und sagte ungeduldig aber höflich: Mensch, jetzt wär' es doch toll, wenn alle 'rauskämen und wir anfangen könnten? Aber er winkte ab und sagte: No, No, No, wir sollten nichts tun in Auroville, alles so lassen, wie es ist, das muss jetzt alles so bleiben, bis die Stadt gebaut wird. Es war also wirklich so, dass man innerhalb von fünf Jahren dieses Utopia bauen wollte und dann sollten auf einen Schlag die Bewohner kommen und das Ding bewohnen. Wir sollten nichts bauen, nichts anpflanzen, weil alles wieder abgeschlagen würde, wenn die Bautrupps kommen. Eigentlich waren von dem Moment an schon diese beiden Tendenzen da, hier das »Paket Auroville«, ein Monolith, mit viel Geld schlüsselfertig gebaut; auf der anderen Seite wir in Auroville, in unseren Hütten, mit den Wasserproblemen, der Hitze und dem täglichen Überleben beschäftigt. Zum Beispiel war da das ganze Holz von der Bühne und den Bänken; es war sogar die doppelte Menge, weil irrtümlich zwei Ladungen gekommen waren. Das Holz stand da und wir haben dann gefragt, ob wir das nicht nehmen können für unsere Hütten, für neue Hütten. Nein, nein, auf keinen Fall, nicht anfassen, alles so lassen, wie es ist – auf Englisch würde man sagen, you mess up my maps, also: du bringst hier alles durcheinander! Letztendlich sind wir trotzdem einfach hin, haben uns das Holz genommen und daraus Hütten gebaut!

Alles war ja so schwierig zu transportieren, immer mit dem Rad durch die Hitze nach Pondicherry und zurück. Wir haben damals das Essen aus Pondy bekommen, aus der zentralen Ashram-Küche, und Brot aus der Ashram-Bäckerei. Von der SAS wurden wir mit dem Nötigsten versorgt.

Eines Tages bekamen wir kein Brot mehr, weil die SAS die Rechnung nicht bezahlt hatte und ich ging also zu Navajata, um ihn daran zu erinnern und er sagte: ›Oh, gut dass du das sagst, ich wollte sowieso mit dir sprechen. Ich meine, wir sollten eine große, internationale Bäckerei in Auroville bauen, aber nicht nur für uns hier, sondern für ganz Indien und sogar zum Export.‹ Ich meinte, ja, ja, aber ob er jetzt bitte erstmal die Rechnung bezahlen könnte, und da gab er zurück, das Dumme wär', dass er im Moment kein Geld habe!

Also diese zwei Tendenzen: Hier eine Meganomie mit internationaler Bäckerei, Export nach Amerika und so und auf der anderen Seite hatten wir kein Brot, weil die die Rechnung nicht zahlen konnten!

Es gab von Anfang an einen Konflikt zwischen dieser Fernkontrolle und den Leuten, die hier ansässig waren.«

Mira Alfassa, *Die Mutter*, und Sri Aurobindo. Das Gründerpaar Aurovilles.

Die Gründerjahre 1968 bis 1973

Indienreisende können 1970 im Hüttendorf die Zukunftsstadt erahnen.

Die ersten rund 30 Siedler kommen vor allem aus Frankreich, Deutschland und den USA. Abenteurer, die weder vor der Hitze, noch vor der Kargheit des Lebens zurückschrecken. Sie suchen die Herausforderung des Hier und Jetzt auf nacktem Grund, es ist wie eine Expedition auf eine jungfräuliche Insel.

Sie schauen sich die Bautechniken von den Einheimischen ab: Bambusrohre werden mit Hanfschnüren stramm verknotet und dienen als Gerüst wie auch als Hochbett. Für das Dach und als Außenverkleidung werden Palmwedel zusammengefügt.

Als Nächstes heißt es, für Schatten und für Wasser zu sorgen. Der Grundwasserspiegel ist zu diesem Zeitpunkt bedenklich niedrig, weil der Regen seit Jahren ungenutzt durch die Canyons abfließt. Die Intellektuellen aus Chicago, Paris und Berlin sind handwerklich und praktisch gefordert, gehen mit Spaten und Lendenschurz ans grüne Werk:

Frederik: »Das Pflanzen fing dann allmählich an, Ende '69, aber erst mal an der Peripherie, weil wir im Zentrum ja nicht durften. Es war aber notwendig, auch da zu leben, wo man pflanzt; also zogen viele an die Peripherie, bauten sich Hütten und ließen sich auf dem Stück Land nieder, um das sie sich kümmern wollten. Brachliegendes Land, das die SAS im Laufe der Zeit für Auroville kaufte.

Wie schwer, aber auch wie nötig es sein würde, die Erde zu rekultivieren, wurde uns klar, als ein Experte ein Gutachten erstellte. Es gab uns einen richtigen Push. Dieser Professor vom Karlsruher Institut für Wasserbau meinte, als Fazit: »Ihr seid verrückt, die Erde hier ist so gut wie tot, die Canyons dürfen auf keinen Fall tiefer werden! Wenn diese Schnitte sich noch vertiefen, ist nichts mehr zu retten. Ihr müsst als allererstes versuchen, das Wasser zu halten!«

Also fingen wir an, Dämme aus Erdwällen zu bauen, und es wurde uns bewusst, dass wir hier erst die Erde retten müssen, bevor irgendetwas anderes geschieht.«

Ausgangssiedlung für die Wiederaufforstung wird »Forecomers«, mit 20 Morgen Land im zukünftigen Grüngürtel, etwa 4 km vom Zentrum entfernt. Bis der erste Brunnen gebaut ist, muss das Wasser in Kanistern herangeschafft werden. Schließlich leistet man sich den Luxus einer Dieselpumpe und kann beginnen, die Erde zu bewässern und Mais und Soja anzubauen. Eine Baumschule entsteht, es gelingt, Erdwälle aufzuschütten und rechteckige, terrassenartige Becken zu bilden; Auffangbecken für das wertvolle Regenwasser!

Gespannt wird der erste Regen erwartet. Tatsächlich, die Konstruktion hält dem Regen stand! Nun können auch Bäume gepflanzt werden. Anspruchslose Bäume, die

die sengende Sonne aushalten und sich mit dem bisschen Kompost zufrieden geben, der von Pondicherry angekarrt wird.

Aus Australien schickt irgendjemand Samen einer speziellen Akazie, genannt auch Arbeitsbaum (Work Tree). Er macht in Auroville eine ehrenvolle Karriere, sorgt ohne viel Wasser für reiches Wurzelwerk, wächst auch in heißester Sonne und schenkt schließlich großzügig Schatten, sodass andere Pflanzen sich darunter ansiedeln können. Allerdings nicht von heute auf morgen. Die Aurovillianer brauchen Geduld und viel Frustrationstoleranz.

Kleine Erfolge werden immer wieder von Stürmen, Regengüssen und Pannen zunichte gemacht. Im Sommer 1969 rafft eine Insektenplage die Hälfte aller Pflänzchen dahin. Aus der Not wird eine Tugend: Man experimentiert erfolgreich mit einer Mixtur aus Knoblauch, Chillies und Tabakblättern und kann die andere Hälfte retten. Die Raupen flüchten. Im nächsten Jahr wiederum reißt ein sturzartiger Monsunregen die Dämme ein, alles muss wieder neu aufgebaut werden. Auch dieses Mal wird man schlauer und festigt die Dämme zusätzlich mit Steinen.

Not macht erfinderisch: Aus Alteisen, Fahrradschläuchen und einer alten Auto-Lichtmaschine wird eine Windmühle als Stromgenerator zusammengeflickt. Zum Kochen baut man Kisten, in denen die Sonne mittels einfacher Reflektoren das Gemüse gart.

Die Stimmung ist trotz (oder wegen?) Kraft zehrender Widrigkeiten enthusiastisch. Alles scheint möglich, alles gilt es neu zu kreieren. Jeder wird zum Lebensforscher, zum Farmer, zum Handwerker, zum Lehrer und Lehrling, erfährt sich selbst ganz neu und ganz anders. Frauen freuen sich an ihren ungeahnten körperlichen Kräften, Männer finden Gefallen an dem Leben von heute auf morgen. Und das alles hat auch noch tiefen evolutionären Sinn. Das ist hier schließlich kein Abenteuerurlaub für Großstadtmüde, sondern es ist der Anfang einer weltbedeutenden Zukunft!

Auch in Sachen Ernährung ist Futuristik gefragt: Francis erzählt:

»Eines Tages kam zum Beispiel Bob mit einem Buch über Algen und war total euphorisch. Hey Leute, das ist die Ernährung der Zukunft! Das rettet die Dritte Welt!

Wir müssen anfangen, Algen zu kultivieren! Er erklärte uns, dass Algen phänomenal schnell Sonnenenergie in Nährstoff umwandeln können und dazu nichts als Wasser und ein paar organische Stoffe aus tierischem Urin brauchen. Algen liefern Vitamine, Mineralien und Proteine und brauchen dazu nicht das kleinste Stück Acker.

Er rechnete uns vor, dass für die Welternährung – bei vegetarischer Kost – zwei Morgen Land pro Jahr und Mensch gebraucht würden und bei Algenernährung könnten aber 300 Menschen von nur einem Morgen Land satt werden!

Also machten wir uns an die Arbeit, bauten einen Algentank und aßen jeden Tag Algen. Nur: Das Zeug schmeckte scheußlich! Wir probierten es mit Spaghetti, wir probierten es mit Erdnussbutter, es blieb einfach scheußlich. Allerdings bekamst du eine enorme Power davon. Sehr gesund! Und dann kam Jim dazu, der das ganze wissenschaftlich begleiten wollte, um etwas darüber zu veröffentlichen.

Peter: »Ja, wir mussten ein halbes Jahr eine strenge Diät einhalten, ohne Zucker, ohne Fleisch. Ich bin morgens immer mit dem Fahrrad 7 km gefahren, um von den Kühen Pippi einzusammeln, die Nahrung für die Algen! Hinten hatte ich dafür einen großen Kanister angebracht. Als ich nach mehreren Diätwochen mal ein Körnchen Zucker auf der Zunge zergehen ließ, war es wirklich wie eine Explosion. So sensibilisiert waren die Geschmacksnerven!«

Gundolf: »Die Algen mussten immer gerührt werden, damit sie gleichmäßig Sauerstoff und Sonnenlicht bekommen. In Kottakarai hatten wir einen sehr großen Tank und da reichten die Hände nicht zum Rühren. Wir hatten aber noch keine Windmühle für einen Motor. Also sind wir immer barfuß durch den Tank marschiert, als lebende Rührbesen!«

Eine bescheidene Spirulina-Produktion gibt es noch heute, aber auf den Auroville-Speisekarten konnte ich keine Algenspaghetti entdecken. Der Fortgang der Ernährungsrevolution wurde offenbar sabotiert. Schade eigentlich!

Kunst und Freizeitkultur entwickeln sich ebenfalls aus dem, was da ist und denen, die da sind. In Forecomers malen sich alle ihre Palmdächer knallbunt an, und von weitem sieht man die rosa, roten und gelben Hütten leuchten. Bei Francis gibt es unterm Palmdach eine gepflegte Runde Schach.

Von Bob kann man im improvisierten Atelier Malen lernen, von der ehemaligen Ballerina Deborah das Tanzen. Die Canyons dienen als imposante Performance-Kulisse.

Weniger lustig ist der Dauerkampf gegen Ungeziefer, Durchfall, Würmer und Tropenfieber. Also wird ein kleines Erste-Hilfe-Zentrum eingerichtet. Es wächst im Lauf der Jahre zu einem stattlichen Gesundheitszentrum heran und steht auch den Einheimischen kostenlos zur Verfügung.

Erste, eingezäunte Exempel futuristischer Architektur, die sich im Laufe der Jahre mit Leben füllen: Last school und die Pyramiden, heute die »Kunstakademie« Aurovilles (siehe auch Kapitel »Chantal«)

Aspiration liegt in unmittelbarer Nähe zu einem dicht besiedelten Einheimischen-Dorf, also gehen von hier die ersten Kontaktversuche aus. Man beäugt sich skeptisch, aber auch neugierig; Auroville lockt mit Arbeit, aber Auroville erschreckt auch.

Die Westfrauen in Shorts und auf Motorrädern erschüttern das traditionelle Frauenbild. Eine Tamilfrau ist schon auf einem Fahrrad undenkbar, eine Tamilfrau mit unbedeckten Schultern unanständig. Männer, die Frauenarbeiten machen, Frauen die Männerarbeiten machen – das Weltbild ist bedroht. Zudem gibt es Verständigungsprobleme. Die Tamilen sprechen kaum Englisch, die Aurovillianer kein Tamil, Gesten und Körpersprache werden missgedeutet. Die Aktivitäten der Aurovillianer nähren wilde Spekulationen der Einheimischen: Sie befürchten zum Beispiel, man würde ihnen für die vielen neuen Bäume Wasser stehlen.

Ende 1969 baut Frederik im künftigen Wohnsektor für sich und seine Familie ein »richtiges« Haus, mit dem Geld aus einer Erbschaft. Es wird, auf Wunsch *der Mutter*, das erste befestigte Haus. »*Die Mutter* wollte ein Zeichen setzen, das solide Haus sollte ausdrücken: Wir sind hier, für immer! Das ist für mich wie eine persönliche Lebensaufgabe, hier eine Art Versicherung für Kontinuität zu geben, dass wir durch alle Zusammenbrüche hindurch die Gewissheit geben: es geht weiter!«

Es entsteht nun ein größeres Hüttendorf, 4 km vom Zentrum entfernt. *Die Mutter* tauft es »Aspiration« (Streben), und eine Gruppe Franzosen lässt sich hier nieder. Sie waren einem Aufruf im französischen Rundfunk gefolgt und kommen mit Sack und Pack in zwei Autokarawanen auf dem Landweg nach Auroville.

Es entstehen groteske Situationen. Dass etwa hier Tamilen ihre Erdnussfelder arg- und achtlos mit DDT vergiften, während Aurovillianer auf dem Nachbarfeld mit ihrem Knoblauchsud experimentieren und biologisch düngen. Noch grotesker: Das indische Landwirtschaftsministerium bezahlt hier den Bauern das DDT, während das Umweltministerium dort die Wiederaufforstungsmühen finanziell unterstützt. Es kommt zu Streit, weil der Schatten der neuen Auroville-Bäume die Sonneneinstrahlung auf das benachbarte Erdnussfeld von Einheimischen behindert. Außerdem bieten die Bäume ein Versteck für Moskitos; die werden dann, wenn sie auf die Felder zurückschwirren, mit noch mehr DDT erneut vertrieben – zurück auf aurovillianisches Land.

Beide Seiten haben viel zu lernen, gegenseitiges Vertrauen wächst langsam. Aurovillianer pauken Tamil und befassen sich mit den dorfeigenen Traditionen. Tamilen lernen Englisch und lassen sich überzeugen, dass starke Bäume auch eine starke Existenzgrundlage sind.

In den Dörfern wird jetzt gezielt Entwicklungshilfe geleistet: Mit Spenden aus aller Welt werden Brunnen gebohrt, Schulen gebaut, Handwerkskooperativen gegründet und Aktionen zur Verbesserung der Hygiene und der Ernährung gestartet. Außerdem bietet Auroville mehr und mehr Arbeitsplätze auf Feldern und am Bau.

Und doch: Wie provozierend muss die lockere Lebensart dieser Westler mit den vermeintlich dicken Scheinen in der Tasche wirken! Verlockend winkt da die schnelle Bereicherung. Es wird viel gestohlen, meistens direkt aus den Hütten, seltener auch per Überfall. Um sich vor Verfolgung zu schützen, ölen sich die pfiffigen »Täter« ein, bewaffnen sich für eventuelle Nahkämpfe mit Pfeffer, laufen nackt los und bleiben durch das Öl vor dem Zugriff der Verfolger geschützt.

Ein aurovillianisches Charakteristikum ist bis heute, dass alles ständig vor Diebstahl geschützt werden muss; nicht nur Kassettenrekorder und anderes attraktives Westgut, sondern auch Baumaterial und selbst Pflanzen. Tamilen sind als Wärter und Wächter eingestellt und schützen Auroville vor ihren eigenen Landsleuten, vor allem nachts.

Trotzdem eskalieren Konflikte selten zu ernster Gewalt, was gemessen an der Macht, mit der hier Ost und West aufeinander stoßen, erstaunlich ist. Es dominiert die arglose Neugierde, das pragmatische Abwägen von Vor- und Nachteilen und nicht zuletzt ein großes inneres Reservoir an Toleranz und Herzlichkeit der Tamilen.

Die Planungsgruppe um Roger Anger arbeitet derweil in ihrem Büro in Pondicherry an einem Siedlungsmodell, das eine Art Pilotprojekt für die eigentliche Stadt werden soll. *Die Mutter* nennt es Auromodel. Es wird für 2.000 Menschen konzipiert, mit einem kleinen Gewerbegebiet, einem Kulturzentrum und einer Schule mit Sportplatz. Das Neue, das andere soll hier wie in einem Probelauf geübt werden!

An verschiedenen Orten entstehen auch erste Betriebe: eine Schreinerei, eine Bäckerei, eine Metallwerkstatt, ein Betrieb zur Polyesterverarbeitung. Und es startet die Produktion von Räucherstäbchen, die als die besten der Welt gerühmt werden. Für die spirituelle Schulung wird ein Studienkreis gegründet, man trifft sich zu gemeinsamen

Lesungen und manchmal auch zu Meditationen, der nahe Strand bietet sich zu yogischer Ertüchtigung oder auch mal herkömmlicher Vergnügung an.

Es kommt Geld von allen möglichen Organiationen und privaten Spendern, sogar die indische Staatsbank engagiert sich finanziell, und ihr Direktor R. K. Talwar schwärmt: *»Hier ist die Traumstadt, von der wir als kleine Kinder immer geträumt haben und von der wir immer gehofft haben, dass sie eines Tages wahr werden wird.«* Die indische Regierung baut jetzt das »Bharat Nivas«, ihren Beitrag zur Kulturzone, mit einem großzügigen Veranstaltungs- und Konzertsaal und einem archäologischen Museum. Auch einen tibetischen Pavillon soll es bald geben. 1973 kommt der Dalai Lama zu Besuch, spricht mit *der Mutter*, besichtigt Auroville und würdigt die Bemühungen um internationale Verständigung und Einheit. Er möchte Tibet gerne in Auroville vertreten wissen.

Fazit der ersten Jahre

Die grünen Pioniere wollen Bäume statt Beton, Felder statt Kulturzentren; sie wollen kleine Kooperativen und dezentrale Strukturen; sie wollen Konzepte, die das Leben selbst entwirft und lehrt. Die Megastrukturen haben sie ja gerade entschieden hinter sich gelassen. Eine organisch gewachsene ökologische Umgebung ist für sie das, was eine zukünftige Stadt als Nährboden braucht.

Vom Baum zum Wald

Auroville schuf aus der vertrockneten Einöde ein üppiges Biotop, die 3 Millionen gepflanzten Bäume wurden zum Symbol für organisches Wachstum. Karl-Heinz, einer der grünen Gründer, sagt:

»Das Herzstück ist der Baum. Er gibt uns die Möglichkeit, das Überangebot an Sonne und den Mangel an Wasser moderat auszugleichen. Die Bäume geben den Menschen und Tieren die Existenzgrundlage, auch wenn es noch Jahre braucht, bis die Humusschicht so stark und fruchtbar ist, uns mit Getreide und Gemüse ernähren zu können. Die Laub- und Nadelbäume sind das Fundament. Der zweite Schritt ist der vom Waldbaum zum Baum mit Früchten und Nüssen, Mangos, Chiccos und Guavas. Durch unser behutsames Pflanzen und Gedeihenlassen wird die Natur immer fruchtbarer und der Ertrag immer vielfältiger.«

Sigrid ist mit der Aufgabe betraut, die Einheimischen beim Aufforsten mit Bäumen zu unterstützen.

»Die Bäume werden am besten unmittelbar ums Haus herum gepflanzt, damit sie in der Obhut der Frauen gepflegt und vor Ziegen geschützt werden. Wir pflanzen aber auch um die Schulen herum, damit die Kinder mit Bäumen aufwachsen und spüren, dass es gut ist, sie zu haben und sich von ihren Früchten ernähren zu können.«

Dennis schreibt über seine Arbeit in der Baumschule in einem Essay »We live with the Trees«:

Es gibt eine uralte, elementare Symbiose zwischen Mensch und Baum, die wir wieder entdecken müssen. Wir lernen in Auroville, den Wald wieder das werden zu lassen, was er einmal war: Heimat, Speisekammer, Lehrer und Freund. Sein Potential ist in Indien enorm groß. Nahezu alles scheint auf Bäumen zu wachsen, was die Menschen hier brauchen. Nahrung, Tierfutter, Brennholz, Schutz, Kleidung, Medizin, Reinigungsmittel und Handwerksmaterial. Fast alles Lebensnotwendige kann gedeckt werden, wenn man den Wald bewusst entwickelt.«

Die Stadtplaner hingegen blicken ins neue Jahrtausend. Sie denken an Raum sparendes Wohnen in Hochhäusern, sie denken nicht ökologisch, sondern urban. Priorität hat für sie die Ansiedlung von Industrie als Existenzgrundlage.

Die Mutter wiederum meint, dass Auroville dringend eine Seele brauche. Die Seele soll das spirituelle Zentrum, das *Matrimandir* werden, es soll inspirieren und für den spirituellen Nährboden sorgen. Trotz ihres hohen Alters nimmt sie lebhaft Anteil an den Aktivitäten, wenn auch nur von ihrem Zimmer im Ashram aus. Wöchentlich empfängt sie eine Gruppe von Aurovillianern und verbringt mit ihnen die Zeit mal in gemeinsamer Stille, mal mit Besprechungen. Sie begrüßt sowohl die Tüchtigkeit der grünen Pioniere als auch die hochfliegenden Pläne der Stadtplaner. Überhaupt: Sie will immer beides! Das Traditionelle und das Experimentelle, den großen Wurf und den kleinen Anfang. Aus der Reibung soll das Neue geboren werden, die Verschiedenheit soll nicht blockieren, sondern inspirieren.

Die Organisationsstruktur ist in den ersten Jahren unübersichtlich, vieles wird nebeneinanderher geplant und gemanagt, ständig werden Arbeitsgruppen gebildet und umgebildet, was *die Mutter* ungnädig kommentiert: »Noch mehr Komitees, noch mehr Geschwätz!... was nötig ist, um Auroville zu verwalten, ist ein Bewusstsein, das frei von allen Konventionen ist und sich der supramentalen Wahrheit bewusst ist. Ich warte immer noch auf so eine Person.« (15. Juli 1970)

1973 schließlich entscheidet sie sich, dem Inder Shyam Sunder die Gesamtleitung zu übertragen. Womöglich ahnt sie, dass sie selbst nicht mehr lange für die schwierige Integration sorgen kann. Ob aber Shyam Sunder es kann?

»Das Matrimandir soll die Seele von Auroville sein.« (Die Mutter)

Das Matrimandir, das »Haus der universellen *Mutter*« soll die spirituelle Sehnsucht nach Vervollkommnung verkörpern. Keinesfalls will *die Mutter* sich hier ein Denkmal setzen. Es soll schlicht ein Ort der Konzentration und Stille werden, ein Ort, an dem sich die transformierende Kraft bündeln und auf Auroville ausstrahlen kann. Ein Ort auch der Sammlung für die Aurovillianer selbst, aber kein Ort für Versammlungen!

Im Januar 1970 schildert *Die Mutter* dem Architekten Paolo ihre Vision:

»Es ist eine Art Turm mit zwölf gleichmäßigen Abschnitten, die die zwölf Monate des Jahres repräsentieren. Er ist absolut leer – und er muss 100–200 Menschen aufnehmen können. Um das Dach zu stützen, wird es im Inneren zwölf Säulen geben und direkt im Mittelpunkt den Gegenstand der Besinnung. In einem Strahl sollte das ganze Jahr über Sonnenlicht eintreten; nicht gestreut, eine Vorrichtung muss gefunden werden, damit sie als Strahl eintreten und als Strahl auf das Zentrum gelenkt werden kann. Im Mittelpunkt wird das Symbol von Sri Aurobindo sein, auf dem eine Kugel ruht. Eine Kugel, die aus etwas Durchscheinendem hergestellt sein sollte, zum Beispiel Kristall... eine große Kugel. Und die Leute können hereinkommen, um sich zu konzentrieren – (lachend) um zu lernen, wie man sich konzentriert! Keine festgelegten Meditationen, nichts von alldem, aber sie sollten sich in der Stille aufhalten, in der Stille und Konzentration! ... Der Raum sollte in einer Art Halbdunkel sein, nur mit den Sonnenstrahlen, damit man den Strahl sehen kann.«

Ausgehend von diesen Vorgaben entwirft Roger Anger mit seiner Gruppe ein Modell. Im Frühjahr 1970 erklärt er in einem Interview mit indischen Reportern:

Modell des Matrimandir und der umgebenden Gärten

»Mit den Informationen, die *Die Mutter* uns gab, fertigten wir verschiedene Modelle an, die *der Mutter* gezeigt wurden, und sie wählte dieses aus. Es ist beinahe kugelförmig. Die genaue Raumprojektion eines alten tantrischen Symbols von Einheit und Schöpfung. Von oben gesehen ist das Gebäude kreisförmig, von der Seite gesehen leicht oval. Betrachten wir nun das Modell genauer. Zuerst kommen wir in das Gebiet von zwölf Gärten, die durch Wege und Wasserströme unterteilt sind und die verschiedenen Aspekte *der Mutter* (Shakti) ausdrücken. Haben wir diese Gärten durchschritten, folgen wir einem der zwölf Wege, die zum Matrimandir führen. Über spiralförmige Gänge erreichen wir den inneren Hauptraum mit der leuchtenden Kugel. Hier offenbart sich die ganze spirituelle Bedeutung des Matrimandir: Bisher tauchte das Bewusstsein aus den Tiefen der Materie auf, als aufsteigende Kraft, die die Kruste der Materie durchbricht. Aber es gibt auch eine Kraft der Herabkunft, die aus den höchsten Höhen herabsteigt; eine erweckende Kraft. Sie regt die Geburt einer ewig neuen Schöpfung an. Die Vereinigung dieser zwei Kräfte im Herzen des Matrimandir symbolisiert die vollkommene Verwirklichung.«

Am 21. Februar 1972 wird feierlich der Grundstein gelegt; ein Jahr hat es allein gebraucht, die gewaltige Baugrube auszuheben, 50 Meter Durchmesser, zehn Meter tief, ohne Maschinen, mit Schaufeln und Schubkarren.

Nun schmückt ein aus Blumen arrangiertes Sri Aurobindo Symbol den Boden, in der Mitte brennt ein Feuer, jeder wirft einen kleinen Kieselstein in den ersten Bauzement, *Die Mutter* lässt einen Stein überbringen, auf den sie das Sanskrit-Mantra Om gemalt hat. Der Tag der Grundsteinlegung ist zugleich ihr 94. Geburtstag!

Neben dem Matrimandir entsteht das Amphittheater. In seinem Zentrum steht auf einem kleinen Hügel die Urne, die die Erde aus 121 Ländern birgt.

Mehr und mehr Menschen finden sich nun in Pondicherry ein, um auf die Stadt zu warten. Nicht alle können sich zu dem Robin Hood-Leben in Strohhütten entschließen, vor allem die Inder sehen darin keinen Reiz. Sie bleiben lieber in der Nähe des Ashrams und wirken von dort am Aufbau der Stadt mit, außer Industriellen und Geschäftsleuten kommen auch KünstlerInnen, SchriftstellerInnen, ein ehemaliger Major, ein tibetischer Lama und ein Benediktiner-Mönch.

Nach Auroville selbst kommen Weltreisende, die fasziniert sind und hier hängen bleiben, Lebenskünstler mit Idealen, aber ohne Geld, Frauen und Männer, die die Brücken zu ihrer Heimat abbrechen, um dem Ruf Aurovilles zu folgen. Es kommen aber auch Leute, die weniger an Auroville und mehr an der kostenlosen Lebensmittelversorgung interessiert sind, Leute aus der Drogenszene, Leute, die ins Chaos ausflippen und gar solche, die die schwebende Visumsituation im Niemandsland ausnutzen, um einer drohenden Inhaftierung zu entgehen. Was soll man mit ihnen machen? Die Aurovillianer wollen von *der Mutter* wissen, ob es vielleicht sogar gut ist, nun mit solchen Schwierigkeiten konfrontiert zu sein?

Sie sagt: *»Aber nein, ich möchte doch nicht künstlich alles noch schwieriger machen, als es sowieso schon ist. Aber wir sollten auch nicht gleich in Aufregung geraten, wenn Schwierigkeiten auftauchen, wir sollten ihnen beherzt und mit Mut begegnen. Wir müssen mit all unserer Kraft ein Beispiel geben für das, was wir auch von anderen erwarten. Ich weiß, es ist nicht leicht, aber wir sind ja auch nicht hier, um es uns möglichst leicht zu machen. Ich möchte, dass Neuankömmlinge spüren, dass es eine gigantische Anstrengung für Fortschritt bedeutet, nach Auroville zu kommen, und Leute, die dazu nicht bereit sind, sollten gehen. Aber sie sollten nicht weggeschickt werden, sondern die Kraft des Bemühens muss so stark sein, dass diese Leute sie spüren. Die schiere Kraft von Aufrichtigkeit sollte sie von alleine vertreiben ...«* (*Die Mutter* im Gespräch mit Aurovillianern, 1972)

Tatsächlich – zwar gibt es immer wieder Fälle von Drogenabhängigen oder Abhängern, aber es sind so wenige, dass Auroville sie mittragen kann. Insgesamt fordert das eigene Überleben so viel Kraft und Initiative, dass nur robuste Naturen – wenn auch in mehr oder weniger verrückter Ausprägung – sich angezogen fühlen und es hier langfristig aushalten.

Die Mutter entlässt ihre Kinder

Am 17. November 1973, dem Tag, an dem die vier Grundpfeiler zum Matrimandir fertig werden, stirbt *die Mutter*, in den Armen ihrer engsten Betreuer. Das Unglaubliche: Keiner in Auroville ist darauf vorbereitet!

Francis: »Als sie uns verließ, war es ein totaler Schock. Wir hatten uns einfach nie darüber Gedanken gemacht, dass sie eines Tages nicht mehr da sein könnte und was dann wird. Es war immer ein Leben von Moment zu Moment, ohne sich um das Morgen zu kümmern, mit dem Vertrauen, dass alles schon irgendwie gut gehen wird. Es war schön ... und dann das. Wir konnten es einfach nicht glauben. Wir waren wie gelähmt und hatten keine Ahnung, was jetzt passieren wird. Es gab dann Meditationen, vor allem im Ashram, aber jeder hat mehr für sich allein versucht, das zu verarbeiten. Jeder lief wie im Schock umher.«

Die Aurovillianer fühlen sich wie Waisen, aus dem mütterlichen Schoß ins selbstständige Leben entlassen, geworfen. Die Krücken sind weg.

Frederik: »Als sie plötzlich nicht mehr da war, ist ein Vakuum entstanden, das sich nie mehr richtig gefüllt hat. Dieses Loch, das sich da aufgerissen hat, trägt man weiter. Für Neue, die hierher kommen, ist es vielleicht leichter, sie kommen unbefangener. Andererseits frage ich mich oft, was sie denn sehen, wenn sie ein Foto von *Mutter* anschauen, ich kann mich da nicht hineinversetzen. Aber wenn ich in der richtigen Stimmung bin, erlebe ich auch eine unglaubliche Dankbarkeit, wenn auch immer vermischt mit diesem Verlustschmerz.«

Das Phänomen der Anziehungskraft bleibt jedoch bestehen. Auch Neuankömmlinge haben in ihren Hütten und Häusern ziemlich bald ein Foto von *der Mutter* hängen und berichten von der Kraft, die sie von ihr spüren.

Die Krisenjahre nach 1973

Jahre der Pubertät könnte man sie nennen! Rebellische Jahre mit Autoritätskämpfen und der heftigen Suche nach der ganz eigenen Identität. Es wird die Zeit schmerzhafter Auseinandersetzungen mit der SAS, der Sri Aurobindo Society.

Auf der einen Seite gibt es die »wartenden« Aurovillianer in Pondicherry, die viel Geld investiert haben und mit Recht erwarten, dass sie auf dem von ihnen finanzierten Land irgendwann leben können, und zwar in modernen Hochhäusern und Siedlungen, wie sie im Plan von Roger Anger vorgesehen sind!

Auf der anderen Seite gibt es die, die sich einfach durch ihre Niederlassung auf Auroville-Land zu Aurovillianern berufen fühlen. Auroville gehört schließlich niemandem im Besonderen, sondern der Menschheit als Ganzem. Also fühlen sich die, die das Land bewohnen und bearbeiten, auch berechtigt, es ihr Eigen zu nennen, auch wenn sie es nicht mit ihrem Geld finanziert haben. Es beginnen Kämpfe um das ideelle Vermächtnis *der Mutter*. Die Aurovillianer vor Ort verteidigen ihren Naturwachstumskurs inklusive Planlosigkeit. Die SAS verteidigt die Anliegen der Anwärter in Pondicherry. Es wird bald ein hässliches Drama um Geld, Macht, Positionen, das alte Spiel halt, das man doch gerade überwunden wissen wollte! Mit dem höheren Bewusstsein und dem Ideal der menschlichen Einheit und Geschwisterlichkeit ist es erst mal aus.

Was passiert? Die SAS mit ihrem Direktor Navajata will Auroville nicht nur in der Öffentlichkeit vertreten, sondern autorisiertes Entscheidungsrecht ausüben. Mit Hilfe politischer Verbindungen und geschickter Rechtsanwälte wird ein Statut errichtet, das vorsieht, sämtliche Entscheidungen über Auroville alleinverantwortlich zu treffen. Die SAS wird die rechtswirksame Körperschaft, die über Spenden und Kredite verfügt, aber auch darüber, wer als Aurovillianer zugelassen wird und wer nicht. Überdies wird die SAS rechtmäßiger Eigentümer all dessen, was in Auroville gebaut, gepflanzt und geschaffen wird. Die ursprüngliche Charta *der Mutter* passt in keine juristische Form und ist in keinem Gesetzbuch vorgesehen. Die SAS nutzt dieses Paragraphen-Vakuum und erreicht, als legalisierter Eigentümer operieren zu können. Zum Leitungsteam gehören außer Navajata der Chefarchitekt Roger Anger sowie der von *der Mutter* ernannte

Auroville-Verwalter Shyam Sunder, der als Einziger dieses Trios auch in Auroville lebt.

Aurovillianer wundern sich zunächst nicht über die juristischen Klüngeleien und vertrauen arglos. Sie sind damit beschäftigt, die jungen Bäume vor den Ziegen zu schützen und mit den Einheimischen warm zu werden, bekommen nach wie vor Essen und Material aus Pondy geliefert. Was sich in den Hinterstuben der Macht abspielt, ist weit von ihren Alltag entfernt. Doch dann werden Projektgelder plötzlich in Baumaßnahmen umgeleitet, für die sie nicht vorgesehen waren. Navajata stimmt seine Entscheidungen nicht mehr mit den Aurovillianern ab; bestimmt die Marschrichtung im Alleingang. Dann entsteht auch noch der Verdacht, dass Spenden missbraucht wurden, um Ashramschulden zu begleichen. Manche Aurovillianer werden skeptisch, andere räumen Navajata genügend Weitsicht ein, um ihm weiterhin zu vertrauen. Eine inneraurovillianische Spaltung nimmt ihren Lauf.

Erinnerungen von Jaap, einem holländischen Elektrotechniker, der 1971 mit seiner Frau Lisbeth nach Auroville kam und mit drei anderen Familien die Community Kottakarai aufbaute. Kottakarai liegt mehrere Kilometer westlich des Matrimandir. Es ist brachliegendes Land, das die SAS für die zukünftige Stadt gekauft hat.

»Wir lebten nach dem Prinzip der Notwendigkeit. Es war kein Wasser da, also bauten wir einen Brunnen, außerdem Hütten aus einfachstem Material. Dann brauchten wir Milch und schafften uns eine Kuh an, dann brauchten wir Gemüse und begannen mit der mühsamen Bewirtschaftung des kargen Bodens. Die Kinder waren immer dabei, sie wurden überall mit einbezogen. Die SAS zahlte unseren Unterhalt. Doch als der ganze Streit mit ihr ausbrach, kamen keine Gelder mehr und wir waren auf unsere Ersparnisse angewiesen. Die hatten wir aber sowieso schon fast alle in den Platz gesteckt. Also musste jeder schauen, wie er noch irgendwie Geld beschaffen konnte. Naja, am Ende sind solche finanziellen Krisen auch immer sehr gesund! – Wir waren gezwungen, wirklich zusammenzuhalten und haben das auch getan. Die Stimmung war sehr gut und wir hatten auch unsere Freude. Es kam dann unverhofft eine Finanzspritze von der Welthungerhilfe und die Farm konnte damit ausgebaut werden. Wir waren auch froh, jetzt von der SAS unabhängig zu sein, denn man hatte immer das Gefühl, betteln zu müssen. Mit der Zeit wurde allerdings der Druck in Auroville im Zusammenhang mit den Kämpfen mit der SAS größer. Es gab diese zwei Fraktionen, und entweder man gehörte zu der einen oder zu der anderen, der ganze Streit hat uns auseinander dividiert. Das Klima war so: Wenn du nicht 100%ig gegen die SAS kämpfst, dann bist du gegen den Auroville Spirit. Alles sollte richtig kollektiv sein, abweichende Meinungen wurden nicht akzeptiert, das Kollektiv kam aber nicht von innen heraus, sondern war total aufgesetzt. Wir hatten in Kottakarai zwar nicht so eine rigide Atmosphäre und haben alles nicht so total ernst genommen, aber die Stimmung in Auroville wurde trotzdem schlechter. Alle liefen mit so einer todernsten Miene rum. Das typische Gruppenphänomen: Entweder du gehörst dazu, oder du bist außerhalb. Dem Druck konnte sich fast keiner widersetzen. Viele haben in diesen Jahren Auroville verlassen, es war sehr schmerzhaft. Das Positive in dieser Zeit war, dass wir wirklich auf uns geworfen waren und für unsere eigene Struktur, unsere eigene Identität als Aurovillianer sorgen mussten. Es war ein Push, sich besser zu organisieren. Heute sehe ich es so, dass wir

Spartanische Anfänge

Eher zweifelhafte Eindrücke nahm zu dieser Zeit der Journalist Henry Skolimowski in seine tschechische Heimat mit. Der Archivmitarbeiter Martin überließ mir schmunzelnd seinen Artikel. Leider ist nicht überliefert, wann genau und für wen er ihn schrieb. Ein Auszug:

»Wie Auroville äußerlich angelegt ist, ist kaum zu fassen. Eine ganze Zahl von Kleinstsiedlungen und Einzelhäusern – alle isoliert voneinander – sprenkeln das Land. Jede Community ist anders als die anderen und die äußere Absonderung trägt zu einem Geist der diffusen Durchdringung bei, der Vermeidung von Zusammengehörigkeit, der sozialen Anarchie. So wie Diogenes mit seiner Lampe nach Leuten sucht, so radle ich auf der Suche nach Auroville [...]

Der einzige Ort, den alle als wahrhaft zentral akzeptieren, ist das Matrimandir, dieses gewaltige Betongebilde in Form einer abgeflachten Sphäre. Es soll universal sein, niemanden ausschließen, alles umarmen – eben ganz genau wie Auroville. Na klar! [...]

Die Nahrung ist äußerst kärglich und es gibt nicht genug davon. Eine Zeit lang haben sie nur von Waragu, einer Körnerspeise, gelebt. Sie sparen nach allen Regeln der Kunst, seit das Geld von Pondicherry ausbleibt, alle sind hager und mager. Immerhin gibt es gutes Brot. Sie backen es selbst, in einer Bäckerei irgendwo mitten im Wald. Aber manchmal gibt es nicht genug Brot, dann müssen sie trockene Waragu-Kekse essen, – und die haben sie ziemlich satt.

Im Ergebnis dieser spartanischen Lebensweise wurden sie stark wie »Stahlnägel«, wie es jemand ausdrückte – vielleicht etwas zu stählern für eine spirituelle Gemeinschaft! Außerdem erscheinen sie in Auswirkung dieser Stahlstärke wie eine entlächelte Masse. Im Vergleich mit den einheimischen Dorfbewohnern, die trotz ihrer Armut viel lächeln und sehr munter sind, stießen mir die Aurovillianer als vergleichsweise trüber Haufen auf. Sie grüßen einander nur selten, wenn sie sich begegnen. Normalerweise schauen sie zur Seite.

Ein seltsam tolerantes Verhältnis haben sie wiederum gegenüber solchen, die die Freizügigkeit als Lizenz zur Zügellosigkeit betrachten und sich zu keinerlei sozialem oder materiellem Beitrag bemüßigt fühlen. Von der Gemeinschaft werden sie dennoch gestützt und gestopft, und bewundernswert ist die Beharrlichkeit, mit der hier auch offensichtlich schwer gestörte Persönlichkeiten geachtet werden. Es wird hier eben als Stärke der Gemeinschaft aufgefasst, alle Ausformungen des Menschseins unbeirrt zu dulden, statt zu reglementieren oder gar zu züchtigen.«

doch durch diese Jahre hindurch eine Menge begriffen haben und heute davon profitieren und etwas klüger sind. Etwas!«

Am 4. November 1975, nach stundenlangen Meetings unter dem Banyon-Baum und keineswegs einmütig, beschließen die Aurovillianer, eine eigene Gesellschaft registrieren zu lassen. Sieben Aurovillianer werden zur Unterzeichnung als Verantwortliche mobilisiert. Der Vertrag wird rechtskräftig, Auroville hat nun einen eigenen Rechtsstatus als eingetragener Verein.

Die SAS beantwortet diese Provokation mit Druck auf zwei der indischen Unterzeichner und bringt sie zum Abspringen. Damit ist die junge Auroville-Gesellschaft wieder im Aus, die Fronten verhärten sich endgültig. Navajata spielt nun mit einer neuen Trumpfkarte: den Visa. Die SAS ist es, die für Aurovillianer die Visa beantragt und über ihre jährliche Verlängerung entscheidet. Nun beginnt für viele eine Nervenprobe: Werde ich das Visum bekommen oder nicht? Hat die SAS mich auf der schwarzen Liste oder nicht?

Für Navajata und für manche im Ashram gilt Auroville mittlerweile als Hippie Camp. Die »Chaoten« passen nicht in das Konzept eines geordneten Stadtwachstums. Es ist verlockend einfach, per Visa-Entzug zu erreichen, dass sie in ihre Heimat verschwinden. Es ist bis heute ein drohendes Schwert über nichtindischen Aurovillianern.

Währenddessen geht das Leben weiter. Die Bäume werden weiter gewässert und wachsen unbeeindruckt von den Machtspielen einfach weiter, das Land wird grüner, fruchtbarer, schöner. Die ehemals nackten Hütten auf bloßem Land sind nun umrankt von Hibiskus. Die Baumäste ragen schon in die Hochetagen. Die, die das Land pflegen, haben eine innige Beziehung zu ihm gewonnen. Sie sehen Aurovilles Zukunft inzwischen lieber nicht mehr als *»Big Auroville«*, sondern als *»Small Aurovillages«!*

Die SAS wiederum fürchtet mehr und mehr um die Vision der Zukunftsstadt und hält an den Ursprungsplänen fest. Roger Anger sitzt in den Startlöchern, man macht weiter Werbung für die »Galaxy«, bekommt Kredite von der indischen Staatsbank, Industrien sollen angesiedelt werden, interessierte Investoren warten auf klare Verhältnisse. Die SAS verstrickt sich jedoch in finanzielle Spekulationen, verliert den Überblick und offenbart Inkompetenz. Schließlich kommt es, dass Roger Anger kapituliert und zermürbt nach Frankreich zurückkehrt. In einem Brief erklärt er:

»Das Streben nach Macht, der Mangel an Verständnis und Einsicht und wachsende Rigidität haben dazu geführt, dass die Situation im Hinblick auf ihren Anspruch auf Einheit nicht mehr zu verantworten ist. Das zeigt klar, dass Auroville unabhängig werden muss von jedweder Form von Führung, die nicht in der Lage ist, es auf dem Weg zu höherem Streben zu leiten. Das einzige positive Ergebnis der letzten Wochen ist die Dringlichkeit eines kollektiven Bewusstseins in Auroville, das sich behaupten kann und lebensfähig wird. Wir sollten alle unser Bestes dafür geben, dass es möglich wird, unseren Egoismus und unsere Grenzen zu überschreiten und uns als Ganzes zu verstehen, mit dem Ziel, ein Auroville zu kreieren, das mit den klaren Direktiven der Charta übereinstimmt.

Ich habe das Gefühl, dass mein Rückzug aus allen Aktivitäten eine bessere Chance bietet für die Entstehung eines solchen kollektiven Bewusstseins, an das anzuknüpfen ich bereit bleiben werde.« (Roger Anger, 18.12.1975)

Tatsächlich wird er immer wieder für Monate nach Auroville kommen, jedoch hier nie wirklich Wurzeln schlagen. Sein Geld verdient er als renommierter Planer mit Sanierungsprojekten in Frankreich, sein Herz allerdings bleibt der Vision und *Mutter* treu und fühlt sich ihr verpflichtet. Immer wieder nimmt er einen neuen Anlauf, findet neue Mitstreiter, doch immer wieder bricht auch der Graben auf zwischen dem Visionär am Zeichenbrett und den Aurovillianern »draußen« im täglichen Leben.

Das ersehnte kollektive Bewusstsein erprobt sich derweil in Versuchen, aus einem Gemeinschaftstopf zu leben, denn jetzt kommt auch für Projekte kein Geld mehr von der SAS. Dritte-Welt-Organisationen helfen, Freunde und Verwandte helfen, die weltweit gegründeten Auroville-Vereine helfen. Zur Not nutzt man die heißen Sommermonate, um in der Heimat »Geld für Auroville zu machen.« Für eine kollektive Lebensmittelversorgung gründet man eine Kooperative mit dem programmatischen Namen »Pour Tous« (für alle)! Die Einnahmen werden in einen Topf gegeben und wieder verteilt. Jedem nach seinen Erfordernissen! Aber was sind Erfordernisse? Was ist Luxus und was Notwendigkeit? Gibt jeder alles ab, was er hat, oder sollte privates Geld privat bleiben dürfen? Die Diskussionen sind ausdauernd und zehrend.

Der Kampf mit der SAS nimmt derweil groteske, ja bittere Formen an. Mysteriöse Übergriffe geben böse Rätsel auf. Werkzeug wird gestohlen, der Maschinenraum am Matrimandir brennt, einzelne Aurovillianer werden von Tamilen tätlich angegriffen und vermuten dahinter SAS-bezahlte Schlägertrupps. Aurovillianer wiederum sind auch nicht gerade zimperlich. Sie besetzen Hütten von Ashramiten, manche schrecken auch vor Prügeleien nicht zurück, und sonntags behindern sie mit Sitzblockaden die Matrimandir-Touristentouren der SAS. 1977 werden gar einige Aurovillianer per Polizeimacht aus einer solchen Sitzblockade fortgetragen und inhaftiert. Die Polizei vollzieht das formale Recht auf ungehinderten Transit der SAS-Busse. Andererseits – und das wiederum gehört zu den kleinen indischen Wundern: Obwohl viele Aurovillianer kein Visum mehr haben und also illegal in Auroville leben, erscheint keiner, um sie des Landes zu verweisen.

Sie bleiben, und ihr Durchhaltevermögen nährt sich aus dem Glauben, dass auch düstere Phasen ihre Bedeutsamkeit haben. Waren nicht Zeiten besonderer Durchbrüche immer schon Zeiten mit ausgeprägtem Licht und Schatten? Für das Licht sorgt in dieser Zeit die Natur selbst. Mit der wachsenden Pracht von Bäumen, Blumen, Früchten und Vögeln scheint sie sich bedanken und zum Weitermachen ermuntern zu wollen. Die Schatten: Stacheldrahtzäune und Verbotsschilder als rigoroser Selbstschutz. Interne Spaltungen, schockierte Gäste. Journalisten wenden sich mit Grauen ab, mal wieder scheint hier eine »Revolution der Hoffnung« missglückt. Einige Aurovillianer geben auf, kehren in ihre Heimatländer zurück, hinterlassen Bauruinen und ungelöste Konflikte. Die Dagebliebenen geben sich Mühe, Auroville am Leben zu erhalten. Aurovilles Schicksal wird das eines blühenden Provisoriums an der Peripherie einer wartenden Stadt!

Im November 1977 wenden Aurovillianer sich an das zuständige Bundesministerium und bitten um Hilfe. Die Regierung schickt einen Vertreter und setzt einen Untersuchungsausschuss ein, der die Aktivitäten der SAS überprüft. Durch diese Rückendeckung ermutigt, entschließen sich die Aurovillianer zu einem Gerichtsprozess gegen die SAS. Das Verfahren durchläuft mehrere Instanzen und landet schließlich beim obersten indischen Gerichtshof in Neu Delhi. Dort wird am 8. November 1982 entschieden, dass die SAS das Management von Auroville niederlegen muss. Der Society wird die Veruntreuung gewaltiger Geldsummen, eine eklatante Misswirtschaft und Desorganisation, sowie die Veruntreuung privater Schenkungen nachgewiesen.

Bis eine befriedigende neue Organisationsstruktur gefunden ist, übernimmt nun die indische Zentralregierung die Schirmherrschaft über Auroville. In den Jahren 1982 – 88 wird an einer Form gearbeitet, die als juristischer Rahmen für die Charta tragfähig erscheint. Die Regierung fühlt sich verantwortlich für eine Lösung, weil sie das

Projekt vor der UNESCO als universale, kulturelle Stadt zu vertreten hat und Auroville ein eigenes Anliegen ist. Es könnte ein spezifisch indischer Beitrag zur internationalen Verständigung werden. Zudem schätzt man die ökologischen Erfolge und ihre Vorbildfunktion für das landesweit erwachende Umweltbewusstsein.

Endlich eine neue, stabile Struktur

1988 wird eine Struktur geschaffen, mit der beide Seiten leben können: der »Auroville Foundation Act«. Dieses spezielle Auroville-Gesetz sieht eine Stiftung mit drei Körperschaften vor:

- Einen Verwaltungsrat als geschäftsführendem Treuhänder des Auroville-Eigentums, besetzt mit sieben Persönlichkeiten des öffentlichen Lebens, die sich durch ihr Engagement für Auroville verdient gemacht haben, sowie mit zwei Vertretern der Regierungsverwaltung. Mit diesem Verwaltungsrat (Governing Board) muss Auroville alle ökonomischen, kulturellen und internen Grundsatzentscheidungen abstimmen.
- Ein internationales Beratungsgremium (International advisory Council), besetzt mit fünf Mitgliedern, die sich durch ihre Verbundenheit mit der Idee von Einheit, Frieden und Fortschritt auszeichnen. Keines dieser Mitglieder, so die Bedingung der Aurovillianer, darf aus den Reihen der SAS stammen. Dieses Gremium soll den internationalen Anspruch von Auroville wahren und bei der Verwirklichung der Ideale der Charta unterstützend mitwirken.
- Ein Bewohnerrat der Aurovillianer selbst, besetzt mit sieben intern gewählten Vertretern im so genannten Working Committee. Dieser Rat entscheidet, als Sprachrohr Gesamt-Aurovilles, über die Anerkennung von Neuankömmlingen als Aurovillianer nach der Probezeit und behält eine Art Richtlinienkompetenz im Rahmen aller aurovillianischen Aktivitäten. Diese müssen vor der Gesamtstiftung verantwortet und mit der Charta in Übereinstimmung bleiben.

In der Erklärung des Familienministeriums, die während der Beschluss fassenden Parlamentsdebatte verlesen wird, heißt es:

»Auroville hat sich in den letzten acht Jahren beachtlich entwickelt. Seine Bewohner sind engagiert in verschiedensten Initiativen wie Wiederaufforstung, Boden- und Wasserkonservierung, Landwirtschaft, Erziehung, Dorfentwicklung, Handwerksbetrieben und Computertechnologie. Sie haben außerdem ein System der Selbstorganisation entwickelt. All dies sollte unterstützt und konsolidiert werden. Die Arbeit des Verwaltungsrats sollte ein Management sicherstellen, das mit Aurovilles Idealen übereinstimmt. Und es sollte eine unparteiische Einschätzung des Fortschritts dort leisten können; nicht nur für die unmittelbar Beteiligten, sondern auch gegenüber dem Parlament und der Öffentlichkeit.

Auroville birgt in seiner Vision ein großes Potential, und das kann ein enormer Dienst an unserem Land und für die Welt sein. *Die Mutter* hat erklärt, dass die Erde einen Ort braucht, an dem die Schwierigkeiten menschlicher Natur durchgearbeitet werden, in dem mühevollen Prozess ihrer Wandlung. In solch einem Bestreben sind Schwierigkeiten zu erwarten, aber die Regierung ist dazu aufgerufen, Auroville zu helfen, seine Ziele mehr und mehr zu realisieren. Ein Schlüsselwort in Auroville ist Forschung. Die Charta hat unterstrichen, dass Auroville in materieller wie spiritueller Forschung engagiert sein wird. Was bisher erreicht wurde, ist ein Anfang, ein guter Anfang.«

Frederick, einer der ständigen Kontaktpersonen zwischen der Regierung und Auroville, kommentiert: »Während ich in den letzten Jahren das Gefühl hatte, dass Auroville immer kleiner und kleiner wird und zu ersticken droht, habe ich während dieser Parlamentsdebatte und als dort die Charta verlesen wurde, plötzlich wieder diese große Dimension gespürt: dass Auroville nicht nur ein lokales Laboratorium ist, sondern eine nationale und eine internationale Bedeutung hat. Es war wie ein Ausbruch aus einer alten Schale, einem Kokon!«

Die Aurovillianer atmen auf, endlich herrscht eine klare Situation. Alles belebt sich, neue Projekte entstehen, Betriebsgründungen werden gewagt, private Häuser gebaut, neue Ideen verwirklicht. Nach der Phase der Enttäuschungen folgt eine Phase persönlicher Träume und ausgeprägter Individualität, eine Phase des Rückzugs wohl auch. Zu traumatisch waren die Konflikte, schwer zu verarbeiten ist der tiefe Graben zwischen Anspruch und Wirklichkeit. Die Freude über die neue Regelung ist allerdings nicht ungetrübt. Es melden sich Stimmen, die meinen, man habe den Teufel mit dem Beelzebub ausgetrieben und sich nun eine andere Form von Abhängigkeit eingehandelt. Befürchtet wird, dass die wohlwollende Haltung bei einem Regierungswechsel umschlagen könnte. Ein hinduistischer Fundamentalismus zum Beispiel könnte zur Folge haben, dass nichtindische Aurovillianer ausgegrenzt werden. Befürchtet wird auch, dass sich der Verwaltungsrat stärker einmischt als geplant und die Entwicklung Aurovilles ähnlich zu dominieren versucht wie einst die SAS.

Noch einmal Frederick: *»Auroville wächst nun in seine internationale Rolle hinein und deshalb ist für uns der Schutz und die Verbindung zur Regierung wichtig. Allerdings müssen wir uns frei halten von der Politik und darauf vertrauen, dass die indische Regierung eine positive Rolle in Aurovilles Aufbau spielen wird. Jedenfalls macht uns das freier, als wenn wir immer eine kleine, private Gruppe blieben. Alles hängt nun davon ab, ob wir in der Lage sind, den Spielraum zu nutzen und Konflikte selbsttätig zu lösen; wenn wir wegen jeder Kleinigkeit dahin laufen und um Hilfe bitten, dann ziehen wir die negativen Kräfte buchstäblich zu uns herunter und dann wird die Zusammenarbeit negativ.«*

Auroville heute

Es ist moderater geworden, die wilden Jahre scheinen vorbei, es wird mehr strukturiert, mehr geplant, mehr koordiniert. Der Umgangston ist pfleglicher. Ist Auroville erwachsen geworden? Ja, ein bisschen! Aber ein Kollektiv ist es noch immer nicht! Eher ein Gemeinwesen aus Gruppen und Individuen, aus Projekten und Betrieben und eine Ansammlung höchst unterschiedlicher Lebensstile. Die Palette reicht von radikal-alternativen Freaks bis zu einer Art Bourgeoisie, die ein komfortables Leben mit Chauffeur und Hausangestellten in klimatisierten, ungezieferfreien Prachthäusern nicht für einen Widerspruch zu spirituellem Fortschritt hält. Der Durchschnitt lebt mit bescheidenem Komfort. Der Speisezettel ist nicht mehr karg, mit Käse zum kernigen Brot, mit Joghurt und Milch, mit Gemüsevielfalt und Keksen zum Nachtisch. Es wird in Auroville zuweilen geraucht und zuweilen Alkohol genossen oder auch mal missbraucht. Die meisten aber leben als nicht rauchende Vegetarier und belassen es bei Tee und Kaffee.

Wasser muss man sich in der Regel nicht mehr per Eimer aus dem Brunnen holen; Kerzen braucht man nur noch für die Stimmung und während der – allerdings häufigen – Stromausfälle. In archaischen Hütten leben nur noch wenige, ihre Romantik ist mit allzu viel Getier und Gestaub verbunden, allenfalls das Dach wird noch mit luftigen und doch dichten Palmwedeln gedeckt und sorgt für ein naturnahes Wohngefühl. Es gibt imposante Lehmbauten und solide Häuser, in denen einheimische Techniken, ökologischer Pragmatismus und blühende Phantasie eine gelungene Verbindung eingegangen sind.

Manche sind vorbildlich mit Solartechnik, Biogasanlage und Brauchwassernutzungssystem ausgestattet, leider aber nicht die Mehrheit. Ökologie ist kurzfristig teuer; die meisten Bauten sind individuell konzipiert und privat finanziert, Kollektivhäuser mit Vorfinanzierung durch Auroville sind aber im Vormarsch. Die Blüten der architektonischen Anarchie werden von Gästen ebenso bestaunt wie die Blüten der Aufforstungsanstrengungen.

Mehrere Biofarmen und die privaten Gemüsegärten ackern auf das Ziel der Selbstversorgung zu, liefern Obst, Gemüse und Getreide. Die Bäume schenken Guavas, Chiccos, Papayas und reichlich Nüsse.

Für die Gesundheit sorgt ein Zentrum, das ständig wächst und inzwischen mehrere Sub-Zentren in Einheimischendörfern unterhält. Die Ausstattung reicht für kleinere Operationen und stationäre Behandlungen; Schwerpunkte sind neben dem täglichen Sprechstundenbetrieb Vorsorge, Aufklärung und Hygieneverbesserungen in den Dörfern. Von klassischer Schulmedizin über Homöopathie bis zu Reiki, Massage und der traditionellen, indischen Aryurveda-Medizin ist alles nebeneinander vertreten, zunehmend auch miteinander. Die Gruppe der heilenden Aurovillianer arbeitet kooperativ zusammen. Wer hier Patient ist, muss sich nicht für das eine und gegen das andere entscheiden. Die medizinische Grundversorgung ist kostenlos, auch für die Einheimischen.

Für die rund 400 Kinder ist Auroville ein riesiger Abenteuerspielplatz mit integriertem Tierpark. Um ihre Bildung kümmern sich Kindergärten und drei Schulen. Die Schule arbeitet notenfrei und praxisorientiert; traditioneller Frontalunterricht im Stundentakt ist allerdings die Regel. Höhere Schulabschlüsse können neuerdings in Auroville gemacht werden. Weiterhin gibt es ein zentrales Sekretariat mit Bücherei und Bibliothek sowie Bank, Post und Läden.

In Pondicherry gibt es noch immer den Sri Aurobindo Ashram, es leben und arbeiten dort etwa 2.000 Ashramiten und prägen die kleine Stadt. Nach den Jahren der heftigen Auseinandersetzungen und Abgrenzungen ist Ruhe eingekehrt und es haben sich Freundschaften gebildet, die sorgsam gepflegt werden. Der Ashram-Innenhof mit dem marmornen Samadhi (der Grabstätte) von *Mutter* und Sri Aurobindo ist ein blumengeschmückter, einladender Ort innerer Sammlung. Umgekehrt kommen Ashramiten wieder gerne nach Auroville, zu Konzerten, Theateraufführungen oder auch, um einen Vortrag zu halten. Man hört sich wieder zu und ist im Gespräch miteinander!

Wirtschaftlich besteht Auroville heute aus einer Mischung aus außenorientierter Marktwirtschaft unter dem Dach der Stiftung, Auroville-bezogener Binnenwirtschaft und privaten Ressourcen.

Arbeitsplätze sind in großer Vielfalt geboten, sei es im Rahmen der Entwicklungshilfe, sei es in der ökologischen Forschung oder in der Bildungsarbeit. In den rund 50 Betrieben, vom Einfrau-Betrieb bis zum mittelständischen Unternehmen mit Hunderten von Mitarbeitern. Produziert wird Kunsthandwerk und Kleidung für den Dritte-Welt-Markt oder West-Export, daneben Nützliches für Auroville und Indien: Bautechnik, Windmühlen, Ziegelpressen, Elektronik, Räucherstäbchen, Lampenschirme, Holzspiele und Hängesitze.

Kommunikationsmittel sind wöchentliche News, viele Telefonanschlüsse und – forciert durch die eigene Elektronikfirma Aurelec – Intranet, email und Fax.

Wichtigstes Medium aber sind die zahllosen Meetings und Arbeitsgruppentreffen. Etwa 80 % aller Auroville-Entscheidungen werden in Arbeitsgruppen getroffen; sie haben großen Handlungsspielraum und genießen ein themenspezifisches Vertrauen der Gemeinschaft. In den Meetings wird Auroville zu dem Gruppenerlebnis, das Gäste sonst so vergeblich suchen! Für ein bisschen Geselligkeit sorgen inzwischen aber auch mehrere Cafés und Restaurants.

Geliebt und gelebt wird hauptsächlich in Zweierbeziehungen, auch das Modell der Kleinfamilie wird noch oder wieder gerne probiert, erweitert durch den Faktor Gemeinschaft, in der die Kinder überall ein- und ausgehen und sich Wahlfamilien schaffen können. Das wird dann umso wichtiger, wenn gemeinsame Wege sich wieder teilen. Trennungsschmerzen können aufgefangen werden, weil das emotionale Netz weit gespannt ist, für die Kinder wie für die Eltern. Nicht wenige Kinder haben in Auroville zwei Elternhäuser, manchmal in naher Nachbarschaft. Und nicht wenige Kinder sind damit ganz zufrieden. Über schmerzhafte Geschichten des Scheidens soll das aber nicht hinwegtäuschen.

Kulturell schöpft Auroville vor allem aus eigenen, künstlerischen Kräften, und die sind ja vielseitig begünstigt und gefördert. Der junge Chor erfüllt manche Auroville-Nacht mit feierlichem Gesang, die Künstler stellen ihre Werke aus, TänzerInnen zeigen disziplinierte Körperkultur, vom klassischen Ballett über indischem Tanz bis zu avantgardistischer Performance.

Auch die Kinder und Jugendlichen tragen witzige Theaterstücke und kulturelle Highlights bei. Und manchmal bestreiten durchreisende Künstler einen Abend aus Freundschaft mit Auroville.

Ein hohes Maß an Selbstverantwortlichkeit ist gefragt und auch nötig. Man hört niemanden jammern: »Ja wenn, dann...« oder »Ach, das geht nicht und das kann ich nicht.«, sondern es gilt »Ich kann, was ich will«, und: »Alles ist möglich, wenn es nur stimmig ist«. Die Gemeinschaft ist kein kuscheliges Nest, in das man sich gut fallen lässt. Auroville ist auch keineswegs eine Art New-Age-Zentrum, auch wenn inzwischen Yoga-Kurse, energetische Heilmethoden und Meditationstechniken wie die Vipassana-Meditation Eingang gefunden haben. Es heißt nach wie vor: »Alles Leben ist Yoga« und vor allem »Arbeit ist Yoga«.

Auroville will kein therapeutisches Reiseziel werden und Workshops werden hoffentlich auch in Zukunft nicht den Charakter einer Ware bekommen. Sie sind kostenlos und jeder gibt weiter, was weiterzugeben wert scheint. Oft bieten auch Gäste ein besonderes Seminar an, finden ein dankbares Versuchsfeld und sind froh, aktiv etwas beitragen zu können. Das ist eine gute Form, Auroville für sich zu erobern und Auroville etwas zu geben und mitzugestalten!

Das Matrimandir – die Seele Aurovilles

»Das Matrimandir möchte das Symbol für die göttliche Antwort auf das menschliche Streben nach Vervollkommnung sein, für die Einheit mit dem Göttlichen, das sich in einer fortschreitenden menschlichen Einheit verwirklicht.« (Die Mutter)

Seit 35 Jahren wird daran gebaut, seit 35 Jahren wächst es mit Auroville mit, der gesamte Park soll eine Zone des Friedens mit einer zukunftsweisenden, spirituellen Ausstrahlung werden. In der mühsamen Umsetzung spiegelt es das Ringen um Form und Inhalt, um Angemessenheit und Großartigkeit, um Treue zu *Mutters* Vision, um den Glauben daran, dass vom Matrimandir als Seele Aurovilles außerordentliche Kräfte abstrahlen und nicht nur Auroville beschützen, sondern auch der krisengeschüttelten Welt ins postmentale Zeitalter helfen.

Das Matrimandir selbst ist inzwischen so gut wie fertig gestellt. Weithin leuchten seine vergoldeten Scheiben, im schlichten, aber majestätischen *»Inner Chamber«*, dem sakralen inneren Raum der Stille, finden Aurovillianer ihre spirituelle Mitte.

Nun harren die Matrimandir-Gärten ihrer Verwirklichung und wiederum muss um Form und Inhalt gerungen werden.

Derweil hat es der imposante Bau, der kein Tempel, sondern ein Konzentrationsort sein will, auf die Liste der Attraktionen für Indien-Touristen geschafft, sie kommen jeden Nachmittag in Bussen, nachdem sie zuvor Pondicherry und den Sri Aurobindo Ashram absolviert haben, der ja dort mit einigen Hundert Ashramiten auch noch existiert. Zwar wollte *die Mutter,* dass es ein Ort der Konzentration für aufrichtig Strebende und nicht für touristisch Neugierige wird, doch für das Image Aurovilles in der Welt und für die indische Regierung ist es bedeutsam, das nun etwas da steht, von dem man sagen kann: Schaut her! Solch ein Bauwerk! Welch eine Vision!

Die Aurovillianer fühlen sich mit den Matrimandir trotz oder gerade wegen ausgestandenem Zwist und Zweifel tief verbunden, sie haben hier reichlich Schweiß und Nervenkraft gelassen und empfinden es innig als gemeinsames Schicksal.

Das Matrimandir – nach langer Bauzeit und vielen Schwierigkeiten erstrahlen seine goldenen Linsen in der Sonne und ziehen die Aurovillianer/innen an.

Grundsätzliche Kritik kommt eher von Gästen. Manche lästern, es sähe aus wie ein Wassertank, andere setzen noch einen drauf und meinen, dass er als solcher immerhin nützlich wäre!

Der Bau kostete die vergleichsweise wenigen zwei Millionen Dollar; billige Arbeitskraft der Einheimischen und ehrenamtlicher Einsatz der Aurovillianer hielten die Kosten niedrig. Das Teure war und ist das Material, reiner weißer, hoch polierter Marmor für das Inner Chamber, 20 Kilo reines Gold für die Scheiben, viel Expertenarbeit für schwierige Details.

Die gesamte obere Hälfte des Kugelbaus bildet das Inner Chamber, als der spirituelle Zentralraum. Die Decke wölbt sich einem Planetarium über dem mächtigen, fensterlosen Raum; Wände und Boden sind aus feinstem italienischem Marmor, zwölf ebenfalls weiß-marmorne Säulen stehen majestätisch im Rund, in der Mitte ruht ein lichtbeschienener Kristall, der als größter der Welt (77 cm Durchmesser) im *Guiness Buch der Rekorde* vermerkt ist. Die deutsche Firma Zeiss hatte die Herausforderung angenommen und Schicht für Schicht den Vollkristall aus blasen- und schlierenfreiem »Bohr-Kron-Sieben-Glas« gegossen. Mitsamt den langen Abkühlungsphasen zwischen jeder Gussschicht eine Prozedur von sechs Monaten! Drei weitere Monate wurde geschliffen und poliert und die 450 Kilo schwere Kugel schließlich sicher verpackt nach Auroville transportiert. Gesamtkosten: 250.000 DM, gezahlt von 50 verschiedenen Spendern, vor allem von wohlhabenden Indern, die an die historische Bedeutung dieses spirituellen Monuments glauben und ihr dienen wollen.

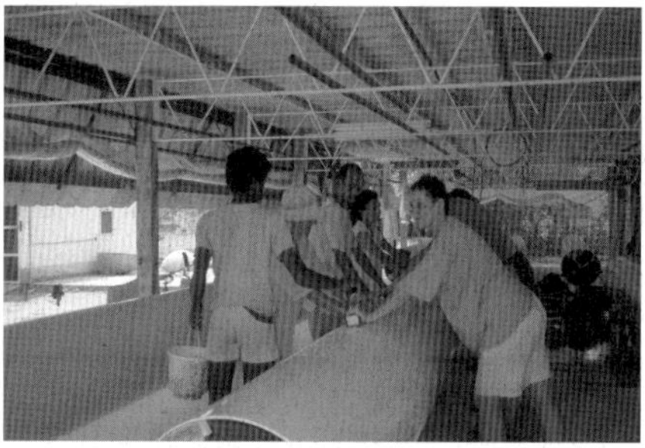

Viele Freiwilligenstunden, hier beim Polieren einer der zwölf Marmorsäulen des Inner Chamber, haben die Aurovillianer zusammengeschweißt. Auch Gäste waren hier immer willkommene Helfer.

Der Kristall ruht nun auf einem goldgeschmiedeten Sri Aurobindo Symbol. Von oben strahlt Sonnenlicht durch eine kleine Dachöffnung. Dies ist die einzige Lichtquelle im halbdunklen Raum; ein hochtechnischer Mechanismus auf dem Dach sorgt für gleichmäßige Bündelung der Sonnenstrahlen, wenn keine Sonne scheint, ersetzen vier kleine Halogenscheinwerfer den gebündelten Strahl.

Abgesehen von einfachen Sitzkissen ist der Raum vollkommen leer. Am Eingang bekommt man weiße Socken, setzt sich irgendwo in den Raum und verweilt in Stille, solange man will.

Die Aurovillianer besuchen das Matrimandir in den Abendstunden, wenn die Touristen fort sind. Manche täglich, manche nur selten. Manche berichten von Lichtvisionen, die sie hier empfangen, manche von aufladend schöpferischer Kraft. Manche stimmt die Atmosphäre ruhig und demütig, und sie fühlen sich *der Mutter* hier ganz einfach nahe.

Der Lichtstrahl im Inner Chamber repräsentiert die konzentrierte Kraft, die alles durchdringt, alles erleuchtet.

Das Matrimandir soll wie ein Transformator wirken, die helfende göttliche Kraft kommt hier am konzentriertesten herab, erklärt mir Walter von der Matrimandir-Gruppe.

»Das Licht kommt von oben nach unten, es strahlt durch alles hindurch, man könnte auch sagen: das geistige Licht fällt ein! Ich habe im Inner Chamber zum ersten Mal wirklich Stille gehört! Es ist eine ganz besondere Art von Frieden, den man hier im Matrimandir-Areal spürt. Darüber zu sprechen, wird auch schnell lächerlich.«

Geplant werden nun im unteren Teil des Matrimandir kleine Meditationsräume (wiederum aber nur für ein stilles, individuelles Verweilen), die mit den Aspekten der universellen *Mutter* korrespondieren. Designer und Künstler Aurovilles sind dabei, Farben und Formen und Fenster für die jeweilige Räume zu konzipieren.

Desweiteren werden jetzt die umgebenden Gärten in Angriff genommen, für die es von *der Mutter* blumenkundliche Vorgaben gibt. Es sollen wiederum zwölf unterschiedlich gestaltete Teile mit Blumen, Wasserspielen, Skulpturen und arrangiertem Naturmaterial entstehen, die jeweils mit einem spirituellen Aspekt korrespondieren, mit Freude, Kraft, Licht und Nützlichkeit zum Beispiel. *Die Mutter* hatte 1969 gesagt:

»Es soll ein Ort großer Schönheit werden. Einer Schönheit, die die Menschen beim Betreten der Gärten deutlich spüren lässt, welche Bedeutung sie verkörpern, sodass sie empfinden: Ah, das ist es! Im Garten der Jugend werden sie Jugend spüren, im Garten der Seligkeit werden sie Seligkeit spüren und im Garten der Perfektion Perfektion. Es soll so sein, dass man die Gärten wie einen Einweihungspfad durchschreitet. Es soll nicht etwa ein Duftgarten oder eine Spielwiese oder eine Gartenschau zur Sinnesfreude werden, sondern ein Initiationspfad, auf dem das Bewusstsein sich selbst durchwandert,

und sich dabei feierlich bereit macht für die schweigende Sammlung im sakralen Inner Chamber. Die Idee hat etwas Begeisterndes, obwohl zu befürchten ist, dass sie zu sehr inszeniert wird.«

Und was sagen Aurovillianer dazu?

Im eigentlichen Sakralraum, das weiß-marmorne Inner Chamber mit Sri Aurobindo-Symbol und dem sonnenbestrahlten Kristall.

»Mir erschien dieses Bauwerk am Anfang auch im höchsten Maße suspekt, vor allem als Farmer. Es schien mir viel bedeutender, dass wir hier drei Millionen Bäume gepflanzt und am Leben erhalten haben. Warum so ein teurer Betonkugelklotz?

Es sprengt alle rationalen Kategorien, so wie Auroville! Wer wie ich als Öko-Freak herkommt, fasst sich zu Recht an den Kopf. Aber das heißt nicht, dass es nicht doch genauso wichtig ist wie die drei Millionen Bäume, die wir gepflanzt haben.«

Wofür ist es wichtig?

»Das wird sich herausstellen! Wir haben die Instruktionen von der »höheren Regie« erhalten, also bauen wir es fertig und warten ab, was dann passiert. Die besondere und intensive Konzentration soll den Weg der Evolution beschleunigen, den wir zu beschreiten haben, das ist alles. Ich merke zum Beispiel an den Kindern, dass sie ganz still werden, wenn sie den inneren Raum betreten.

Für mich ist das Matrimandir nur vergleichbar mit dem Bau der Kathedrale *»Sagrada Familia«* (Die Heilige Familie) in Barcelona. Sie wurde auch nur aus Spenden finanziert und von Laien gebaut und ist – nach Jahrzehnten – immer noch nicht fertig obwohl mit dem Bau 1883 begonnen wurde. Der ursprüngliche Architekt Antony Gaudi ist inzwischen tot, aber die Freiwilligen bauen weiter. Der ganze Bau ist wunderbar verspielt und ein bisschen surreal, ähnlich wie unser Bau. Wir haben nie das Geld gehabt, um auf einen Schlag größere Teile fertig zu stellen oder gar eine Baufirma zu beauftragen, und es war uns immer wichtig, in welchem Spirit gebaut wird. Abgesehen davon gäbe es keine Firma in Indien, die das so liebevoll und sorgfältig im Detail hätte bauen können wie wir. Die unendlich vielen durchdachten Details machen die Stabilität aus, den Charakter.

Zum Beispiel die Konstruktion zum Bündeln des Sonnenstrahls: Piero stand vor der Aufgabe, einen Mechanismus zu finden, der das Sonnenlicht trotz des unterschiedlichen Sonnenstandes gleich bleibend intensiv einfängt und senkrecht hinunter auf eine massive Kristallkugel strahlt, in der das Licht mehrfach reflektiert wird und den gesamten Raum erleuchtet. Es wurde ein Heliostat gebaut, der dem Lauf der Sonne folgt. Die Bewegungen der Spiegel sind computergesteuert, wobei der Computer mit einem Programm ausgestattet ist, das 365 verschiedene Tagesprogramme enthält und die Spiegel im Rhythmus von Sekunden weiterbewegt.

Im Zentrum dieser Technologie wird ein Teil benutzt, das ein Abfallprodukt der Rüstungsindustrie ist! Und zwar ein Teil eines Missile-Leitsystems. Und dies am Ort der Friedenszukunft! Das ist für mich ein Zeichen, dass in Auroville alle Paradoxa möglich sind. Es gibt Leute, die auf einem selbstgewählten Steinzeitniveau leben, und es gibt Leute, die sich nicht scheuen, militärische Errungenschaften zu nutzen!«

Eine Studie der Architektin Mona fand, (unbeabsichtige) Gemeinsamkeiten in den Proportionen der großen Pyramiden und des Matrimandir heraus. Ich zitiere aus ihrem Bericht für *Auroville Today*: »Es ist ja bekannt, dass die großen Pyramiden eine tiefgründige Wirkung auf Menschen und Dinge ausüben. Experimente haben gezeigt, dass alles, was in den inneren Raum der Pyramide gebracht wird – ins so genannte Königszimmer – in seinen physischen, biologischen und chemischen Prozessen beeinflusst wird (eine Art energetische Aufladung). Das liegt an der Raumgeometrie.

Die Geometrie der großen Pyramiden basiert auf dem »goldenen Schnitt«. Den goldenen Schnitt erhält man, indem man eine Linie AB nach C so teilt, dass AB/AC = AC/CB = 1,618 ergibt. Plato hat den goldenen Schnitt in seinem Werk als die häufigste Verbindung aller mathematischen Relationen bezeichnet und als den Schlüssel zur Physik des Kosmos. Man sagt, dass sie von Leuten erbaut wurden, die einen Einblick in die Dynamik des Kosmos hatten.

Wenn wir das Matrimandir analysieren, entdecken wir interessante Übereinstimmungen. Es war zehn Jahre, nachdem *Mutter* ihre Vision hatte, dass zufällig herausgefunden wurde, dass der goldene Schnitt und die Proportionen der Pyramiden exakt in seinem Kreuzungsschnitt verkörpert sind. Man hat außerdem festgestellt, dass das Sri Aurobindo Symbol ganz genau in die Form des Matrimandir paßt. Es ist die Shalagran-Form, ein altes Symbol der hinduistischen Kosmologie, das Ei des Brahman, aus dem die Schöpfung entspringt! Mit anderen Worten, es gibt im Matrimandir zwei Triangeln mit denselben Proportionen wie in den Pyramiden. Das Energiezentrum im Innern der Pyramiden liegt auf einem Drittel ihrer Höhe. Wenn wir das auf die zwei Triangeln im Matrimandir übertragen, erhalten wir ein Band von 110 cm, wo dieses Energiefeld konzentriert ist. Das ist genau die Höhe, in der die Leute sitzen!«

Edsat ist ein Auroville-Veteran, der neben seiner Arbeit als Farmer immer auch an der Vollendung des Matrimandir mitgewirkt hat – als einer von mehreren Freiwilligen, die dort täglich gearbeitet haben.
Hier reinigt er den Heliostaten, der zu jeder Tageszeit das Sonnenlicht auf den Kristall im Inner Chamber lenkt.

Das italienische Architektenpaar Gloria und Pierro, hat ausdauernd und beharrlich die Bauleitung für das innere des Matrimandir übernommen, während Chefplaner Roger Anger für das Äußere verantwortlich blieb. Es wurde ihr Lebenswerk, zu dem sie ungeplant berufen wurden, als sie 1968 hierher kamen.

Wie sehen sie ihr Werk heute?

Gloria: »Für uns war wichtig, dass es eben Mutters Vision ist. Sie hat das Innere ganz genau gesehen, und wir fühlen uns als Instrument ihrer Vision. Niemals in meinem

Leben habe ich einen Menschen getroffen so wie sie. Sie schaute einem in die Augen und dann verschwanden plötzlich all die kleinen eigenen Probleme, und stattdessen tauchten mit großer Bestimmtheit und Sicherheit die Aufgaben der Menschheit auf. Diese großen Begriffe wie Unendliche Weite, Grenzenlosigkeit und Ewigkeit ... in ihrer Gegenwart waren sie wirklich zu spüren!«

Das italienische Architektenpaar Gloria und Pierro, *der Mutter* und ihrer Vision seit 35 Jahren treu verpflichtet.

Während Gloria das erzählt, huscht dieses unnachahmlich Liebesleuchten über ihr Gesicht, das man oft sieht, wenn Auroviliianer von ihrer Begegnung mit *der Mutter* sprechen. Es ist eine Liebe, die durch alle Mühen und alle Jahre hindurch zu tragen scheint!

»*Mutter* ist noch immer da, sie ist spürbar, ihre Kraft ist hier anwesend. Sie ist ein Elixier, ein Licht, und wie die Sonne, die alles klärt und wärmt!

Jedenfalls konnten wir einfach nicht mehr weg von hier! In Italien waren wir Linke, kein bisschen religiös, aber *Mutter* gab uns Schutz und Führung, und schließlich ist Auroville ja eine ganz sozialistische Idee, im ursprünglichen Sinn! Als wir mit dem Matrimandir anfingen, waren wir voller Enthusiasmus. Dann kam allerdings der Konflikt mit der SAS und auch mit Roger Anger konnten wir nicht mehr zusammen arbeiten. Es ist daraus die Trennung entstanden, dass er die äußere und wir die innere Gestaltung übernahmen.«

Das Stadtspiel

Dramatisch drückt es der Architekt Peter aus, der Auroville immer wieder für einige Zeit verlässt und dann wieder liebesentbrannt auf die Bühne des »Stadtspiel Auroville« zurückkehrt:

»Das Stadtspiel ist uns von *der Mutter* gegeben worden, denn es ist das komplexeste, was das Thema Selbstgestaltung im Sozialen, Kollektiven und Individuellen betrifft. Das Matrimandir ist dabei ein Transformator und es bildet eine Art Kohäsion, eine Art Zusammenhalt der Moleküle. Es ist auch ein Testballon zum Zähne ausbeissen; da sind alle Themen drin: Stadtbau, Gesellschaftsbau, Zukunftsbau. Jeder hat sein Matrimandir in sich selbst. Der Kristall, der von Licht beschienen ist, muss der innere Führer sein. In der Erneuerung Indiens können wir ein Medium sein, bei der Renaissance von Materie und Geist, da sind sie noch immer in ihrer wichtigsten Rolle. Das Spiel ist offen! Weltweit ist das so! Diese Krisen weltweit sind eine karmische Notwendigkeit, um sich selbst aufzurütteln. Was willste? Willste wirklich leben oder willste diese Todesspiele weiterspielen?«

Walter gehört zu denen, die nun an einer spirituellen Gartenarchitektur tüfteln. Alle Entwürfe müssen dann einen Meinungsbildungsprozess durchstehen, bis gefunden ist, was wirklich »stimmt«. Das Ergebnis wird etwa ab 2005 zu bestaunen sein.

Piero: »Natürlich, das Matrimandir fragt nach der Stadt, so wie es da steht. Seine Präsenz ist fühlbar, der Effekt nicht definierbar.

Für mich war in all den Jahren die Erfahrung sehr positiv, mit den freiwilligen Laien hier arbeiten zu können. Das hat uns letztendlich immer weitergetragen, weiter motiviert. Für mich ist es nach wie vor eine wunderbare Idee, in diesem inneren Zimmer die Verbindung von Himmel und Grund, von Sonne und Erde zu symbolisieren und zu materialisieren.«

Ist das Matrimandir so etwas wie ein Bewährungstest für Auroville??

»Jaa, (er lacht) und ich weiß nicht, wie der Test ausgehen wird!«

Und ist es aber nicht zu einem recht männlichen, recht technischen Bauwerk geraten?

Gloria: »Gerade für *die Mutter* war das Äußere des Baus gar nicht so wichtig, eher das Innere und die Gärten. Sie hatte so eine Naturliebe, so eine innige Beziehung zu Blumen! Die große *Mutter* – die Mahashakti – als die Fülle der Natur, ist ein sehr weiblicher Aspekt, der weiblichste Ausdruck des Göttlichen.

In der jetzigen Form korrespondiert das Äußere des Matrimandir nicht mit dem Inneren. Es ist es ein recht männliches, strenges, aufdringliches Ding von Power geworden. *Mutter* war liebevoll, auch mal streng, aber niemals aufdringlich!«

Auch bei der Gartengestaltung wird nun wieder darum gestritten, was *Mutter* eigentlich wollte und wer ihr Vermächtnis am treuesten vertritt. Diese Spurensuche gestaltet sich schwierig, weil viele Aussagen *der Mutter* sich in unterschiedlichen Situationen und Gesprächen durchaus widersprachen. Sie reagierte jeweils auf eine aktuelle Situation, auf einen bestimmten Menschen und bewegte sich dabei in ständigem, lautem und sich wandelnden Denken. Das macht es schwer, Definitives aus ihrem Vermächtnis festzumachen.

Das Inner Chamber wollte sie vielleicht doch nur als betont einfachen Raum mit einer einfachen Flamme, zeitweise war eine Pyramidenform im Gespräch, dann der Kugelbau mit Goldscheibenverkleidung. Die Entwürfe gerieten immer monumentaler.

Die Mutter selbst hatte zwar den Wunsch nach einem 24 Meter großen Raum, aber muss die äußere Verschalung aus Gold sein? Angeblich sagte sie dazu: »Wenn es Gold sein soll, dann muss es aber echtes Gold sein!« Und das legen manche so aus, dass sie eher davon abraten wollte.

Nach langem Hin und Her wurde nach ihrem Tode die Scheibenvergoldung gewählt.

Mit traditionellen indischen Verfahren hätte man dazu 900 kg Gold gebraucht. Dass man nun nur 20 kg brauchte, ist dem Franzosen Michele zu verdanken, der ein äußerst sparsames Applikationsverfahren entwickelte. In den doppelten Glasscheiben ist sandwichartig eine feine Schicht Gold eingeschmolzen.

Mechthild erlebt das Matrimandir als eine, die allabendlich das Inner Chamber sauber macht und die dort verteilten weißen Socken zum Waschen bringt.

Auch den weißen makellosen Marmor zu organisieren, war eine Herausforderung. Einen speziellen Lack für die Säulen zu entwickeln, eine andere. Die Herausforderungen drehen sich nun also um die Gärten. Sollen mehr oder weniger Bäume in den Park? Dürfen ästhetisch- spirituelle Aspekte bei der Wahl von Blumen, Pflanzen und Wasseranlagen wichtiger sein als ökologische Aspekte?

Manche wollen einen Skulpturenpark, andere finden Pflanzen wichtig, die auch nützlich sind, Heilkräuter zum Beispiel.

Und in Japan hat *die Mutter* ja viele Jahre gelebt und sich seine Blumenkunde angeeignet.

»Um im Garten von Bewußtseinszustand zu Bewußtseinszustand zu wandern, ihn sozusagen körperlich erfahrend, ist die japanische Gartenlehre besonders geeignet, denn sie betont den geistigen Hintergrund mehr als das Vordergründige, sie hat sich in tausenden Jahren Mythologie und geistigem Wissen tradiert.«

Die gesamte Friedens-Area hat einen Durchmesser von 600 Metern, seit 1973 arbeiten wir daran, 380 Bäume wurden gepflanzt, sind jetzt schon recht stattlich und bilden den Parkbereich. Ein See – evt. auch als Nutzwasser – könnte zwischen dem Matrimandir und dem Park eine Abgrenzung bilden...

Man darf gespannt sein, wie sich die Gärten entwickeln werden! Es können sich alle Aurovillianer an einem Ideen-Wettbewerb beteiligen!

»Das ist ein Segen für mich, ich arbeite tagsüber auf der Farm und es ist ein schöner Ausgleich, mit dem vielen Weiß zu hantieren, den Tüchern, Stoffen und Socken. Darin arbeiten ist ganz anders als darin sitzen. Ich habe das Empfinden, es arbeitet auch an mir! Seit 8 Jahren mache ich das nun, in einer Haltung des Dienens, und ich habe das Gefühl, alles vom Tag wird in mir wie gewaschen! Wir sitzen dann immer noch eine Weile zusammen und dann gehe ich wunderbar geklärt nachhause!

Das Wesentliche am Matrimandir ist für mich der Begriff der Seele. Sie ist das Zentrale im menschlichen Wesen. Jetzt leben wir aus dem Mental, dem Vital und dem Körper, die eigentliche Seele ist noch ziemlich verdeckt, im Hintergrund. Aus der Seele heraus zu leben, ist meine erwachenende Lebensentwicklung, all das, was sich in mir an Seelischem ausdrücken will, was heraus will, ins Leben zu bringen.«

Ankommen in Auroville

Gast sein

Der majestätische Banyon-Baum im Center Guesthouse beschirmt neue Gäste und lässt sich auch von scheußlichen Plastikstühlen nicht davon abhalten.

Wer nach Auroville kommt, sollte auf alles gefasst sein. Dass die Koffer nicht mitgekommen sind, dass das Flugzeug von Bombay nach Madras nicht fliegt oder erst am nächsten Tag; dass man von Taxifahrern übers Ohr gehauen wird und dass man, wenn man schließlich erschöpft und genervt in Auroville landet, kein Zimmer findet, keinen Aurovillianer, der einem hilft, keine nette Begrüßung, kein Gefühl von »Ah, hier bin ich willkommen!«.

Derart gewappnet kann man sich umso mehr freuen, wenn es ganz anders kommt: Das Flugzeug fliegt nicht nur, sondern ist auch pünktlich; alle Koffer sind nicht nur da, sondern es ist auch noch alles drin; der Taxifahrer ist von rührender Herzlichkeit, und im *Center Guest House* kommt man gerade recht zum gemütlichen Mittagessen unter dem schönen Banyon-Baum. Und alle rufen fröhlich: »Halloo!«

Charakteristisch für den Gast in Auroville ist, hin- und hergeworfen zu sein zwischen Verzweiflung und Begeisterung. Und daraus kann durchaus ein Dauerzustand werden. Verzweiflung über all das, was nicht klappt, über nicht enden wollende Mückenattacken, über den ersten hinraffenden Durchfalltag, über lähmende Hitze oder zermürbenden Dauerregen (es sei denn, man kommt in den gefälligeren Monaten Dezember bis März). Verzweiflung auch über Gefühle der Verlorenheit in diesem unüberschaubaren Großgelände, und dass es ewig braucht, bis man sich orientieren kann und weiß, wo was wie läuft. Verzweiflung auch über muffelige, verschlossene, ja arrogante Aurovillianer. Begeisterung, weil man gerade eine spontane Einladung von einem überaus netten Aurovillianer bekommen hat, weil alles soo weit, großzügig und herrlich ursprünglich ist, ohne Ampeln, Schilder und Regeln.

Begeisterung über die wunderbare Natur mit all den Streifenhörnchen, Vögeln, Pferden und Ochsen; über lange Abende unter klarem Sternenhimmel und über Füße, die auch nachts warm bleiben. Begeisterung über den Strand und das Meer, das sich – wie Auroville – täglich von einer anderen Seite zeigt. Mal schwappt es phlegmatisch dahin, mal fordert es mit reißender Strömung und mächtigen Brechern heraus. Verzweiflung, weil es kaum möglich ist, am Strand ungestörten Urlaubsfreuden zu frönen, ohne von einheimischen Kinderaugen beharrlich beobachtet zu werden.

Einmal angekommen, geht es darum, seinen Platz zu finden. Welches Gästehaus, welche Community passt zu mir? Gleich sich in eine Arbeit stürzen oder erst mal schnuppern und relaxen? Sich ein Fahrrad leihen und damit tapfer schwitzend die Gegend erkunden? Oder doch lieber ein Moped, entgegen allen ökologischen Vorsätzen? Aurovillianer einfach ansprechen oder warten, was von alleine passiert?

Sich in der Bibliothek in die wenigen Auroville-Veröffentlichungen vertiefen, im Informationscenter das Wenige erfahren, was zu erfahren ist? Eine Expedition durch die einheimischen Dörfer? Oder nach Pondicherry, in den Ashram, wo es wenigstens richtige Führungen gibt? Ins Matrimandir pilgern und darüber meditieren, was man hier will?

Die Möglichkeiten sind herrlich und schrecklich offen.

Das Center Guest House ist für die meisten Ankömmlinge die erste Anlaufstelle. Hier gibt sich die Holländerin Tineke mit ihrem italienischen Freund Silvano seit acht Jahren redliche Mühe, ein bisschen zu helfen. Ihr Erfahrungsfazit:

»Leute, die hierher passen, bleiben. Leute, die nicht hierher passen, gehen! Manche erwarten eine schöne warme Wohngemeinschaft und sind enttäuscht. Andere erwarten gar nichts und blühen hier auf! Die, die als Paar kommen, erleben eine Feuerprobe. Alles kommt raus. Man kann nicht weglaufen, man ist mit den eigenen Wahrheiten und Unwahrheiten konfrontiert!«

Auroville scheint zur Selbsterfahrung zu nötigen, auch wenn man sie gar nicht sucht. Es soll hier ein besonderer Druck wirksam sein, der innere Prozesse forciert. Dieser Druck macht die Magie von Auroville aus und wird der Kraft *der Mutter* zugeschrieben. Auf einer profaneren Ebene sind es schlicht die Umstände, die besondere Selbsterfahrungsmöglichkeiten bescheren. Das Tagebuch von Tineke gibt einen plastischen Eindruck davon:

Ein verregneter Augusttag im Center-Gästehaus

7 Uhr: Müde von einer unterbrochenen Nacht, versuche das Yoga-Asana »Hund«, ein wenig geschummelt.

Frühstück machen: 60 Scheiben Toast, literweise Tee. Nach und nach erscheinen die Gäste. Hauptthema heute Morgen: Verstopfung!

9 Uhr: Die Bettlaken für die neuen Gäste sind noch nass. Versuche, sie mit dem Föhn zu trocknen. Es regnet immer noch und der Gärtner macht deshalb die Zimmer sauber.

10 Uhr: Der Zimmermann aus dem Dorf kommt mal wieder zu spät. Er erzählt mir, seine Groß*Mutter* sei gestorben! Ist sie nicht schon mal gestorben? Der Maurer hat eine Geschichte, dass sein Helfer ihm zwei Säcke Zement geklaut hat. Nichts wie hin!

Tineke, die Seele des Center Guest House

Einen können wir noch zurückerobern, der andere ist schon in seinem neuen Boden verarbeitet.
11 Uhr: Die neuen Gäste kommen. Stunden zu spät und ohne Gepäck. Es ist noch in Bombay. Wir leihen ihnen T-Shirts, Seife und Lungis (Stoff zum Binden einer Art Rock)
12 Uhr: Ein paar Gäste kommen völlig aufgeweicht von einer Fahrradtour zurück. Sogar ihr Geld und ihre Pässe sind nass.
12 Uhr 30: Regenpause. Wir sitzen alle unter unserem Banyon-Baum und essen zu Mittag. Alain und Patricia von der Video-Gruppe kommen vorbei. Sie wollen uns beim Essen filmen. Ich gebe weitere Klamotten an die durchnässten Gäste aus, die im Bikini herumlaufen. Am Ende haben wir eine nette, südindische Modemischung!
13 Uhr: Pässe und Rupienscheine sind trocken geföhnt und das Gehäuse des brandneuen Leichtgewichts-Föhn ist verfärbt!
Mittagspause, oft unterbrochen. »Tineke hier, Tineke da, hast du mal, kannst du mal...«
15 Uhr: Tea time. Ich gebe den Gästen einen Crash-Kurs über *Sri Aurobindo* und *Die Mutter* und versuche, unser Leben hier zu erklären.
15 Uhr 55: Unser langerwarteter Solar-Wassererhitzer kommt endlich an.
16 Uhr: Eine Frau kommt mit dem Moped zurück. Sie ist im Schlamm stecken geblieben und hat sich auch noch ihr Bein am Auspuff verbrannt. Erste-Hilfe-Behandlung; sie schläft ein. 20 Leute heute zum Abendessen. Haben wir genug Karotten und Zwiebeln? Ramachandram geht ins Dorf und kauft noch welche extra.
17 Uhr: Ein Taxi aus Madras kommt angeknattert. Ich sehe Berge von Koffern und ... eine Box mit einem Farbfernseher. Mein Herz sinkt. Wer ist das? Ein großer Mann mit blitzblauen Augen und bleichen Beinen kommt aus dem Auto herausgestolpert, hält meine Hand und murmelt »Oh, ich bin so glücklich, daheim zu sein!« Er erklärt feierlich, dass er gekommen sei, um in Auroville zu leben. Ich habe keinen Platz, aber ich habe Mitleid. Also biete ich ihm für die Nacht den Küchenboden an.
17 Uhr 30: Das Telefon läutet. Es ist Carel mit der Nachricht, dass ein kunstliebender Botschafter aus Holland nächstes Wochenende nach Auroville kommt und im Gästehaus empfangen werden soll. Ich soll das am besten so arrangieren wie eine kleine aurovillianische Kunstausstellung!!!
19 Uhr: Beschauliches Dinner bei Kerzenlicht. Stromausfall!
22 Uhr 30: Gerade, als ich einschlafen will, ruft einer nach uns. Ein Gast ist verschwunden! Silvano macht sich mit ein paar anderen auf die Suche.
23 Uhr: Sie haben ihn gefunden – schlafwandelnd in den Matrimandir-Gärten. Mit viel Mühe haben sie ihn heimgeschleppt. Er ist einer der »verstopften« Gäste! Mit Homöopathie, Reiki und allen nur erdenklichen ganzheitlichen Methoden helfen wir mit vereinten Kräften nach.
23 Uhr 30: Erfolg! Grund zum Feiern mit einer kleinen Tee-Party.
23 Uhr 45: Das Gästehaus schläft! ... War da nicht mal jemand, der mich fragte, ob das Leben in Auroville nicht langweilig sei??

Auroville hat bisher keine Einführungsprogramme oder Führungen geboten, es will selbsterfahrend entdeckt sein! Ein bisschen ändert sich aber jetzt, nachdem man mit einer organisierten Reisegruppe vom befreundeten schottischen Findhornprojekt gute Erfahrungen gemacht hat. Für sie wurde ein Zwei-Wochen-Programm mit Referaten, Führungen und Begegnungsabenden auf die Beine gestellt. Morgens hatten die Teilnehmer Arbeitseinsätze in der Baumschule, am Matrimandir oder in der Bibliothek, nachmittags gab's Exkursionen oder auch einfach »Tee bei Meenakshi«. Abends erschienen Aurovillianer als Experten im neuen Seminarhaus und fanden überraschend Gefallen daran, dass ihre gesammelten Weisheiten mal kompakt und vor lauschenden Zuhörern herausgefragt, ja: kommuniziert werden. Ermutigt durch diese Erfahrung werden jetzt für Newcomer und Gäste solche Programme regelmäßig angeboten, und mehrere Aurovillianer haben sich mit einer Gruppenleiterausbildung in Findhorn für die neue Aufgabe fit gemacht. Auroville wird gruppenfreundlicher! Es kommen nun auch geschlossene Yoga- oder Reisegruppen mit Pauschalarrangement.

Die Apartements im Center Guest House.

Die meisten Gäste aber kommen unorganisiert. Es sind zwischen 1.000 und 2.000 Besucher im Jahr (abgesehen von den vielen Tagestouristen) und sie können zwischen 20 verschiedenen Gästehäusern wählen. Von der einfachsten Strohhütte im Grüngürtel bis zum komfortablen Bungalow mit Bad, inklusive Vollpension, Fahrrad und Wäscheservice.

Karin: »Wenn ich 50 bin, soll noch mal etwas ganz anderes passieren!«

Mit 47 Jahren suchte sich Karin für ihre Berliner Kneipe mit Kegelbahn eine Vertretung und machte sich mit Sohn und Ehemann auf nach Indien, auf der Suche nach etwas ganz anderem.
Im Flieger hörte sie zum ersten Mal von Auroville, ihr Vordermann erzählte davon. Da horchte sie auf und überzeugte Sohn und Mann, dass man da unbedingt hin müsse. Und nach dem ersten Besuch waren dann alle drei infiziert. Zurück in Berlin, verkaufte sie ihr Berliner Restaurant, löste Versicherungsträge auf und stürzte sich ins Auroville-Abenteuer, ohne zu wissen, was sie konkret dort machen würde. Am liebsten etwas im Sinne der Integration von Tamilen: »Schließlich wollen wir hier ja nicht Palästina und Israel wiederholen!«, sagt sie.
An dem ganz Neuen, was sie mit 50 erleben will, beginnt sie mit Feuereifer zu bauen. Ein Näh-Workshop soll es sein, sie findet einen ehemaligen Kuhstall, erfindet kleine Yoga-Kissen, gefüllt mit Hobelspänen und Zedernholz, dann auch entsprechende Sitzkissen, sie investiert Privatgeld, kauft Nähmaschinen, stellt Tamilen an. Nach zwölf Monaten schreibt sie schwarze Zahlen, beschäftigte vier Mädchen und einen Schneider. Mit dem macht sie so ihre Erfahrungen als Chefin, übt sich in klaren Anweisungen, respektiert aber auch den Eigenwillen von indischem Schneiderstolz. Es dauert eine Weile, bis er einwilligt, die Säume vor dem Nähen zu bügeln, weil sie dann ordentlicher werden!

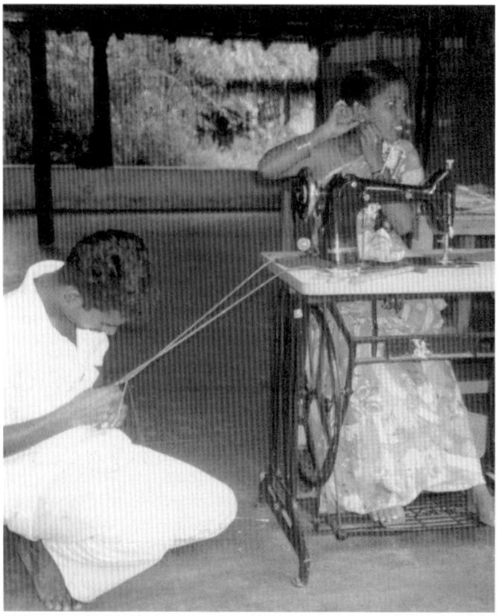

In Karins Nähworkshop: Gute alte Tretmaschinen kommen im LEC zu Ehren und können von hilfreichen Männern auch schnell mal selbst repariert werden.

Aus dem Nähworkshop wird ein richtiges Zentrum und es bekommt den großen Namen *Life Education Centre, LEC.*

Es ist eine Schule für 15–22-jährige Dorfmädchen ohne reguläre Schulbildung. Ein Drittel der Mädchen geht in Indien nicht zur Schule! Im LEC lernen sie Tamil, Schreiben, Lesen, Mathematik, Englisch, Nähen, Häkeln, Stricken und auf Wunsch auch den Umgang mit Computern.

Im Nähworkshop finden sie dann Arbeit. Manche der 35 Mädchen und Frauen ernähren inzwischen ihre gesamte Familie!

Der nächste Schritt ist eine eigene Boutique, in der Erzeugnisse aus ihren Workshops und aus den Dörfern selbst verkauft werden.

Sie ist ein Schmuckstück, bildet nun zusammen mit einem Lebensmittelladen und einem Cafe in Kottakarai fast so etwas wie einen idyllischen Dorfplatz, der zum Verweilen einlädt.

Karin baute sich 10 Minuten davon entfernt von Ersparnissen ein Haus, nach ganz eigenen Vorstellungen, in der Community *Disciplin,* dort gibt es eine Gemeinschaftsküche und eine Biofarm, neue Freundschaften, neue Themen, neue Herausforderungen, als allein lebende Frau in einer spirituellen Großgemeinschaft! Ihr Mann zieht in eine andere Siedlung, hat andere Pläne, man nutzt die Chance, hier getrenntere, eigene Wege zu gehen. Ihr erwachsener Sohn allerdings zieht ein Leben in Berlin vor und belässt es bei regelmäßigen Besuchen.

Karin: Aus ihrer Großstadtkneipe nach Auroville

Ich besuche Karin in ihrem stilvollen, aber schlichten Haus, sie serviert Tee auf ihrer Terrasse unter kühlenden Bäumen.

»Es fühlt sich hier alles viel lebendiger an, ich hatte mich so eingeengt gefühlt, ohne wirkliche Herausforderungen. Hier habe ich jetzt viel Arbeit, aber auch viel Freude. Wenn ich morgens aufstehe, gehe ich gern zur Arbeit, denn hier kann ich etwas bewegen!«

Sie möchte gerne Einfluss auf das Leben der Mädchen nehmen, möchte ihnen einen Horizont von Perspektiven und privaten Lebensentwürfen eröffnen.

Bedeutet aber Auroville andererseits nicht eine große Verunsicherung für die traditionsgewohnten Menschen im Dorf?

»Ich glaube nicht, dass eine Bedrohung von Auroville ausgeht, eher vom Fernsehen mit all den konsumorientierten Verheißungen, und da kann Auroville wiederum Wertigkeiten aufzeigen! Wichtig ist, dass die Männer und Frauenrollen durchlässiger werden. Die alten Männer verändern sich schwer, aber es hat sich einiges aufgeweicht. Nach 35 Jahren Auroville, sind die Männer heute eher bereit, neue Wege zu gehen und alte zu verlassen.

Wir sind uns bewusst, dass es nicht gut wäre, die Mädchen zur Revolte anzustacheln, also dass sie heimgehen und dem Vater sagen, dass ab jetzt alles anders ist. Aber wenn sie selbst eine Familie gründen, können sie etwas anders machen. Liebesheiraten nehmen zu und schaffen eine andere Basis. Die Mädchen werden auf sanfte Weise selbstbewusster und es ist schön für mich, das wachsen zu sehen. Das Lachen in ihren Augen verändert sich mit wachsendem Selbstbewusstsein, und sie fangen an, selbst zu denken!

Hat sich ihr Traum vom ganz anderen Leben mit 50 erfüllt?

»Ich fühle mich lebendiger als die ganzen 50 Jahre vorher, wenn ich auf dem Motorrad sitze und durch diese sonnige Landschaft fahre, fühle ich mich wie 25, das Leben ist wieder eine Herausforderung!«

Wie geht es ihr mit dem Luxus von Motorrad und Haushälterin?

»Wenn Du hier etwas bewerkstelligen willst, kannst du es nicht zu Fuß schaffen oder mit dem Rad, weil du es einfach nichts aushältst in der Hitze. Entweder machst du ständig dein Haus sauber und bleibst zuhause, oder du willst etwas bewegen und brauchst jemanden, der sich darum kümmert. Also kannst du erstens durch deine Arbeit etwas

Karins hübsche Boutique in Kottakarai

bewirken und zweitens kann die Amma ihre Familie ernähren und ihre Kinder in die Schule schicken. Ich kann das nur positiv sehen.«

Was macht sie in ihrer Freizeit?

»Langweilig wird's nie, ich gehe wandern, schwimmen, in Konzerte, zu Freunden, mal zuhause bleiben ist eher selten, da muss ich richtig für sorgen! Manchmal verreise ich auch für ein paar Wochen in ein Zen-Kloster in den kühleren Bergen. Ins Matrimandir gehe ich selten, lieber meditiere ich auf der Terrasse, in der Natur fühle ich mich am ehesten mit dem Göttlichen verbunden.«

Was geht es ihr mit Alterssicherung und so etwas? Sie hat ja alles in Deutschland gekündigt und nur ein paar Spareinlagen belassen.

»Ich habe mich noch nie so sicher gefühlt wie hier, ich habe die einfache aurovillianische Krankenversicherung mit kostenlosen Grundleistungen, mit 65 bekomme ich hoffentlich meine normale deutsche Rente, ansonsten fühle ich mich sicherer als mit diesem übertriebenen Unsicherheitsdenken, denn das nimmt einem die Sicherheit und Kreativität doch weg. Hier empfinde ich, dass es irgendwie immer weiter geht. Und letztlich sind die Versicherungen ja auch gar nicht mehr sicher! Ich will hier alt werden, hier wird man nicht entlassen, wenn man mit 75 noch arbeiten möchte! Und wenn ich ein Pflegefall werden sollte: sofern es keinen Börsensturz gibt, reicht mein Geld, das ich aus meinen Ersparnissen angelegt habe!

Und was ist für sie Spiritualität?

»Ein gelebtes Miteinander mit allem, was mich umgibt, mit den Blumen, mit den Steinen, nicht nur mit den Menschen!«

Gastgeberland Indien

Über 80% der Inder sind gläubige Hindus, überzeugt vom Urprinzip des Kosmos (Brahman), aus dem alle anderen Gottheiten, auch die der Juden, Christen, Muslims und Buddhisten, hervorgingen, als Teile eines unteilbaren Ganzen, einer unteilbaren Wahrheit. Das Kastensystem als hierachische und tragende Sozialordnung trotzt allen Paragraphen und bettet die Existenz in ein unumgängliches Karma, der Tod ist nur eine Zäsur im ewigen Lebenskreislauf.

Das »moderne« Indien daneben strengt sich an, eine Industrienation nach demokratisch-westlichem Vorbild zu werden, seit 1995 ist es Mitglied der Welthandelsorganisation WTO und die ehemals sozialistischen Ideale seiner Verfassung verlieren sich in neoliberalen Anpassungen, freiwillig oder durch den internationalen Währungsfonds IWF und die WTO erzwungen. So muss z.B. in der Vieh- und Milchwirtschaft mit der Heiligkeit der Kühe und dem Sonderumgang mit ihnen gebrochen werden, denn weltwirtschaftliche Regeln kennen keinen Respekt vor solchen »Handelshemmnissen«. Privatisierungswellen machen auch vor dem heiligen Ganges und seinem Wasser nicht Halt, Vertreibungswellen rund um Staudammprojekte traumatisieren. Industrialisierung geht vor Tradition und Selbstversorgung, Agrarchemie vor bäuerlichen Weisheiten. Indien steht an 10. Stelle der Produktions-Weltrangliste, ist Atommacht und asiatischer Rüstungsspitzenreiter, exportiert außer Tee und Textilien inzwischen auch High Tech und High-Tech-Menschen und avancierte zu einem der größten Exporteure von Computer-Software.

Der »Fortschritt« wird mit Ressourcenausbeutung bezwungen und mit Abhängigkeit von multinationalen Großkonzernen bezahlt. Was Gandhi wollte, ist ins Gegenteil verkehrt. Die Wandlung einer ländlichen Subsistenzwirtschaft zur exportorientierten Erwerbswirtschaft unterspült gewachsene Strukturen, und schafft – verschärft durch Staatsverschuldung und Abbau sozialer Grundversorgung – wie weltweit eine soziale Unruhe, die sich in religiösem Fanatismus kanalisiert. Von gigantischen Großprojekten und Staudämmen profitiert derweil nur eine kleine elitäre Minderheit, vor allem aber westliche Investoren und die Länder der Ersten Welt, die aus Indien billige Rohstoffe, billige Textilien, billige Software, Tee und Viehfutter beziehen. Exportorientierte Monokultur zerstört das Ökosystem, die 400.000 Tonnen Tee, die jährlich exportiert werden, bereichert hauptsächlich die britischen Konzerne Lipton und Brooke Bond.

Mahatma Gandhis Traum von einem Indien mit autonomen Dorfrepubliken, selbstversorgenden landwirtschaftlichen Kooperativen, sauberem Wasser und Schulbildung für alle ist ein Traum geblieben, obwohl zum Beispiel der Bundesstaat Kerala enorme Schritte auf dieses Ziel hin geschafft hat, mit Boden- und Bildungsreform und breiter Politisierung und Demokratisierung seiner Gemeinwesen. Indiens Verfassung hätte eine gute Grundlage sein können für einen dritten Weg zwischen Kapitalismus und zentralistischer Planwirtschaft, zumal als ein blockfreies Land. Nun erlebt Indien einen Besorgnis erregenden Fundamentalismus sowohl von Hindus als auch von Moslems. Die Wunden der dramatischen Teilung des Subkontinents in Pakistan und Indien reißen wieder auf. Die liberale, säkulare Politik der Kongresspartei wurde abgelöst von der hinduistischen Bharatiya Janata Party (BJP), was auch für Auroville eine neue politische Verhandlungspartnerschaft bedeutet.

Die Situation der Frauen hat sich trotz legislativer Bemühungen kaum verbessert. Die Witwenverbrennung ist seit 1829 verboten, aber es gibt sie noch immer, ein Scheidungsrecht wurde geschaffen, ebenso das Recht auf Wiederverheiratung und kastenübergreifende Ehe, aber die Wirklichkeit hat ihre eigenen Regeln. Das System der Mitgiftzahlungen ist verboten, aber unvermindert wirksam. Weibliche Föten werden noch immer getötet.

In verwirrendem Gegensatz dazu ist Indien ein Land mit traditionell weiblicher Dominanz und auch heute finden sich zum Beispiel in Kerala noch mutterrechtliche Stammesgruppen. Die Kraft der Weiblichkeit, Shakti, lebt vor allem im Religiösen fort.

In Indien reiben sich die Gegensätze, doch trotz aller Sorgen hat es eine bemerkenswert stabile, liberale und religiös tolerante Periode von 50 Jahren nationaler Unabhängigkeit hinter sich. Dass ein Projekt wie Auroville hier beherzt unterstützt wird, scheint zu bestätigen, dass das Streben nach geistigem Fortschritt in Indien noch immer einen bevorzugten Platz hat.

Die Einheimischen

Gemeinschaft Mensch, Tier und Müll, dazwischen die immerzu neugierigen Kinder.

Auroville ist umgeben von 21 Tamil-Dörfern, von denen drei im engeren Kern liegen. Ihre etwa 8.000 Bewohner sind größtenteils ungelernte Arbeiter, Fischer und Kleinbauern; sie sind Angehörige hauptsächlich der unteren Kasten, mit Randgebieten von kastenlosen »Unberührbaren«. In einigen Dörfern leben auch Moslems; die Muslime sind weiß gekleidet, die Frauen verschleiert. Integrationsprobleme gibt es aber – gemessen an den Unruhen in Ballungsgebieten – wenig.

Die Kasten-interne Struktur dieser Dörfer ist ein eng geflochtenes Netz aus Großfamilien und das Prinzip der Sippensolidarität hat noch immer höchste ethische Priorität.

Der Trend von der arrangierten zur »romantischen« Hochzeit ist allerdings unaufhaltsam und das Fernsehen ergießt allabendlich Kitschfilme in die Hütten, angereichert mit Werbung, die das einfache Dorfleben mit Konsumverheißungen bombardiert.

Das friedliche Tamil Nadu besitzt eine uralte hinduistische Hochkultur mit einem großen Schatz an Musik-, Tanz- und Theatertradition und Naturwissen. Die Sprache ist äußerst lyrisch und klangdifferenziert, deshalb allerdings auch sehr mühsam zu lernen. Allein für die Stadien einer Blüte gibt es 12 verschiedene Worte!

In der Umgebung des Auroville-Plateaus wird man Zeuge eines bedrückenden Kulturverfalls. Der indienweite Wandel von bäuerlicher Selbstversorgung zu industrialisierter Produktivität bringt Abhängigkeit von Arbeitsplätzen in der Stadt, von Großgrundbesitzern oder – von Auroville. Ehemals ehrenvolle Arbeiten wie die des Webers und Schneiders verschwinden, der Wohlstand einzelner Winner reißt Familien auseinander und versetzt Nachbarn in ungewohnte Konkurrenz, die neue Ellbogenmentalität macht das Leben härter, in den Dörfern nehmen Alkoholexzesse und Gewalt zu, vor allem von Männern ohne Ehre und Aufgabe.

Dörflicher Supermarkt: Bananen, ameisensicher veschweiste Kekse, Reis und was man sonst noch braucht.

Umso staunenswerter ist es, welche Freundlichkeit die Tamilen meistens ausstrahlen. Die Frauen sitzen vor ihren Hütten, haben in ihrem Mittagstopf nichts als blanken Reis... und doch lachen und strahlen sie, es trifft einen mitten ins Herz.

»Auroville wäre ohne die Tamilen kälter«, sagt Sven, der den Kontakt zu Einheimischen sucht und liebt. Er ist Fotograf, in Australien geboren, in Schweden und Holland aufgewachsen. Wenn er nicht gerade für neue Postkartenserien mit der Kamera durch die Dörfer streift, engagiert er sich in Aurovilles Dorfentwicklungsgruppe.

»Sie geben uns viel von ihrer Begeisterungsfähigkeit und ihrem aufrichtigen, bescheidenen Gemüt. Wenn ich im Dorf bin, fühle ich ganz unmittelbar, dass wir eine Menschheitsfamilie sind und es fällt mir leichter, selbst ›die Sprache des Herzens‹ zu sprechen. Sie sind so unzensiert und müssen nicht immer alles werten so wie wir, müssen sich nicht gegenseitig so abgrenzen. Und ihr Empfinden ist völlig ungefiltert. Das zeigt sich andererseits in einem für uns brutal wirkenden Verhältnis zur Natur. Sie reißen einem Krebs völlig ungerührt die Augen aus und andererseits beten sie, wenn sie einen Hund begraben! Und sie können über alles lachen, selbst über den Tod. Neulich zum Beispiel saß ich mit einem Mann aus dem Dorf zusammen und er erzählte mir, dass bei den Verbrennungen der Leichen immer das Problem sei, dass irgendwann das Herz explodiere! Und die Explosion sei so stark, dass der Oberkörper sich aufrichte und man müsse ihn dann mit einem Stock wieder zurückstoßen. Er erzählte das so leichthin und lachte herzhaft und ich konnte schließlich mitlachen. Leben und Sterben liegen hier so nah beieinander, werden so unbefangen erlebt. Das mag für uns schockierend sein, aber letztlich ist es befreiend.

Berührt fühle ich mich auch immer von ihrer Art von Dankbarkeit. Neulich fuhr ich mit dem Rad durchs Dorf und ein älterer Tamile wollte mitgenommen werden und schwang sich hintendrauf. Ich strampelte also eine gute Strecke für zwei und als er vor seinem Haus abstieg, bedeutete er mir, dass ich warten solle. Er schleppte seinen Hausgott heraus, machte neben ihm eine bestimmte Abfolge von Verbeugungen und Bewegungen, die ich nachmachen sollte. Wir vollführten dann also gemeinsam eine Art kleinen Tanz und ich spürte auch ohne Erklärungen, dass er Dank bezeugen soll. Ich kam mir kein bisschen blöd dabei vor, sondern es machte mich glücklich und ich fuhr lächelnd weiter!«

Indien, mit europäischen Augen gesehen

»Wieder in Indien, wieder diese Augenlust der wehenden Saris, der gewagten und dann doch zusammenstimmenden Farborgien, diese Freude an der Hieroglyphe Mensch, niedergeschrieben in tausenderlei Geschichten, hunderterlei Rassenmischungen, unendlich fein abgestuften Hautfarben. Wieder dieses Staunen über den wimmelnden Bienenstock der viel zu Vielen, die aus ihrer Riesenzahl nicht Verzweiflung, sondern ungebrochenen Lebensmut saugen. Und wieder dieser Rausch des Fortgetragenseins in eine weniger kausale, eine die schiere Vernunft vielmehr übertrumpfende, sich ständig weiterzeugende Welt.
Indien ist, wie man es als Reisender auch betrachtet, eine immer währende Herausforderung, höchst aggressiv in seinen Gegebenheiten und zugleich übermenschlich duldend, jede persönliche Stellungsnahme sofort in Frage stellend, jedes Urteil mit guten Gründen widerlegend. Man weiß, dass seinen Menschen – den Glaubensgebundenen unter ihnen – das Leben nur Schein und Illusion bedeutet, dass ihre Lethargie klaglose Hinnahme ihres Karmas, ihres aus der Vorexistenz verhängten Schicksals ist. Und doch trifft einen diese Lethargie, die keine ist, im Innersten.«
Willi Keller im Merianheft »Südindien«

Auroville wäre ohne die Tamilen kaum lebensfähig, denn sie verrichten den Löwenanteil an der physischen Arbeit. Auf einen arbeitenden Aurovillianer kommen fünf arbeitende Tamilen! Die Arbeit mag verbinden, aber sie überwindet nicht die Hindernisse zu einem wirklichen Miteinander.

Für die Tamilen bleibt der lockere, undurchschaubare Lebensstil der Aurovillianer mit ihrem eher reservierten Temperament sonderlich, für die Aurovillianer bleibt der traditionsgebundene Lebensstil der Tamilen mit ihrem schwer zu durchschauenden Verhaltenskodex befremdlich.

Der gebürtige Schwede Njal wohnte einmal einer dorfinternen Gerichtsverhandlung bei und wurde dabei um eine aufwühlende Erfahrung reicher.

»Es ging um Diebe, die während meiner Abwesenheit versucht hatten, in mein Haus einzubrechen und von meinem Gärtner beim Weglaufen ertappt wurden. Dass ein Tamile einen anderen Tamilen verpfeift, mag einen zunächst verwundern, aber die Tamilen, die in Auroville angestellt sind, schützen damit quasi ihre eigenen Arbeitsplätze. Sie wollen größere Konflikte wegen Diebereien vermeiden, also passen sie gut auf!

Der Fall sollte vor dem Ältestenrat ihres Dorfes verhandelt werden, um einen polizeilichen Gewahrsam zu vermeiden. Denn es gehört zu den vielen ungeschriebenen Gesetzen, dass die Polizei erst eingreift, wenn die dorfinternen Mittel ausgeschöpft sind. Auf dem zentralen Dorfplatz trafen also die Mitglieder des Ältestenrats zusammen und die Dorfbewohner versammelten sich ebenfalls. Es wurde jemand geschickt, den Dieb, der erkannt worden war, zu holen und tatsächlich fanden sie ihn auch in seiner Hütte sitzend. Es hätte keinen Sinn gehabt, vorher zu verschwinden, denn es gibt praktisch keine Chance, einfach in einem anderen Dorf Fuß zu fassen. Das Dorf zu verlassen, ist so gut wie unmöglich. Auch das ist ein Aspekt, der für Auroville Schutz bedeutet, so absurd das sein mag. Anonyme Banden könnten sich in einem solch eng strukturierten Dorf gar nicht bilden.

Der Dieb leugnete zunächst seine Tat und wurde daraufhin gezielt geschlagen, mit der Handkante auf den Rücken, nicht verwundend, aber schmerzhaft. Nach mehreren Schlägen gestand er die Tat und nach weiteren Schlägen nannte er seine Mittäter. Ich hatte das Gefühl, dass die Männer des Ältestenrats intuitiv spüren, ob jemand unschuldig ist oder nicht. Aber da kann ich natürlich nur spekulieren. Nun wurden auch die zwei anderen Täter aus ihren Hütten geholt und der Fall stundenlang weiter verhandelt. Ich habe sprachlich wenig verstanden, aber es schien mir eine Art Verhandlungsritual zu sein, dessen Ergebnis am Ende jeder als gerecht respektierte. Es wurden Geldstrafen von 500, 700 und 1.000 Rupies verhängt und der Fall war erledigt. Die Tamilen sind in solchen Fällen zwar hart, aber es wird andererseits nichts nachgetragen. Die Stimmungen kochen leicht auf, aber sie kühlen sich auch schnell wieder ab. Plötzlich entsteht irgendwo eine Turbulenz und ebenso plötzlich tritt wieder Ruhe ein und es ist, als wäre nichts geschehen.

Anmut auch vor der ärmsten Hütte

Hier werden all die mentalen Konzepte, die wir mitbringen, gehörig durcheinander gewirbelt, eben zum Beispiel unser Konzept von Justiz und Konfliktregelung oder unser Konzept von gut und böse, von körperlicher Gewalt und ›zivilisierten‹ Konfliktlösungen.«

In Auroville muss man damit leben, durch das unausweichliche Wohlstandsgefälle Diebstähle zu provozieren, und man muss gleichzeitig damit leben, dass sie ohne eigenen Einfluss auf traditionelle Dorfart geahndet werden. Man muss damit leben, dass man mit Tamilen herzlich befreundet ist und trotzdem sein Eigentum unaufhörlich vor ihnen schützen muss. Sven wurde zum Beispiel von Kindern eine Kamera geklaut, während er mit ihnen am Strand fröhlich tobte. Aber das ist für ihn kein Grund, sich enttäuscht abzuwenden, sondern er hält es für sein eigenes Problem, die wertvolle Ausrüstung nicht gut genug versteckt oder geschützt zu haben, um nicht zum Stehlen einzuladen. Dass die Kinder, nur weil sie Sven ebenfalls gern haben, darauf verzichten, im Handumdrehen das Jahreseinkommen für die Familie zu ergattern, kann und muss er verstehen.

Die Gegensätze zwischen aurovillianischem und dörflichen Leben könnten größer kaum sein. Während in Auroville selten etwas zelebriert wird und sich auch harmlose Festrituale unter den argwöhnischen Blicken nicht recht entfalten mögen, ist in den Dörfern jeder Anlass zum ausgelassenen Feiern recht, sogar das christliche Weihnachten.

Während Aurovillianer bemüht sind, ihre Zeit effektiv zu nutzen, bedeutet Zeit für die Tamilen gar nichts, und sie bringen ihre Arbeitgeber damit zuweilen zur Verzweiflung.

Hermann Hesse

»Der ganze Osten atmet Religion, wie der Westen Vernunft und Technik atmet. Primitiv und jedem Zufall preisgegeben scheint das Seelenleben des Abendländers, verglichen mit der geschirmten, gepflegten, vertrauenvollen Religiösität der Asiaten. Dieser Eindruck beherrscht alle anderen, denn hier zeigt der Vergleich eine Stärke des Ostens, eine Not und Schwäche des Abendlandes, und hier fühlen sich alle Zweifel, Sorgen und Hoffnungen unserer Seele bestärkt und bestätigt. Überall erkennen wir die Überlegenheit unserer Zivilisation und Technik, und überall sehen wir die religiösen Völker des Ostens noch ein Gut genießen, das uns fehlt und das wir eben darum höher stellen als jene Überlegenheiten. Es ist klar, dass kein Import aus Osten uns hier helfen kann, auch kein Zurückflüchten in ein irgendwie formuliertes Kirchentum. Aber es ist ebenso klar, dass Rettung und Fortbestand der europäischen Kultur nur möglich ist durch das Wiederfinden seelischer Lebenskunst und seelischen Gemeinbesitzes. Ob Religion etwas sei, das überwunden und ersetzt werden könne, mag Frage bleiben. Dass Religion oder deren Ersatz das ist, was uns zutiefst fehlt, das ist mir nie so unerbittlich klar geworden wie unter den Völkern Asiens. Heute noch vermag jeder gebildete Hindu in glänzender Rede Buddha und Kant, Christus und die Upanischaden zu einem Mosaik verarbeiten. Das Wunderbare an der Bhagavadgita ist nicht, dass man zwei bis drei philosophische Systeme nebeneinander vertreten finden kann, sondern dass darüberhinweg eine ungelernte, erlebte Weisheit sich als helfende Güte offenbart. Diese schöne Offenbarung, diese Lebensweisheit, diese zu Religion erblühte Philosophie ist es, die wir suchen und brauchen [...].«

(Hermann Hesse, Reiseaufzeichnungen »Aus Indien«, 1914, Suhrkamp Verlag, S. 204/ 1912, S. 196).

Während so manche Aurovillianer ein Mehrzimmerhaus für sich beanspruchen, leben die Tamilen als Familie auf wenigen Quadratmetern.

In Auroville ringen Individualisten um spirituelle Freiheit jenseits ihrer Traditionslasten und ihrer Egos. In den Dörfern beginnt der Werbefeldzug für den American Way of Life gerade erst richtig zu greifen, ein vitales Ego und der dazugehörige Konsum werden wie neue Gottheiten arglos ersehnt, während man gleichzeitig auch den traditionellen Göttern huldigt.

Es ist eine verwirrende, ja zuweilen groteske Begegnung zwischen denen, die sich innenkehrend dem tieferem bzw. höherem Lebenssinn zuwenden und denen, die sich nach außen kehrend den Reizen von Wohlstand und angewandten Ellbogen hingeben und auf Höhen und Tiefen dafür gerne verzichten.

Die Aufgabe Aurovilles läge vielleicht darin, die spirituellen Wurzeln und kulturellen Reichtümer Indiens durch respektvolles Interesse zu beleben und gleichzeitig einen verantwortbaren Wohlstand anzustreben, der die Lebensqualität statt die Konsumquantität steigert. Der ökologische Informationsvorsprung nimmt meines Erachtens die Aurovillianer in die Pflicht, einen verträglichen Wohlstand mit Maß und Sinn modellhaft vorzuleben. Die meisten finden einen solchen Ansatz zu pädagogisch, aber was spricht eigentlich gegen das Motiv, ein Vorbild sein zu wollen?

Die einzigartige und eigenartige Konstellation von Zukunftsstadt und Traditionsdorf treibt auch komische Blüten und das tägliche Leben ist umrankt von Geschichten, die einen gewitzten Umgang der Einheimischen mit den Fremdlingen spiegeln. Von einem Aurovillianer wurden mal 300 Rupien Rettungsgebühr dafür gefordert, dass sie seinen Hund vor den aufgebrachten Dorfhunden gerettet hatten. Der Auroville-Hund habe eine Ziege totgebissen. »Könnt Ihr sie mir zeigen?«, fragte der Aurovillianer. »Nein, wir haben sie begraben.« »Wo?« »Die Hunde haben sie wieder ausgegraben, wir wissen nicht, wo sie jetzt ist!« Der Aurovillianer zückte achselnzuckend sein Portemonnaie ... »Okay, aber diese Story bitte nur einmal!«

Räucherstäbchen in Heimproduktion für den weltweiten Eso-Markt.

Auch viele tragische Geschichten umranken den Auroville-Alltag und lassen einen die Schmerzen der vielen Brüche spüren. Die Haushälterin des Nachbarn wurde von ihrem Mann, der seine Arbeit als Weber verloren hatte und seitdem gedemütigt zuhause herumhängt, mit einem Messer angegriffen.

Ein junger tamilischer Arbeiter – begabt und in Auroville beliebt – erhängte sich, weil seine Eltern seinen Wunsch nach einer Liebesheirat nicht respektierten und sich von ihm abwandten. Er konnte es nicht ertragen, obwohl er kurz davor stand, das Dorf zu verlassen und als Aurovillianer in die andere Welt zu wechseln!

Die Frau des Rektors einer von Auroville geförderten Dorfschule vergiftete sich, weil sie sich schuldig fühlte am Tod des Babies ihrer Nichte. Sie hatte dieses Baby wegen eigener Unfruchtbarkeit adoptieren wollen – es war das dritte Kind Ihrer Nichte. Als es bei der Geburt starb, empfand sie dies als Fluch und brachte sich um, weil sie das Schuldgefühl gegenüber der Nichte nicht ertragen konnte. Der Rektor fiel in tagelange Trauertrance, er hatte seine Frau aus Liebe geheiratet. Viele Aurovillianer begleiteten den Trauerzug zum Verbrennungsplatz. Nach vielen Wochen

Am Bau in Auroville können sich Fachmänner aus dem Dorf geschätzt wissen.

Ein Erfolg der Wiederaufforstung: es gibt wieder reichlich Feuerholz!

tiefer Depression holten sie ihren Freund ins Leben zurück, indem sie ihn überzeugten, dass er in der Schule gebraucht wird.

Immerhin: die materielle Situation in den Dörfern verbessert sich mit Aurovilles Hilfe sichtbar; nicht nur durch Brunnenbau und neue Wasserleitungen, sondern auch durch Kindergärten, Schulen, Jugendclubs, Frauenzentren und Gesundheitsanstrengungen und manches andere mehr.

Die Gründung von Handwerksbetrieben im Dorf wird unterstützt, Häuser werden renoviert, kulturelle Veranstaltungen finanziert. Wenn man sich die Projektübersicht anschaut, kommen doch einige bemerkenswerte Aktivitäten zusammen, die Hoffnung machen. *(s.a. Kapitel »Projekte, Projekte«).*

Bescheidener Wohlstand:
Kühe, Steinhaus und Fahrad.

Sie werden allerdings vorwiegend von Tamil-AurovillianerInnen bestritten, die ihre Herkunft als Vermächtnis verstehen und die neuen Freiheiten und Kompetenzen in Engagement umwandeln.

In diversen Agrar-Projekten wird versucht – oft auch vergeblich – einheimischen Kleinbauern ein ökologisches Landwirtschaften nahe zu bringen, langfristiger zu denken und auf die beliebten chemischen Keulen zu verzichten. Frauen werden in Sachen Ernährung, Verhütung und Hygiene ausgebildet, für die Kinder werden Schulen aufgebaut, die über die kärgliche Indienübliche Massenunterrichtung hinausgehen. Doch es ist ein eher kleiner Teil der Aurovillianer, der sich für die Dorfentwicklung engagiert und sich aufrichtigen Herzens für die Wirklichkeit der Tamilen interessiert. Manche wären offensichtlich lieber unter sich und scheuen die Anstrengungen der Annäherung. Der interne Selbstfindungsprozess ist schon anstrengend genug! Zudem gibt es ein Nord-Süd-Gefälle in Indien und gerade die nordindischen AurovilianerInnen grenzen sich mit einer gewissen Arroganz ab.

Eine Speisekarte ist schon mal da!
Auch wenn es nicht gibt, was drauf steht, ist der Existenzgründer guter Dinge und bietet Spiegeleier an.

Indien als Ganzes, als Idee, als Geschichte birgt zwar Weisheit und Weghilfe auf dem Pfad des Bewusstseins. Aber die alltägliche Auseinandersetzung mit den düsteren Seiten von Verelendung und sozialem Desaster schafft Frustration und Schmerzen.

Die hautnah erlebte Ungerechtigkeit zwischen Erster und Dritter Welt bedrückt und fordert Ausgleich. Manche Aurovillianer versuchen sich abzuschotten, um nicht ständig davon berührt zu sein. Andere geben sich unermüdliche Mühe und suchen bewusst die Berührung, vor allem die Mitarbeiter der Dorfentwicklungsgruppe *Village Action Group* und des Gesundheitszentrums. Das hat der deutsche Arzt Lukas gegründet:

»Ich sehe mich als jemand, der sich für die Losung der WHO »Gesundheit für alle bis zum Jahr 2000« engagiert, denn die Gewährleistung einer befriedigenden Gesundheitsversorgung ist Voraussetzung für soziale Gerechtigkeit. Solange wir dasselbe Wasser trinken und solange wir von einer gemeinsamen Umwelt und denselben Nahrungsquellen leben, solange sind wir auch eins im Teilen von Wurmkrankheiten und Amöben!«

Die vielfältigen, alternativen Heilmethoden, die in Auroville vertreten sind, bleiben für die Einheimischen ein unerreichbarer Luxus. Denn sie fordern ein hohes Maß an Selbstbeschäftigung und setzen eine solide Gesundheitsgrundlage voraus.

Lukas: »Die Frage ist, auf welchem Lebensstandard jemand lebt und wie viel pflegenden, liebevollen Umgang mit seinem Körper er sich leisten kann. Die Einheimischen sind genötigt, Raubbau an ihrem Körper zu treiben, es fehlt ihnen an Wissen und an Geld, ihre Gesundheit pflegen zu können. Unsere Priorität ist deshalb, die Ausgangssituation zu verbessern!«

Das sagte er 1990. Inzwischen hat er die Leitung des Gesundheitszentrums an andere abgegeben und ist auf die Seite derer gewechselt, die die Ausgangssituation von der landwirtschaftlichen Ernährungsseite her zu verbessern suchen, er engagiert sich für biologisch dynamische Landwirtschaft, will modellhaft zeigen, wie der Anbau von Cashews – einem wichtigen Weltexportgut in Tamil Nadu – auch auf den Dorffeldern ökologisch betrieben werden kann. (s.a. »Lukas« im Kapitel »Arbeiten in Auroville«)

Auroville und die Wiederbelebung tamilischer Kultur

Muntere Abendschule
im Klassenzimmer der Natur.

Die Inderin Meenakshi *(s. Foto)* ist in Auroville seit 24 Jahren als Sozialarbeiterin tätig. Sie leitet Abendschulen für Tamilen, Frauengruppen und setzt sich bei den Aurovillianern für ein besseres Verständnis der tamilischen Kultur ein.

»Allein die Tamil-Sprache ist so viel feiner und präziser als westliche Sprachen. Zum Beispiel die Wörter rund um die Blume. Im Westen sagst du, da ist eine Knospe und daraus wird eine Blume. Aber in Tamil sind es viele verschiedene Wörter, die den Weg von der Knospe zur Blume beschreiben. ›Podu‹ meint die Blume, die im Begriff ist, sich zu öffnen und bereit ist, gepflückt zu werden. ›Pu‹ ist eine Blume in vollster Blüte. Und auch die Blätter haben bei jedem Baum einen eigenen Namen; einen Namen, der ihren Charakter beschreibt. Die Sprache spiegelt immer zugleich das Innere und Äußere. Alles ist symbolisch und hat verschiedene Bedeutungsebenen. Das drückt sich zum Beispiel auch in den Kolams aus (mit Kreidepulver gemalte Blumenmuster, die die Frauen vor ihren Hütten kunstvoll anfertigen). Jedes Muster hat eine ganz spezifische, tiefe Bedeutung und dient als Willkommensgruß.

Und die Kinder! Sie können dir noch die Namen von 200 verschiedenen Bäumen nennen!...Als ich vor 26 Jahren hier ankam, sahen viele Auroville als eine große Wohlfahrtsorganisation. Sie erwarteten Hilfe, um ihre Tempel und ihre Infrastruktur zu verbessern. Sie sagten: ›Ihr baut euren Tempel im Zentrum Aurovilles, warum helft ihr uns nicht, unsere Tempel in unseren Dörfern zu renovieren?‹ Das ist okay, aber dennoch müssen wir ihnen klar machen, dass es ein bisschen anders ist, dass wir alle einen freiwilligen Dienst leisten, um am Wachstum der Seele Aurovilles – des Matrimandir – mitzuwirken.

Sie sollten auch aktiv etwas beitragen, statt passiv Hilfe von Außenstehenden zu erwarten.

Wir fingen dann an, ihnen beim Brunnenbau zu helfen, Wasseranschlüsse zu verbessern und kleine Handwerksgemeinschaften zu schaffen, die sie selbständig managen können. Ein langwieriger Prozess, doch heute gibt es sichtbare Erfolge. Immer mehr Tamilen möchten die Chancen hier nutzen, möchten eine Ausbildung und möchten auch gerne etwas entfernt vom Dorf bleiben, hier leben und Englisch lernen.«

Der aurovillianische Hängesitz – ein Exportschlager

Einige Hundert Tamilen aus den Dörfern sind inzwischen Aurovillianer geworden, manche leben gut integriert in einer der Communities, manche jedoch wohnen weiterhin in den Dörfern und ihr Verhältnis zu Auroville ist wirtschaftlicher Natur.

Die 5000 ArbeiterInnen, die darüberhinaus täglich nach Auroville kommen, schätzen vor allem die relativ gute Bezahlung, den sauberen, freundlichen Arbeitsplatz und die respektvolle Behandlung. Die Bezahlung liegt höher als der Durchschnitt in der ländlichen Umgebung, aber nicht so hoch wie in den städtischen Industriebetrieben.

Meenakshi: »Wir beschäftigen eben auch viele Ungelernte, bilden unsere Leute selbst aus und bieten allgemein bildenden Unterricht. Wenn sie dann später außerhalb von Auroville arbeiten, haben sie mit dieser soliden Grundausbildung gute Chancen. Sie haben dann auch reichlich innere Erfahrungen machen können und lassen sich nicht mehr alles bieten, zum Beispiel von rüden Chefs, die sie schlecht behandeln.

Wir verwenden viel Energie und Zeit darauf, dass unsere Leute aus den Dörfern und ihre Kinder ihre Fertigkeiten entwickeln und wachsen können. Hinzu kommt, dass sie viele Dinge bekommen, die sich nicht in Geld ausdrücken. Wir geben ihnen Feuerholz mit, Gras für die Tiere, Obst und Gemüse aus den Gärten und wenn jemand krank wird, kümmert man sich persönlich darum und sorgt sich um sie.

Deshalb bleiben sie gerne und bleiben oft länger, als die Aurovillianer selbst, die ihre Arbeit häufig wechseln und ein paar Jahre dies, ein paar Jahre das machen. Hier in der Baumschule zum Beispiel, wo ich lebe, sind manche Arbeiter von Anfang an dabei. Sie fühlen, es ist ihre Arbeit, ihr Garten und sie kümmern sich darum. Selbst wenn in Indien Streiks sind oder Ferien, kommen sie zum Wässern, oft schon in der Früh um sechs.

Die Aurovillianer bringen Geld, Technologie und Ideen, aber die Tamilen tragen das physische Element. Ohne ihre Energie und ihren guten Willen gäbe es Auroville nicht. Wir sollten nie vergessen, was sie für den Aufbau Aurovilles bedeuten.

Besonders für die Frauen und Mädchen bringt Auroville völlig neue Perspektiven, doch auch neue Konflikte. Sie kommen hier in Kontakt mit vielen neuen Dingen, und wenn sie dann in ein weit entferntes Dorf verheiratet werden sollen, wollen sie das nicht. Sie wollen lieber einen Mann, der auch in Auroville arbeitet oder sie versuchen, für ihn Arbeit hier zu finden, damit sie selber auch bleiben können. Für die, die trotzdem weggehen, ist das, was sie hier lernen, hoffentlich weiter nützlich.

Dass viele Mädchen nur noch zwei Kinder haben wollen und eine Kleinfamilie bevorzugen, hat sicher auch mit unserem Einfluss zu tun. Auroville kann sie psychologisch unterstützen, kann helfen, wenn es Probleme gibt, zum Beispiel, wenn Frauen misshandelt werden. Wir haben in den Dörfern Beratungsstellen aufgebaut und misshandelte Frauen werden von Sozialarbeiterinnen betreut. Die Angst, von der Familie geächtet zu werden, hindert allerdings manche, auf diese Hilfe zurückzugreifen. [...]

Auroville und seine Hausangestellten

Das häufige Trio: AurovillianerIn (hier Chinmayi) mit ihrer Amma und ihrem Gärtner

Ein zwiespältiges Thema sind die persönlichen Hausangestellten von Aurovillianern. Frauen aus den Dörfern – Ammas genannt – waschen ihnen die Wäsche, putzen und kochen, servieren Tee und erledigen all die vielen kleinen mühsamen Tätigkeiten in den Niederungen des Alltags. Allein wegen des Ungeziefers ist Sauberkeit oberstes Gebot, die Böden sollten täglich feucht gewischt werden. Die Hände der Ammas ersetzen Staubsauger, Waschmaschinen und all das elektrische Gerät, das einem durchschnittlichen westlichen Haushalt zur Verfügung steht. Besucher sind davon unangenehm berührt, es erinnert fatal an Kolonialzeiten. Und doch wird hier nur besonders krass sichtbar, was andernorts versteckt ist: »Wenn du in Deutschland eine Waschmaschine benutzt, steckt darin ja auch das Prinzip der Arbeitsteilung. Dass nämlich ungelernte Arbeiter in stickigen Fabriken das Zeug herstellen müssen! Der Unterschied ist nur, wenn du dann zuhause deine Wäsche hineinsteckst, siehst du die Arbeitsteilung dahinter nicht. Der ganze westliche Wohlstand lebt doch von der Ausbeutung billiger Arbeitskraft, billiger Ressourcen und von der Arbeitsteilung zwischen Kopf- und Handarbeit, zwischen Dienstleistungsgesellschaft hier und Massenproduktion dort.«

Offenbar hat man in Auroville auch nicht den Anspruch, dieses Grundproblem anderweitig zu lösen. Man kann sogar erschreckendes Gebaren nach Gutsherrenart erleben, bei der ein Fingerschnippen die höfliche Bitte ersetzt und der Blickkontakt für unnötig erachtet wird. Im Ton gegenüber den Angestellten klingt subtile Genervtheit mit und die Arroganz hat nur eine dünne Tünche oberflächlicher Zivilisiertheit. Man kann aber auch aufrichtige Lernbemühung und innige Zugewandtheit erleben, Gott sei Dank oft. Dazwischen liegt das weite Feld von kleinen Bildungserfolgen hier und frustriert aufgegebenen Versuchen dort; von eingeschliffenen Gewohnheiten und von unbefriedigenden Zugeständnissen an den Status quo. Es gibt rührende Geschichten entstandener, familiärer Langzeitbindungen, es gibt Geschichten von Genervtheit und Missverstehen. Wohl unausbleiblich ist, dass es auch Geschichten von grobem Machtmißbrauch und intimen Übergriffen gegenüber Hausangestellten gibt. Und herzergreifende Liebesgeschichten. Zum Beispiel solchen zwischen Auroville-Jugendlichen und Tamilen, die wiederum im Dorf zu Konflikten führen würden und streng geheim gehalten werden müssen.

Was die Hierachie betrifft, wird angeführt, dass angestellte Tamilen sie geradezu herausfordern. Sie seien es gewöhnt, in »oben und unten« zu denken und wenn Aurovillianer versuchen, sich gleichberechtigt zu geben, wird das unter Umständen mit Arbeitsverweigerung und Missachtung quittiert! Ein Chef müsse anständig, aber doch Chef oder Chefin sein, sonst gerate das gewohnte Gefüge durcheinander.

Die Töpferin Chinmayi hatte für einige Jahre in Auroville mehr zufällig als geplant ein Haus mit einem großen Garten übernommen, einem Garten, in dem genug Bananen, Guavas, Papayas, Salat und Tomaten wachsen, dass sie an Auroville-Läden weiterverkaufen und vom Erlös Angestellte bezahlen kann. Sie war plötzlich in die Situation der Chefin versetzt, Chefin für einen Gärtner und eine Amma, die auch schon dem vorherigen Aurovillianer zu Diensten waren. Also beschäftigte sie sich nun mit Gartenanbau und stürzte sich in die neue Rolle, die Auroville ihr zugespielt hatte.

»Der Respekt zu mir hat sehr viel mit meiner Aufrichtigkeit und meiner Arbeit zu tun. Dass ich in der Töpferei ernsthaft arbeite und im Garten zeige, dass ich etwas davon verstehe und nicht nur Anordnungen gebe. Mit der Zeit ist ein tiefes gegenseitiges Vertrauen gewachsen, und es ist wirklich schön, das so sicher zu empfinden. Sie wissen ganz genau, dass ich für sie da bin, wenn es bei ihnen hart auf hart kommt. Und wenn es Konflikte im Dorf gibt, kann ich auch mal als Schlichterin helfen. Umgekehrt kann ich mich absolut auf sie verlassen, und wenn ich mal ein paar Tage weg muss, kümmern sich die Amma und der Gärtner zuverlässig um alles.

Sie lehnen es allerdings ab, weitergehende, gleichberechtigte Verantwortung zu übernehmen. Ich habe meinem Gärtner Veera mal vorgeschlagen, dass er einen Teil des Gartens für sich privat bewirtschaften und über den Ertrag allein verfügen kann, sei es zum Verkauf oder zum eigenen Bedarf, wobei ich damals nicht darüber nachgedacht habe, was Auroville dazu sagen würde. Aber das hat ihn völlig verunsichert, er wollte lieber angestellt bleiben und keine eigene Verantwortung tragen. Ich hab ihm auch mal angeboten, im Garten ein Haus zu bauen und mit seiner Familie darin zu leben, aber auch das wollte er nicht. Es ist ganz klar für ihn: Hier ist das Dorf, und da ist Auroville und der Garten, und ich bin angestellt und bekomme meinen Wochenlohn! Andererseits ist er mit seiner Familie gerne auf dem Platz, auch sonntags; sie waschen ihre Wäsche bei mir, weil im Dorf nicht so viel Wasser ist. [...]

Was ich besonders schätze, ist ihre starke moralische Sensibilität und ihre Loyalität. Diese Haltung des Gebens für den Platz ist schön für mich zu erleben. Man könnte es als unterwürfig empfinden, aber ich bewundere es als die indische Haltung der Hingabe und der Freude am Dienen. Ihre Toleranz ist grenzenlos und alles, was sie nicht verstehen, belächeln sie nur wohl wollend. Dass ich mir zum Beispiel die langen Haare ganz kurz geschnitten habe, konnten sie einfach nicht verstehen, aber sie haben nur gelacht! Und mit der Amma im Haus war es anfangs so, dass ich nicht ertragen konnte, dass sie mir meine Wäsche und den Haushalt macht, und als sie mir mal einen Kaffee gekocht hat, wollte ich das nicht und habe mich darüber mehr geärgert als gefreut. Da war sie richtig verletzt.

Auffällig viele Mütter und Großmütter kommen ihre Kinder in Auroville besuchen, und es ist eine Freude, zu beobachten, wie sie hier aufblühen! Es packt sie die Lust an der Improvisation, am Ärmel aufkrempeln, am Zupacken. Sie genießen das Ein und Aus der interessanten Menschen, backen Kuchen, plaudern hier und plaudern da und kurven wagemutig auf Mopeds durch die aufregende Gegend!

Neulich war meine Mutter ein paar Wochen hier. Meine Mutter meinte: ›Mein Gott, wie schrecklich, jetzt sitzt die Amma da und wäscht unsere Wäsche!‹. Aber dann sah sie ihr fasziniert zu und stellte fest: ›Weißt du, sie sitzt da richtig gern und spielt mit dem Wasser. Sie schleudert die Wäsche eine Weile hier herum, eine Weile da herum und wäscht die Sachen sogar mehr als nötig!‹

Wir können den Einheimischen nicht unsere Werte aufdrängen, wir müssen sie akzeptieren, wie sie sind. Vielmehr müssen wir ihre Werte sehen und würdigen. Veera zum Beispiel ist überzeugter Hindu und glaubt an sein Karma und dass er dieses Leben eben so leben muss. Ich glaube auch nicht mehr, dass wir ›weiter‹ sind im Sinne von individueller entwickelt. Ich glaube überhaupt nicht an ›Stufen‹ der Entwicklung sondern vielmehr, dass jeder an einem anderen Punkt eines Kreises ist und versucht, vom Punkt dieses Kreises aus zur gemeinsamen Mitte zu kommen. Jeder ist für mich gleich weit von der Mitte entfernt, nur von einem anderen Punkt aus, mit anderen Schwächen und Stärken, anderen Aufgaben.«

Das Gehalt eines Gärtners ist, wie auch das Gehalt eines Bauarbeiters, etwa doppelt so hoch wie das einer Amma, da spricht man sich in Auroville entsprechend ab. Man rechtfertigt das damit, gewohnte Hierarchien könne man nicht übergehen, ohne soziale Konflikte heraufzubeschwören.

Chinmayi legt von diesem Gehalt zudem als eine Art Privatsparkasse jeweils einen kleinen Teil für besondere Anschaffungen oder Notfälle zurück.

Eine andere gewichtige Frage bleibt offen: Welche Folgen mag es haben, dass Aurovillianer ihre ureigensten Haus- und Gartenarbeiten nicht selbst verrichten und überhaupt die meiste Handarbeit den Tamilen überlassen. Fehlt da nicht ein wesentliches Element in der Beziehung zur eigenen Umwelt, zum Garten, zum Essen und zu den Dingen? Wird nicht gerade im Karma-Yoga die Materialisierung von Spiritualität durch die Einheit von Herz-, Kopf- und Handarbeit ganz groß geschrieben? Wird nicht ein Stück Erde, ein Stück Land und auch ein Haus vor allem dadurch Heimat, dass man es mit den eigenen Händen hegt? Und ist nicht gerade für die Kinder wichtig, ihre Umgebung mit ihren eigenen Händen hegen zu lernen, statt sich an Bedienstete zu gewöhnen?

Amudha – Flucht in die selbstbestimmte Freiheit

»Als ich elf war, wurde ich schon einem entfernten, reichen Onkel versprochen und sollte ihn heiraten. Es wäre eine gute Partie gewesen! [...]
Ich habe mich damals gewehrt und meine Eltern waren Gott sei Dank freizügig genug, meinen Widerwillen zu respektieren. Sie ließen mich überhaupt mehr gewähren als üblich. Obwohl ich ein Mädchen war, durfte ich Fahrrad fahren und musste nie abseits sitzen.
Ich fing dann als Küchenangestellte in Auroville an, lernte Englisch, verliebte mich in meinen Mann und wir entschlossen uns, Aurovillianer zu werden und hier zu leben.
Ich arbeitete eine Zeit lang im Kindergarten, habe aber auch schon in der Strickerei Pullover gestrickt.

Die Freiheit in Auroville möchte ich nicht mehr missen.

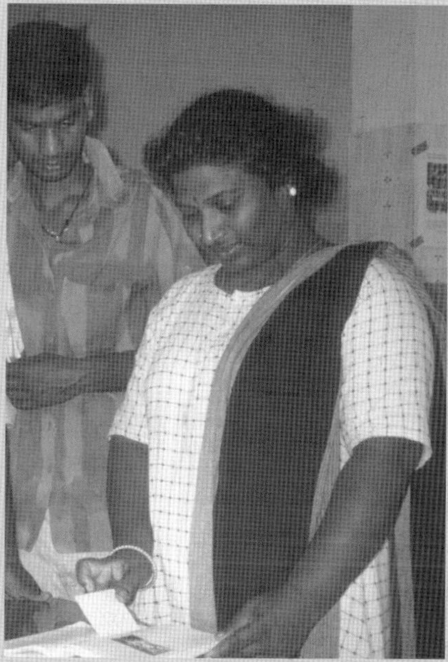

Amudha schaut sich ihr Foto in der Erstausgabe dieses Buches an.

Meine Eltern haben das allerdings nie akzeptieren können, sie meinten, ich wäre dumm, den Onkel nicht zu heiraten.
Aber ich erwiderte ihnen, dass ich keine Lust habe, wie eine Königin zu leben. Ich vermisse mein Dorf und meine Familie sehr und weine manchmal deswegen, aber es ist aussichtslos, sie überzeugen zu wollen, und zurückgehen würde ich niemals.
Es wird noch lange brauchen, bis wir Frieden miteinander haben. Ich könnte es andererseits nicht ertragen, mich für meine Eltern nicht verantwortlich zu fühlen. Ich habe mit Aurovillianern einmal eine Reise in die USA gemacht und einer der vielen Eindrücke war, dass es dort niemanden kümmert, wie es den eigenen Eltern geht und was aus ihnen wird. Ich möchte die Art, füreinander zu sorgen, mit der ich aufgewachsen bin, auch in Auroville bewahren.«

Das sagte Amudha vor 10 Jahren. Inzwischen betreibt sie in Kottakarai ein Cafe. 1995 war sie für zwei Monate in Frankreich und ist dort herumgereist. Ihr Mann leitet eine Tagesschule für Waisenkinder, beide haben sich ein Haus gebaut, auf denen die Götter Ganesh und Shiva thronen, in trauter Eintracht mit den Lehren *Sri Aurobindo's.*

Ökomodell Auroville? Ja, aber!!

Der Aurovillianer Njal als Umweltaktivist unterwegs im Kampf gegen chemische Keulen auf den Dorffeldern.

Die vielen Ja und Abers sind die täglichen Brüche, die dort nur krasser zu Tage treten als im Durchschnittsleben eines europäischen ökobewußten Mitbürgers.

Allerdings sind sie in Auroville noch schmerzhafter, weil einem der hohe Selbstanspruch als beständig erhobener Zeigefinger vor der Nase hertanzt. Als Stadt der Zukunft sollte man bewusstes Konsumverhalten demonstrieren, aber das hitzegeplagte, anstrengende Leben peppelt man gerne mit etwas Luxus auf, mit Klimaanlage, eisgekühlten Getränken, mehren täglichen Duschen und schließlich mit einem schnellen, Wind bringenden Motorrad. Wenn man tapfer mit dem Fahrrad strampelt, hat man zwar ein gutes Gewissen und einen gekräftigten Körper für den Yoga der Arbeit, aber man hat auch das Gefühl, es raube zuviel von der kostbaren Zeit und Energie für die vielen zu managenden Aufgaben eines geschäftigen Aurovillianers, also wählen die meisten doch lieber die Maschine. Hundert täglich gefahrene Kilometer kreuz und quer durch die Community sind keine Seltenheit für einen Durchschnittsaurovillianer! Für einen organisierten öffentlichen Nahverkehr ist der Bedarf angeblich nicht verdichtet genug und das Gelände zu weitläufig. So opfert jeder einen gehörigen Batzen seines persönlichen Budgets für Benzin, Maschine und persönliche Mobilität, während die Kosten für einen öffentlichen Nahverkehr – die umgerechnet wahrscheinlich sehr viel geringer wären – gescheut werden.

Und was ist mit dem ökologisch bewussten Essen? Im Supermarkt ist ziemlich viel Luxus geboten und immer wieder neu ist die Frage aufgeworfen, wie viel der persönlichen Konsumentenentscheidung überlassen bleiben sollte, und wie viel der kollektiven Vorentscheidung. Was kommt ins Auroville-Regal und was nicht? Nutella aus Europa? Fleisch? Unaufladbare Batterien? Exportierter Käse? Gilt das Motto: Think globally, eat locally?

Ich fahre mit dem Moped (radelnd könnte ich schließlich unmöglich all meine Recherchen schaffen!) zu Ardhendu im Schulgarten des neuen ökologischen Trainingszentrums. In bester selbstkritischer Manier führt er aus:

»Wir geben noch viel zu wenig und tauschen nicht genug aus. Wir könnten den Einheimischen zum Beispiel mehr geben, indem wir die Produkte kaufen und essen, die sie anbauen. Aber was tun wir? Wir essen all das Zeug, was von weit her kommt und mit

LKWs angekarrt werden muss. Kartoffeln, Äpfel und Tomaten zum Beispiel, statt Getreide und Gemüse, das hier in unserer Umgebung wächst. Stattdessen kaufen wir vieles von außen und woher es ursprünglich kommt, ist den meisten egal. Das ist doch nicht viel anders als in einer ganz normalen Stadt. Eine normale Stadt nimmt. Sie nimmt, kauft Material, kauft Arbeitskraft; sie nimmt und sie konsumiert. Und sie gibt nicht wirklich etwas zurück, außer einem Lohn. Und mit dem Lohn ist das auch nicht unbedingt nur positiv, er befriedigt nicht unbedingt die wirklichen Lebensbedürfnisse. Sie können sich jetzt bessere Kleidung leisten und ihr Haus ausbessern, aber auf der anderen Seite haben wir mehr und mehr das Problem mit dem Alkohol. Die Alkoholshops, ja, die gibt es jetzt mehr in den Dörfern!

Auch drastische Warnungen vor Gift in Insektiziden fruchten nur wenig. Ökologischer Landbau von Aurovillianern und Gebrauch von chemischen Keulen durch tamilische Bauern findet oft in enger Nachbarschaft statt.

Und dann – für mich stimmt da etwas nicht, wenn auf einen arbeitenden Aurovillianer vier Tamilen kommen, die hier jeden Tag zur Arbeit erscheinen! Es ist am Ende genau dasselbe Verhältnis wie sonst auch zwischen erster und Dritter Welt. Von dem Anspruch, dass jeder seiner Kapazität entsprechend gibt und dafür ein bescheidenes Leben gesichert bekommt, sind wir weit entfernt. Die Unterschiede im Lebensstandard sind zu groß, das entspricht nicht unseren ursprünglichen Zielen nach einem einfachen, gerechten, geteilten Leben.

Zum Beispiel der Käse. Im Dorf Kuilapalayam haben sie jetzt – seit sie so viel Milch an Auroville verkaufen – für den eigenen Bedarf nicht mehr so viel wie früher. Es ist zwar in Indien nicht üblich, Milch pur zu trinken, außer im Tee, aber früher haben sie hier Butter gemacht und die Molke getrunken. Für die Butter brauchten sie keinen Kühlschrank und die Molke ist sehr gesund. Käse ist in Indien unüblich. Doch in Auroville will man auf Käse nicht verzichten, also wird viel Milch für Käse verwendet und Butter kauft man in Pondicherry, voll mit Konservierungsstoffen. Und unsere Käserei braucht jetzt einen größeren Kühlschrank für 200.000 Rupies und man fragt sich nicht, ob das wirklich notwendig ist.

Für mich ist immer erst die Frage wichtig: Was können wir machen o h n e! Immer erst schauen, was mit einfachsten und traditionellen Mitteln geht, was ohne großen Aufwand geht. Das ist dann meistens der ökologischere Weg.«

Ich rechne nach, wie viel Milch ich so pro Tag verbrauche und komme, inklusive selbst angesetztem Joghurt und 100 Gramm Käse auf mindestens 1½ Liter (11 Liter Milch braucht man für ein Kilo Käse). Nehme ich den Leuten im Dorf dadurch Eiweiß weg? Ja..., aber? Sie ziehen halt das Geld vor, und sei es, um sich mal eine Zigarette leisten zu können.

Zu den großen Erfolgen Aurovilles gehört die Wiederaufforstung. Eine der Folgen ist ein großer Vogelreichtum – nicht nur ökologisch, sondern auch optisch und akustisch ein Genuss.

Mittags knattere ich mit meinem Moped durch ein Dorf, wo Frauen den Reis auf den Feuerstellen oder Kerosinkochern zubereiten. Sie bevorzugen weißen Reis, denn der steht für Fortschritt und Wohlstand. Zum Kochen habe ich selber keine Zeit, also genehmige ich mir an einem Tamil-Kiosk ein paar Kokoskekse, wegen der Ameisen in Plastik verschweißt; zudem hoffnungslos übersüßt, genauso wie die pappige Limo.

Sofort kommen Kinder und umringen mich. Ich nutze die Chance zu preiswerter Großzügigkeit, kaufe zwei weitere Packungen Kekse und zwei weitere Limos und lasse sie teilen. Für die Sonderdosis Zucker, mit der ich sie beglücke, ernte ich ihr unnachahmliches Dankesstrahlen.

Als ich mein Moped wieder starte, stehen die Kinder fröhlich neben mir, ein etwa Sechsjähriger ahmt mit pumpenden Armbewegung seiner Arme und begeistertem Kehlrollen den Motorstart nach. Es ist die neidlose und unschuldige Begeisterung für alles, was nach Benzin duftet, Krach macht und schnell ist, bar jeder Ahnung von Umweltverschmutzung. Soll ich ihm bedeuten, ich fände es gar nicht so toll, mit dem Ding herumzulärmen, sein Fahrrad sei viel besser? Soll ich mich, ohne dass es gefragt ist, kläglich rechtfertigen, dass ich dummerweise als Weiße in dieser Hitze mit meinem Fahrrad nicht klar komme?

Während meiner mentalen Grübeleien lächeln die Jungen mich an, ich lasse meine Belehrungsambitionen sausen und lächle zurück.

Auf dem weiteren Weg durch Auroville suchen meine Augen die Dächer nach Solaranlagen ab. Der größte Kollektor steht auf Auroville's Großküche, der »Solar-Kitchen2«, er schafft mit seinen 11.000 Spiegeln die Energie zum Kochen für 1.000 Menschen und versorgt auch noch das Internetcafe auf dem Dach.

Ja, Auroville ist ein Dorado für Solar- und Windpioniere, a b e r : es ist längst nicht selbstverständlich, beim Bauen den erneuerbaren Energien Priorität einzuräumen und einen entsprechenden Baustandard einzuführen, scheut man sich. Dasselbe gilt für Brauchwassersysteme, Bewässerungstechniken usw. Alles soll dem persönlichen Bewusstsein überlassen sein, man will niemandem etwas überstülpen!

Ökobewusstsein ist in Auroville offenbar nicht automatisch in spirituellem Bewusstsein inbegriffen, Öko-Bewusstsein ist zudem das teurere Bewusstsein. Strom aus der Steckdose ist in Indien ebenso wie Benzin spottbillig.

Wieder zuhause in meinem Gästehaus, koche ich Teewasser die empfohlenen 10 Minuten ab; trinke derweil das, was ich gestern gefiltert, abgekocht und im Kühlschrank kalt gestellt habe und frage mich, wie viel Energie Auroville wohl allein dafür braucht, das Wasser, das im Dorf jeder ungefiltert trinken muss, so aufzubereiten, dass es den Durst eines erhitzten, stoffwechselsensiblen Europäers löscht.

Mein Nachbar Peter weist mir die grundsätzliche Öko-Richtung: In Auroville sei es wichtig, die Balance zu finden und sich nicht total mit seinem ökologischen Über-Ich zu verrennen und zu verausgaben. Die Balance zwischen Geben und Nehmen müsse erhalten bleiben.

»Vielleicht fahr ich einerseits zwar Moped, sorge mich aber andererseits um den Garten oder gebe viel gute Energie durch kreative Gedanken und eine hilfreiche Arbeit... mentale Muster helfen da jedenfalls wenig!«

Aber die (mentale?) Idee von Ardhendu, sich erst mal immer zu fragen, was *ohne* möglich ist, ist für mich trotzdem die wertvollste Idee dieses Tages, ich gehe damit schlafen und hoffe, dass sie sich über Nacht gut einnistet!

Neidlose Bewunderung der Maschine, von schlechtem Gewissen gänzlich unbehelligt.

Projekte, Projekte

Ein wahrer Tummelplatz für EntwicklungshelferInnen, ÖkologInnen und HeilerInnen ist die weite Landschaft der Auroville-Projekte. Sie werden von einer tüchtigen Koordinationsgruppe betreut, beraten und geschäftsführend unterstützt.
Projektberichte und Budgetkalkulationen sind von allen jederzeit einsehbar. Transparenz und Sorgfalt in der Verwendung von Spenden ist oberstes Gebot, seit die Sri Aurobindo Society wegen Veruntreuung von Spenden juristisch belangt wurde und berechtigtes Misstrauen auslöste. Aurovillianer hatten ja selber damals den Vorwurf der Veruntreuung vor Gericht gebracht. Nun ernten sie die Früchte jahrelanger Reputationsarbeit. Das Vertrauen ist wiederhergestellt und Spenden kommen aus aller Welt.

Der Jahresbericht von 1992 weist die stolze Zahl von über 60 Projekten aus, mit einem Budget von 2.000.000 Dollar jährlich! Das Geld kommt von Regierungen, Dritte-Welt-Organisationen und Öko-Instituten aus aller Welt.

Deutsche Spender sind unter anderem die Caritas Freiburg, der Rotary-Club Ludwigshafen und die Quäker; aber auch Versicherungen und medizinische Firmen.

Projektbeispiele

Wasser-Service-Projekt

Gesponsert von der englischen Regierung wird hier nach komplexen Möglichkeiten der Brauchwassernutzung geforscht. Dabei steht im Vordergrund die Suche nach Systemen, die einfach und wenig reparaturanfällig sind, damit sie in indischen Dörfern auch von Analphabeten und Laien benutzt werden können.

Kinder und Bäume

Unterstützt von der indischen Regierung wird ansprechendes Material für den Gebrauch in Schulen entwickelt, das den Kindern in altersgemäßer Weise die tiefgreifenden Probleme von Abholzung und Wasserknappheit nahe bringt.
Die Autoren des Auroville-Materials (siehe »Marti«) sind um Illustrationen und Geschichten bemüht, die nicht nur im Kopf sondern auch im Herzen ansprechen. Erstellt wurden bisher mehrere Bücher mit Begleitmaterial, die inzwischen in 300 Schulen mit großer Resonanz verwendet werden.

Biologische Wasser- und Abfallnutzungssysteme

Mit Unterstützung eines britischen Instituts (Commonwealth Human Ecology Council CHEC) werden in drei Siedlungen Aurovilles in einer Versuchsreihe die neuesten Brauchwasser und Biogassysteme erprobt und modifiziert, um einfachste Nutzanwendung und Robustheit zu erreichen.

Windmühlenforschung

Hier werden Prototypen von Windmühlen gebaut, die ebenfalls möglichst einfach und robust sind, um in Ländern der Dritten Welt eine Chance zu haben. (siehe Aureka).

Projekt »Quiet«

In der gleichnamigen Siedlung am Strand soll eine Art internationales Forschungzentrum für ganzheitliche Heilmethoden entstehen.

Projekte der Village Action Group

Kooperative für organische Nahrungsmittel

Lokale Kleinbauern werden in organische Anbaumethoden eingeführt. Sie erhalten als Ausgleich für Mehrkosten und geringere Erträge in den ersten Jahren Subventionen sowie Abnahmegarantien. Die Erträge werden in Auroville verkauft. Dieses Projekt wird von zwei Auroville-Freundesvereinen finanziert, u.a. von AV Deutschland.

Öko-Clubs

In den umliegenden Dörfern wurden zehn Kinder- und Jugendclubs aufgebaut, in denen Umweltaktionen mit Spaß verbunden werden (Bäume pflanzen, unkonventionelle Energienutzung, Wasserkonservierung). Das indische Umweltministerium finanziert dieses Projekt.

Projekt Frauen, Gesundheit, Umwelt, Bildung und Gemeinschaft

Unterstützt von der holländischen Regierung werden Aktionen zur Verbesserung der Situation in den Dörfern, vor allem der Lebenssbedingungen der Frauen durchgeführt. Ein Ergebnis ist eine Kooperative von Frauen, die in ihrem Dorf ein kleines Gewerbe betreiben und einen gemeinsamen Start- und Sparfond verwalten. Er macht sie unabhängig von knebelnden Zinsverträgen mit Kredithaien, die in den Dörfern starken sozialen Druck erzeugen. Auroville gibt die finanzielle Starthilfe bei den Gewerbegründungen und berät bei der Selbstverwaltung des kollektiven Sparkontos.

Landentwicklungsprojekt

Es umfasst Bildungsarbeit, Gemeinwesenarbeit, Frauenberatung, Krisenintervention, Gründungshilfe für Handwerksbetriebe, Gesundheits- und Ernährungskampagnen, durchgeführt von zwölf Vollzeit-, 24 Teilzeit- und 30 ehrenamtlichen Kräften.

New Creation Tagesschule

In der Community New Creation, die der Franzose André aufgebaut hat, werden Kinder und Jugendliche aus dem benachbarten Tamildorf in einer Tagesschule unterrichtet und betreut. Die Jugendlichen erhalten eine Ausbildung in der Töpferei, Elektrikwerkstatt oder im Garten, nachmittags liegt der Schwerpunkt auf kreativen Angeboten. Das Projekt erhält regelmäßige Privatspenden aus Kanada.

Dieses Beispiel eines erfolgreichen Langzeitprojekts mit Dorfkindern sei hier hervorgehoben. Es ist außer der kleinen Gemeinschaft Pitchandiculam meines Wissens der einzige Ort, wo Aurovillianer mit einheimischen Tamilen bewusst zusammenleben.

Vor achtzehn Jahren kam der Franzose André nach Auroville, voller Elan und voller Ideen.

»In Frankreich hatte ich zuvor alles Mögliche berührt in dem Sinn, dass ich in allerlei Kuriositäten mein Leben erprobt habe (Konkreteres war leider nicht aus ihm herauszulocken). Auroville war für mich ein Ort, an dem ich meinem Kuriositätenschatz neuen Sinn geben konnte.

Die Menschen haben ja schon tolle Sachen entwickelt, aber sie haben sie nicht wirklich zum Nutzen der Evolution benutzt. Das ist es, was wir hier schaffen müssen. Wir können alles und eins sein, wir müssen nur aufhören, uns voneinander abzugrenzen. Ist doch ganz einfach, oder? Das sehen wir doch in Auroville.« (Lacht)

Für André wird die Arbeit mit Tamil-Kindern der Schlüssel zu einem kleinen Stück Geschwisterlichkeit. »Die Einheimischendörfer gehören zu Auroville dazu, die Tamilkinder sind auch unsere Kinder und das heißt, dass wir ihnen die Chance geben müssen, ihr gesamtes Potential zu entwickeln. Ein bisschen Schule genügt nicht. Sie brauchen mehr! Sie brauchen kreative Angebote und brauchen vor allem eine Bildung, die mit dem Herzen verbunden bleibt. Die Kinder sind noch so offen, sie haben eine angeborene Sensibilität und spüren sofort, was von Herzen kommt und was nicht. Das haben sie uns voraus. Wir müssen versuchen, dem gerecht zu werden, müssen eine freundliche, herzliche Umgebung für sie schaffen.«

1983 beginnt André mit seiner indischen Frau Marie, ein sechs acres großes Stück brachliegendes Land zu bebauen und zu bepflanzen. Es entsteht ein Komplex mit sechs Gebäuden, gestaltet wie große Kraken, umgeben mit einem sehr gepflegten, blumigen Garten. Am Rande entsteht ein Gemüsefeld, mehrere kleinere Wohnhäuser kommen dazu, eine große Gemeinschaftsküche, ein Swimming-Pool, später eine Zimmerei, eine

Töpferei, ein Computerraum, eine Steinmetz-Werkstatt, ein Video-Raum und eine Bibliothek. André ist es wichtig, dass die Umgebung schön ist, schön und freundlich.

Heute besuchen täglich 130 Kinder aus dem benachbarten Dorf Kuilapalayam seine Schule. 30 weitere Kinder und Jugendliche leben ganz in New Creation, wie in einer Art Kinderdorf. Sie haben dadurch eine intensivere Möglichkeit, mit Auroville in Berührung zu kommen und selbst später vielleicht Aurovillianer zu werden.

»New Creation soll ein Platz sein, an dem wir das Ideal des unaufhörlichen Lernens verwirklichen. Kinder und Lehrer leben hier in einer Atmosphäre, in der Lernen auch Zusammenleben bedeutet und Zusammenleben Zusammenwachsen.«

Es unterrichten sowohl Tamil-Lehrer als auch Aurovillianer, mittags gibt es ein Vollwertessen, der Nachmittag gilt der Kreativität, der Kultur und der tamilischen Tradition. Tanzen, Malen, Werken und Musizieren. Je nachdem, wer etwas anzubieten hat. Eine holländische Neuaurovillianerin mit Zirkusvergangenheit lehrt hier zum Beispiel Akrobatik.

Darüberhinaus wird die gemeinsame Arbeit im Garten, in der Küche und am Platz groß geschrieben, praktisches Wissen und Gemeinschaftsverantwortung werden damit gefördert. Am späten Nachmittag gehen die New Creation Kinder dann zum allgemeinen Auroville-Sport auf den zentralen Aschenplatz.

Bisher hat New Creation 60 Jugendliche »ins Leben entlassen«. Manche haben einen eigenen Betrieb gegründet, andere einen Job in Auroville übernommen, wieder andere sind auch zurück ins Dorf gegangen, vor allem Mädchen, die sich nach der Heirat doch lieber für die traditionelle Rolle entscheiden.

New Creation zählt zu den geglückten Versuchen einer liebevollen Annäherung an die Tamilen, an ihre Kultur, ihre Bedürfnisse, ihre Not. Allerdings hängt das Projekt allzu sehr an der Person André. Er ist der Vater und der Mittelpunkt. Andere Aurovillianer tun sich schwer, sich hier mit gleichberechtigtem Engagement zu etablieren. Nur mit der Töpferin Christine besteht eine jahrelange, gute Zusammenarbeit am Platz, ansonsten beschränkt sich die Teilnahme der Aurovillianer auf einzelne Kurse, auf den Unterricht, auf Hilfen in den Werkstätten.

Der Platz zeigt andererseits, wie viel ein Einzelner auf die Beine stellen kann. André wirkt in seiner Rolle ein bisschen einsam, aber nicht unglücklich. Dazu ist er viel zu sehr umgeben von munteren Kindern und visionären Energien.

»Wir haben hier alle erst einen flüchtigen Blick erhaschen können von dem, was möglich ist, aber das ist es! Dafür lohnt es sich, bei allem Scheitern, bei allen Fehlern, die wir in Auroville machen!«

Meetings, Macht und Meinungen

Die Freuden des Mitgestaltens, mit viel Tee, viel Papier und viel gemeinsamer Zeit (hier die Zeitungsgruppe)!

Kollektive Meinungsbildung ist ein undankbares Geschäft. Zumal, wenn sie spirituell durchweht sein soll! Ich habe in Auroville etwa ein Dutzend Meetings absolviert und war jedes Mal hin- und her gerissen zwischen Mitleid und Rührung, Zorn und Respekt. Welch ein Unterfangen, ohne Hierarchie, ohne Personenkult und möglichst auch ohne herkömmliche Mehrheitswahl einfangen zu wollen, was das Kollektiv wünscht, was es meint und was es mit zu tragen vermag. Vor allem, wenn es gar kein richtiges Kollektiv ist und ja auch keines sein will!

Qual und Wahl in der Basisdemokratie

Wesentlich und brisant wird es vor allem, wenn es um die Wahl von Personen geht, denn dann stellt sich die Frage nach der Macht. Ein Beispiel: Auroville musste im Zuge der neuen Verwaltungsstruktur eine Vertretung wählen, die auch für die Kommunikation mit dem zentralen Verwaltungsrat in Neu Dehli zuständig ist, eine zweifellos machtvolle Aufgabe. Wer ist ihr gewachsen, wem kann man vertrauen, wie viele sollten in so einem Komitee sein? Lieber mehr und mit Meinungsbreite oder lieber weniger und konzentrierter? Lieber für eine lange Amtszeit oder lieber für eine kurze? Und vor allem: Wie sollen die Mitglieder gewählt werden? Die Frage des Wahlmodus ist keineswegs nur eine formale. Hier soll sich ja der Unterschied zum simpel demokratischen Abstimmungsverfahren herausbilden, hier soll die fortgeschrittene Bewusstheit an den Tag treten!

Folgende Optionen werden debattiert:

- Aurovillianer, die sich berufen fühlen, sollen sich melden und zur allgemeinen Wahl stellen.
- Keiner soll sich zur Wahl stellen, sondern es sollen Einzelne berufen werden.
- Nicht das Gesamtkollektiv soll berufen, sondern eine eigens gebildete Gruppe macht sich über eine optimale Konstellation des Komitees Gedanken, nach Kriterien des Zusammenpassens, der Vertretung möglichst vieler Aspekte Aurovilles und der Kommunikationsfähigkeit. Das Komitee braucht sowohl das Vertrauen der Aurovillianer als auch das des Verwaltungsrats.

»Es ist der Versuch! Der Versuch, hier ohne Religion und ohne Politik zu leben. Politik in dem Sinn, dass sich immer wieder Gruppierungen bilden, Politik als Standpunkt, der starr verteidigt wird; dass wir Formen finden, in denen die Offenheit für den anderen größer ist als der Drang, sich darzustellen und verbissen den eigenen Weg zu vertreten. Wir sind auch immer noch zu empfänglich für den Wunsch, es möge jemand da sein, der uns sagen kann, wie das Leben sein soll und wie wir dahin kommen. Das wäre so schön erleichternd, aber das ist Auroville für mich gerade nicht. Die Sehnsucht, dieses andere zu finden, ist für mich Auroville!«
Chinmayi

- Dem gesamten Auroville sollen die Vorschläge einer *Ad hoc*-Gruppe unterbreitet werden, dann soll jeder die Möglichkeit haben, zu einzelnen Kandidaten auch Nein sagen zu können.

Allein im Vorfeld der Wahl sind mehrere Meetings nötig, um sich über den Modus einig zu werden.Schließlich bildet sich auf einer Vollversammlung eine *Ad hoc*-Gruppe von 50 Leuten. Sie erstellt eine Liste von 25 Leuten, die ihnen geeignet erscheinen, Auroville würdig zu vertreten. Viele der Vorgeschlagenen winken aber gleich ab, es bleiben 14, gewählt werden sollen 7, für eine Arbeitsperiode von 1½ Jahren. Die Liste mit den Vorschlägen wird in den internen News veröffentlicht. Empfohlen wird darin auch, dass die 14 Kandidaten untereinander die 7 endgültigen Vertreter selbst bestimmen sollen. Zur Vollversammlung kommen dann aber nur 100 Leute! Die Versammlung wird, wie gewohnt, mit einer kurzen Besinnungsphase eingeleitet. Man sitzt schweigend im Kreis, in der Mitte ist eine große Schale mit Blumen arrangiert. Die Versammlungsleiterin mahnt, dass sich die Arbeit für das zukünftige Komitee bereits stapelt und heute wirklich ein Beschluss zustande kommen muss. Doch das kann einen wahren Aurovillianer nicht davon abhalten, Grundsatzfragen immer wieder neu aufzuwerfen, wenn es ihm nötig erscheint. Und es erscheint heute vielen nötig.

Es wird gemahnt, das Verfahren sei elitär? Eine andere findet den Sommer zu heiß und Auroville zu leer für eine so wichtige Frage und schlägt die Vertagung in kühlere Zeiten vor. Jemand beklagt, es seien immer dieselben, die die Gremienarbeit machten, man solle gezielt Neue, Unbekannte ranlassen. Eine andere hält im Gegenteil langjährige Auroville-Erfahrung für unabdingbar. Einer anderen wäre wichtiger, das alles nicht so ernst zu nehmen, man solle lieber ein paar lockere Typen wählen.

Das verbittet sich ein nächster und meint, Qualifikation sei vor allem eine Frage dessen, was man ausstrahlt, was man repräsentiere als Mensch.

Einer gibt zu bedenken, dass die Option, mit Nein zu votieren, ein zu negativer Ansatz sei. So bringe man die Leute nicht rein in das Komitee, sondern raus. Daraufhin konstatiert ein anderer, man solle ja nicht Menschen wählen sondern Arbeit: Erst müsse klar sein, was getan werden muss, dann würden sich die richtigen Leute finden! Jemand ergänzt, dass eine Liste mit den anstehenden Prioritäten der nächsten Zukunft veröffentlicht werden müsste, um entsprechend auszuwählen, wer gerade diese Prioritäten geeignet vertreten könne. Am Ende findet es jemand gut, jetzt loszulassen: »Lasst uns das jetzt doch erstmal so stehen, und dann sehen wir weiter!« »Du bist gut! Und wann werden wir mal anfangen, Auroville zu bauen?« Die wenigen, die noch im Raum sind, lassen es sich nicht nehmen, einen Moment in Schweigen zu verweilen.

Nun, Auroville hatte irgendwann sein Komitee beisammen, und zwar per Gesamtwahl, aus der Liste mit 14 Kandidaten plus der Möglichkeit, negativ zu votieren. Das war 1990. Bei jeder Neuwahl dieses Working Comittee stehen seitdem die alten Fragen wieder im Raum.

Einmal aber kam es völlig anders: Auf der Vollversammlung zeigte spontan eine relativ neue Aurovillianerin auf sieben Leute, die ihr besonders geeignet schienen, und alle fühlten sich mit ihr einig! Sie hatte es in einem Intuitionskunststück fertig gebracht, die Schwingungen des Irgendwiekollektivs im Handstreich einzufangen. Das sind die Kapriolen, die Auroville schlägt!

Eine dritte Wahlvariante war mal, dass jeder ohne Kandidatenliste 20 Namen auf einen Zettel schreibt und nach Punktzahl der favorisierte Kern ermittelt wird.

Wochenenden im Workshop

Etwas anders als die Meetings verlaufen die Seminare. Themenzentrierte Seminare werden von den Arbeitsgruppen genutzt, um sich von der Gemeinschaft Feedback für ihre Arbeit zu holen. Die, die ich selbst erlebt habe, waren sorgfältig und einfallsreich vorbereitet; es war nicht Frust, sondern Freude, daran teilzunehmen.

Zu einem Seminar der Entwicklungshilfegruppe zur Situation in den Dörfern wurden wir zum Beispiel gruppenweise zu Erkundungen in die Tamildörfer geschickt. Mit Fragen wie: Findet heraus, wie viel ein Schneider im Dorf verdient! Wie viele Kühe gibt es im Dorf? Trinken oder verkaufen die Bewohner ihre Milch? Alle kamen tief beeindruckt zurück und die Grundlage für eine aufmerksame und herzliche Seminararbeit war geschaffen.

Gremienstruktur

Eine stabile Struktur besteht in Auroville für das, was kontinuierlich an Arbeitsgruppen delegiert werden kann. Es gibt die Häusergruppe, die das Bauen koordiniert, eine Gruppe für die ökologischen Fragen rund um Grüngürtel und Landwirtschaft, eine sogenannte Entry-Group, die für die Neuaurovillianer da ist und über ihre Zulassung bestimmt. Die Gruppen haben einen gewissen ständige Wechsel ihrer Zusammensetzung, es kann jeder und jede darin mitarbeiten, mit den Personen wechseln auch Gewichtungen und

Prioritäten. Es ergeben sich daraus Schwankungen und die nimt man auch gerne in kauf. In der Entry Group hat man zum Beispiel lange Zeit nicht so viel Wert darauf gelegt, dass Neubewerber mit *Sri Aurobindo* vertraut sind und *Mutters* Vision wirklich kennen und teilen. Wichtiger war die lebenspraktische Integration. Im Moment, 2003, ist eine andere Stimmung und man legt größeren Wert auf die innere Aspiration und auf Aurobindo-Kenntnisse. Tamilen, die früher sehr leicht Aurovillianer werden konnten und das Lohnverhältnis und ihr Dorfleben hinter sich ließen, können das jetzt nicht mehr so leicht. Man will einen stärkeren Filter der Motivation einbauen.

In der Gruppe rund um den Einkaufsladen Pour Tous (»Für alle«) geht es nicht darum, wie Verkauf und Versorgung organisiert sind, sondern um auch die Frage, welche Standards man von Auroville-Produkten verlangen sollte und inwiefern ihre Einhaltung überprüfbar sein muss, also ob das Gemüse wirklich ganz Bio ist. Wäre das Misstrauen gegenüber den Farmern oder berechtiger »Verbraucherschutz«? Und wie ist es mit der Preistransparenz??

Der Versuch, Vernunft zu organisieren.

In den thematischen Arbeitsgruppen wird Demokratie lebendig und Politik im Sinne des Gemeinwesens nimmt Gestalt an. Eine Gestalt, die unmittelbar beeinflusst werden kann, so dass das weltweit grassierende Jammern, es sei ja so wie so nichts an den Gegebenheiten zu verändern, in Auroville erfreulich abwesend ist. Auroville ist ein überschaubarer, flexibler politischer Raum und auch wenn viele von den vielen Meetings genervt sind: man kann von redlichem Bemühen aller ausgehen, auch wenn ab und an eine scheußliche Intrige ihr Unwesen treibt!

Wie viele Regeln braucht der Mensch, auch in Auroville?

Eine heikle Frage ist allerdings die nach der Verbindlichkeit von Regeln, ja nach der Notwendigkeit überhaupt. Das fortgeschrittene Bewusstsein soll sie ja eigentlich erübrigen, weise Menschen handeln aus sich heraus doch vernünftig genug!

Will man zum Beispiel für das Bauen in Auroville eine Art ökologische Bauordnung? Obligatorische Standards für Brauchwassersysteme, um dem Anspruch einer Modellstadt gerecht zu werden? Nein bloß nicht, bloß keine Vorschriften, schreien da viele auf. Tatsächlich gibt es kaum Vorschriften, was einerseits den Charme ausmacht, andererseits dazu führt, dass unökologische Billigbauweisen toleriert werden.

Beispiel Wasser: es gibt Haushalte in Auroville, die verbrauchen 5000 Liter täglich und der Tamil-Gärtner wässert damite inen übergroßen Garten mit wasserdurstigen Zierblumen.

Angesichts der brenzligen Wassersituation in Auroville und Tamil Nadu ist das eigentlich eine Provokation und ein schmählicher Beweis, dass spirituelles Bewusstsein ökologisches Bewusstsein nicht selbstverständlich enthält. Doch eine Reglementierung der Wasserversorgung bringt Auroville nicht auf den Weg, auch wenn Einzelne sich

Blumen, Sitzkissen, Flipchart und das Vogelkonzert von draußen gehören zu jedem Meeting.

dafür stark machen. Für mich ist dies ein Beispiel, dass eine angewandte Rationalität zuweilen angemessener wäre als der ständige Ruf nach dem Bewusstsein. Eine angewandte Rationalität, die aus den Gegebenheiten der Wasserprobleme (das Grundwasser sinkt bedenklich und ist teils schon versalzen durch eindringendes Meerwasser) ein Regelwerk ableitet über Verbrauch, Verteilung, Preis und Schutzmaßnahmen, würde bedeuten, dass man das Bewusstsein nicht überstrapaziert. Verkehrsregeln sind ja auch keine Entmündigung sondern halten einen frei für wesentlichere Dinge, die es zu entscheiden gibt.

Regeln für eine Entmündigung zu halten, ist eine häufige Position in Auroville. Wenn man sich auf einer Vollversammlung doch zu einer durchringt, wird sie mit Sicherheit prompt boykottiert, nämlich von denen, die demonstrativ auf der Vollversammlung fernblieben. Die Frage nach Sinn und Unsinn von Regeln bleibt spannend!

Die Kunst der Verständigung

Längst nicht alle AurovillianerInnen sprechen fließend genug Englisch, um sich differenziert ausdrücken zu können. Und auch differenziertes Zuhören ist nicht leicht bei all den Akzenten. Mal das nasal-nervöse Englisch der Franzosen, dann das genuschelte Englisch der Inder, das obertönige der Asiaten, das Ringen mit dem »th«, schließlich das tiefkehlige Gemurmel der Kalifornier. Die Ohren sind strapaziert und neigen zum Abschalten oder zum nur halben Hinhören.

Förderlich für eine erhellende Verständigung wäre eine Versammlungskultur, die Fraktionierungen verhindert, Projektionen entschlüsselt und einen schwingenden, aber auch festen Meinungsaustausch begünstigt. Eine beherzte Gesprächsleitung müsste dafür sorgen, dass runde Argumentationsgestalten entstehen, in denen ein Aspekt solange im Brennpunkt gehalten wird, bis der Erörterungsbedarf – für den Moment zumindest – gesättigt ist. Man macht mit Moderationsverfahren vorsichtige Versuche! Die weit verbreitete Meeting-Allergie in Auroville spricht allerdings dafür, dass hier zu viel Nervenkraft vergeudet wird.

Personenkult und die Frage der Macht

Es gibt viele, die einen Posten scheuen, weil er einem zumeist auch heftige Kritik und Aggressionen einbringt. Nicht nur von denen, die gerade auf der anderen Seite stehen. Auch von denen, die einen mutigen Vorstoß als versteckten Machthunger und politische Eitelkeit etikettieren. Und dieses Etikett ist natürlich »Igitt«!

Die Entwicklung von Machtpositionen auf dem Weg zu »herrschaftsfreiem Diskurs« (Habermas) kritisch zu beobachten, ist zwar wichtig, aber die Souveränität eines Gemeinwesens zeigt sich meines Erachtens auch gerade daran, wie umsichtig, aber auch kraftvoll darin Einzelne eine zugestandene Machtchance nutzen können. In Auroville dominiert hingegen die trotzige Autoritätsabwehr, was dazu führt, dass potente, aber empfindliche Naturen entmutigt das Handtuch werfen, bevor ihre Potenz wirken konnte. Hinter starken Persönlichkeiten wird gleich Personenkult gewittert, hinter Charisma Demagogie befürchtet. Es wird wenig dazu ermuntert, sich auch einmal kreativ zu exponieren. Die Vermeidung von Macht ist vergleichsweise einfach, ein sorgfältiger, aber einladender Umgang mit der Macht und mit machtvollen Menschen wäre aber doch ein immens wichtiges Forschungsfeld für eine Stadt der Zukunft!?

Aurovillianer könnten sich mehr als im Moment mit Planspielen und erprobten Methoden der »Zukunftswerkstatt« helfen, mit Phasen von Kartharsis, Brainstorming und Träumerei vor der Suche nach den nächsten kleinen Schritten. Nicht nur schön, sondern auch nützlich sind musische und körpersprachliche Elemente. Man könnte auch lernen von den spannenden Ansätzen partizipativer Demokratie, wie sie in den letzten Jahrzehnten weltweit entstanden sind: »Arena-Metapher«, »Planungszellen«, »Laien-Panel« und konsultative Methoden, die den Perspektivenwechsel üben.

Ein Statement von Uli, der sich als »Rentner«, nach seiner Phase bei der Computerfirma Aurelec, nun stärker der politischen Arbeit zugewendet hat.

»Wir brauchen wie in der Ökonomie für verschiedene Zwecke verschiedende Verfahren, mal per Zufall, mal per Ermächtigung, mal repräsentativ, mal in Mehrheitswahl, mal in Konsens. Konsens zum Beispiel ist zwar oft angestrebt, aber Entscheidungen kommen selten zustande. Stattdessen werden nur Interessen verteidigt. Basisproblematiken wie die rund um das Matrimandir sind äußerst schwierig zu entscheiden. Es gab zwar schon einige Mehrheitsentscheidungen, aber dann boykottierten Einzelne diese Entscheidung und sagen: nur über unsere Leiche!

Das Potential Macht ist okay, aber interessengeleitete Ignoranz ist Gift. [...] Wir versuchen jetzt Wege zu finden, wie man jemanden zur Not auch wieder aus Auroville hinauswerfen kann. Auroville ist zu interessant für Leute geworden, die zum Beispiel ausschließlich ökonomische Interessen haben, vor allem innerhalb Indiens. Solange Goodwill da ist, ist Hoffnung, aber wo er nicht ist...!«

Die Ökonomie Aurovilles
oder: Der Yoga der Arbeit

»Arbeit würde nicht dazu dienen, seinen Lebensunterhalt zu verdienen. Sie wäre das Mittel, sich auszudrücken, um seine Möglichkeiten und seine Fähigkeiten zu entwickeln, während man gleichzeitig einen Dienst für die Gemeinschaft tut, die ihrerseits für die Lebensbedürfnisse und das Tätigkeitsfeld des einzelnen sorgen würde.« (Die Mutter, aus »Ein Traum«)

In Auroville ist Arbeit von beruflichen Qualifikationszwängen befreit, die Möglichkeiten, hier seine Fähigkeiten zu entwickeln und anzubringen, werden lebhaft genutzt. Vom Ziel der Autarkie ist Auroville allerdings noch weit entfernt. *Die Mutter* selbst hat dies immer für unrealistisch gehalten, hat vielmehr eine Stadt gesehen, in der Entwicklung und Wachstum von außen gesponsert werden, um die Freiheit in Forschung und Experiment zu gewährleisten.

Auroville ist ein Laienparadies ...

Man folgt dem inneren Ruf und vertraut dem Prinzip »Learning by Doing«. Als Lehrer unterrichten ungelernte Pädagogen aus Passion; Farmer und Ökoexperten sind Autodidakten; Hausbauer trauen sich auch ohne Erfahrung ans Zeichenbrett; ehemalige Sozialberufler entdecken ihre handwerkliche Lust, Techniker ihre künstlerische Ader oder ihre Freude an heilendem Tun. Mal ist es kreativer Drang, mal Idealismus, mal aber auch banale Notwendigkeit, die den Impuls für eine Betriebsgründung oder ein Projekt liefern.

In den 80er-Jahren, als es noch keine Grundversorgung gab, haben zum Beispiel viele »Mütter in Not« Textil-Workshops gegründet, um sich über Wasser zu halten. Es ist daraus ein lebhafter Handel mit Seidenmalereien, Kunsthandwerk und Kleidung zwischen Auroville und Dritte Welt-Läden erwachsen.

Mit Ineffezienz ringend

Die Produktionsverhältnisse in Auroville sind schwierig und bergen spezifische Herausforderungen. Das Indien-eigene Chaos macht Betriebsgründungen und Materialbeschaffungen zum Hindernislauf. Bürokratie und undurchsichtige Korruptionsgewohnheiten bringen selbst Enthusiasten zur Verzweiflung, oft will einfach gar nichts klappen, und dann passiert wieder ein Wunder und die Genehmigung oder die lang erwartete und schon aufgegebene Lieferung segelt ins Haus.

Die Zusammenarbeit mit den Tamilen lässt nur selten wirkliche Team-Arbeit zu. Sprachprobleme bleiben immer eine Barriere und die Ausbildung der Einheimischen schluckt viel Energie und Zeit.

Eine weitere Menge der Arbeitszeit verschwindet in stundenlangen Meetings und auf endlosen Besorgungswegen in der Weite Aurovilles bzw. nach Pondicherry. An der verbleibenden Energie zehren dann noch Hitze oder wahlweise der Schlamm vom Monsunregen oder der manchmal tägliche, kleine Stromausfall. Effizienz ist hier nicht gerade verbreitet, aber ihr mentaler Hintergrund eines »Besser, schneller, rationeller!« ist ja auch höchst fragwürdig.

Arbeit in Auroville: meist nah an der Natur.

Andererseits sind Aurovillianer durchaus interessiert an mehr Effizienz und eine bewusst entschleunigte Gemächlichkeit ist kein programmatisches Ziel. Ganz allgemein habe ich die Reflexion von Sinn und Unsinn der herkömmlichen Marktökonomie und ihrer Vergötterung von industrieller, globalisierter Produktivität und Mobilität vermisst und hätte mir in Auroville eine stärkere und ausdrücklichere Bemühung um ideelle und praktische Alternativen zum herrschenden Kapitalismus vorgestellt.

»Geld machen für Auroville ist wichtiger, als Kapitalismuskritik«

Doch man ist hauptsächlich noch immer mit dem Überleben beschäftigt und es herrscht die Priorität, irgendwie »Geld für Auroville zu machen«. Die Produktpalette hat nicht in erster Linie die Selbstversorgung der Region im Sinn, die Herstellungsweisen haben nicht in erster Linie die ganzheitliche Art des Arbeitens im Sinn, die Geldanlagen, die man noch hier und dort in der Welt für sich und Auroville »arbeiten« lässt, können ruhig auch ein bisschen spekulativ sein usw. Zwar soll, was von Auroville an Produkten in die Welt geht, einigermaßen sinnvoll, ökologisch und ästhetisch sein, aber es wird auch ziemlich viel Plunder auf den Markt geworfen, zum Beispiel auf die Weihnachtsmärkte mit ethnischer Folklore. Die Firmen im Bereich von IT, Mode und Schmuck arbeiten wiederum zwar nicht gerade für Militärzwecke, aber das ist denn den meisten auch genug an moralischer Grenzziehung.

Es wird zudem nicht sehr langfristig geplant. Längere Anlaufperioden kann man sich nicht leisten. Das lässt sich aber auch als eine heilsame Beschränkung verstehen, die Auroville zu behutsamem Wachsen nötigt.

Die aurovillianische Ökonomie ist zudem nicht unberührt von den weltwirtschaftlichen Krisen, von fallenden Weltmarktpreisen, sinkender Kaufkraft und gesättigten Märkten. Der Beitrag, der vom Gewerbesektor an Auroville geht, ist gesunken statt gestiegen. Ein Diskussionspapier der Ökonomiegruppe klingt denn auch wie das Programm herkömmlicher Wirtschaftspolitik: Man müsse die Vorbehalte gegenüber Business abbauen, die in Auroville noch herrschten. Man brauche eine handelsfreundlichere Infrastruktur und eine Beschränkung von Produkthaftungsansprüchen, um Investoren anzulocken.

Auroville steckt in dem Dilemma, dass es sich durch die Ausrichtung auf den ganz normalen Welthandelsmarkt auch seinen Gesetzen unterwerfen muss. Und was das indienweit durchgreifende Handelsrecht der Welthandelsorganisation WTO betrifft, wird, ist man sich noch kaum bewusst, das der neoliberale Kurs der Totalliberalisierung der Märkte auch Auroville betreffen wird. Umso wichtiger wäre eine stärkere Diskussionsbeteiligung in den globalisierungskritischen Bewegungen Indiens, von denen Auroville so gut wie nicht berührt ist. Ob der Protest gegen Staudammprojekte oder die Bauernbewegung für die Freiheit des Saatguts... Auroville lässt sich davon so gut wie nicht berühren und ist ziemlich ausschließlich mit sich selbst beschäftigt. Dabei wäre ja der Anspruch eines »Yoga der Arbeit« ein interessanter Beitrag zur Kritik an kapitalistischer Globalisierung.

Was ist Freizeit, was ist Arbeit, was ist der Yoga der Arbeit?

Der sympathische Mangel an Experten und Profis fordert allerdings seinen Preis, denn es passieren folgenträchtige Fehler und sichtbarer Erfolg stellt sich erst nach mehreren Anläufen ein. Immerhin soll es ja nicht um die Steigerungsrate, sondern um den Yoga der Arbeit, um Hingabe, Lernfreude, Sorgfalt und dienende Bewusstheit gehen. Der selbstbewusste Dilettantismus wird mit Ineffizienz bezahlt, aber er belohnt mit Pionierfreuden und Reibungsreichtum.

Zusätzliches Glück: Starre Arbeitszeiten gibt es nur da, wo es nicht zu vermeiden ist und einen Acht-Stunden-Tag in monotoner Gleichförmigkeit mutet sich keiner zu (den Tamilen schon eher!).

Die sozialreformerisch bemerkenswerte Idee *der Mutter*: Bezug eines Grundgehalts gegen fünf Stunden tägliche Arbeit für die Gemeinschaft, wird flexibel gehandhabt; zu flexibel, meinen manche. Ist es Arbeit, zu malen oder zu komponieren? Wie ist es mit dem Dichten? Und ist nicht auch die konzentrierte Innenkehr ein wertvoller Dienst an der Gemeinschaft? Über Sinn und Unsinn dessen, was man als Arbeit empfindet, lässt sich endlos grübeln. Und es ist eine wichtige Grübelei, denn es stehen immer auch tief sitzende Leistungsbegriffe zur Disposition. Die künstlerische Versenkung ist deshalb immer wieder ein beliebtes Erörterungsobjekt.

Oder: Ist die Illustration eines Umweltbüchleins für indische Schulen ein Beitrag zum internen Wachstum? Sollte das aus dem internen Fonds finanziert werden oder wäre es nicht vielmehr Sache der Autorin selbst, auswärtige Projektunterstützung dafür zu akquirieren? Und was ist mit den Pferden und Ponies? Ist Reiten ein privates Sondervergnügen oder gehört es, vor allem für die Kinder, zum Basisleben dazu? Dann müsste die aufopfernde Arbeit der PferdeliebhaberInnen und ReitlehrerInnen mit Unterhaltszahlung gewürdigt werden.

Handwerkliche Produktion für den westlichen Markt

Unbestritten unterhaltsberechtigt ist jedenfals, wer für ein Kind die ersten zwei Jahre daheim bleiben möchte und auch, wer einen Großteil seiner Zeit für Gremienarbeit aufbringt. Definitive Kriterien für die Unterhaltsentscheidungen – getroffen in einem Gremium, vor dem das Anliegen vorgetragen werden muss – sind nicht auszumachen und das hat mich eigentlich gefreut. Das Risiko von Willkür scheint mir gegenüber dem Risiko der Rigidität das kleinere, beweglichere Übel zu sein.

Es gibt auch Leute in Auroville, die aus eigenen Geldquellen schöpfen und es sich hier einfach schön machen oder froh sind, gänzlich unabhängig bleiben zu können. Sie arbeiten hier ein bisschen und schnuppern dort ein bisschen und versuchen sich in der Kunst oder im Schreiben und sind überzeugt, dass dies ein ebenso wichtiger, wenn auch mehr atmosphärischer Beitrag zum kollektiven Wachstum ist! Über Maß und Inhalt des Gebens und Nehmens wird möglichst nicht gerichtet, die persönliche Bewusstseinsanstrengung soll nicht durch Regeln ersetzt werden. Richtlinien für Auroville-Unternehmen und eine Art Auroville-Logo allerdings soll es bald geben. Den Rahmen dazu gibt wiederum eine Vorgabe *Der Mutter*:

Die Produktion soll:

1. nützlich sein für Auroville
2. umweltfreundlich
3. mitarbeiterfreundlich und die Selbstentwicklung fördernd
4. ästhetisch
5. einen Aspekt von Bildung enthalten, sei es in Form von Ausbildungsplätzen, oder in Form von schulergänzender Unterrichtung und Anschauung.

Für das ganzheitliche Verständnis von Lernen, Leben und Arbeiten schafft gerade letzterer Aspekt gehaltvolle Perspektiven. Kinder, die in der Bäckerei Brot backen, bei Aureka begreifen, wie eine Windmühle funktioniert, in Aurogreen Gemüsebeete jäten, Sahne schöpfen und sich als Pflanzenforscher betätigen. Künstler, die in den Schulen unterrichten; Workshops und Workcamps... verwirklicht ist all dies in Ansätzen, informell und unorganisiert, aber zukunftsweisend.

Im Team, als EinzelkämpferIn oder als BetriebschefIn

Eine charakteristische Arbeits-Variante ist, dass Aurovillianer in Manager-Funktion mit einheimischen Angestellten arbeiten. Viele Aurovillianer haben eine ausgeprägte Einzelkämpfergeschichte hinter sich und sind nicht gewöhnt, in dichten Teams zu kooperieren.

Der Holländer Jaap zum Beispiel war jahrelang als Farmer in Kottakarai sein eigener Herr, wechselte dann ins Lager der Ausbilder und sieht sich jetzt als Mitglied des Teams im »Auroville Greenwork Resource Centre« überraschenden Anforderungen ausgesetzt.

»Für mich ergibt sich jetzt eine völlig andere Arbeitssituation. Früher habe ich hauptsächlich allein gearbeitet, als einziger Aurovillianer mit Tamil-Arbeitern. Jetzt arbeite ich in einer Gruppe mit mehreren Aurovillianern und das ist nicht unbedingt leichter, aber auch sehr reizvoll.«

Teamarbeit ist in Auroville sehr schwierig. Einerseits soll immer der Konsens da sein, andererseits ist es wichtig, schnell und initiativ reagieren zu können. Wenn da jemand empfindlich ist, dann ist es sehr schwierig und es gibt Kränkungen, Kompetenzstreitigkeiten und Machtprobleme. Jemand fühlt sich übergangen oder man hat sich nicht genug abgesichert, dass alles von allen getragen wird. Es ist jedenfalls leichter, allein einen Workshop zu managen, als im Team zu arbeiten!«

Liane wiederum hat sich bewusst entschieden, in einem Team für den Auroville-Supermarkt zu arbeiten, wo Kopf- und Handarbeit nicht getrennt sind und Aurovillianer gleichberechtigt neben Tamilen arbeiten, wo Regale auffüllen, verkaufen und nach Ladenschluss an der Verbesserung von Konzepten tüfteln zusammengehören.

Das liebe böse Geld

Die Mutter über Geld: *»Der Konflikt mit dem Geld könnte als Konflikt des Eigentums bezeichnet werden, aber in Wahrheit gehört das Geld niemandem. Diese Idee des Besitzens von Geld hat alles entstellt. Geld sollte kein Besitz sein, sondern eine Kraft, ein Mittel, das dir gegeben ist, um damit zu handeln, als Instrument, es auf sinnvolle, nützliche Weise zu verbreiten und zu nutzen, im Sinne universellen Fortschritts und nicht zur persönlichen Bereicherung, Absicherung oder gar, um es zu horten. Gib dein Geld dem göttlichen Werk und du wirst am Ende reicher sein als wenn du es fest hältst!«* (aus: *Mother on Auroville*)

Hier denkt also *die Mutter* nicht darüber nach, w i e das Geld erwirtschaftet wird, sondern wie man damit umgeht, wenn es denn in der eigenen Hand gelandet ist. Sie hat weder wie Marx über die tiefere Problematik der Akkumulation des Kapitals nachgedacht, noch hat sie über das Geld als Ware, über Finanz- und Aktienmärkte oder die Zinsfrage Aussagen gemacht. Sie hat sich sozusagen mit dem Wie und Was des Ausgebens von Geld beschäftigt, aber nicht mit dem Wie und Was des Erwirtschaftens oder gar des leistungslosen Entstehens durch die vielen Möglichkeiten, Geld für sich »arbeiten zu lassen«.

Nur Loslassen soll man es, kein Verhalten des Besitzens entwickeln.

Deshalb soll in Auroville der Geldverkehr intern auf ein Minimum reduziert sein und nur extern, in den Handelsbeziehungen nach außen, marktorientiert wirtschaften. Zu diesem Ziel ist Auroville unterwegs, aber es liegt noch in der Ferne. Weder kann es sich selbst unterhalten, noch ist der interne Geldfluss abgeschafft. Experimente mit Tauschringen und kollektiven Geldverteilungssystemen werden allerdings immer wieder unternommen, die Frage nach der Verhältnis vom Individuum zur Gemeinschaft, vom persönlichem Einkommen und was davon wirklich wohlverdient ist, bleiben virulent.

Die Situation heute: Auroville ist von zusätzlichen Spenden abhängig und bekommt sie vor allem für die ökologischen Projekte und die Entwicklungshilfe. Rund gerechnet kann etwa ein Drittel der Aurovillianer ganz von hiesiger Arbeit leben, ein weiteres Drittel lebt teils von Auroville, teils von Erspartem oder Dazuverdientem und das letzte Drittel braucht überhaupt kein Geld von Auroville und lebt aus Zinserträgen, Erbschaften, Renten u.ä.

Arbeitet man unmittelbar für Auroville, sozusagen für den öffentlichen Dienst in Schule, Verwaltung oder Solarküche, dann bekommt man das Grundeinkommen aus dem zentralen Unterhaltsfonds.

Arbeitet man in einem der Betriebe unter dem Dach der Foundation, wird betriebsintern diskutiert, was man braucht und wie viel man bekommen kann. In den Betrieben *(Commercial Units)* herrscht weit gehende Finanzautonomie und das Einkommen wird miteinander ausgehandelt, sowie die Summe, die an Auroville abgegeben wird.

Angestrebt ist zwar, 10 bis 30% des Gewinns abzugeben, doch die Abgaben bleiben freiwillig, und vor allem in der Aufbauphase wird akzeptiert, dass jede Rupie für betriebsinterne Investitionen gebraucht wird. Ein Problem ist, dass die Buchhaltungsweisen recht undurchschaubar sind und auch manchmal gemauschelt und getrickst wird, um weniger an Auroville abgeben zu müssen und mehr für sich behalten zu können!

Als eine Art Steuer zahlen Aurovillianer 200 Rupies monatlich in den zentralen Fonds, in den auch die Abgaben von Gästen (10 Rupies pro Tag), die Beiträge der Newcomer, die Abgaben der Produktionsstätten sowie zweckungebundene Spenden fließen. Aus diesem zentralen Fond werden außer den Unterhaltszahlungen auch die Infrastruktur und öffentliche Serviceleistungen bestritten. Zusätzlich gibt es eine Art Kindergeld, und für individuelle Notfälle bleibt ein Sondertopf. Jeden Monat veröffentlicht die Ökonomiegruppe einen detaillierten Bericht über Einnahmen und Ausgaben.

Ein weiterer wesentlicher Geldgeber in Auroville ist die Stiftung *SAIER Sri Aurobindo Institut for Education and Research* (Sri Aurobindo Institut für Erziehung und Forschung). Gegründet wurde sie 1985 von dem Auroville-Freund und Mitarbeiter des Erziehungsministeriums Kireet Joshi, um der desolaten Finanzsituation und der Stagnation vieler Projekte abzuhelfen. SAIER wird finanziert vom Erziehungsministerium und gibt Geld an die Schulen, die Forschungseinrichtungen und für kulturelle Veranstaltungen wie Jugendaustauschprogramme und indienweite Ausbildungsmöglichkeiten für Aurovillianer.

Dann gibt es noch das weite Feld der Projekte, die von unterschiedlichsten Finanzquellen leben. Auroville hat gute und eifrige Akquisiteure!

Somit gibt es im Wesentlichen vier Möglichkeiten, seinen Lebensunterhalt zu bestreiten:

- im Rahmen der Produktionsstätten, die über die interne Bezahlung autonom entscheiden;
- im Rahmen interner Dienstleistungen, vom Straßen reparieren bis zur Sekretariatsarbeit, für einen Basisunterhalt;
- im Rahmen der Projekte;
- im Rahmen der von SAIER finanzierten Bildungs- und Forschungsarbeit.

Natürlich gibt es auch Mischfinanzierung. Das Gesundheitszentrum bekommt sowohl Geld vom Central Fund, als auch Spenden, als auch Geld von SAIER.

Als Besucher muss man zwar zu Beginn des Aufenthalts eine Art Kurtaxe entrichten, aber man kann dann an allen Veranstaltungen kostenlos teilnehmen, wie die Aurovillianer auch. Und wenn man einen Arzt oder die Homöopathin beansprucht, heißt es: »Gib, was du meinst!«. Mein persönliches Gefühl war, dass es tatsächlich auch mal bei einem Dankeschön bleiben kann.

»Soft sein allein genügt nicht!«

Auroville und seine ManagerInnen

»Soft sein allein genügt nicht!«

Aureka und Robi

Unternehmer, die stolz auf ihr Unternehmen sein können: Robi und Rajamani.

Aureka ist das, was ich mir unter einem vorbildichen Auroville-Betrieb vorstelle: hier stehen Produkte für die Region im Mittelpunkt, die wirklich gebraucht werden, mit einfacher Technologie und humanen Arbeitsweisen hergestellt. Die Windmühlen wie die Ziegelpressen sind ein richtiger Renner geworden, sie sind leicht zu bedienen, leicht zu reparieren und machen in indischen Dörfern auch ohne Experten Sinn.

Mit aufgebaut hat ihn der Schweizer Robi. Er ist gelernter Maschinenkonstrukteur und ist auch hier seinem Beruf treu geblieben. Seit 25 Jahren lebt er bereits in Auroville und arbeitet mittlerweile bei Aureka in leitender Stellung.

»Mit 20 habe ich die Schweiz Richtung Indien verlassen, ohne etwas von *Sri Aurobindo* und *der Mutter* zu wissen. Ich war mit einer Gruppe von Leuten zusammen, die nach dem Motto reisten: ›Weihnachten in Goa Pfeife rauchen!‹

Das war allerdings nicht das, was ich suchte und ich schloss mich einem Traveller an, der nach Auroville unterwegs war. In Pondicherry stürzte ich mich erstmal auf das Werk von *Sri Aurobindo* und las auch, was *Die Mutter* über Auroville sagte. Ich hatte das Gefühl, dass ich noch nicht weit genug bin, um diesem Ideal zu genügen. Doch die ersten Kontakte mit Auroville haben mich dann ernüchtert bzw. getröstet! Ich sah, dass in erster Linie Aufrichtigkeit und der Wille gefragt waren, vorwärts zu gehen, und da wusste ich, dass ich mit einsteigen kann! 1977 kam ich dann endgültig hierher und arbeitete beim Windmühlenprojekt in dieser Metallwerkstatt mit, die damals erst knapp 10 Angestellte hatte. Über die Jahre wurde uns klar, dass wir mit unserer profitlosen Forschungsarbeit die Werkstatt nicht unterhalten können und deshalb entschlossen wir uns, mit der Produktion von Computergehäusen und Ziegelpressen anzufangen, die etwas Profit abwerfen. Jetzt sind wir 50 Leute, größtenteils Einheimische, und ich bin in eine betriebsleitende Position geraten! Am Anfang war das natürlich ganz neu für mich und ich wurde regelrecht geprüft: Weiß er, was er will? Oder kriegen wir ihn rum?«

Robi hat die Prüfung bestanden. Der Betrieb floriert, die Atmosphäre ist gelöst und von ruhig dahin fließender Produktivität. Er selbst legt dabei keineswegs forsche Unternehmerdynamik an den Tag. Er strahlt sanfte Bestimmtheit aus, wendet sich jedem Anliegen seiner Mitarbeiter aufmerksam zu, wählt bedächtig seine Worte. In Hetze wirkt er nie, und ich kann mir nicht vorstellen, dass er Launen hat oder sie gar auf andere abwälzen würde. Er wirkt äußerst selbstdiszipliniert und scheint mir eine spirituelle Arbeitsethik zu verkörpern, die Demut pflegt, ohne devot zu sein.

»Wichtig ist bei der Arbeit in Auroville nicht, was du arbeitest, sondern mit welcher inneren Haltung. Arbeit für Gegenleistung, Geld, Erfolg, das fällt hier weg. Die Arbeit ist Teil unseres Karma-Yoga, und ich tue sie in größtmöglicher Bewusstheit und Hingabe. Der Betrieb soll ein soziales Gefüge sein, ein Ort, an dem sich die Arbeiter aufgehoben fühlen und ihre Fähigkeiten entwickeln können.

In Auroville konnte ich die Gewohnheit, für Status und Erfolg zu arbeiten, ablegen. Es ist befreiend, wenn das mehr und mehr von dir abfällt, man kann sich so mehr nach innen konzentrieren. Befreiung bedeutet innere Zentriertheit, bedeutet unabhängig zu werden von äußeren Umständen, weil das innere Fundament trägt.«

Das bedeutet für Robi auch, sich nicht an die Arbeit oder an den Betrieb zu klammern. Er könnte jederzeit auch woanders arbeiten und sein Bestes geben. Seine Beziehung zu den Arbeitern ist keineswegs Kumpanei. Vielmehr wahrt er die Distanz eines Menschen,

Bodennahes Arbeiten unter Schatten spendenden Bäumen oder in schönen Gebäuden.

der den Mittelpunkt seines Lebens im Inneren sucht, geschützt vor der Flüchtigkeit des Moments und dem Auf und Ab des Betriebsalltags.

Robi: Ausgleich als Naturaktivist.

Robi arbeitet 6 bis 8 Stunden täglich und bezieht dafür das bescheidene Gehalt von 8000 Rupies monatlich, das ist weniger als das, was sein bester Arbeiter verdient. Sein Freund und Geschäftspartner Rajamani bekommt ebenfalls mehr, weil er mehr Kinder hat. Ihr Gehalt stimmen die aurovillianischen Unternehmer miteinander ab. Es gibt keine Richtlinien außer der, dass Aufrichtigkeit erwartet wird. Für die Arbeiter gilt ansonsten indisches Arbeitsrecht und für den Betrieb insgesamt, dass er als Non-Profit-Unternehmen der Auroville-Foundation unterstellt ist.

Von den 8000 Rupies finanziert er sich ein bescheidenes Leben in einem kleinen, hübschen Häuschen mit autonomer Solarstromversorgung und einer Windmühle zum Wasser pumpen. Zur Arbeit und innerhalb von Auroville fährt er mit dem Fahrrad, für längere Fahrten leistet er sich ein Motorrad. Robi gehört zu den Grünen Aurovilles und engagieret sich nebenher mit seiner Frau und seiner Frau zusammen für die Vielfalt von Fauna und Flora im Grüngürtel. Und er hält sich innerlich wie äußerlich fit mit Hatha-Yoga, Jogging und Karate. Zum Meditieren braucht er aber eigentlich nichts als ein ruhiges Stündchen in seinem Garten:

»Ich sitze einfach da, genieße den Garten, horche in mich hinein und gehe auf innere Reise!«

Die Lohnabstufungen und die interne Bilanz werden transparent gehalten, alle Lohnlisten und Abrechnungen sind einsehbar. Wenn ein Mitarbeiter wegen besonderer Leistungen oder sozialer Belastungen mehr bekommt als andere, werden die Gründe offen gelegt und unter Umständen gemeinsam und heftig diskutiert.

Wenn mehr Gewinn erbracht wird als kalkuliert, gibt es eine prozentuale Beteiligung. Dafür nehmen die Arbeiter in Kauf, in intensiven Phasen auch besonders intensiv zu arbeiten. Überstunden allerdings werden vermieden.

Die soziale Sicherung ist für indische Verhältnisse vorbildlich: Es gibt eine Altersversicherung, in die anteilig eingezahlt wird (50% vom Arbeitgeber, 50% vom Arbeitnehmer). Ans Gesundheitszentrum (Health-Center) gehen pro Monat Abgaben, die Arbeiter werden dafür kostenlos behandelt (eine reguläre Krankenversicherung ist in Indien unüblich, die staatliche Versorgung ist kostenlos, aber schlecht).

Der Kündigungsschutz ist in Aureka einseitig. »Sie gehen einfach weg, wenn sie nicht mehr wollen. Umgekehrt ist das sehr viel schwieriger. Es muss schon ein schwerer Regelverstoß vorliegen, um jemandem kündigen zu können, und man muss Abfindungen zahlen. Betriebe ab 10 Mitarbeitern werden in Indien regelmäßig inspiziert, und es läuft viel über Bestechung und Korruption. Wir legen natürlich Wert darauf, dieses System nicht mitzumachen. Also brauchen wir äußerst genaue Berichte. Die Behörden wachen mit Argusaugen über unsere Betriebe in Auroville, aber es ist uns selbst auch wichtig, dass alle Vorschriften eingehalten werden, die Maschinen sicher und die Zahlungen anständig sind.«

In Indien gehören religiöse Rituale zum Arbeitsalltag wie bei uns der Betriebsausflug. Aureka bietet beides:

»Einmal im Jahr machen wir eine Vier-Tages-Reise, eine Art Incentive-Reise nach amerikanischem Modell! Da sind sie alle Feuer und Flamme. Sie suchen sich jedes Jahr selbst ihr Ziel aus. Meistens wollen sie mit einem gemieteten Bus wichtige religiöse Orte besuchen und berichten im Dorf hinterher stolz, wo sie alles waren. Die Tamilen lieben es, unterwegs zu sein, mal raus zu kommen, und natürlich genießen sie das Zusammensein, das freie Essen und die lockere Atmosphäre. Und ich genieße es auch! Es ist halt wie ein Familienbetrieb. Ich hab jahrelang mit ihnen gebohrt, geschweißt und gehämmert, auch wenn ich mich jetzt mehr um die Entwicklung und die Verwaltung kümmere. Aus der Zeit der direkten Zusammenarbeit kommt ihr Respekt. Sie respektieren es sehr, wenn du all die Arbeiten, die sie tun, selber auch tun kannst und nicht nur klug daher redest!«

Dann gibt es natürlich viele religiöse Feste. Die Göttin des Handwerks ist Saraswati, einmal im Jahr wird ihr zu Ehren ein Fest ausgerichtet *(Puja)*. Sie bringen dazu hingebungsvoll ihre Maschinen auf Hochglanz, schmücken sie mit Blumen und streuen symbolische Muster aus rot-weißem Puder. Es gibt ein großes Essen und der Höhepunkt ist eine ganz spezielle Zeremonie: Da legt Muthu, unser ältester Mitarbeiter – obwohl er schon pensioniert ist, kommt er immer noch – eine Zitrone auf den Boden, tanzt in einer Art Ekstase immer um sie herum, bis er plötzlich in einer Art Liegestützhaltung mit dem Kopf auf sie schlägt und sie mit seiner Stirn in der Mitte zerteilt. Währenddessen schauen ihm alle gebannt und andächtig zu. Schließlich wird auch auf die Maschinen je eine Zitrone gelegt und am nächsten Tag sorgfältig über ihr ausgedrückt, als eine Art Segnung. Es ist für mich faszinierend, ihre Begeisterung für Zeremonien zu erleben. Ich empfinde sie da als sehr reich.«

Heidi und die Strickkooperative

In die Pullover, die sie für uns stricken, geht ihre Fröhlichkeit und ihr Gesang mit ein!
Heidi und ihre Mitarbeiterinnen.

In einer Gewerbezone nahe Kottakarai sind mehrere eigens für Tamilen geschaffene Produktionsstätten zusammengefasst; angegliedert ist eine Schule für Tamil-Kinder. Außer einer Leder- und Schmuckwerkstatt gibt es eine Kooperative, in der Pullover für den Export gestrickt werden. Sie werden hauptsächlich in deutschen Boutiquen verkauft.
In der Strickerei arbeiten ausschließlich Frauen. Sie sitzen in ihren bunten Saris auf Terrassen und nähen die Einzelteile zusammen, die ihre Kolleginnen in Heimarbeit gestrickt haben. 300 Frauen sind hier beschäftigt und zum Teil ernähren sie mit dem Lohn ihre ganze Familie. Dass sie zu Hause arbeiten können, kommt ihnen als Müttern entgegen, und es ist für sie eine relativ angenehme Arbeit. Angelernt wurden sie in einem Training, das die indische Regierung bezahlt hat, denn Stricken ist in Indien unüblich. Geführt wird die Kooperative von der Deutsch-Französin Heidi. Sie entwirft die Modelle und leitet die Frauen an.

Heidi: »Mit dem Training haben zunächst ungefähr sechzig Frauen stricken gelernt, und die haben es dann untereinander weiteren Frauen gezeigt. Wenn ich ein neues Modell entworfen habe, erkläre ich es zwei, drei Frauen, die es dann wiederum den anderen zeigen. Die Arbeit wird hier vor Ort ausgegeben, die Frauen holen sich Muster und Material ab, stricken dann zuhause und bringen die fertigen Teile wieder zurück. Die Einzelteile werden dann von etwa zehn Frauen, die konstant hier arbeiten, zusammengenäht. Alle Frauen sind Mitglied der Kooperative und werden pro Pullover bezahlt. Darüber hinaus wird der Gewinn der Kooperative zwei Mal im Jahr an die Frauen ausgeteilt.

Das Problem ist, dass es schwierig ist, Exportqualität zu gewährleisten. Die Frauen lassen zuhause manchmal auch andere an dem Teil stricken, also zum Beispiel die Großmutter oder die Schwester, und dann kommen sie wieder und alles ist unregelmäßig, man sieht es sofort! Das mussten sie lernen, dass das nicht geht, und sie verstehen es auch und machen dann geduldig alles wieder auf und fangen von vorne an! Ein anderes Problem ist die Sauberkeit, auch die mussten sie lernen: dass sie sich die Hände waschen, bevor sie zu stricken anfangen. Mir gefällt die Arbeit mit den Frauen trotz der Anlaufschwierigkeiten sehr gut, ihr Wesen ist sehr verantwortungsvoll. Was mir am meisten gefällt, ist ihre Geduld. Ich selbst habe nie so viel Geduld wie sie!«

Auroville im Computer-Zeitalter

Uli 1990, als Pionier in Hard- und Software.

1990 konnte man auf der Hannover-Messe Software-Produkte aus Auroville entdecken, Netzwerktechnik, Datensicherungssysteme und integrierte Schaltungen. Zwei Aurovillianer hatten – wie es sich für eine Legende gehört – »in einer Garage angefangen«, gaben ihrer Firma den Namen Aurelec ... und boomten damit. Zunächst wurde ihre staub- und tropensichere Ware, die auch Stromschwankungen aushält, asienweit bekannt, dann schaffte sie auch den Sprung in den europäischen und weltweiten Markt. Aurelec wurde nach außen konkurrenzfähig und blieb nach innen aurovillianisch motiviert: Der Profit gilt Aurovilles Zukunft, die gut 150 Arbeitenden genießen besonders humane Arbeitsbedingungen. Jungen aus den umliegenden Dörfern werden hier gefördert und so manche machen auch ohne Studium erstaunliche Ingenieurs- und Programmierer-Karrieren, learning by doing.

Einer der beiden Firmengründer ist Uli, ein deutscher Ingenieur, der hier seine Liebe zur Technik mit seiner Liebe zu Auroville verbinden konnte. Und der hier Chef sein konnte mit einem anderen Autoritätsverständnis:

»Als Chef habe ich Autorität nur als Notbremse eingesetzt. Du verlierst Autorität, wenn du sie als solche benutzt. Überzeugung ist besser, Verantwortung für Überzeugungen zeigen und nicht nur über Position!«

Über das »Business für Auroville« hinaus galt sein Ehrgeiz der Computerisierung Aurovilles, im Namen der basisdemokratischen Vernetzung:

»Für mich ist interessant, inwiefern der zähe Informationsfluss beschleunigt werden kann und Meetings elektronisch vorbereitet sein können. Man muss dann nicht auf den Treffen selbst all die Vorinformationen liefern und kann sich auf den vertieften Entscheidungsprozess konzentrieren. Für mich ist jedenfalls der Einsatz von Computern in einem kollektiven Meinungsbildungsprozess eine spannende Entwicklung.«

Das sagte er 1990 und inzwischen ist Auroville engmaschig vernetzt, hat zwei Internet-Cafes, Intranet und E-Mails sind selbstverständlicher Bestandteil des Community-Lebens. In der Schule sitzen Mädchen und Jungen fieberhaft an computergestützten Referaten und im Sprachlabor wird mit supramodernen Superlearning-Methoden experimentiert. Online können Meetings vordiskutiert und Meinungen sondiert werden, so dass die leibhaftige Gremienarbeit, von Routinearbeiten befreit, schöpferischen Wichtigkeiten vorbehalten bleibt. Mit Hilfe von Web-Portalen kann überdies mal eben eine Bewohnerbefragung durchgeführt werden.

Auch für ein elektronisches Zahlungsmittel bewähren sich die digitalen Helfer und sie steuern die Bestellung und Verteilung von Lebensmitteln, gehen in Eintracht mit Ochsenkarren als Transportmittel eine Symbiose von High Tech mit Nature Tech ein. Technikfeindlich war Auroville nie, außer in wenigen Verkörperungen vereinzelter Verweigerer. Und weltweit ist Auroville Teil eines *»City-Networking«* mit der EU.

Hütte und Computer, Tine 1990, zu Beginn von Aurovilles stürmischer Computerisierung.

Wie es mit Aurelec weiterging

Um 1990 rückte die boomende Firma in den Brennpunkt ganz anderer Diskussionen. Es ging um den Einfluss des zentralen Verwaltungsrats in Neu Delhi auf betriebliche Entscheidungen innerhalb Aurovilles. Aurelec wollte sich aus der Bindung an den »Foundation Act« lösen. Die Gesellschafter fürchteten zu viel Einflussnahme von außen, stritten für die Unabhängigkeit der kommerziellen (wenn auch gemeinnützigen) Betriebe und wollten die marktwirtschaftlichen Aspekte von Auroville vom internen Prozess der Gemeinschaft abgekoppelt wissen. Dabei ging es vor allem um die Frage der Garantien für Bank-Kredite, die Frage der Bürgschaften und die Frage des Geschäftsrisikos. Eine Stiftung wie die Auroville-Foundation kann keine Haftung begrenzen, sie muss für Schulden unbegrenzt aufkommen, ist andererseits nicht durch Eigentum finanziell abgedeckt. Die Stiftung ist als Ganzes haftbar, sie musste in den letzten Jahren zum Beispiel für zwei überschuldete Gewerbebetriebe aufkommen!

Aurelec befürchtete eine bürokratische, inkompetente Bevormundung, die Investoren und Initiatoren abschrecken würde. Doch eine Abkopplung war nicht möglich, weil laut Auroville-Charta »Niemandem im Besonderen« etwas gehören darf und kommerzielle Aktivitäten genauso zu Auroville gehörig verstanden werden wie Schule oder Kulturzentrum. Zudem könnte der Ausstieg Aurelecs zur Folge haben, dass andere Betriebe auch aussteigen. Jeder würde am Ende sein eigenes Süppchen kochen und der Traum Auroville wäre ausgeträumt. Aurelec aber entschied sich für die Konfrontation und provozierte einen Rechtsstreit, wollte die freie Marktwirtschaft für Auroville erstreiten.

Uli: »Wir müssen endlich unabhängig werden von Mutter, Vater und Regierung! Eine zentral gesteuerte Verwaltung behindert Wachstum. Ich streite für eine aktive Freiheit, in der sozusagen ein Blanko-Scheck für offene Optionen gegeben wird, in der man für die Fehler selbst einsteht. Die passive Freiheit dagegen – die, die wir jetzt haben – bedeu-

Wie fühlt sich Ulli nun als Rentner mit 56 Jahren, nach einem Leben als Chef?

tet, dass wir für alles eine Erlaubnis brauchen, auch wenn das bisher nicht praktiziert wird. Ich bin dafür, endlich Selbstverantwortung zu übernehmen, und wenn wir dann nichts zu essen haben, dann haben wir eben etwas falsch gemacht!« Ein Konsens wurde nicht gefunden, das Verfahren endete zu Ungunsten Aurelecs, zu Gunsten der treuhänderischen Stiftung.

Heute, im Jahre 2003, gibt es die Firma Aurelec nicht mehr. Ihre Betreiber haben sich mitsamt dem Wissen in ihren Köpfen der Firma Nexus Computers in Madras zugesellt und 1991 außer-aurovillianisch die Firma Shuttle Technology gegründet, die dann die ehemaligen Aurelec-Mitarbeiter übernahm.

Shuttle fusionierte dann mit einer englischen Firma und man konzentrierte sich auf die Entwicklung von integrierten Schaltungen (ICs) für Sony, Panasonic und Hewlett-Packard, baute Chips für die Anknüpfung von Computerperipherie an PCs über die parallele Schnittstelle.

»Also: integrierte Schaltung plus Kontrollgerät für die gelungene Anpassung. Da wurden wir Marktführer, sind auf 20 Millionen Dollar Jahresumsatz hochgeschnellt!«

Auf der Höhe des Erfolges entschlossen sie sich schnell und hellsichtig – bevor die New-Economy-Krise weltweit ausbrach – für den Verkauf der Firma. SCM-Micro-Systeme aus Deutschland griffen zu und seit 1999 gehört Shuttle zu SCM. Zwei Jahre half Uli noch bei der Umstrukturierung, seit April 2002 ist er glücklicher Rentner! Als Aktienhalter von Shuttle wurde er reich, verkaufte seinen Anteil für eine Million Dollar. Und die spendete er Auroville, denn dem gehört noch immer sein Herz und hier will er alt werden, mit neuen, ehrenamtlichen Aufgaben. Für die Spende gründete er eigens die Stiftung Gateway. Mit 200.000 Dollar konnte das *Center for further Learning* gebaut werden, unterstützt wird weiterhin das Jugendwohnhaus Kailash und ein Multimedia-Center. Nicht er selbst entschied darüber, sondern ein Stiftungsrat.

Uli hat zu Aurovilles Ökonomie ganz bestimmte Vorstellungen und die bringt er nun frei von eigenen Interessen ideell in der Ökonomie-Gruppe an:

»Ich habe Probleme mit Mutters *no exchange of money,* dieser Leitsatz erzeugt Konfusion. Es geht zwar um spirituelle Prioritäten und der Verdienst sollte nicht ungerecht sein, aber leistungsgerecht sollte er schon sein. Wir sollten von dem Modell, dass es einen Anzug gibt, der allen passt, wegkommen und mehrere Optionen offen halten.

Eine Option ist das Prinzip: Grundeinkommen gegen fünf Stunden Arbeit, ohne direkte Verknüpfung von Leistungsqualität und Einkommen, doch das sollte nicht aufgezwungen werden, es ist geeignet für Leute, die in der Phase sind: ›Meine Arbeit ist eine Geste an die Mutter und Mutter gibt mir, was ich brauche und damit bin ich glücklich.‹ Das mag für manche die beste Basis sein, aber nicht für alle! Manche möchten Herr über das eigene Geld sein und auch ein Verhältnis zur Leistung darin ausgedrückt wissen, auch wenn es hier nicht so ungerecht zugehen sollte wie woanders auf der Welt. Eigenbestimmt sollte es sein, zum Beispiel auf Honorar-Basis, und dennoch eng mit Auroville verknüpft. Ein Business aufzubauen braucht Unternehmertum, und ein Unternehmen braucht zum Beispiel andere Geldquellen und anderen Umgang mit Risiken.

Das ehemalige Gebäude von Aurelec und seine Infrastruktur dienen nun mehreren kleineren Auroville-Firmen, sie teilen sich Kantine, Sportplatz, Notstromaggregat, Gärtner und Putzleute. Der kleine, chice Gewerbepark beherbergt u.a. Web-Design, die Prothesenproduktion, ein Architekturbüro und die Redaktion der AV-News.

Eine weitere Gruppe könnte die der ›Assoziierten‹ sein, freie Unternehmer und Sympathisanten an der Peripherie, die Beschäftigung bieten und Handel treiben. Sie könnten als GmbH wirtschaften, unter indischem Recht, aber nahe der Foundation, man könnte ihr einige Anteilsscheine als Schenkung überlassen, als Gegenleistung für Infrastruktur in Auroville. Eine GmbH könnte auf herkömmlichen Wegen Kapital besorgen, was eine Stiftung nicht kann. Und die GmbH ist beschränkt haftbar!

Wichtig wäre ansonsten, dass wir endlich ein Gütesiegel für Auroville-Produkte entwickeln, als besonderes Qualitätsmerkmal. ›Schön, sinnvoll, ökologisch...‹ Auroville hat einen Wert als Identität, das müssen wir stärker einfangen!

Auf jeden Fall sollte man Gemeinwohl und Business nicht verwechseln, ich spreche lieber von verschiedenen Aktivitäten im Rahmen von Auroville. Wir müssen mit der Welt Business machen, wir haben intern nicht genug Einkommen und also müssen wir uns an die Draußen-Methoden anpassen. Eine GmbH passt durchaus zu *Mutters* Spirit, in einer weiteren Dimension, eben mit den Methoden von draußen. Intern können wir ja weiterhin unseren ganz eigenen Experimenten nachgehen!«

»Ich könnte mir natürlich ein Haus in der Karibik kaufen und mich zur Ruhe setzen, aber das fasziniert mich nicht! Faszinierender finde ich, sich in den Dienst von etwas Größerem zu stellen! Der Hauptanreiz ist, an einem Experiment teilzuhaben, wo dein Mitmachen fühlbar ist, wo es auf deinen Beitrag spürbar ankommt!«

Shivaja und Otto

Shivaya experimentiert mit dem Leben aus einem Gemeinschaftstopf.

Mit 23 ist sie, wie viele Aurovillianer bei einer Indienreise in Auroville hängengeblieben, hatte eigentlich ein Berufsleben als Lehrerin in der Schweiz vor sich. Doch dann reizte sie das Leben als Pionierin mehr und sie ist eine der Unermüdlichen, die sich aus den großen Fragen Aurovilles und aus langwierigen Meetings nie frustriert zurückzog, sondern immer wieder mit neuer Hoffnung neue Anläufe unterstützte.
So auch die neuen Ansätze der Tauschringe und die Frage nach der Ausrichtung des aurovillianischen Wirtschaftens. Soll es in Richtung freier Marktwirtschaft gehen? Oder konsequent zurück zu den alten Idealen der geldlosen, geschwisterlichen Binnenwirtschaft?

In der eigens für diese Fragen gegründeten Ökonomie-Gruppe werden die Wege diskutiert, die sowohl besser als der Kapitalismus, als auch besser als der Sozialismus sein könnten und geeignet sind, die Vision einer Art »göttlichen Anarchie« vorbereiten, wie sie *Mutter* vorschwebte. Der Kapitalismus jedenfalls ist zu plump egoistisch, und der Sozialismus zu plump kollektivistisch.

Für Shivaya steht Auroville an einer wichtige Schwelle, es müssten jetzt die Hauptzüge der Charta verwirklicht werden, nämlich der Anspruch: Kein Geldaustausch in Auroville!

»Dahinter steckt ja die Idee, jeder trägt zum Projekt mit dem, was er kann, bei, und bekommt dafür einen Unterhalt. Einerseits werden alle Grundbedürfnisse von der Gemeinschaft befriedigt, andererseits besteht auch eine Mitarbeitsverpflichtung. Und eine learning society soll es sein, sie soll sich ständig weiterentwickeln, eben nicht nur materiell. Und wie kommen wir dahin? Das fragen wir uns im Moment selbst recht heftig!

Am Anfang ging es hier um Aufbau, um Überleben, Bäume, Klein- und Großgewerbe. Das haben wir geschafft, hatten auch einen Markt in der Welt. Doch nun brechen diese Märkte wegen der weltwirtschaftlichen Krisen und der asiatischen Konkurrenz weg, wir sind nun wirklich dringend gefragt, etwas anderes aufzubauen. Die Grundidee ist ja die einer internationalen Universitätsstadt, ein Ort also, an dem man an Ideen arbeitet. Der Schwerpunkt liegt nicht im Produzieren, auch wenn die Selbstversorgung gesichert sein soll.«

In den letzten drei Jahren wurde mit der Idee kollektiver Budgets und mit der Idee von Tauschringen experimentiert. Immer wieder in Aurovilles Geschichte werden Anläufe zu stärkerer Kollektivierung und Gemeinschaftsverpflichtung genommen, die meisten haben allerdings nicht überlebt, weil Missbrauch, Misstrauen und Engherzigkeit dann doch den idealistischen Schwung genommen haben. Für einen Tauschring nach dem Modell der LETS (local exchange and trade system) wäre Auroville eigentlich gut geeignet, als überschaubarer Raum, aber die Idee hat sich (noch) nicht durchgesetzt. Shivaya aber nimtm jetzt am New Dawn Circle teil, und der funktioniert so:

»Wir zahlen alle unser Einkommen in einen gemeinsamen Topf ein und es wird dann daraus zentral die Grundversorgung aller Beteiligten organisiert: Lebensmittel für den Grundbedarf vom Laden in Pour Tous, ein Abonnement für unsere Solarküche und freie Nutzung beim Second-Hand-Kleiderservice Nandinid. Alles wird verbucht, man hat ein Budget und darüberhinaus ein Taschengeld für Schokolade und Essengehen. Und ein Budget für Extra-Bedürfnisse wie Computer-Reparaturen oder Hausreparaturen. Größere Beträge werden miteinander besprochen. Man muss also nicht selbst einkaufen und wird nicht unnötig verlockt von all dem Luxus, der inzwischen in Pour Tous angeboten wird! Leute, die höhere Einkommen haben, geben auch mehr in den Topf, aber es wird nicht die Offenlegung der privaten Finanzverhältnisse verlangt, alles soll freiwillig bleiben, bloß kein Kollektiv-, kein Durchsichtigkeitszwang! Denn dadurch geht das Vertrauen eher verloren, ist unsere Erfahrung.

Selbstbeschränkung ist zwar ein inbegriffenes Ziel, aber Askese wiederum kein Selbstzweck. Ein einfaches Leben in Schönheit wünschen wir uns! Andererseits machen wir uns in Auroville nichts vor: Wenn wir nicht unterstützt würden durch großzügige Eltern, Renten, Geldanlagen usw. wären wir nicht da, wo wir heute sind. Das Gandhi-Modell des einfachen Lebens aus sich heraus ist keine Meßlatte!

In den Units, den Gewerbebetrieben müsste es einen hohen Grad an Selbstverpflichtung und selbstgesetzten Standards geben, in Korrenspondenz mit den spiritituellen Zielen. Die Units haben alle sehr beigetragen zu Auroville, aber sie können jetzt kaum mehr beitragen. Die Probleme spiegeln die weltwirtschaftlichen Probleme, obwohl Auroville noch besser dran ist als Indien allgemein.«

Bisher hat Auroville einigermaßen wahllos produziert, was sich verkaufen lässt, Räucherstäbchen, Mode, Lampenschirme, Dekoratives und auch recht viel Tand. Hauptsache, vom Erlös bleibt möglichst viel für Auroville. Wäre nicht ein erhöhter Anspruch an Sinn und Zweck des Produzierens angebracht? Im Sinne einer zukünftsfähigen Kreislaufwirtschaft zum Beispiel?

»Kreisläufiges, lokales Wirtschaften mit erneuerbaren Energie rückt hier jetzt mehr ins Bewusstsein – mehr als vor fünf Jahren. Es gibt den Begriff der Bioregion-Ökonomie und es gibt die Ideen von Margit Kennedy, die mit lokalen, zinsfreien Eigenwährungen sogenannte Komplementärwährungen schaffen will, die die Region und ihre Autonomie stärken und die Abhängigkeit vom Weltmarkt abbauen. Wir denken in diese Richtung weiter, aber eine abgegrenzte Wirtschaftsregion rund um Auroville ist schwer vorstellbar. Es wird ein durchlässiges Gewebe bleiben, mit vielen Handelsbeziehungen nach draußen.

Aber nach innen können wir trotzdem unseren persönlichen Umgang mit Geld ändern! Wir können mit der Frage experimentieren, wie viel Gleichheit und wie viel Unterschied

Otto: Der Herr über die Zahlen in Auroville!

wir zulassen wollen, wie wir zum Beispiel Extra-Leistung anerkennen oder eben nicht.

Ein Punktesystem ist zum Beispiel im Gespräch. Man könnte für Extra- Einsatz auch Extra-Punkte als Äquivalent bekommen und könnte sich z.B. im Laufe einiger Jahren den Anspruch auf ein Haus erwerben. Ich fände es gut, wenn insbesondere den Jugendlichen ein Anreiz geboten wäre, sich mit aller Kraft einzusetzen. Sie sollte ihnen etwas abverlangen, aber sie sollten dafür auch etwas bekommen!«

Ich richte dieselben Fragen nach Aurovilles ökonomischer Ausrichtung auch an Otto, den Herrn über die Zahlen im Financial Service.

Wie wäre eine nachhaltige Ökonomie jenseits des Kapitalismus zu schaffen? Und was bedeutet für ihn Mutters Weisung der Geldlosigkeit?

»Die Mutter hat nicht gesagt: ›Kein Geld!‹, sondern kein Geldaustausch! Geld ist sehr wohl sinnvoll, nämlich als Energie. Geld ist wie ein Schmiermittel. Geld ist aber auch Energie in sich selbst, eine negative oder eine positive, je nachdem, wie es eingesetzt wird. Wenn Du 100.000 Dollar auf den Tisch legst, entfaltet es eine Energie!«

Und die Herkunft des Geldes? Ist es egal, ob es aus Aktienspekulation oder unredlichen Quellen stammt?

»Das Entscheidende ist, was man damit tut, weniger wichtig ist, wo es herkommt.«

Ich stolpere immer wieder über diesen Energiebegriff, der erst ab dem Moment ansetzt, wo das Geld in der eigenen Hand landet. In Auroville gibt es insofern kaum eine politische Kritik an Ungerechtigkeitsstrukturen im Welthandel, an Finanzmärkten ohne Sozialverpflichtung, an Fragen nach der Dynamik von Kapital, Zins und Privateigentum. Vielleicht auch deshalb nicht, weil viele selbst Nutznießer dieser Strukturen sind.

Die ökonomischen Fragen werden jedenfalls nicht politisch, sondern primär als Frage des Bewusstseins aufgefasst. Geld ist wie Macht und Sexualität eine Frage der Meisterung von Energie! Transparenz über Menge und Herkunft der Bezüge gehört nicht dazu.

Doch Otto bedenkt andererseits die Wirkungen allzu großer Ungleichheit auf die soziale Atmosphäre in Auroville.

»Leute aus dem Westen haben mit einer kleinen Pension zum Beispiel eine größere Kaufkraft als ein schwer schuftender Tamile!«

In welche Richtung also könnte es gehen?

»Dass wir hier nicht pingelig verrechnen, ich gebe dir 2 Stunden, du gibst mir 200 Rupees! Wenn unser Ideal verblasst, werden wir sofort von der Außenwelt überholt. Unser Ideal muss schneller und stärker sein als die alten Einflüsse, denn die sind schnell wieder da! Wir müssen schneller lernen, als wir eingeholt werden! Doch die Vertrauensbasis ist nicht stark genug, man schaut noch zu argwöhnisch darauf, ob der andere auch genug gibt!

Immerhin können wir sicher sein, dass hier keine Schmarotzer herkommen. Die meisten haben doch sehr aufrichtige Motive.

Was waren die ökonomischen Visionen der Mutter?

»Das wichtigste ist erst mal zu geben, das Bekommen kommt dann automatisch zurück.« Das ist auch meine Erfahrung; du bekommst, was du brauchst! Das Notwendige habe ich immer von Auroville bekommen. Die fünf täglichen Arbeitsstunden, die für den Grundunterhalt erwartet werden, sind Minimum, je mehr man dem Kollektiv gibt, desto mehr kann es auch zurückgeben!«

Wie wichtig findet er die Ausrichtung auf regionales Wirtschaften?

»Die Exportmärkte brechen weg und das spüren wir auch in Auroville! Der nächste Schritt für einige große Units ist, zu schauen, was denn wirklich hier gebraucht wird! Darüber haben wir immer wieder geredet, aber das schnelle und große Geld kommt vom Handel mit den USA und Europa. Die Problematik ist nun verstärkt bewusst geworden. Wir müssen und wollen uns mehr dem indischen und dem lokalen Markt zuwenden.

Ansonsten brauchen wir einen Tritt in den Hintern in Richtung Sharing. Wir müssen unsere Energie und unser Geld großzügiger teilen, es sind halt nicht alle gleich produktiv!«

Kritisch sieht er auch den Luxus, der sich breit macht, nicht nur wegen der Ungleichgewichte, die soziale Probleme schaffen könnten:

»Je luxuriöser das Leben, desto komplizierter wird es auch. Eigentum muss gut gehütet werden, man klammert dran und man wird kleinherziger. Die Unterhaltskosten steigen mit Telefon, Kühlschrank und Waschmaschine. Der Grundsatz müsste lauten: Energie, die verbraucht wird, muss auch reingegeben sein. Stattdessen haben manche – insbesondere manche Jugendliche – die Haltung, dass Auroville ihnen zu geben hätte, einfach, weil sie da sind.«

Wie viel Ungleichheit verkraftet die Community?

»Wenn das Minimum nicht gewährleistet ist, dann entstehen Spannungen, aber alles andere muss persönlicher Spielraum bleiben. Es gab mal die Weisung, vom Geld, das man von außen bekommt, 10% abzugeben, doch das ist unmöglich, zu kontrollieren, es muss bei der Selbstverpflichtung bleiben. Im Rahmen des Hausbaus mag eine Luxus-Begrenzung von außen möglich sein, aber ob jemand sich zweimal im Jahr einen Flug nach Europa leisten kann, ist Privatsache.«

Gerne wüsste ich noch, inwiefern sich die Mutter von kommunistischen Idealen abgegrenzt hat.

»Nein, Kommunismus wollte sie nicht! Brüderlichkeit ist nicht Gleichheit! Gemäß den eigenen Bedürfnissen zu leben, das verträgt keine mechanistischen Lösungen! Die Energie wird nur blockiert, wenn nicht jeder aus eigenem Antrieb tut, was zu tun ist.«

Allerdings fürchtet er, dass der Antrieb und die Motive, sich in Auroville anzusiedeln, an spiritueller Tiefe verlieren.

»Die Gegebenheiten haben sich sehr verändert, vor 20 Jahren war alles primitiver und die Motive eindeutig. Heutzutage kommen manche, weil es schön und grün und warm ist, weil die Schule toll ist und weil man hier mit wenig Geld toll leben kann. Wie soll man das verhindern?«

Rolf, einer von Aurovilles Grenzwissenschaftlern

Rolf, der Energetisierungspionier! Mit der Biobatterie für mehr Erträge.

Auroville bietet ein freies Feld für selbstberufene Forscher.

Hier kann man mit Leidenschaft und eingebettet in einen höheren Sinn im besten Sinne des Wortes laborieren.

Ein solcher Forscher ist Rolf, er hat sich in die Geheimnisse des Wassers als Energie- und Informationsträger verliebt und will sie Auroville erschließen.

Über seinen kleinen Betrieb Cosmic Energy System verbreitet er Energetisierungsmethoden für Trink- und Gartenwasser. Hierbei lehnt er sich an die Forschungen von Viktor Schauberger und Wilhelm Reich.

Sein Ehrgeiz gilt der Steigerung der Fruchtbarkeit von Aurovilles Böden.

Auf der Farm Vindara, wo Obst und Gemüse auf kargem Boden wächst, will er mit einer Art Biobatterie nachhelfen, und die funktioniert so: Drei Löcher werden im Dreieck zueinander gegraben, mit elf Meter Abstand, darin werden große Toneier mit energetisiertem Wasser versenkt, das die aufgeladene Energie nun an die umliegende Erde abgeben kann.

Das Herzstück der *»Biobatterie«* ist ein Stab mit 24 Metallscheiben, (siehe Foto) abwechselnd aus Kupfer und Zink: Sie bauen eine Spannung auf, die mit Gleichstrom vergleichbar, aber feinstofflicher ist. Zur weiteren Steigerung der Spannung behämmert (dengelt) Rolf sie vorher noch gründlich. Der Auroville-Boden, dem es an Spannung mangelt, soll somit mit einer Extra-Portion Spannung angereichert werden. Das Tongefäß hat eine Ei-Form, weil sie die beste Form für Resonanz ist, das Wasser dient als Energiemedium, ist Resonator. Die Spannung wird aufgeladen wie in einer Autobatterie, aber nicht mit Säure und Blei, sondern mit Sonnenblumenöl, es macht das Wasser weicher.

In 300 Metern Umfeld wird nun die Verbesserung des Bodens erwartet und gespannt beobachtet man, wie der Vergleich im weiteren Umfeld von 600 Metern ausfallen wird!

Schauen Sie doch als Auroville-Besucher selbst mal nach!

Herbert und die Landwirtschaft

Auroville strebt auf das Ziel der Selbstversorgung seit einigen Jahren mit verstärkten Anstrengungen zu, subventioniert die bäuerliche Kulturarbeit und die, die sich ihrer annehmen.

Rund 35 Aurovillianer sind FarmerInnen, sie bewirtschaften 400 Acre Land (1 Acre = 4047 qm) und beschäftigen 200 Arbeiterinnen aus den Dörfern.

Zur favorisierten Lebensform gehört die landwirtschaftliche Existenz unter AurovillianerInnen eher nicht, aber für Herbert schon.

1996 gründete er die Siddartha-Farm, für Getreide, Reis, Erdnüsse, Bohnen, acht Acre hat er schon erschlossen, baut nach dem biologisch-dynamischen Mondkalender an. Die landwirtschaftlichen Methoden sind in Auroville nicht festgelegt, aber dass es Bio-Anbau ist, versteht sich von selbst. Ursprünglich war er in Österreich Telefonelektroniker, hat sich in Auroville

Herbert von der Siddartha-Farm, vor seiner Selfmade-Öl-Presse.

aber aus Naturliebe der Landwirtschaft zugewendet. Eine Himalaya-Reise hatte ihn – ohne es beabsichtigt zu haben – zur Mutter geführt:

»Die Begegnung mit ihr war wie eine Erinnerung im Herzen, sie hat die Erinnerung in mir wachgerufen, dass die Evolution ein Ziel hat, das sie nicht blind ist und nicht ein wildes, zielloses Chaos. Dass es weitergeht mit der Entwicklung und der Mensch nur eine Station ist zu höheren Fähigkeiten ist.«

Spezielle Yoga-Übungen braucht er nicht, der Weg der Achtsamkeit führt für Heribert über die Hände, über der Hände Arbeit. Und über die Natur, auf die man nur zu lauschen, die man nur beobachten muss, um sich von ihr begeistern zu lassen:

»Schauen, wie Pflanzen entstehen, wie das Leben lebt, wie es sich ausdrückt, erkennen, wie die Mutter Erde für uns sorgt, wenn wir nicht gegen sie sondern mit ihr arbeiten.

Bewusstheit ist vor allem Erinnerung und die steckt in allem. Man muss versuchen, das Oberflächen-Bewusstsein zu durchdringen und tiefer zu kommen. Der Mensch ist ja nicht getrennt, von Wasser, Luft und Sonne, das fließt und strömt und strahlt ja alles durch uns durch!«

Herbert produziert ausschließlich für Aurovilles Eigenbedarf. Seinen Unterhalt bezahlt der Central Fund, das heißt er wirtschaftet nicht als freier Unternehmer und lebt vom Gewinn, sondern er arbeitet quasi im öffentlichen Dienst Aurovilles, mit einem festen, bescheidenen Einkommen. Selbstverständlich war das allerdings nicht, das bäuerliche Langzeitbewusstsein in Auroville ist eher neu.

»Ein Einzelner kann aber die Risiken und Schwankungen durch Missernten langfristig nicht allein tragen. Und auch die Investitionen in eine nachhaltige Infrastruktur müssen als eine gemeinsame Aufgabe verstanden werden.«

Die Subventionierung schützt auch vor Billigkonkurrenz von außen, es ist eine sinnvolle Art von Protektionismus zur Deckung der Grundbedürfnisse.

Der Selbstversorgungsgrad steigt nun stetig an, bei den saisonalen Früchten und bei Milch erreichte er im Jahre 2003 nahezu 100%, bei Gemüse 50%, bei Getreide, Reis und Ölen allerdings erst 5%. Die Siddartha-Farm ist jetzt Teil einer neuartigen Langzeitplanung in Auroville, ganz im Sinne der Mutter, die die Selbstversorgung der Stadt wichtig fand. Dringlich und heikel stellt sich auch hier die Frage weiteren Landkaufs und weiterer Landerschließung, bei steigenden Bodenpreisen und zuweilen auch im Konflikt mit den Interessen der Dorfbauern oder im Clinch mit Spekulanten.

Herbert denkt derweil auch über Auroville hinaus, hält Verbindungen zur indischen Bauernbewegung gegen Saatgutkonzerne, setzt sich für ein Menschenrecht auf Nahrungssicherheit ein, das Vorrang vor Profit-Interessen haben sollte.

»In Auroville kann man zeigen, dass es auch anders geht!«

Lieben in Auroville

Es ist schön an einem Projekt wie Auroville, dass die Liebe nicht in private Zweierkisten gedrängt bleibt, sondern sich ins allgemeine Leben verströmen kann. In die Arbeit, die Projekte, die Ideale. Man mag von Auroville einen verhaltenen Eindruck haben, aber man schaut hier oft in leuchtende Augen, eben ein verhaltenes Leuchten.

Die Liebe zu den Kindern zum Beispiel hat hier ein weites Feld, sie ist nicht in die Kleinfamilie eingemauert, die meisten Mütter sind freudig Mutter (die Phase von Zwangskollektivierung war in der Geschichte Aurovilles Gott sei Dank sehr kurz!), sie haben aber auch noch andere Aufgaben in der Gemeinschaft und sind nicht ausschließlich Mutter. Die meisten Väter sind engagiert Väter, ob sie nun im gleichen Haushalt wie die Kinder leben oder nicht. Auch soziale Elternschaft findet viele Gelegenheiten, sei es nun beiläufig durch offene Nachbarschaftstüren, sei es bewusst, indem man in der Schule, bei Sport und Theater oder am Arbeitsplatz Kinder bedenkt und einbezieht.

Die intime Partnerliebe wird sowohl in sehr lang währenden Paarungen als auch in frei schwebenden Verhältnissen gelebt, vorrangig in den berühmten Lebensabschnittspartnerschaften. Die Zweier-Liebe hat dann immer dieses Dritte im Bunde, dieses Streben zu Höherem oder auch *die Mutter* als virtuelle Liebespartnerin bzw. Liebesbeobachterin! Das höhere Streben kann – so mein Eindruck – einerseits eine Bereicherung im Zweierbunde sein, andererseits auch eine Blockierung für das Allzumenschliche, das nicht so verdammt allzumenschlich sein soll!

Ein Blick auf das, was *die Mutter* über die Aufgaben der Liebe sagte:

»Am Anfang ihrer Offenbarung besteht die Liebe in der Reinheit ihres Ursprungs aus zwei Bewegungen als den beiden sich ergänzenden Polen des Dranges nach vollständiger Verschmelzung. Dies ist einerseits die höchste Anziehungsgewalt und andererseits das unwiderstehliche Bedürfnis nach unbedingter Selbsthingabe [...] Was in den Raum geworfen worden war, musste wieder zurückgeführt werden, ohne dass deswegen das so geschaffene Weltall aufgehoben würde. Darum sprang Liebe hervor, die unwiderstehliche Vereinigungsgewalt. [...] Ist es denn nicht Liebe, in abgeirrter und verdunkelter Gestalt, mit allen Impulsen der körperlichen und lebendigen Natur verbunden, als der Antrieb zu jeder Bewegung und jeder Gruppierung? Sichtbar wird dies im Pflanzenreich; beim Baum und bei der Pflanze ist sie der Drang zu wachsen, um mehr Luft, mehr Raum zu gewinnen; bei der Blume ist sie das Geschenk ihrer Schönheit und ihres Duftes in einem verliebten Aufblühen; und steht sie nicht auch bei den Tieren hinter dem Hunger, dem Durst, dem Bedürfnis nach Aneignung, Ausbreitung, Fortpflanzung, kurz hinter jeder Begierde, bewusst oder nicht? Und bei den höheren Arten in der selbstverleugnenden Aufopferung des Muttertiers für seine Jungen? Das führt uns ganz natürlich zur menschlichen Gattung, in der das sieghafte Auftreten der Geistestätigkeit diese Verbindung zu ihrem Gipfelpunkt bringt, denn sie ist bewusst und willentlich geworden. [...]

Von diesem Augenblick an erscheint in den Werken der Natur auch klar ihr Wille, mit Hilfe von immer zahlreicheren und zusammengesetzteren Gruppierungen die anfängliche Einheit schritt- und stufenweise wiederherzustellen. Nachdem sie sich der Liebeskraft bedient hat, um zwei Menschen zusammenzubringen und die Zweiergruppe als Ursprung der Familie zu schaffen; nachdem sie die engen Grenzen des persönlichen Egoismus zerbro-

chen hat, um ihn mit einem Egoismus zu zweit zu vertauschen, bildet sie mit dem Kommen der Kinder eine umfassendere Einheit, die Familie, und im Laufe der Zeit werden mit Hilfe von vielfältigen Verbindungen zwischen den Familien, von Einzelaustausch und Blutsvermischung größere Gruppierungen geformt – Clans, Stämme, Kasten, Klassen – um schließlich zur Schaffung von Nationen zu führen. Die Gruppierungsanstrengung geht gleichzeitig an verschiedenen Punkten der Welt vor sich und kristallisiert sich in den verschiedenen Rassen. Nach und nach wird die Natur auch diese Rassen in ihrem Bemühen zusammenschmelzen, eine stoffliche und wirkliche Grundlage für die menschliche Einheit zu errichten.« (Die Mutter in »Die vierfache Selbstzucht und die vierfache Befreiung«).

»Vor allem wird die Liebe – oder wenigstens das, was die Menschen so genannt haben – als gebieterischer Meister betrachtet, dessen Launen man sich nicht entziehen kann, der euch nach seinem Belieben trifft und euch zum Gehorsam zwingt, ob ihr wollt oder nicht. Im Namen der Liebe sind die schlimmsten Verbrechen und die größten Tollheiten begangen worden.

Die Menschen haben alle möglichen moralischen und gesellschaftlichen Regeln erfunden in der Hoffnung, diese Liebeskraft zu beaufsichtigen, sie artig und gefügig zu machen; doch scheinen diese Regeln bloß zum Übertreten geschaffen zu sein. Der Zwang, den sie ihrer freien Betätigung auferlegen, steigert nur ihre sprengende Gewalt. Denn nicht durch Regeln lassen sich die Regungen der Liebe in Zucht halten. Nur eine größere, höhere und wahrere Liebeskraft kann die unbändigen Antriebe der Liebe meistern. Liebe allein kann die Liebe beherrschen – sie erleuchtend, umwandelnd und vergrößernd. Denn auch hier, mehr als irgendwo anders, besteht die Aufsicht nicht in einer Unterdrückung, einem Abschaffen, sondern in einer Umbildung, einer erhabenen Alchemie. Dies ist so, weil die Liebe von allen Kräften, die im Weltall wirken, die mächtigste, die unwiderstehlichste ist. Ohne die Liebe fiele die Welt ins Chaos des Unbewussten zurück. Das Bewusstsein ist wahrlich der Schöpfer des Alls, doch die Liebe ist sein Erlöser.« (Die Mutter in »Über die Liebe«, S. 99)

Der Geschlechtstrieb – ein Relikt?

»Die Menschheit hat den Geschlechtstrieb ganz natürlich, spontan, ich möchte sagen berechtigt. Dieser Trieb wird ganz natürlich und spontan mit dem Tierischen im Menschen verschwinden... Der bewussteste Trieb in einer höheren Menschheit, der als Quell der – Seligkeit ist ein großes Wort – aber der Freude, der Lust geblieben ist, ist sicherlich die Geschlechtstätigkeit. Sie wird im Ablauf der Naturvorgänge überhaupt keine Daseinsberechtigung mehr haben, wenn es jene Schöpfungsweise nicht mehr geben wird. *[...]* Was aber die alten spirituell Strebenden grundsätzlich gesucht hatten – geschlechtliche Verneinung – ist etwas Widersinniges, weil das nur für jene gelten soll, die diese Stufe überschritten haben und keine Tierheit mehr in sich tragen. Und es soll ganz natürlich abfallen, mühelos und ohne Kampf, einfach so. *[...]* Erst, wenn das Bewusstsein aufhört menschlich zu sein, fällt es ganz natürlich ab. *[...]* Das jenen aufdrängen zu wollen, die für diesen Übergang nicht bereit sind, ist Unsinn.« (*Die Mutter* in »Notes sur le Chemin«, 27.11.1965)

»Ganz natürlich, mühelos und ohne Kampf abgefallen« ist der Geschlechtstrieb in Auroville noch nicht, aber er ist auch kein öffentliches Thema. Oft wird er in eine Dreiereihe der heiklen Kräfte »Sex, Macht und Geld« gestellt, doch vehement diskutiert werden nur die letzteren beiden. Die Suche nach der übergeordneten, spirituellen Liebeskraft, der »größeren, wahreren und der höheren, die die unbändigen Antriebe der Liebe zu meistern versteht« geht also weiter und derweil bleibt man notgedrungen ganz einfach noch Mensch. Von den Launen des Eros wären manche wohl lieber befreit, als Kraft des Wandels wirkt er eher dezent im Hintergrund.

Weder in der Auroville Zeitung, noch in der Kunst und Kultur wird dem Eros würdigender Raum gewährt und schon gar nicht auf der Straße. Das allerdings vor allem wegen der Tamilen, die man nicht brüskieren will. Aber auch auf privaten Festen sind ein Kuss oder eine zärtlich gehaltene Hand ein eher seltener Anblick und allenfalls den Jugendliche auf ihren eigenen Parties vorbehalten.

Man kann von Auroville den Eindruck haben, es handele sich um einen drögen, unerotischen Ort, andererseits ist dagegen zu halten, dass es gerade deshalb ein angenehmer Ort ist, weil er frei von der oversexten Penetranz westlicher Großstädte ist.

Prägenden Einfluss hat sicher auch, dass Indien alle Formen von lasziver, ordinärer und aggressiver Sexualität (noch!) fremd sind. Gott Shiva persönlich wacht hier in der Verkörperung von Bewegung, Lust und Ordnung über die Reinheit der Sexualität als machtvoller Energieform, auch wenn das Patriachat davon nicht mehr viel übrig gelassen hat.

In Auroville bleibt Intimität intim, ob nun aus Not oder aus Tugend. Man mag es so sehen, dass hier der so überstrapazierte Lebensaspekt Sexualität an seinen eigentlichen Platz zurückverwiesen wird und an universellere Aspekte abgibt. An die Liebe zu Auroville, zur Gemeinschaft, zur üppigen, blühenden Natur, zur Vision, ja zu *Mutter* und *Sri Aurobindo* selbst. Der Eros ist von beschwörender Inszenierung hier womöglich freier, kann hier ein natürlicheres Maß finden, ohne Stimulanz von außen, ohne künstliche Aufreizungen.

Andererseits ist offensichtlich, dass eine private Liebesbeziehung für viele das Eingangstor zu Auroville ist. Nicht wenige sind ja hier, weil sie auf irgendeinem Flughafen oder in irgendeiner nicht geplanten Situation vom Eros erwischt wurden. Oder weil der eine Paarteil einseitig nach Auroville wollte und man selbst ihm oder ihr zuliebe mitging.

Wie auch immer: der Eros als Initialkraft wird in Auroville zwar nicht geleugnet, aber er wird auch nicht ausdrücklich – zumindest nicht »offiziell« willkommen geheißen, als Bewegung zum Du, als schöpferischer Zündfunke. Aber ist er uns nicht gerade gegeben, um die Grenzen des Ichs sprengen zu können? Um sich Räume ungewöhnlich hellen Lichts und ungewöhnlich dunkler Tiefen zu erschließen? Liegt hierin nicht die Gemeinsamkeit von spiritueller und erotischer Möglichkeit?

»Was die Menschen daraus gemacht haben, davon spricht man besser nicht; sie haben sie zu etwas Abstoßendem und Hässlichem entstellt«, sagt die Mutter... *»und dennoch bringt die erste Berührung mit der Liebe auch bei den Menschen einen Widerschein ihres reinsten Gehaltes mit sich; für einen Augenblick erweckt und vergrößert die göttliche Liebesberührung alles, was edel und schön ist. Doch schon bald gewinnt die menschliche Natur die Oberhand zurück, voll unreiner Forderungen, verlangt etwas für das, was gegeben wurde, schachert um das, was uneigennütziges Geschenk sein sollte, beansprucht mit großem Lärm die Befriedigung niederer Begierden, verunstaltet und beschmutzt, was göttlich war.« (Die Mutter, Gespräche, 2. Juni 1929)*

Die Mutter über Grenzen und Möglichkeiten der Partnerliebe

»Euer körperliches Leben und eure materiellen Interessen zu vereinen, euch zu binden, um gemeinsam den Schwierigkeiten und Erfolgen, den Niederlagen und Siegen des Daseins gegenüberzutreten: Dies ist der eigentliche Grund der Heirat – aber ihr wisst ja bereits, dass dies nicht genügt. In den Empfindungen vereint zu sein, den gleichen Geschmack und die gleichen ästhetischen Neigungen zu haben, vor den gleichen Dingen zusammen zu schwingen, einer durch den anderen und einer für den anderen: Das ist gut, das ist notwendig – aber es ist nicht genug.

In den tiefen Gefühlen eins zu sein, in der gegenseitigen zärtlichen Zuneigung trotz aller Schläge des Daseins unverändert zu bleiben und Ermüdung, Anspannung und Enttäuschung zu ertragen; immer und in jeder Lage über eure Gemeinschaft glücklich, am allerglücklichsten zu sein; einer beim anderen in allen Umständen Ruhe, Frieden und Freude zu finden: Das ist gut, das ist sehr gut, es ist unerlässlich – aber es ist nicht genug.

Eure Geistesart zu vereinen, eure Gedanken aufeinander abzustimmen, sodass sie sich ergänzen, die Beschäftigungen und Entdeckungen eures Verstandes miteinander zu teilen, kurz, die Bereiche eurer geistigen Tätigkeit zu einem einzigen zu machen durch eine Erweiterung und Bereicherung, die beide gleichzeitig erwerben: Das ist gut, das ist ganz und gar notwendig – aber es ist nicht genug.

Jenseits von alledem, auf dem Grund, im Mittelpunkt, auf dem Gipfel unseres Seins ist eine höchste Wahrheit des Wesens, ein ewiges Licht, unabhängig von den Umständen der Geburt, des Landes, der Umwelt und der Erziehung. Es ist Ursprung, Ursache und Meister unserer spirituellen Entwicklung, gibt unserem Dasein die endgültige Richtung und entscheidet über unsere Bestimmung; im Bewusstsein dessen muss man sich vereinen; im Aufstreben und im Anstieg eins zu sein, im gleichen Schritt auf dem gleichen spirituellen Pfad vorwärts zu gehen – dies ist das Geheimnis dauerhafter Vereinigung.«
(Die Mutter, 1934)

Geht es also nicht, wenn ich es richtig verstanden habe, um die gegenseitige Durchdringung von Geist und Materie, von Himmel und Erde und also auch von universeller und sexueller Energie? Müsste sie nicht kultiviert und der Körper als Medium der Transformation mit äußerster Aufmerksamkeit bedacht werden?

Es gibt wunderbare Tanzvorführungen in Auroville, sie strahlen jedoch bevorzugt eine Schönheit der Strenge aus, oft auch der Melancholie. Vielleicht könnte man die Melancholie als Aurovilles charakteristische Form des Eros bezeichnen. Eine Melancholie, die sich aus der Sehnsucht nach Vollkommenheit nährt, die geahnt wird, aber deren Licht nur in der Ferne schimmert. Wenn der Chor singt, beeindruckt die feierliche Disziplin. Ein Gospel gerät dabei jedoch zu einem getragenen Choral, und seine mitreißende Kraft bleibt zurückgehalten. Fröhlicher oder gar ekstatischer Ausdruck ist in Auroville jedenfalls selten.

Gleichwohl ist hinter den Kulissen zu spüren, dass die Launen des Eros auch in Auroville ihr Spiel treiben, zu unerwarteten Eruptionen führen und das sorgsam erbaute Gefühlsgefüge durcheinander wirbeln. Ein zentraler Platz in der Bewusstseinsarbeit wird solchem Wirken aber nicht zugemessen. Ist am Ende nur affektgedrosselt, was transformiert geglaubt oder gewünscht wird?

Es ist offensichtlich schwer, einerseits dem Selbstbild eines spirituell souveränen Menschen zuzueifern, andererseits ständig mit den Turbulenzen der »niederen« Art konfrontiert zu sein, sich bei peinlich starken Besitzansprüchen zu ertappen, oder bei verräterisch infantilen Eifersuchtsanfällen und Zornesgelüsten.

Ich hörte eine Gästin phantasieren, Auroville brauche mal eine richtige Encounter-Kur: Vier Wochen in geballter, räumlicher Dichte; spielend, tollend, lärmend, lachend, bewegend und berührend! Es sind Phantasien, die sich in Auroville zwar aufdrängen, aber nicht dorthin passen. Ein Grund dafür liegt in dem großen Bedürfnis nach geschützter Intimität. Auroville ist in allzumenschlicher Hinsicht wie ein Dorf. Jeder weiß fast alles vom anderen, keine Flucht in ein anonymes Stadtleben, in die eigenen schallisolierten vier Wände ist möglich. In Auroville gibt es ja wegen der Hitze keine Glasfenster, alles ist äußerst hellhörig, vor allem in der abendlichen Stille. Ein herzhaft tönendes Liebes- und Gefühlsleben, ein Zornesbrüllen ist sogleich öffentlich. Natürlicherweise entsteht da eine besondere Vorsicht in dem, was man preisgibt. Denn Auroville bietet andererseits nicht die »Sicherheit« eines Dorflebens. Niemand kann sich – wie in einem richtigen Dorf – sicher sein, dass der andere sich an irgendwelche Konventionen hält, höflich ist oder ungeschriebene Gesetze beachtet.

Aurovillianer gleichen den Mangel an Ausgelassenheit immerhin mit erleichternder Selbstironie aus. Man kann sich dessen vergewissern, wenn man sie an Kabarett-Abenden über sich selbst lachen hört oder zumindest schmunzeln sieht.

Die Hingabe an das göttliche Du erfährt von *der Mutter* und *Sri Aurobindo* Anleitung und Hilfe. Für die Hingabe an das menschliche Du fehlt es an solchen Meisterhilfen. Es ist wie in den meisten spirituell ausgerichteten Gemeinschaften: das Interkommunikative, das zwischen den Menschen hin- und herbewegte und ausgetauschte wird zugunsten des Zwiegesprächs mit dem Höchsten vernachlässigt. Nicht das Zwischen zwischen den Mitmenschen hat die Priorität, sondern die Ab- und Aufbewegung zwischen oben und unten. Am Beziehungsfaden *zur Mutter,* zu *Sri Aurobdino,* zum Göttlichen wird der innere Fortschritt entlang geführt und wenn man einen Aurovillianer freundschaftlich fragt: wie geht's? dann folgen keine Beschreibungen der kleinen und großen zwischenmenschlichen Scheiterns oder Gelingens, sondern da ist von bedeutungsschwangeren inneren Geburten und inneren Prozessen die Rede und das Lieblingswort ist *Durchbruch!* Immerzu ist in Auroville irgendetwas im Begriff, durchzubrechen, nicht nur persönlich! Im Matrimandir-Streit, in den Verhandlungen mit der Regierung, in einem persönlichen Konflikt: es brauen sich Wirkmächte zusammen, bringen Unwetter, bringen energetische Verdichtungen und dann... der *Durchbruch* (oder weiteres Warten darauf!)

Ein bloß zwischenmenschlicher Austausch tritt demgegenüber in den Hintergrund, außer naturgemäß in den intimen Paarbeziehungen. Und da mag es zuweilen eher irritierend oder rivalisierend dazwischenfunken, dieses wichtigere, dieses noch intimere Zwiegespräch mit dem Höheren! Verbindend wirkt in Auroville weniger der lebhafte Austausch von Mensch zu Mensch als die Gewissheit, sich in einer Gemeinschaft derer zu befinden, die das innere Intimgespräch nach oben wichtig nehmen, und zwar nicht mit irgendwelchen anderen Gurus!

Weil der integrale Yoga *Sri Aurobindos* keine konkrete Übungsschule ist, sondern eine Schule der inneren Haltung, bleibt die Glaubensausrichtung zwar exklusiv, aber die Gestaltung individuell. Konkrete methodische Hilfen aus diversen Yogaschulen oder auch psychologische Verfahren werden genutzt, aber nicht zur offiziellen Lehre erhoben. *Die Mutter* selbst hatte geraten, sich Hilfen zur Entwicklung des innerpsychischen Zentrums zu suchen, aber welche, das blieb offen.

> *»Einige Methoden der Wahrnehmungsschulung sind psychologischer Art, manche religiöser und manche mechanischer Art. Jeder muss finden, was wirklich zu ihm passt. Wenn man eine beständig glühende Sehnsucht und einen dynamisch beharrlichen Willen pflegt, wird man sicher finden, was man braucht, äußerlich beim Lesen und Studieren, innerlich durch Meditation, Offenbarung und Experiment. Nur eines ist unverzichtbar: der Wille, zu entdecken und der Wille, zu verwirklichen.« (»The Science of Living« in »On Education« S. 3, frei übersetzt.)*

Wenn Aurovillianer mal nicht weiter wissen oder in Lebenskrisen geraten, lassen sie sich – lieber als von Psychologen – von ihrer bemerkenswerten Schar von Heilern, Homöopathen, Masseuren und Ayurveda-ÄrztInnen helfen. Sie schöpfen aus der Kraft der Minerale, Blüten und Essenzen, oder auch aus der Kraft heilender Reiki-Hand. Es sind wiederum Hilfen, die in individueller Zurückgezogenheit in Anspruch genommen werden können. Der Körper wird darüberhinaus mit Hatha-Yoga, Tanz, Ballett und Sport trainiert. Das Ziel ist, des Körpers Meister zu sein, und nicht seine Gespielin!

Einsamkeitstrainiert in der Beziehungskiste Auroville

Die gute alte Dualbeziehung erlebt hier fröhliche Urständ und ist den Aurovillianern als schützende Form die liebste. Nach den Wirren der Kinderjahre wird Verbindlichkeit in Zweisamkeit geschätzt, auch wenn man keinesfalls klammern und kleben will. So dominiert am Ende das Modell einer temporären Monogamie und man geht so weit zu zweit, wie der Grund trägt.

Trennt sich der Weg wieder, stellt sich die Kinderfrage hier immerhin meist weniger schmerzlich. Papa und Mama wohnen nun zwar in verschiedenen Communities, aber das vertraute Umfeld und die Schule bleiben erhalten und der getrennte Elternteil bleibt nah. Wenn allerdings die Trennung in Freundschaft nicht gelingt, ist es zumindest für die Erwachsenen sehr schwierig, man kann sich innerhalb Aurovilles kaum auskommen, kann schwer Abstand finden, die Wunden heilen schlecht, die Kinder leiden mit. Besonders schmerzhaft ist, wenn ein Elternteil nicht nur die Familie sondern auch Auroville verlässt und fortan gar auf einem anderen Kontinent lebt.

Etwa ein Drittel der Aurovillianer lebt als Single, das Leben ist für sie wohl eher karg, wenn man Formen freundschaftlichen Zusammenseins nicht sehr aktiv pflegt. In der frühen Dunkelheit hocken manche wohl eher einsam in ihren Häusern, man muss aus sich selbst schöpfen und tut es tapfer!

Ein Gespräch unter Frauen

Sonja und Umberto

Sonja ist 51, gelernte Geschichts- und Erdkundelehrerin und seit 1979 in Auroville. Sie verbrachte die ersten sechs Jahre im Grüngürtel als Farmerin, wohnt jetzt in der zentraleren Community Aurodam in einem eigenen Haus, das sich mit einigen anderen Häusern – wie üblich großzügig verstreut – um eine Gemeinschaftsküche gruppiert. Die zehn Aurodam-Bewohner treffen sich zu regelmäßigen, gemeinsamen Mahlzeiten; bei der Küchenarbeit hilft ihnen eine angestellte Amma.

Sonjas Tochter ist halb bei ihr, halb beim Vater aufgewachsen, ihren Lebensunterhalt verdiente sich Sonja als Managerin des Cafes im Besucherzentrum, dann als Therapeutin. Sie lebte lange Zeit bewusst allein und nun wieder erfreut in Partnerschaft. Gut trainiert im Alleinsein und mit der Weisheit letztendlicher Einsamkeit ausgestattet, lässt sich das Paar als menschliche Reibungsform neu denken und lernend genießen!

Gibt es in Auroville so etwas wie eine Frauenfrage?

Auroville ist zwar mitten in Indien von brennenden Frauenfragen berührt, kann aber intern als eine Art frauenfragenfreie Zone gelten. Niemals habe ich eine Diskussion über Benachteiligung gehört, selten und eher schmunzelnd werden Machos beklagt, man ist hier jenseits des Geschlechtlichen vor allem Mensch und erlebt sich in einem weniger kämpferischen als freundlichen Miteinander. Die Frauen haben sich erobert, was ihnen eroberungswürdig erscheint, umgekehrt leben Männer zum Beispiel die Freuden des Elterlichen mit schöner Selbstverständlichkeit. Eine bestimmte Definition des Weiblichen oder Männlichen ist nicht zu finden, die Frage danach auch gar nicht virulent. Weder wirken die westlichen Gender-Diskussionen nach Auroville hinein, noch ist viel von Yin und Yang oder vergleichbaren Denkansätzen die Rede. Der indisch- weiblichen Shaktikraft wird vor allem von Inderinnen Bedeutung zugemessen. Die Mutter selbst hatte wenig weibliche Spezifizierungen vorgegeben. So bleibt die Frage von weiblichen und männlichen Ausprägungen auf dem Weg ins integrale Zeitalter für Auroville eine interessant offene Frage!

Es gab aber auch mal Zeiten mit richtigen Machos! Sonja erinnert sich an die frühen Jahre im Greenbelt:

»Am liebsten war ihnen, wenn die Frauen den Tee kochten und ansonsten den Mund hielten. Ich hab damals einen Platz aufgebaut, körperlich schwer gearbeitet, eine Windmühle hochgezogen, einen Brunnen und eine kleine Baumschule angelegt, und es war toll für mich, das alles zu bewerkstelligen. Die Männer taten sich schwer, von mir zum Beispiel einen Rat anzunehmen. Das war für mich ein schockierender Widerspruch zu dem, wie ich mir Auroville vorgestellt hatte.«

Die Frauen ließen sich in ihrem aurovillianischen Empowerment aber nicht aufhalten, lenkten in Shorts ihr Motorrad durch Staub und Gestein, waren in erster Linie Pioniere, Schminktäschchen hatten da nichts zu suchen. Doch das haben sie inzwischen lustvoll wieder aus den Kisten herausgekramt und im Schrank hängt neben den Shorts auch weibliches Gewand. Die alten Rollen sind so weit weg, es besteht keine Gefahr von ernsteren Rückfällen!«

Umgekehrt freut sich Sonja an gewandelten Männern, die ihr Zartgefühl nicht verbergen müssen und väterliche Chancen zu nutzen wissen:

»Als Väter sind sie jetzt sehr engagiert, auch nach Trennungen oder gerade nach Trennungen, denn viele haben ihre Kinder die halbe Zeit und sind dann allein für sie verantwortlich und entwickeln dabei ihre fürsorgliche und zärtliche Seite. Das Schöne ist ja in Auroville, dass du die Kinder viel bei dir haben kannst und Leben und Arbeiten nicht so getrennt sind. Davon profitieren auch die Väter sehr.«

Ich wüsste gern auch von einer Inderin, wie sie sich als Frau in Auroville fühlt und frage Meenakshi, die Poetin und Sozialarbeiterin.

»Ich komme aus einer orthodoxen Brahmanenfamilie und hatte alle Freiheiten einer höheren Bildung. Aber auf der Universität musste ich darum kämpfen, respektiert zu werden. Ich musste lernen, mit den Männern zu kämpfen, von gleich zu gleich. Das habe ich getan! Dichtend, schreibend und Fahnen schwingend auf der Straße. Nachdem ich nach Auroville kam, kehrte meine weibliche Kraft zurück und heute bin ich sehr viel mütterlicher als damals. Die Seite des Mitgefühls ist wieder da, und oft ist es so, dass ich am liebsten jeden umarmen würde! Ich wünschte, ich hätte so einen ganz langen Arm!

Ich nenne das alles aber nicht Frauenbefreiung. Befreiung von was? Vom Mann? Von der Gesellschaft? Die Gesellschaft ist es, die befreit werden muss. Und dazu braucht sie die Kraft der Shakti. Jedes menschliche Wesen hat beides in sich, die maskuline und die feminine Kraft. Jeder sollte sie in das richtige Verhältnis und aus sich heraus bringen. Ich möchte mitfühlend, mütterlich und schwesterlich sein und zur gleichen Zeit etwas in Angriff nehmen können, in etwas hineingehen, etwas erfinden und ... natürlich – eine aurovillianische Abenteuerin sein!«

Hilde, Auroville's Hebamme

Die Hebamme Hilde und ihr Partner Tency – ein Paar seit guten und langen 30 Jahren.

Hilde ist 55, gelernte psychiatrische Krankenschwester, ihr Mann Tency ist gelernter Soziologe und in Auroville nun Wasserfachmann. Beide kamen 1977 hierher, der Impuls kam von Tency, der Hilde mit *Sri Aurobindo* und *Der Mutter* vertraut machte. Hilde war niemals zuvor mit Yoga in Berührung gekommen, sie macht bis heute keinerlei Yoga-Übungen. Das Leben ist Übung genug, sagt sie. Zumal als Hebamme, die sich dem werdenden Leben widmet und damit, wie man ihm mit wenig, aber bewusstem Eingriff in die Welt helfen kann. Sie begleitet jährlich 15 bis 25 Frauen durch die Schwangerschaft und die meisten Babies, die in Auroville zur Welt kamen, kamen es in ihren Händen!

»Wir hatten damals Miriam als Hebamme, doch sie wollte wegen ihrer zwei kleinen Kinder aufhören. Ich hatte also die Chance, von ihr zu lernen und ihren Platz einzunehmen. In meiner Ausbildung hatte ich nur einen Grundkurs in Geburtshilfe gemacht, alles Wesentliche habe ich mir angeeignet, indem ich Miriam begleitete und langsam hineinwuchs. Es war wie ein Geschenk. Und dieses Gefühl habe ich oft in Auroville: dass mir etwas zufällt, ohne das ich es geplant hätte. Du kannst nichts forcieren.

Ich glaube, in Auroville ist ein größerer Spielraum als sonst wo auf der Welt; das liegt auch an Indien. Auroville wäre an keinem anderen Ort der Welt möglich. Es gäbe wohl keine Regierung, die sich wie die indische auf uns eingelassen hätte – ich meine, Indien ist nicht nur spirituell ein besonderes Land. Wenn du aus dem Westen hierher kommst, denkst du, es ist verrückt und total chaotisch. Aber genau das ist die Chance für Auroville. Wenn hier alles geradlinig und geordnet wäre wie in Europa, hätten wir nicht diesen Spielraum. Wenn man zu Mutter und Sri Aurobindo keine Verbindung hat, bleibt man allerdings nicht lange hier.«

Fragt sie sich manchmal wie ihr Leben anders verlaufen wäre, wenn sie in Belgien geblieben wäre?

»Warum ich hier bin, frage ich mich inzwischen nicht mehr, aber sicher ist, dass keiner grundlos hier ist! Ich fühle, das ist der richtige Platz für mich und mehr nicht. Ich muss da mit nichts nachhelfen, brauche keine ständige Vergewisserung. Natürlich, in Belgien hätte ich ein komplett anderes Leben gehabt, aber ich frage mich nicht, wie es gewesen wäre, wenn ich einen Millionär in Belgien geheiratet hätte! Es ist eine Gnade, ein Geschenk, dass mich das Leben hierher gebracht hat.«

Seit 30 Jahren sind Tency und Hilde ein Paar, und es wirkt nicht, als wäre es harte Arbeit, sondern Freude. Oder freudige Arbeit. Hat sie das Gefühl, dass ihre Beziehung in Auroville eine besondere Art der Stärkung erfährt?

»Eines der Privilegien hier ist, wirklich innerlich wachsen zu können. Im Westen hingegen verpassen sich viele Paare, weil sie Werten folgen, die mit der Beziehung nicht

verknüpft sind. Aber wenn man sich hier innerlich entwickelt und dabei in Kontakt miteinander bleibt, ist es ein riesiges Geschenk, das zusätzlich verbindet, und natürlich verbindet auch der Auroville-Spirit und die gemeinsame, geteilte Aufgabe. Dass man nicht nur mit sich selbst beschäftigt ist, nicht ständig um sich selber kreist.

Die meisten im Westen widmen sich zu viel ihrem Wohlstand und wie sie ihn zusammenhalten! Hier sind wir zwar auch sehr busy, aber mit anderen Inhalten. Allerdings wäre das woanders genauso möglich!«

Welche Erfahrungen macht sie mit den Hausgeburten? Und wie ist es mit den Geburten in den Dörfern?

»In den Dörfern ist umgekehrt die Krankenhausgeburt ›modern‹ und Hausgeburten unmodern, während wir in Auroville darauf zurückgekommen sind. Wir haben fast ausschließlich Hausgeburten, einzelne Frauen sogar bewusst ganz alleine, ohne Hebamme! Und manche mögen Wassergeburten, ein kleines aufblasbares Becken gehört zu meiner mobilen Ausstattung!«

Ihre beiden eigenen Söhne empfinden Auroville als selbstverständliche Heimat, der 22-jährige arbeitet in Aurelec beim E-Mail-Service und hat sich alles – ohne Schulabschulabschluss – learning by doing beigebracht, der 18-jährige hingegen will jetzt gerne einen Abschluss im CFL machen. Hilde sind beide Wege recht, Hauptsache, der Weg ist selbstgewählt und entspricht den Neigungen.

»Mehr kannst Du als Mutter nicht wollen; dass sie wählen können!«

Sie selbst geht jetzt einen kleinen beruflichen Seitenweg, zumal sich jetzt eine zweite Hebamme in Auroville ansiedeln und Hilde entlasten kann. Sie widmet sich nun den Problemen von Legathenikern, denn ihr Sohn Shantanja war selbst davon betroffen und es wurde nötig, dass sich in Auroville jemand kundig macht. Also hat sie sich um Fortbildungen gekümmert und unterrichtet nun einmal die Woche in der Grundschule.

Und wenn ihr mal ein Stündchen Muße bleibt, dann vertieft sie sich in ein anregendes Philosophie-Buch aus der gut sortierten Bibliothek. Bleibt da noch ein Wunsch offen?

»Jaaa! Ein bisschen mehr Zeit zum in die Sterne gucken hätte ich gerne!«

Spiritualität in Auroville: religiös, aber ohne Religion

Von der indischen Regierung und der UNESCO wird Auroville ausdrücklich nicht als religiöse Gemeinschaft angesehen sondern als Stadt, die als Instrument des internationalen Austauschs im Einklang mit den Prinzipien der UNESCO der kulturellen Kooperation dienen soll.

Sri Aurobindo und *Die Mutter* selbst haben immer wieder ausdrücklich davor gewarnt, in Strukturen einer organisierten Religion abzudriften: »Wir sind weder eine Partei, noch eine Kirche, noch eine Religion.« *(Sri Aurobindo)*

Im Haus Savitri sind Kunstaustellungen, Lesungen und Vorträge dem Gedenken an die Meister gewidmet, oft kommen auch Referenten zu Vorträgen aus dem Ashram in Pondicherry, es wächst eine neue freundschaftlich-geistige Verbindung dorthin.

Viel zu leidenschaftlich fochten sie ihren Kampf für einen individuell-spirituellen Weg ohne die Krücken ethischer Gebote und bindender Rituale. Yoga als Meisterung des vitalen, seelischen und geistigen Wesens findet zudem mitten im Leben statt: »All Life is Yoga!« und »Das Leben ist ein Yoga der Natur, die Gott in sich zu offenbaren sucht.«

Die Arten von Meditation, die die Aurovillianer pflegen , sind ganz individueller Art. Der eine setzt sich schlicht unter einen Baum und lauscht den Melodien dcs Windes, die andere läuft jeden Morgen eine Stunde durch die Dämmerung, der eine praktiziert eine spezielle Technik der sitzenden Meditation, die andere geht jeden Tag zum Matrimandir und bezieht aus der Konzentration im »Inner Chamber« besondere Kraft. Manche haben keinerlei spezielle Yoga-Erfahrung und sind darauf auch nicht neugierig.

Obwohl ausdrücklich ohne Religion mit Kult und Organisation, ist frommer Glaube in Auroville deutlich zu empfinden. Nicht nur im Sinne des tiefen Glaubens an eine göttliche Macht, sondern auch im Sinne hingebungsvoller Verehrung von *Mutter* und *Sri Aurobindo*. Die Verbindung zu ihnen sorgt für die innere Führung. Immer wieder werden ihre Schriften studiert und zitiert. In vielen Wohnräumen entdeckt man eine Art kleinen Altar, mit Foto, mit frischen Blumen, oder mit einem täglich anders aufgeschlagenen Buch mit Sinnsprüchen.

Kaum eine Diskussion, in der nicht mehrere Male zu hören ist: »*Mutter* hat gesagt...!« Da bleibt auch nicht aus, dass eine Art Wettbewerb entbrennt, wer sie denn wohl am besten versteht und wer denn nun intimster Kenner der *Sri Aurobindo* Schriften ist oder gar auf geistigen Kanälen Direktanweisungen von ihnen empfängt.

Die Elternrolle ist unangefochten und exklusiv, auch wenn sie sich nicht in fest gefügten Strukturen niederschlägt. Sie steht wie bei vielen Gurus in einem gewissen Widerspruch dazu, dass ein Gurutum ja gerade überwunden werden soll:

Im neuen Haus »*Savitri*«, benannt nach dem gleichnamigen Aurobindo-Epos, werden zu Lesungen aus den Werken von Mutter und *Sri Aurobindo* auch die indienüblichen Blumen und Kerzen zu Kinderfotos von ihnen als Zeichen der Verehrung arrangiert.

»Gurutum wird seinen Gipfel dann erreichen, wenn es den Blick des Jüngers auf dessen eigene Gottheit lenkt; denn nicht im geborgten Licht einer einzige Aureole, sondern im ureigenen Glanz einer strahlenden Galaxie von Pionieren kündigt sich die Morgenröte des kommenden Zeitalters an. [...]

Bislang hat die Menschheit Gott zu hoch über sich gestellt, um einander wirklich nahezukommen. Aber auf dem Einandersein des menschlichen und des Göttlichen wird die Grundlage der künftigen Zeitalter der Menschheit ruhen. [...]

Erst wenn die großartigen Tempel der Erde aufgehört haben, unseren Gott zu monopolisieren und er im Flug eines Sperlings und in der Hacke eines Arbeiters wahrgenommen wird, kann der Menschheits-Teig aufgehen.« (zitiert aus: Sri Aurobindo – Einführung in die Gesamtschau vom Yoga, Sri Aurobindo Ashram Trust, Pondicherry 2002)

Verwunderlich ist die Hingabe an eine höhere Autorität insofern, als die meisten Aurovillianer der 68-er-Generation entstammen, die mit Marx und Freud in der Tasche jedwede Religiösität als zwangsneurotisierendes Über-Ich in die Spießerecke verbannten. Während in den 70-er-Jahren die intellektuelle Revolte im Westen in eine Phase exzessiver, psychologisierter Selbstbeschäftigung hinüberglitt, wandte man sich in Auroville schon wieder den Hoffnungen göttlicher Fügung zu. Inzwischen hat die westliche New Age Bewegung sich mit Begriffen wie spirituelle Transformation und kosmisches Bewusstsein wieder auf Auroville-Ideen zubewegt. MetaphysikerInnen und transpersonale PsychologInnen aus aller Welt fühlen sich angezogen.

Paulo

»Die Mutter und Sri Aurobindo sind für mich wie Archetypen von Mutter und Vater. Ich selbst fühle mich spirituell manchmal wie ein Kind, das noch viel zu lernen hat.«, sagt Paulo, der zunächst den Weg der Psychologie gegangen war und am C.G. Jung Institut Zürich studierte. In Auroville folgte er dann seiner ursprünglichen Passion als Tänzer und unterrichtet klassisches und modernes Ballett, ist bemüht, Spiritualität, Psychologie und kreative Körperdisziplin zu verbinden.

»Der integrale Yoga von Sri Aurobindo und die ›Individuation‹ bei C.G. Jung bedeuten für mich in der Essenz dasselbe: den psychologischen Prozess des Werdens, des Menschwerdens in seiner ganz persönlichen Ausprägung. Die Integration der Schattenseiten, die Integration des Weiblichen und Männlichen, das Vordringen zum inneren Wesenskern, zum ›wahren Selbst‹. Aber Sri Aurobindo geht noch weiter, blickt in die Zukunft der Evolutionsgeschichte und entwickelt eine Ahnung von dem, was danach kommt. Das war für mich immer das Faszinierende, dieser Blick auf den Berg da ganz weit vorn; diese Sehnsucht, erfahren zu können, was dahinter liegt!

Der Blick ist weiter, spiritueller bei Sri Aurobindo, andererseits könnte der Erfahrungsreichtum der Jungschen Psychologie in Auroville helfen, auf dem Weg bis zu diesem Berg besser voranzukommen. In Auroville ist allerdings die Skepsis gegenüber der Psychologie und all ihrer modischen Varianten groß, weil damit meist eine übertriebene Selbstbeschäftigung verbunden wird. Ich selbst habe das auch furchtbar gefunden, als ich in Zürich war; immer dieses um sich selber kreisen und sich in psychologische Grübeleien verstricken, es regelrecht zum Lebensinhalt machen.

In Auroville habe ich zu den Herausforderungen durch das Leben zurückgefunden. Man kommt ständig an seine Grenzen und Schattenseiten und hat die Möglichkeit, daraus etwas Lebendiges zu schaffen, statt nur darüber zu grübeln. Alles ist gestaltbar, formbar, man fühlt sich nicht ohnmächtig in dem Sinne: ›Ach, wirklich ändern kann ich ja doch nichts.‹

Ob nun beim Tanzen oder Bäume pflanzen oder bei einem Projekt: Hier in Auroville wird auch das Einfache bedeutungsvoll, weil es eingebettet ist in ein Ganzes. Es ist nicht so ein isoliertes Gefühl, dass man alles nur für sich selber tut, für ein Stückchen mehr Lebensgefühl.«

Paulo zögert nicht, seine Liebe und Verehrung zu zeigen und auszudrücken. Er huldigt *Sri Aurobindo* und vor allem *Der Mutter* im Tanz, er blickt konzentriert auf ein Gemälde von ihr, er lebt mit ihr. Sie ist die Kraft, die ihn zugleich treibt und zieht.

»Die Mutter und Sri Aurobindo sind für mich wie Archetypen von Mutter und Vater oder auch wie die weise alte Frau und der weise alte Mann. Es kann ein sehr positives Projektionsbild sein, aber natürlich stellt sich auch die Frage der Ablösung, der Grenze, hinter der ich allein weitergehen muss.«

Paulo sieht in Auroville auch den starken Einfluss von Indien, mit seiner ungebrochenen Fähigkeit zu kindlicher Hingabe: »Ich glaube, diese Hingabe ist wie eine Brücke zu dem etwas unfassbaren Gott. Diese Brücke ist in Indien ja viel normaler als im Westen. Diese ganz greifbaren Götter im Hinduismus, für die dann Geschenke dargebracht werden, die geschmückt werden, ja gefüttert werden! Die Inder haben eine für uns so fremde aber auch faszinierende Fähigkeit zur Verehrung, sie hinterfragen das nicht.

Die Verehrung für *die Mutter* entstammt einer so tiefen Begeisterung für sie, weil sie so mannigfaltig, so komplex und so subtil ist. Sie ist für mich das Wunder einer großartigen Möglichkeit menschlicher Entwicklung. Sie hat sie verkörpert und verkörpert sie noch. Einen Widerstand gegen eine Art Ehrerbietung und Verehrung habe ich nur, wenn es formal wird, oder wenn alles auf sie projiziert wird und die eigene Entwicklung dahinter zurückbleibt. Ich brauch auch nicht unbedingt ein Foto von ihr; es ist mehr ein innerer Kontakt und der ist hier in Auroville sehr leicht da. Wenn ich woanders bin, ist es schon schwieriger«.

Wenn man Paulo beim Tanzen zuschaut, beeindruckt die innere Sammlung, die sich in seinem Gesicht und seiner Haltung ausdrückt. Auch wenn er unterrichtet, spürt man höchste körperliche und seelische Konzentration. Tänzerische Kreativität und Disziplin begreift er als seinen Weg der Meisterschaft, des Yoga, des Selbstausdrucks als Schöpfungsbereicherung:

»Meine Kreativität ist etwas, was wie von selbst aus mir herausdrängt. Es ist weder Selbstzweck, noch ist es demütiges Dienen. Es ist die Spannung zwischen Egozentrik und Mission, zwischen Berufung und Spaß, es ist meine Lebensaufgabe.«

Ein Aphorismus von Sri Aurobindo, in der Übersetzung von Ruth und Hans Peter Steiger (Ashram Pondicherry)

Paulo beim Tanz

Wohnen in Auroville

»Schönheit in Einfachheit, Komfort ohne Luxus um des Luxus willen, Harmonie in Nützlichkeit. Nichts ist schöner als eine harmonische Schlichtheit.« (Die Mutter, 1965)

Die Architektur hat in Auroville eine herrliche Spielwiese gefunden. Kreativität kann sich hier richtig austoben, inspiriert von der Natur und herausgefordert von ökologischem Bewusstsein. Das warme Klima lädt dazu ein, Innenräume und Außenräume fließend zu gestalten. Keinerlei Vorschriften hemmen den Ideenreichtum und mit den vergleichsweise geringen Baukosten lässt sich verwirklichen, was andernorts ein Traum bleiben müsste.

Auroville ist ein Dorado für Architekten, und nicht nur für studierte. Auch Hobbybauer und Autodidakten tummeln sich hier. Mit dem Bau eines eigenen Hauses mauert man sich seine ganz individuelle Auroville-Existenz. Manche schaffen sich ein heimeliges Nest, manche entwickeln sich von Hütte zu Haus fort, und die Wohngeschichte ihrer Um-, Ein- und Auszüge dokumentiert ihre Wandlungen. Viele fangen mit improvisierten, laienhaften Entwürfen an und werden im Laufe des Bauens zu Experten. Die meisten Häuser sind Ausdruck der ganz persönlichen Vorstellungen ihrer Erbauer. Entsprechend vielfältig ist ihr Charakter.

Als Gesamtbild bietet sich ein Kaleidoskop, das die Unterschiedlichkeit der Aurovillianer selbst erkennen lässt. Hier betont schlichte Lehmbauten, Stroh- und Holzhütten ohne Zier und Schnörkel, dort verspielte Märchenhäuser wie aus der Welt der Schlümpfe. Hier solide, gradlinige Häuser aus Granit, dort kühn futuristische Experimente aus Ferrozement. Hier tropengerecht durchdachte und gewitzte Ökohäuser, dort mystische Gebilde voller Symbolkraft.

Viele Häuser liegen verstreut und vereinzelt im weiten Gelände, verborgen in der dichten Vegetation des Grüngürtels, andere unvermittelt und frei stehend auf einer neu erschlossenen Lichtung. Auch Häuser, die sich zu Siedlungen fügen, haben kein homogenes Design. Das entspricht wohl dem vielbeklagten Mangel an koordinierender Weitsicht, aber ebenso dem vielgelobten Reichtum an charmantem Eigensinn. Bauen in Auroville bedeutet individuelle Investition von Geld und Kraft. Seit 1975 die finanzielle Unterstützung der SAS endete, wurde fast ausschließlich mit privatem Geld Land gekauft und gebaut. Privateigentum gibt es jedoch nicht. Zwar kann man im selbstgebauten Haus wohnen, aber offiziell gehört es der Gemeinschaft. Das, was sich Einzelne schaffen, wird immer auch als Beitrag für Auroville verstanden. Man klebt nicht am Wohneigentum als lebenslangem Besitz, in dem man es sich für immer einrichtet. Auch das Bauen und Wohnen dienen in Auroville vornehmlich der Selbsterfahrung!

Peter, ein deutscher Architekt mit reichlicher Wohn-Selbsterfahrung: *»Wohnen in Auroville hat etwas Temporäres. Ich weiß, dass morgen alles anders sein kann als heute und dass alles fließt. Das Wohnen passt sich den wechselnden Bedürfnissen an. Ein anderer*

Die Spiritualität, der Ort und individuelle Kreativität bringen oft ein typisches Auroville-Ambiente hervor.

Job, ein anderes Projekt, veränderte Beziehungen, all das drückt sich auch in Umzügen aus. Ich zum Beispiel bin in Auroville bestimmt schon fünfzehn Mal umgezogen und habe zwei oder drei Häuser gebaut!. Man hat ja auch kein aufwendiges Mobiliar, weil sich fast alles draußen abspielt und die Wohnung als Lebensraum nicht so wichtig ist wie zum Beispiel im kühlen Europa. Das Tolle ist hier für mich, dass sich meine innere Entwicklung immer auch wohnlich ausdrücken kann und das Verständnis von Wohnen sehr flexibel ist.«

Neuankömmlinge bewohnen häufig die improvisierten Ersthütten der »Alten«, die wiederum irgendwo etwas Stabileres für sich gebaut haben. Oder man hat das Glück, dass gerade jemand für ein paar Jahre Auroville verlässt und sein Haus für diese Zeit zur Verfügung stellt. (Ein ungeschriebenes Gesetzt sieht vor, dass bei Rückkunft das Haus wieder geräumt wird!)

Natürlich birgt dieses Konzept auch Konflikte. Wer kein erspartes Geld mitbringt, hat keine Möglichkeit, selbst zu bauen und ist auf Zufall und Glück angewiesen. Ein anderer investiert in ein aufwendiges Haus, versteht sich dann aber nicht mit den Mitbewohnern am Platz und verlässt den Ort mit Bitterkeit und um einige tausend Euro ärmer.

Es gibt Fälle, in denen jemand in der Euphorie des Neuanfangs all sein Geld in ein Projekt, ein Haus steckte, dann aber kam alles anders und innere wie äußere Ruinen blieben zurück. Nicht selten ist allzu menschliche Liebe dabei im Spiel. Sie veranlasst zu

Architekt Peter, vor seiner ganz persönlichen Traumhütte 1990...

Kurzschlussinvestitionen, und wenn sie wie ein Strohfeuer erlischt, steht man am Ende wieder im Dunkeln und weiß nicht recht, wohin. Vor allem, wenn auch die Liebe zu Auroville dabei erlischt.

Zwar wird versucht, einen Ausgleich zu schaffen, indem aus dem Auroville-Geldtopf ein neues Haus an einem anderen Ort innerhalb Aurovilles finanziert wird oder Investitionen von Nachbewohnern erstattet werden, aber dafür gibt es keine Garantie.

Die Handhabung solcher Konflikte geschieht auf der Ebene eines Gentlemen's-Agreement. Manchmal wird auch das interne Council oder ein unabhängiger Schlichter um Hilfe gebeten, in der Regel zur Zufriedenheit aller Seiten, zuweilen aber auch nicht.

Alles in allem hat sich aber dieses flexible Wohnverständnis ohne Eigentumsrecht auf verblüffende Weise bewährt und birgt eine willkommene Übung des Loslassens.

... und vor seinem ganz persönlichen Traumhaus 2003.

Architektonische Vielfalt in Auroville

von traditionell ...

... bis modern und futuristisch

Mehr und mehr gibt es jetzt, nach einer extrem individualistischen Bauphase, kollektive Siedlungversuche, in denen gemeinschaftlicher Lebensraum und individueller Rückzugsraum ausbalanciert werden können.

Die zukünftigen Bewohner bilden »Bauherrengemeinschaften«: die Entwürfe werden gemeinsam diskutiert und auf die unterschiedlichen Bedürfnisse abgestimmt. Fragen der Materialverwendung, der Infrastruktur, der Energie- und Wasserversorgung werden gemeinsam geklärt und der Prozess des Bauens aktiv mitgestaltet.

Auf der anderen Seite gibt es einige gut funkionierende Gemeinschaften, die ungeplant entstanden sind. Einer hat mit seinem Haus angefangen, ein Zweiter kommt dazu, lässt sich vom Stil des Ersten inspirieren. Ein drittes, viertes Haus gruppiert sich darum, Nachwuchs stellt sich ein, es wird angebaut, umgebaut und eine Küche zur Gemeinschaftsküche ausgebaut.

Im Laufe der Zeit entwickelt solch eine Gemeinschaft einen eigenen Geist, eine eigene Ausstrahlung. Manche werden von bestimmten Nationalitäten dominiert, manche von einem gemeinsamen Projekt, einer Farm, einem Workshop, manche von einer besonderen Nähe zu den Einheimischen. Manche von einem besonders genussorientierten Lebensstil, andere wieder von einem besonders hohen Anspruch an meditative Gruppenerfahrung oder an »ökologische Reinheit«. Neue Bewohner werden von dieser Ausstrahlung angezogen und ihr Charakter vertieft sich dadurch.

Oder umgekehrt: ein Anspruch, ein Projekt, eine Liebesbeziehung scheitert, Leute ziehen fort, andere kommen und bringen frischen Wind und Wandel.

Die meisten Gemeinschaften bestehen aus nicht mehr als drei bis zehn Haushalten. Nur in *Aspiration,* der einstigen Pioniersiedlung der Franzosen, lebt eine Großgemeinschaft mit 50 Leuten.

Für Neuankömmlinge geht es in den ersten Monaten darum, den Platz zu finden, der einem entspricht und entweder auf diesem Platz hinzuzubauen oder etwas frei Gewordenes zu übernehmen, sofern man akzeptiert wird. Eine einfache »Kapsel« zu bauen, ist fast für jeden erschwinglich und kann später als Gästehaus genutzt werden.

Sie kostet kaum mehr als 150 EUR, wenn Gemeinschaftseinrichtungen mitbenutzt werden können. Der andere Weg ist, Land im Umkreis und im Namen von Auroville aufzukaufen und darauf zu bauen.

Erst langsam bilden sich Richtlinien zum Bebauen von Auroville-Land. Man will den Wildwuchs eingrenzen, den Raumbedarf drosseln, will Grundstücke für kollektive oder gewerbliche Nutzung offen halten und im Sinne der ursprünglich anvisierten vier Stadtzonen langfristiger planen. Jede Initiative und jede Investition sind andererseits willkommen, und es soll vermieden werden, durch kleinliche Vorschriften und Genehmigungsprozeduren unnötig zu bremsen.

Weil Auroville ökonomisch weit davon entfernt ist, sich selbst unterhalten zu können, bleibt die Abhängigkeit von privaten Investitionen vorerst bestehen. Und damit bleibt auch eine Konfliktquelle. Die Freude an der eigenen Gestaltungskraft verselbstständigt sich zudem leicht zur Eigenbrötelei, und die individuelle Verwirklichung vernachlässigt den Dialog mit der Gemeinschaft.

Die unterschiedlich dicken Geldbeutel verursachen Gräben zwischen Arm und Reich. Während die einen in großzügigen, klimatisierten Häusern von Hitze und Ungeziefer unbehelligt leben, haben andere nicht genug Geld, ihr undichtes Dach zu reparieren, liegen im ständigen Kampf gegen Ameisen, Kakerlaken und Moskitos, plagen sich mit lähmender Sommerhitze und zucken mit den Achseln, wenn wochenlanger Monsun alles durchnässt. Dieser Graben hat sich in den letzten Jahren vertieft und das stimmt viele nachdenklich. Zwar werden Unterschiede im Lebensstandard akzeptiert, aber sie werden verhängnisvoll, wenn sie zu einem Klima der Missgunst und der Abgrenzung führen.

Frederik: *»Dass wir so individualistisch geworden sind, liegt an den traumatischen Jahren, die hinter uns liegen, aber da müssen wir drüber wegkommen und wenn wir es nicht alleine schaffen, dann werden wir gestoßen, da bin ich sicher! (Lacht) Manchmal hat es den Anschein, als wollten wir hier am liebsten gar keine Nachbarn haben. Also da gab es schon abenteuerliche Szenen! Einer zum Beispiel wollte sich mal eine Mauer bauen, weil er nicht mochte, dass sein Nachbar immer in seine Küche guckt. Da ging dann Piero mit einem Schlaghammer hin und hat die Mauer eigenhändig wieder zertrümmert! Ich selbst wäre, ehrlich gesagt, auch ziemlich stinkig, wenn sich einer direkt vor meine Nase ein Haus bauen würde!«*

Frederiks Nachbarin im großzügig verbauten *Auromodele* ist Aster, und sie hält dagegen:

»Eng zusammenleben heißt nicht unbedingt, auch kollektiv zu empfinden; und kollektives Leben muss nicht heißen, eng zusammen zu wohnen. Auch wenn du wie ich separat wohnst, bist du ein Teil des Ganzen und empfindest tiefen Zusammenhang. Kommunikation und Teilhaftigkeit vollziehen sich in Auroville in innerem Bewusstsein, auch wenn sich das nicht in jedem Moment äußerlich offenbart.«

Manche sehen einen Ausweg in der Einführung eines kollektiven Baufonds, anderen graut es davor, sie wittern kollektiven Zwang. Also schlängelt man erst mal so weiter (siehe auch das Interview mit Luigi und Roger Anger).

Was hat das alles nun mit der Stadt zu tun, die kommen soll? Nicht viel offenbar, doch kann all dieses Experimentieren auch als Vorbereitung verstanden werden, als Prozess der Reifung und Feldbestellung, damit die Stadt organisch wachsen kann. Die, die diesen Weg vertreten, sehen sich von *der Mutter* bestätigt, weil sie den Experimentalcharakter der Stadt immer betont hat. Immerhin hat Auroville im November 1989 bei einem internationalen Stadtplanerkongress in Prag den ersten Preis für alternative Stadtentwicklung bekommen und mit seinem eigenwilligen Weg begeistert. (»Grand Prix der internationalen Prager Vereinigung von Architekten, Stadtplanern und Designern für Aktionen gegen ökologisches Desaster, Obdachlosigkeit und Rüstungswettlauf, verliehen an Auroville – ein lebendiges Laboratorium.)

Die Meinungen über die künftige Stadtentwicklung gehen heute in Auroville weit auseinander. Die einen wollen endlich mit der eigentlichen Stadt beginnen, die anderen halten die Stadtpläne für überholt und akzeptieren allenfalls einen modifizierten Plan als Gerüst eines langsamen Wachstums. Die Dritten wollen überhaupt keine Stadt mehr sondern ein grünes Biotop.

Die Stadtplanungsgruppe *Aurofuture* arbeitet beharrlich weiter, aber die Langzeitplanung bleibt vage. Allenfalls die groben Richtlinien für die angestrebte Zoneneinteilung in Gewerbe-, Kultur und Wohnzone bleiben geachtet und das Gelände im Umkreis des Matrimandir bleibt weiterhin unbebaut und harrt seiner ungewissen Zukunft.

Stadtentwicklung im Diskurs

Im Jahre 1988 bat die indische Regierung im Zusammenhang mit der neuen Organisationsstruktur um einen »Masterplan«, der die gewünschte Entwicklung der Stadt skizzieren und eine Orientierung für zukünftige Investitionen bieten soll. Die Planungsgruppe um Roger Anger, genannt Aurofuture, entwickelte diesen Masterplan auf der Grundlage des Galaxie-Modells und reichte ihn im November 1988 ein, ohne für eine ausreichende Rückkopplung mit der Gesamtheit der Aurovillianer zu sorgen. Das löste Befremden und Widerstand aus und es bildete sich ein Gruppe von Architekten, die ihre Vorbehalte gegen diesen Plan zu Papier brachten. Bis heute hat sich kein Kompromiss gefunden, umstritten ist besonders das Wie der Umsetzung. Das Galaxie- Modell mit seiner dichten Besiedelung und der Zoneneinteilung wird ökologisch und sozialpsychologisch für fragwürdig gehalten. Im Folgenden eine Zusammenfasung meiner verschiedenen Gespräche mit Architekten.

Der Matrimandir-Architekt Piero:«Von einem extremen Anfangsstadium mit einer formalen, imaginativen, strukturierten Herangehensweise sind wir nun beim anderen Extrem: Praktisch nichts ist definiert, es gibt nur vage Ideen und subjektive Interpretationen, alles hängt im Moment von der Wahl und den Ressourcen von Individuen ab. Eine kollektive Vision fehlt, wir haben im Moment stattdessen nur diese Art individueller Gewitztheit.«

Der ursprüngliche Chefarchitekt Roger Anger, der immer wieder einzelne Monate kommt, aber nie ganz Aurovillianer wurde, ist umstritten wie eh und je. Manche halten ihm die Treue und arbeiten engagiert mit ihm zusammen, andere werfen ihm dominanten Führungsstil, Selbstherrlichkeit und ein mangelndes Einfühlungsvermögen in das »wirkliche« Auroville vor und lehnen eine Zusammenarbeit ab.

Offensichtlich spielt auch Rivalität unter den Architekten eine Rolle, und sicher verzeihen es ihm viele Aurovillianer nicht, dass er immer mit einem Bein hier und mit dem anderen in Frankreich blieb. Roger Anger selbst wiederum fühlt sich der Vision sehr wohl verpflichtet, und so heftig, wie sein Herz an Mutter's Vision hängt, so heftig ist auch seine Kritik an dem, was daraus bis heute geworden bzw. eben nicht geworden ist!

Roger Anger: »Ich habe das Gefühl, dass man die Essenz von Auroville verloren hat. Der Wille, eine Gesellschaft der Bruderschaft aufzubauen ist von der Macht des Geldes übernommen worden. Man ist wieder in das Alte zurückgefallen und hätte eigentlich ein Beispiel zeigen sollen. Ich sehe keine Mustergültigkeit Aurovilles und ich sehe kaum hoffnungsrelevante Experimente.

Wenn ich das Gefühl einer gewissen Verzweiflung ausdrücke, bewahre ich dennoch die Hoffnung eines potentiellen Aurovilles. Es gibt Aspekte Aurovilles, die ermutigend sind. Eine große Anzahl von Wesen einer großen Familie, mit denen man in Dialog treten kann. Ich sehe die Hand des Göttlichen, die die Menschen vor ihrer Inkohärenz beschützt.

Unsere Geduld als Aurovillianer wird herausgefordert. Alles ist eine Frage von Ausdauer, ein Spiel von Kräften. Unser Problem ist, uns anzuerkennen als große Familie. Eine gemeinsame Sprache zu finden ist nicht einfach. Es sind so viele kleinere Familien, die zueinander im Widerspruch stehen.

In Auroville begegenen wir allen Problemen, die auch in der Welt existieren. Es ist ein Spiel zwischen konservativen Kräften und Kräften, die die Zukunft bauen wollen. In selben Augenblick, in dem die Dinge vorangehen sollen, hat man auch den Gegensatz. Das ist die Blockierung. Das gibt es in der Welt, das gibt es in Auroville. Offensichtlich ist es hier empfindlicher, denn man ist hier entscheidungsfrei. Ich sehe mich als jemand, der stören muss, um aus der Alltäglichkeit aufzurütteln. Auroville soll schließlich ein Experiment sein, etwas, das noch erfunden sein muss. Umwelt, Kultur, Sozialleben ... alles muss neu erfunden werden! Mit so einem neuen Konzept ist man automatisch mit den direkten Gegensätzen konfrontiert.

Wenn man in Auroville von Urbanismus und Stadt spricht, steigen die ganzen Widerstände auf; all die Sachen, die man nicht wiederholen will und die eigentlich schon überwunden sein sollten. Das mag an dem Ausdruck »Stadt« liegen, er drückt an sich schon etwas Negatives aus, ein »Nein, das wollen wir nicht«. Der Ausdruck »Stadt« hypnotisiert uns, man drückt die Negativität mit auf unseren Stadtplan auf.

Wenn man mich anfangs als Städteplaner über das Modell der vier Zonen befragt hätte, hätte ich selbst Vorbehalte gehabt. Aber *die Mutter* hat es so gewollt und ich habe den Auftrag angenommen, diese Arbeit zu machen. Ich bin nur ein Instrument und beurteile es nicht. Ich bin damals getragen worden, nicht nur ich, denn wir waren ja ein ganzes Team von Architekten, Urbanisten, Ingenieuren. Jeder ist zu ihr gebracht worden, alle wurden sie angezogen von ihr, von ihrer Präsenz. Man kann diese Zusammenarbeit damit vergleichen, wie ein Kind geboren wird. Es wird empfangen, es entwickelt sich und bis zum Schluss weiß man nicht, wie es aussehen wird. Ich weiß aber nicht mehr, wie es geboren wurde.

Ajit auf dem Dach seines Hauses in der komfortablen Modelllsiedlung Samasti 1990.

Das soll aber nicht heißen, dass wir ohne Logik und Struktur gearbeitet hätten. An die potentielle Stärke in diesem Plan glaube ich heute noch und man könnte neue Realitäten mit dem Plan abstimmen. Die eigentlichen Experimente in Auroville haben für mich noch nicht angefangen.

Die vielen Individualhäuser haben nichts damit zu tun, eine Stadt zu bauen, sie stehen nur für sich selber. Man nahm sich Land, setzte sich ein Haus darauf und steckte seine Grenzen ab. Es entstehen persönliche Finalitäten, man fühlt sich leicht gestört von Nachbarn, es gibt ja keine Fenster zum Schließen und ein vorbeifahrender Motor ist eine Belästigung wie nirgendwo sonst. So weicht man immer mehr aufs freie Land aus. Daran, dass in Auroville alles so weit zerstreut ist, sieht man, dass es eine Weigerung gibt, zusammen zu leben. Die Peripherie Aurovilles ist total entstellt durch die vielen wilden Bauten.

Solche Scherze wie einen 300 m langen Zaun zum Nachbarn müssen gestoppt werden. Wir sind doch nicht hier, um unsere eigene Begrenzung abzustecken. Wir haben die Pflicht, auch für unsere Kinder zu bauen. Unser Schema kann nicht sein, das ganze Land zu hamstern und an uns zu reißen. Das Land, um das wir uns kümmern müssen, darf nicht verschwendet werden, erst recht nicht, wenn man auch noch Grün will. Es gibt hier Bedingungen, die nach Erfindungsgabe rufen. Die Natur will respektiert sein und der Lebensraum ist knapp in Indien. Ich hoffe darauf, dass sich noch mehr qualifizierte Leute an dem Projekt beteiligen werden!«

Ajit 2003, die Bäume sind so schön gewachsen wie die grauen Haare!

Kritisiert wird an den Planungsentwürfen von Roger Anger vor allem, dass sie kein organisches Stadtwachstum fördern sondern einer Reißbrettfiktion entsprechen.

Die italienische Matrimandir-Architektin Gloria (s.a. Kapitel Matrimandir):

»Die Pläne sind zu formal und detailliert, um ein realistisches Gerüst für wirkliche Entwicklung zu sein. Sie entsprechen einer monumentalen Vision; solche Visionen waren mal sehr in, sie ziehen erst in den Bann, aber tatsächlich liegen sie alle auf Eis. Ein Grund dafür ist auch die Energiekrise; alle diese Modelle basierten auf enormem Energieverbrauch, hohen Investitionen und Hochtechnologie. Ihre Kraft lag in der Magie des technischen Fortschritts, in der Faszination und Verzauberung durch seine unbegrenzt scheinenden Möglichkeiten.«

Der indische Architekt Ajit arbeitete anfangs mit Roger Anger zusammen, stieg dann aber aus und ging für elf Jahre mit seiner deutschen Frau nach West-Berlin, um internationale Erfahrungen für Auroville zu sammeln.

Ajit: »Wachstumsbehindernd ist auch die Architektentendenz von Originalität um jeden Preis. Heute orientieren sich Stadtplaner wieder mehr an den so genannten bleibenden Werten. Der Mensch ist wichtiger als das Renomée. Diese Galaxie ist ein typisches Produkt der Architektur der 60er-Jahre. Eine Orgie von Megastrukturen und graphischen Phantasien brachte Ideen hervor, die die Entwicklung einer Stadt determinieren sollten. Dahinter stand auch die Idee, dass Städte in internationalem Stil praktisch überall gebaut werden könnten, völlig losgelöst von den regionalen Gegebenheiten und Eigenheiten.

Die Galaxie ist nicht flexibel genug, sie ist zu abhängig von gewaltigen Krediten und von einer zentralen Autorität, die puscht und die Pläne durchzieht. Das paßt nicht zu Auroville. Zu Auroville paßt ein Bauen, das mehr dem Pflanzen eines Baumes entspricht. Der Samen ist die Idee, die Vorgabe, aber was dann daraus wird, muss offen bleiben, es liegt an Licht, Wasser, Schatten und Pflege. So ein Samen könnte eine Art Pattern Language sein im Sinne von Christopher Alexander. Seine Arbeiten beim Institut für Umweltforschung in Kalifornien sind für uns hier wichtig geworden. Er hat 20 Jahre lang aus allen Kulturbereichen Raumqualitäten gesammelt, also die, die eine Art zeitlose Wertegültigkeit repräsentieren, und er hat daraus eine Art Pattern Language entwickelt und ein Instrumentarium geschaffen für Architekten, die »den zeitlosen Weg des Bauens« gehen wollen. Auch Ideen von verschiedenen Religionen und Philosophien sind darin berücksichtigt. Patterns sind eine Brücke zwischen Planung und Nichtplanung. Mit Patterns kann man Schritt für Schritt gehen, ohne Angst vor Fehlern. Die Galaxie ist nicht flexibel genug, um auch Fehler machen zu können, ohne dass alles in Frage gestellt ist.

Gerade in Indien gibt es so viele miserable Beispiele imitierter schlechter Architektur der 60er-Jahre (Corbusiers Chandigarh, Punjab, Haryana). Sie mischen das schlechteste des Ostens mit dem schlechtesten des Westens. Wir sollten das umgekehrt machen und ich sehe in Auroville die Aufgabe, diese Fehler wieder gut zu machen und ein Exempel zu statuieren, wie Architektur sowohl die Eigenheiten der Umgebung aufgreift als auch ökologisch durchdacht ist und mit seinen Bewohnern in einem organischen Prozess mitwächst. Am besten in kleinen Einheiten, überschaubaren Nachbarschaften und in mitgestaltetem Bauprozess. Wir sollten weg von den Hochhäusern, weil sie sich sozialpsychologisch weltweit als Fehlschlag erwiesen haben. 2-4 Stockwerke, 3-6 Meter hoch – das hat sich überall als bewährtes Ideal herausgestellt und es genügt den Anforderungen an ein Raum sparendes Bauen.«

Der deutsche Architekt Peter hat früher ebenfalls mit Roger Anger zusammengearbeitet, konnte sich dann aber nicht mehr in seiner Herangehensweise wieder finden und gehört nun zu den moderaten Kritikern seines Konzepts.

Peter: »Ich selber bin eigentlich immer noch verliebt in den Galaxie-Plan und wenn man ihn – als Formel – sehr weit und flüssig versteht – warum nicht? Und selbst die 13-geschossigen Hochhäuser, die Roger da unbedingt und immer noch sehen will – da würde ich sogar auch sagen, die Leute, die den Beton vertragen und da oben glücklich sind im 13. Stock, warum nicht... Ich kann mir das durchaus vorstellen, jedenfalls: Ich möchte endlich anfangen mit der Stadt!

Ich habe versucht, in dieser Stadtplanungsgruppe wieder einzusteigen, aber sie war so fundamentalistisch, so religiös würd ich fast sagen, dass ich nicht mehr mitmachen konnte. Okay, Roger hat inzwischen ökologische Zugeständnisse gemacht, mit Parkanlagen und ein bisschen mehr Grün im Plan, aber sie gehen nicht sehr tief. Ökologische Stadtplanung lässt sich nicht vom Kopf her verwirklichen, sie muss grundsätzlichere Aspekte von Mensch und Natur, Natur und Geist berücksichtigen und muss den Menschen selber – als Teil der Natur – zum Ausgangspunkt architektonischer Überlegungen machen.

Der ursprüngliche Plan des Zonenmodells ist zwar umstritten, doch als Basisstruktur gilt er immer noch. Also: Den Mittelpunkt bildet die Zone der Ruhe, des Friedens und da, wo sonst Rathaus und Kirche stehen, steht in Auroville das Matrimandir neben dem majestätischen Banyon-Baum. Da, wo Leute sonst durch Einkaufszentren hetzen, kann man hier durch die Matrimandirgärten wandeln oder im Amphitheater verweilen. Um dieses Zentrum drehen sich die vier Zonen spiralförmig nach außen, die Wohnzone, die Arbeitszone, die Kulturzone und die internationale Zone. In der internationalen Zone soll die Essenz der verschiedenen Kulturen lebendig präsent sein, nicht nur in Formen von Ausstellungen, sondern mit Handwerk, Kunst, Restaurants, Medienarbeit, Lesungen, Workshops usw.

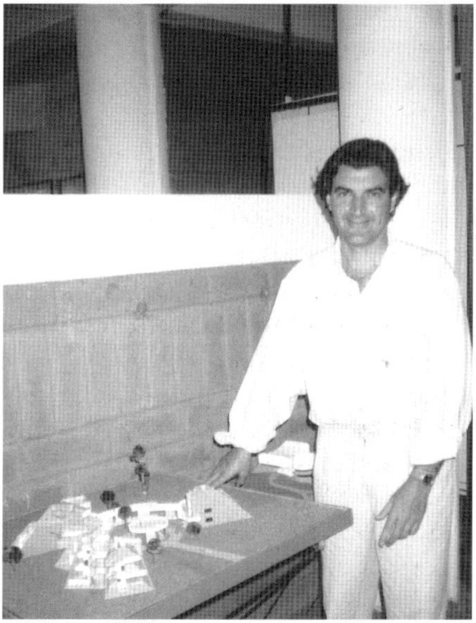
Luigi setzt sich für Wohnmodelle ein, die kollektiven und individuellen Raum miteinander in Balance bringen. Einzelhäuser mit großem Abstand hält er für unzeitgemäß.

Interessanterweise hat sich die Spiralform von ganz alleine in Auroville durchgesetzt. Sie mag typisch sein für unser Leben hier. Auf das Zentrum läuft man nie direkt zu, sondern umkreist es in enger werdenden Spiralen. Man kommt nicht auf dem schnellsten Weg sondern in langsamer Bewegung, man dreht sich förmlich hinein, und unterwegs entstehen Überraschungsmomente, weil man nie alles überschauen kann. Es ist mehr ein Schlängeln, nicht gradlinig und für die Überraschungen des Weges offen!

Klar, viele halten das Zonenmodell für total veraltet, aber Roger hat es geschafft, sie doch auch ineinander fließen zu lassen und ich glaube an die Idee der Konzentration und dass nicht alles wild gemixt wird.«

Ajit: »Ja, aber das Zonenmodell müsste flexibler sein, es wäre zum Beispiel wünschenswert, innerhalb der vier Hauptzonen auch kleine integrierte Zonen des Lebens, Lernens und Arbeitens zu schaffen. Das würde das Konzept lockern und beleben. In der Wohnzone sollten die Innenhöfe zum Beispiel dazu inspirieren, darin Theaterstücke aufzuführen; und in der Arbeitszone sollten Plätze sein, die zum Schauen, Staunen und Entspannen einladen.«

Peter: »Ein geglücktes Bauprojekt in Auroville ist für mich die Last school. Sie drückt in ihrer Architektur das aus, was auch in ihr gelebt wird: Auroville als Ort unaufhörlichen Lernens, eng verbunden mit dem Lebensprozess. Also sind die Klassenräume nicht jeder separat für sich und mit Türen abgegrenzt, sondern sie gehen alle ineinander über, sie sind leicht veränderbar, je nach Nutzung. Innen sind Gärten angelegt, in denen die Kinder auch sitzen und lernen können. Innen und Außen bilden fließende Übergänge, zwischendrin gibt es Wasserspielereien. Die Gesamtarchitektur ist spielerisch, und die Instandsetzung ist Sache aller. Wenn es ans Anstreichen geht, helfen alle Schüler mit und es gibt eine Woche Arbeitscamp!«

Der Italiener Luigi wurde in Auroville Stadtplaner aus Passion und arbeitet an der Seite von Roger Anger in der Gruppe Aurofuture.

Er pflegt den Kontakt zu den Arbeitsgruppen und ist geduldig bemüht, zwischen Roger und Auroville zu vermitteln.

»Für mich ist beim Bauen in Auroville immer die Frage, ob es wirklich stimmig ist oder nicht. Es ist keine Frage von Unterstützung dieser oder jener Idee sondern eine Frage von Stimmigkeit. Wir haben hier schon viele tolle Projekte mit viel Unterstützung angefangen und dann ist nichts draus geworden, weil es eine kurzzeitige Begeisterung war, die nicht wirklich in einer gemeinsamen Schwingung gegründet war. Andererseits haben Projekte ohne jede Unterstützung überlebt, weil sie auffingen, was in der Luft lag. Wir müssen also in der Planungsgruppe, statt krampfhaft um Unterstützung zu werben, schnuppern, was in der Luft liegt!

Andererseits empfinden wir Mutters Traum als Vermächtnis. Wir brauchen den Blick auf die Zukunft ebenso wie den Blick auf unsere Wirklichkeit. Die Aurovillianer meinen, wir sind zu viel in der Zukunft und zu wenig im Kontakt mit der Realität und Roger meint, Aurovillianer sind nicht genug in der Zukunft und zu viel in ihrer privaten Welt. Das auszubalancieren ist die Aufgabe von Aurofuture.

Wir sind 22 Leute in der Gruppe, koordinieren verschiedene Projekte, erstellen topografisches Material, kümmern uns um Landzuweisung, um Fragen der langzeitigen Infrastruktur und halten den Kontakt zu den Arbeitsgruppen. Eine von unseren zentralen Ideen, die auch jetzt im Kleinen umgesetzt wird, ist die Idee des »Common Fund«, in den alle, die hier bauen wollen, einzahlen und dann an einem kollektiven Bauvorhaben teilnehmen. Es ist uns wegen der Mobilität wichtig, dass alle Häuser etwa denselben Komfort, dieselben Grundmaße bieten, sodass Umzüge ganz leicht sind. Die individuelle Wohnkultur ist dann nicht mehr so wichtig wie der Bezug zum Ganzen. Die Wohnung soll ein Ort des privaten Lebens, aber nicht der Selbstverwirklichung sein. Dass sich das in letzter Zeit so verschoben hat, liegt daran, dass wir hier Ende der 60er-Jahre alle mit diesem Ideal der Kommune kamen, mit einem kindischen Verständnis von Kollektivität, ohne psychologische Reife. Und dann sind alle Versuche in diese Richtung zusammengebrochen und alle fingen an, sich in ihre persönlichen Träume zu vergraben. Die werden aber auch zusammenbrechen! Es ist nur eine Frage der Zeit, dann wird die Sehnsucht nach etwas Kollektiverem wieder herausbrechen! Mit der Idee des Common Fund machen wir gerade erste Versuche im Rahmen zweier Bauprojekte (»Vikas Projekt«

und »Surrender«), in denen sich verschiedene Leute zusammengetan haben, um gemeinsam zu bauen. Sie haben alle ihr Geld eingebracht, jeder so viel wie er leisten kann, und damit wird jetzt ein Wohnkomplex errichtet, abgestimmt auf die Wünsche ihrer Bewohner. Jeder wird einen persönlichen Wohnbereich mit eigener Solarenergie-Küche haben, aber Dienstleistungen werden geteilt und die Wäsche zentral gewaschen. Es gibt einen Gemeinschaftsteil mit Kantine, Video-Raum, Aufenthaltsraum und Kindergarten. Wir möchten erkunden, welche Gemeinschaftsgröße ideal ist, um überschaubare, sozial verbindliche Gefüge zu schaffen, in denen man sich andererseits nicht beengt fühlt. Auroville braucht solche in sich lebendigen Einheiten, weil die Großgemeinschaft nie genug soziale Geborgenheit geben können wird, vor allem für die Kinder.

Wir gehen von einem Raumbedarf aus, den wir als Durchschnittswert in Auroville verwirklicht wissen wollen. Das sind 25–40 qm für eine Einzelperson, 50–60 für ein Paar, 10–20 für jedes Kind und zusätzlicher Raum für eventuelle Studios u.ä.

Unsere Vorstellung auf ein Gesamtstadtkonzept bezogen ist, dass es verschiedene Dichten gibt: mehrgeschossige Apartmenthäuser, Siedlungen mittlerer Dichte und – im Außengebiet – Einzelhäuser. Jeder könnte den für sich passenden Rahmen finden, aber alles ergibt doch ein homogenes Gesamtbild. Flexibles Wohnen würde begünstigt, weil der Standard überall gleich ist.

Wenn du also zum Beispiel als Neue 10.000 Euro mitbringst und dich am Konzept des Common Fund beteiligen willst, würden wir dich beraten, welcher Wohnort für dich in Frage käme. Im Grüngürtel? Im städtischeren Kern? Zentral? Mehr gruppenorientiert oder mehr für dich? Als Familie oder als Single? Oder in Auromodel, das sich mehr zum Ort für Wintergäste und Freunde Aurovilles entwickelt?

Wenn du das weißt, schauen wir, an welchen Baumaßnahmen du dich beteiligen kannst. Oder du übernimmst ein leer gewordenes Haus, eine Wohnung und dein Geld kommt anderen Baumaßnahmen zugute. Die Idee ist, dass wir uns wirklich im Teilen üben. Dann haben auch Leute, die mit nichts kommen, eine Chance und nicht nur solche, die im Laufe ihrer Karriere viel Geld gemacht haben und damit hier tolle Sachen für sich bauen.«

Die Idee des Teilens ist zwar ein Anspruch in Auroville, aber der Weg – wie sollte es anders sein – ist umstritten. Die Aurovillianerin Eleonor, die inzwischen gestorben ist, meinte: »Ich mag lieber die Idee, dass jeder gibt, was er will und zwar auch in einer Form, die er selbst wählt. Zum Beispiel Ila und Paulo. Sie brachten viel Geld mit. Damit haben sie sich einerseits für sich und ihre Familie ein herrliches Haus in Samasti gebaut, andererseits für die Gemeinschaft ein ebenso herrliches Tanzstudio und kulturelles Zentrum, unsere Pitanga-Hall. Das ist ein wunderbares, sehr persönliches und großartiges Geschenk an die Gemeinschaft!«

Der Ausgang des störanfälligen Diskurses zwischen Skizzenhelden, pragmatischen Träumern und Wildwuchsanhängern ist ungewiss!

Chinmayi und Dirk: Das Abenteuer, in Auroville ein BauherrIn zu sein

Dirk und Chinmayi: Bauherr und Bauherrin, stolz und zukunftsfroh!

Eigentlich sollte es nur eine Stippvisite sein, als der Ingenieur und Aikido-Meister Dirk vor drei Jahren her kam. Um Auroville auch etwas zu geben, bot er einen Selbstverteidigungskurs für Frauen an, damit sie sich in den unbeleuchteten Nächten sicher fühlen.

Doch dann traf er dort auf Chinmayi, die ihrerseits gerade die Trennung von Lukas bewältigt hatte. Das Schicksal nahm seinen aurovillianischen Lauf, drei Jahre fliegende Wechsel Köln–Auroville, ein bisschen in den Werken Sri Aurobindo's studiert, dann der Entschluss, sich hier niederzulassen.

Eine geliebte Arbeit in einem Ingenieurbüro ließ er hinter sich, das Abenteuer Hausbau lag vor ihm, ausgestattet mit Ersparnissen, für eine Zukunft mit Chinmayi und auch mit Merlin, dem Sohn aus der Verbindung mit Lukas, der halb beim Papa und halb bei der Mama lebt. (Siehe Kapitel Lukas und Merlin).

Ich treffe Dirk auf der Baustelle in Petit Ferme, wollte eigentlich Chinmayi besuchen und schauen, was nach 12 Jahren aus ihr geworden ist. „Du suchst Chinmayi? Die is nich da, aber ich bin der neue Mann von ihr!", ruft er im besten Kölsch vom Dach. Also komm ich mit Dirk ins Gespräch, er erzählt mir seine Geschichte und erläutert fachmännisch die Baustelle. Natürlich muss es ein Haus mit vielen Lehmbauelementen werden, schließlich ist Chinmayi Töpferin und *nur Lehm lebt richtig*! Und vorbildlich ökologisch soll es werden, Ehrensache!

Dirk hat an einem raffinierten, aber billigen Brauchwassersystem getüftelt (Pardon, ich kann es als Laie in seinen Feinheiten nicht wiedergeben, aber er wird es Ihnen ebenso wie mir stolz vorführen, wenn Sie ihn in Auroville besuchen, da bin ich sicher!). Das will er jetzt auch in Auroville verbreiten: „Damit niemand mehr eine Ausrede hat, das sei zu teuer! Es werden hier Häuser für 50.000 Euro gebaut, ohne Regenwassersammmlung! Dabei gäbe es die schon für 2000 Euro. Es müßte längst Auroville- Standard sein, ebenso die Kollektoren und die selbst gemachten umweltfreundlichen Seifen!"

(Anmerkung: Ein Haus bzw. Häuschen privat zu bauen, kostet in Auroville ab 10.000 Euro aufwärts.)

Er hat sich auch mit den spezifischen Tropenproblemen befasst. Alle Holzbalken müssen z. B. besonders exakt aufeinander liegen und alle Lücken mit Leinsamenöl zugeschmiert sein, sonst siedeln sich auf der Stelle Tiere an.

Wirklich mühsam ist aber vor allem die Materialbeschaffung. Zwar lassen sich Betonmischer und die wichtigsten Geräte in Auroville gut ausleihen, doch bei mancher Kleinigkeit braucht man dann wieder zermürbende Wochen des Wartens und Wurschtelns, bis alles beieinander ist. Im Bad zum Beispiel haben sie allein drei Wochen gebraucht, um die Fliesen zu kleben, denn sie mussten Zement dafür benutzen, weil es Fliesenkleber, den man im Westen in kleinsten Baumarkt bekommen kann, in Auroville nicht gibt.

Fachgespräch unter Männern. Die tamilischen Facharbeiter finden in Auroville immer wieder erfreuliche Herausforderungen!

Die Erfahrungen hat er sich in Auroville zusammengesammelt, ebenso wie Empfehlungen für Handwerker aus den Dörfern, die topp sind. Die verlangen dann zwar auch einen entsprechenden selbstbewussten Lohn, aber das ist ja nur zu gerecht.

Es macht ihm Spaß, mit seinen Arbeitern zusammen zu arbeiten; er legt selbst überall Hand mit an, freut sich, gute Arbeitsplätze bieten und Jungarbeitern etwas beibringen zu können.

Allerdings sind sie zuweilen auch bockig, oder wissen die gute Black & Decker nicht sorgfältig zu handhaben, oder nehmen es mit dem Mischverhältnis von Wasser und Beton nicht so genau. Dann muss Dirk den strengen Bauleiter spielen.

Dreißig Arbeiter sind hier beschäftigt, mit jedem ist der Lohn frei ausgehandelt. Er hätte das alles auch in die Hand eines aurovillianischen Bauunternehmers geben könne, aber er wollte alle Erfahrungen selbst machen.

Das neue Bad: drei Wochen lang nichts als Fliesen geklebt, mit Zement, weil es Fliesenkleber hier nicht gibt. Dafür hat Chinmayi kunstvoll selbstgetöpferte Kleinfliesen beigesteuert!

Nach einer Stunde Bauführung kommt auch Chinmayi aus der Töpferei zurück und die künftigen Hausbesitzer (natürlich nicht Eigentümer!) lassen sich noch gemeinsam fotografieren, vor ihrem neuen Heim für ihren neuen Lebensabschnitt!

Lernen in Auroville

Vom Träumen, Lernen und Lachen

Johnny und die lernkonzentrierte Mara.

Johnny ist einer der urtümlichen Oldies in Auroville und der unumstrittene Liebling aller Kinder. Er ist mit einer geglückten Mischung aus Humor und natürlicher Autorität gesegnet, aus Kreativität und Verantwortungsfähigkeit, aus Gelassenheit und Zähigkeit. Sein Leben in seinem dschungelartigen Areal mit mehreren skurrilen Hütten und Hexenhäuschen lebt er als Performance. Er erarbeitet mit den Kindern Opern und Sketche, streicht mit ihnen die Schule an, baut nebenher Windmühlen, entwirft Häuser und ist Vater dreier erwachsener Kinder.

In den Jahren, als es in Auroville keine »ordentliche« Schule gab, konnte man Johnny vormittags mit einer Runde von Kindern um seinen Küchentisch hocken sehen, in ein Gespräch vertieft, rechnend, lesend, Gedichte schreibend, malend...

Heute unterrichtet er zwar in der Last School, doch sein Herz gehört dem informellen Unterricht außerhalb des eigentlichen Schulbetriebs. Johnny: »Damals kamen die Kinder morgens zu mir und wir fingen mit einer gemeinsamen Meditation an, danach haben wir erst mal über unsere Träume gesprochen. Jeder hat erzählt, was er geträumt hat; das war spannender Gesprächsstoff. Je mehr wir über Träume sprachen, desto erstaunlicher wurden sie! (Lacht) Sie haben angefangen, sie aufzuschreiben und konnten sie sich immer besser erinnern. Dann ging es drum, was sie wissen wollten und wir besorgten ein paar Bücher. Oder wir haben uns Übungen zusammengesucht, und jeder hat Aufgaben bekommen. Irgendwann war der Küchentisch zu klein, und wir haben zusammen einen überdachten Platz gebaut und dabei eine Menge Brauchbares gelernt...

Ich mag es am liebsten, wenn die Kinder zu mir kommen und sagen: Hey, kannst du mir mal dies oder das zeigen und erklären! Dann setzt man sich halt zusammen... Die normale Schule, da steht doch der Lehrer vorne wie ein Alleinunterhalter. Die Schule weckt so richtig den Konsumappetit. Das geht schon im Kindergarten los, immerzu wird ihnen etwas angeboten, werden sie beschäftigt und unterhalten; das ist so abgespalten vom normalen Leben, leider jetzt auch mehr und mehr in Auroville. Heute durchlaufen sie alle eine normale Schullaufbahn und jetzt sagen sie wieder: »Ach, die Schule

»An diesem Ort würden die Kinder wachsen und sich integral entwickeln können, ohne die Verbindung mit ihrer Seele zu verlieren. Unterricht würde erteilt werden, nicht um Examen zu bestehen oder Zeugnisse und Stellungen zu erhalten, sondern um schon vorhandene Fähigkeiten zu bereichern und neue hervorzubringen. An diesem Ort würden Titel und Stellungen ersetzt werden durch Gelegenheiten, zu dienen und zu organisieren.« (Charta von Auroville)

ist langweilig!« Ich finde, die Kinder sollten bis zehn oder elf einfach nur am Leben teilnehmen und wenn sie lesen lernen wollen – und alle wollen das früher oder später – dann okay, dann ist eine Schule recht. Diesen Ghetto-Einrichtungen von klein auf kann ich nichts Gutes abgewinnen. Mein Sohn zum Beispiel hat, bis er elf war, weder lesen noch schreiben können, und als ich ihn mit auf eine Reise nach Australien nahm, da wollte er es plötzlich ganz schnell lernen. Er wollte »dazugehören«, also hat er sich umgehend seine langen Haare abgeschnitten und hinein in die Schuluniform! In nur einem Jahr hatte er den normalen Schulstandard erreicht.

Der Drang, besser zu werden, kommt von alleine. In der Sprache zum Beispiel: Je reicher die inneren Bilder und je reicher die Fähigkeit, ihnen kreativ Ausdruck zu verleihen, desto größer auch das Interesse, sich zu vervollkommnen, sei es im Schreiben, im Tanzen oder im Theaterspielen...

Wir sind in Auroville, was eine eigene Kultur, einen kreativen Selbstausdruck angeht, noch ganz am Anfang. Wir haben alle Traditionen hinter uns gelassen, haben ein tiefes Misstrauen gegenüber allen Arten von Ritualen und haben aber noch nicht viel Neues gefunden. Die Kinder aus den Dörfern sind das genaue Gegenteil. Sie haben ihre Traditionen und werden von ihnen gehalten und stabilisiert. Das entlastet von dem ständigen Nachdenken: Wie mache ich das, und wie mache ich jenes. Alles ist klar und einfach für sie. Aber wir sind eine Generation von Eltern, die alles in Frage stellen, ohne schon etwas sicheres Neues gefunden zu haben. Im Dorf haben sie zum Beispiel ihre Initiationsriten. Bekommt ein Mädchen zum ersten Mal ihre Periode, wird das turbulent gefeiert und das Mädchen wie eine Prinzessin in den Mittelpunkt gestellt. Hier in Auroville wüsste niemand, wie man damit irgendwie feierlich umgehen könnte!

Es ist insgesamt bei uns Eltern eine Zeit der Konfusion. Wie viel Führung braucht ein Kind, wie viel kann und soll man von ihm erwarten? All das sind offene Fragen, und bei der Suche wird natürlich auch viel projiziert, jeder drückt in seinem Erziehungsstil auch ganz persönliche Defizite aus, setzt mehr oder weniger irrationale Prioritäten. Und jeder setzt andere!«

Johnnys Spezialität sind Theaterstücke, die den Alltag in Auroville parodieren. Wenn er und seine Kids wieder ein neues Stück zur Uraufführung bringen, ist es ein gesamtaurovillianisches Ereignis mit lachtherapeutischem Effekt. Und seine Gemeinschaft Fertile in der dschungelartigen Peripherie Aurovilles ist für Jugendliche und Kinder ein ungebrochen attraktiver Lebens- und Lernort, wie man am Bericht von Fabian sehen kann.

Nicht um Wissen an sich geht es, sondern um beseelten Forscherdrang und Freude an der Übung des Bewusstseins. Vor allem das Leben an sich und das Vorbild der Erwachsenen sollen hier lehren.

Das Leben war anfangs tatsächlich alleiniger Lehrmeister in Auroville. Die Kinder selbst haben dann darauf bestanden: »Wir wollen eine richtige Schule!« Inzwischen gibt es ein reichhaltiges Unterrichtsangebot und man kann darüber hinaus – für ein Studium oder ein Leben außerhalb Aurovilles – international anerkannte Schulabschlüsse machen. Zum festen Stamm der LehrerInnen gesellen sich viele ehrenamtliche Pädagoginnen auf Zeit und Gelegenheit. Der Unterricht selbst ist noch frontaler Unterricht, aber Kleingruppenarbeit, Eigenarbeit und Projektarbeit sind fester Bestandteil. Und mit Noten quält sich hier keiner!

Kindergarten und Schule

Für Kinder ab zwei Jahren gibt es Kindergärten, ab etwa sechs Jahren können sie die Schule Transition (»Übergang«) besuchen und bekommen dort eine solide Basisbildung. Mit etwa zehn Jahren wechseln sie zur Last School und bleiben dort bis etwa zum 16. Lebensjahr. (Der Name Last School – letzte Schule – meint nicht etwa das Ende der Schulstufe, sondern wurde von der Mutter gegeben, um auszudrücken, dass die Schule als Institution eigentlich überwunden werden sollte!)

Mit Beendigung der Schule können die Kinder sich in Auroville eine Ausbildungsmöglichkeit suchen oder per externer Prüfung einen Schulabschluss machen. Sie müssen nun nicht mehr den schmerzlichen und teuren Weg über ein Internat gehen, um einen höheren Schulabschluss zu machen.

Eine Schulpflicht gibt es übrigens nicht. Manche Eltern ziehen es vor, ihre Kinder selbst oder gar nicht zu unterrichten. Es gibt Kinder, die auch mit zehn Jahren noch nicht lesen und schreiben können und Kinder, die mit zwölf auf eigenen Wunsch mit der Schule anfangen.

Eine bemerkenswerte Erfahrung ist, dass Auroville-Kinder enorm schnell aufholen und Wissenslücken auffüllen, so dass der Anschluss verblüffend unproblematisch ist. Allerdings gibt es auch solche, die diese Eigenenergie nicht aufbringen und ihren Eltern später bittere Vorwürfe machen.

Eine hohe Anzahl von Jugendlichen studieren oder lernen im Ausland mit guten Ergebnissen. Andererseits gibt es auch solche, die Auroville nicht verlassen möchten und sich hier ihre Ausbildungsmöglichkeiten auf eigene Faust zusammensuchen. Nicht wenige gründen einen Betrieb, so manche »Geschäftsfrau« in Auroville ist erst 20 Jahre alt! Der 26-jährige Sascha baute ein Restaurant auf und der Tamil-Aurovillianer Selva-

Die Mutter über seelische und geistige Erziehungsziele

»Man muss in den Tiefen des eigenen Wesens das finden, was in sich den Sinn der universellen Ganzheit birgt, die unbegrenzte Spiritualität. Überdies gibt es keine vollkommenere Freude als die der gänzlichen Hingebung unserer selbst an das, was auf dem Gipfel unseres Erkenntnisvermögens liegt: für manche wird es der Begriff Gottes sein, für andere der der Vollkommenheit.

Dann erlebt man eine Loslösung von dem Knoten des Ich, man breitet sich aus, man erweitert sich und man beginnt, in allen Dingen und in allen Wesen zu leben. Die Schranken, die die Menschen voneinander trennen, fallen; man denkt in ihren Gedanken, man vibriert in ihren Gefühlen, man fühlt mit ihren Sinnen, man lebt im All-Leben. Was leblos schien, belebt sich plötzlich; die Steine vibrieren, die Pflanzen fühlen, wollen und leiden, die Tiere sprechen ihre mehr oder weniger stumme, doch klare und ausdrucksvolle Sprache – alles belebt sich mit einem wunderbaren Bewusstsein, das weder Zeit noch Grenzen mehr kennt. Und dies ist lediglich eine Seite des seelischen Erwachens. Es gibt noch andere, viele andere. Sie alle tragen dazu bei, uns heraustreten zu lassen aus dem Panzer unseres Egoismus, aus den Mauern unserer äußeren Persönlichkeit, aus der Ohnmacht unserer Reaktionen und der Unfähigkeit unseres Willens.« (*Die Mutter*, »Über Erziehung«)

»Das Leben des Alltags, ja eines jeden Augenblicks, ist die beste aller Schulen, abwechslungsreich, vielseitig, reich an unvorhergesehenen Erlebnissen, an Aufgaben, die gelöst werden müssen, an treffenden, klaren Beispielen, an selbstverständlichen Konsequenzen. Es ist so leicht, eine gesunde Neugierde schon bei den ganz Kleinen zu wecken, wenn man auf die vielen Fragen, die sie stellen, mit Einsicht und Klarheit antwortet. Mit einer interessanten Antwort regt man leicht zu weiteren Fragen an, und so lernt ein aufmerksames Kind ohne jede Anstrengung viel mehr, als gewöhnlich auf der Schulbank. Durch eine einsichtige und sorgfältige Auswahl muss man ihm auch den Geschmack an guter Lektüre vermitteln, die belehrend und zugleich spannend sein muss. Wir dürfen nicht vor dem scheuen, was die Einbildungskraft erweckt und befriedigt; denn gerade durch die Imagination entfaltet sich die mentale Schöpferkraft, gerade durch sie wird das Studium lebendig und entwickelt sich das Denken in der Freude.

Um die Geschmeidigkeit und Auffassungsgabe des Kindes zu vergrößern, achte man nicht nur auf eine reiche Anzahl und Mannigfaltigkeit der Studienfächer, sondern vor allem auf die Verschiedenheit in der Art und Weise, sich demselben Gegenstand des Studiums zuzuwenden, damit das Kind ganz konkret verstehen lernt, dass es vielerlei Möglichkeiten gibt, ein und dieselbe Denkaufgabe in Angriff zu nehmen, sie zu untersuchen und zu lösen. Dies wird seinem Denken alle Starrheit nehmen und es gleichzeitig bereichern, geschmeidig machen und es vorbereiten auf eine noch umfassendere Synthese. Auf diese Weise vermittelt man dem Kind auch ein Gefühl für die außerordentliche Relativität unseres mentalen Wissens. Die Vernunft bildet sich wie die Muskeln, wie der Wille. Alle dies Dinge wachsen durch deren vernünftigen Gebrauch!

Devi zum Beispiel ging, bis sie 16 war, nicht zur Schule, das natürliche Leben in Forecomers lehrte sie nach Meinung ihrer Eltern genug. Jetzt ist sie 19, vor drei Jahren fasste sie den Eigenentschluss, ein Schulkind zu werden und holte innerhalb von drei Jahren fast alles Nötige nach.

raj wurde schon mit 26 Jahren Geschäftsführer der Bildungsstiftung »SAIER« (Sri Aurobindo International Education Research).

Wiederum sind es die Jugendlichen selbst, die sich für eine Erweiterung der Angebote und mehr Anstrengung der Erwachsenen stark machen. Neben einer höheren Schulbildung fehlt es an Lehrstellen zur beruflichen Bildung. Alles ist improvisiert und mehr oder weniger der Eigeninitiative und dem Beharrungsvermögen der Jugendlichen überlassen. Eine offizielle Berufsausbildung bieten nur wenige Betriebe (Metall, Elektronik), ansonsten gilt: Hineinwachsen, Ausprobieren und Verantwortung übernehmen, und sei es, weil gerade irgendwo jemand ausgefallen ist und die Lücke gefüllt werden muss.

Das pädagogische Konzept

Es lebt von dem, was die Lehrer und Schüler gemeinsam gestalten, was an Material verfügbar ist, was die Situation gerade erfordert und was der Inspiration entspringt. Den Unterricht gestaltet jeder Lehrer so, wie es ihm liegt und einfällt. Es gibt kaum vorgegebene oder gar vorgeschriebene Lehrbücher, jeder sucht sich sein Material privat und aus der Bücherei zusammen, es wird viel und charmant improvisiert. Der formale Ablauf wirkt dagegen ziemlich traditionell: Klassischer Frontalunterricht, Einteilung in Stunden, wenn auch zuweilen in größere Einheiten aufgelöst; und auch Hausaufgaben bleiben Aurovilles Kindern nicht erspart.

Das Ungewöhnliche liegt in der Zusammenschau der Inhalte und in der Auswahl der Lehrer. Es sind meistens gerade nicht solche, die es gelernt haben. Darüberhinaus gibt es ein ganzes Heer von zeitweiligen »Fachlehrern«. Geschichtsinteressierte Aurovillianer gestalten Unterrichtseinheiten über die Renaissance, Musiker geben Musikunterricht, Paulo tanzt mit den Kindern und Johnny inszeniert mit ihnen Theaterstücke. Auch

Gäste werden gerne eingespannt, wenn sie etwas zu bieten haben, was gelernt zu werden verlockt.

Laien unterrichten überdies gerne genau das, was sie selbst gerade lernen möchten. Selbst nicht alles zu wissen, scheint nicht die schlechteste Grundlage für einen guten Unterricht zu sein. Er macht die Lehrenden auch zu Lernenden.

Ela, Geschichtslehrerin: »Früher habe ich den Unterricht immer mühsam vorbereitet, aber dann habe ich gemerkt, dass die Kinder mir einschlafen. Jetzt bereite ich nur noch eine kurze Einführung vor und dann bekommen sie Aufgaben und erarbeiten sie sich selbst. Sie gehen in die Bibliothek und suchen sich Wissen aus Büchern und Lexikas heraus, bearbeiten es in kleinen Gruppen oder einzeln und tragen ihr Ergebnis schließlich im Unterricht vor. Auf diese Weise sind sie nicht nur aktiver, ich selbst bin neugierig auf die Ergebnisse, weil es auch für mich offene Fragen sind! Im Moment bearbeiten wir auf diese Weise das Zeitalter der Entdeckungen und nach ein paar Wochen gibt es zum Höhepunkt dieser Unterrichtseinheit ein Quiz, zu dem auch die Eltern eingeladen werden!«

Aryan ist froh, dass er sich im neuen Centre for further Learning – mit Labor und allem drum und dran – aufs englische Abitur vorbereiten kann. Vor allem Bio, Mathe und Physik fehlen ihm noch, denn er hat in seiner bisherigen Schulzeit in Miramukhi und in New School mehr gebastelt, Bäume gepflanzt und gemalt.
Das war auch sehr schön, aber jetzt lernt er mit Mühe, aber Erfolg, sich selbst straffere Strukturen zu schaffen, Zeitpläne einzuhalten und sich nicht ablenken zu lassen. Sein Mentor Banti hilft ihm freundschaftlich dabei. Was daraus wird, weiß er noch nicht, vielleicht will er in Holland studieren, so wie seine Schwester Lila, die dort erst gejobbt hat und jetzt Theaterwissenschaften studieren möchte. Und dann kommen sie vielleicht beide wieder zurück, aber sicher kann man das nie sagen!

Unterricht ist in Auroville auch deshalb »anders«, weil Lehrer und Schüler sich privat kennen, und das Leben in Auroville als gemeinsamen Hintergrund teilen.

Lehrerin Lisbeth: »Sie sind so diskussionsfreudig. Alles, was in Auroville passiert, wird hinterfragt. Da wird man in seiner Aufrichtigkeit und Glaubwürdigkeit ganz schön gefordert!«

Lisbeth ist ursprünglich Krankenschwester und kommt aus Holland. In Auroville wurde sie Lehrerin, weil das Leben es gerade so wollte.

»Ursprünglich habe ich nur mal ausgeholfen, weil es gerade nicht genug Lehrer gab und Eltern gebeten wurden, einzuspringen. Ich ging mit den Schulkindern in unsere Baumschu-

le, und wir redeten über Blumen und Pflanzen. Eines Tages, während des Monsunregens, gingen wir zu den Canyons und schauten, wie das Wasser dort durchschoss und solche Schluchten bildete. Es machte mich neugierig, ich fing an in Büchern nachzulesen und dann – ehe ich mich versah – unterrichtete ich Geografie!«

Wir beschäftigten uns mit der Erde, nahmen Proben mit und untersuchten die verschiedenen Schichten. Dann kam der Monsun und wir lernten, aus welcher Richtung er kommt und überhaupt die Himmelsrichtungen, dann langsam das Konzept von Tag und Nacht und warum es hier heiß und dort kalt ist. So bin ich schließlich ganz langsam hineingewachsen, ohne es richtig zu merken.«

Inzwischen hat sie selbst Geographie studiert, im Fernstudium, einfach aus Freude an dem Studium!

Zwar ist Auroville ein exponierter Ort, doch das aktuelle Weltgeschehen soll nicht außen vor bleiben. Der Golfkrieg zum Beispiel war ein viel diskutiertes Thema im Unterricht.

Lisbeth: »Wir haben uns die Region sehr genau auf der Karte angeschaut, haben Sichtweisen des Islam beleuchtet. Dann auch den globalen Aspekt von Umweltgefährdung und dass auch viele indische Gastarbeiter dort arbeiten; warum sie dort arbeiten und was der Krieg für sie nun bedeutet. Wir haben uns auch über den Aspekt des Heldseins unterhalten. Warum so viele Menschen Helden sein möchten und wie es den Kindern selbst damit geht. Dieser weite Blick... das ist es, was wir versuchen, zu schaffen.«

Das Denkvermögen soll nicht als Instrument der Abgrenzung und Kategorisierung, sondern als Instrument der Differenzierung dienen. Die Mutter gab da nützliche Ratschläge:

»Man stellt eine Behauptung auf, indem man sie klar formuliert. Dann stellt man ihr mit derselben Klarheit und Genauigkeit die Gegenbehauptung gegenüber. Sodann muss man durch aufmerksame Überlegung das Problem erweitern oder sich darüber erheben, bis man die Synthese gefunden hat, die die beiden Gegensätze in einer weiteren, höheren und umfassenderen Idee vereint... Mit derselben Übung lässt sich auch der Charakter formen, indem man Urteile über Menschen auf diese Weise hinterfragt.« (»Über Erziehung«, S. 11).

Eine animierende Quelle lebendigen Lernens sind die vielen Nationalitäten, die vertreten sind und Anschauungsmöglichkeiten aus dem Leben und Hintergrund der Kinder selbst erschließen. Wie essen, leben und beten die Menschen in der Heimat von Yung Mi? Was weiß der kleine George aus seiner kanadischen Heimat zu erzählen? Wie feiern die Deutschen Ostern und Weihnachten? Wie funktioniert eine Großfamilie im nächsten Tamildorf? Diese natürliche, multikulturelle Bildung hilft den Kindern auch, mit ihrer Herkunftskultur in Fühlung zu bleiben und auf Eigenarten stolz zu sein.

Inwiefern wird die Lehre von *Sri Aurobindo* vermittelt? Welche Rolle spielt *die Mutter* im Unterricht? – Nein, man wolle auf keinen Fall die Kinder »programmieren«. Die mehr oder weniger intensive Beziehung zu Aurovilles Eltern finde mehr im Privatleben statt.

Die einen erzählen viel von *der Mutter* und *Sri Aurobindo*, die anderen gar nichts, manche gehen mit ihren Kindern regelmäßig ins Matrimandir oder zum Samadhi im Ashramhof, andere nie. Ihre Präsenz ist ebenso einfach wie unhinterfragt, zelebriert wird sie nur zum Geburtstag von Mutter und von Auroville. Dann gibt es im Amphitheater ein Morgendämmerungsfeuer und den Kindern ist Platz rund um die Urne vorbehalten. Sie kommen gegen 5 Uhr mit den Erwachsenen, in dunkler Früh, setzen sich in Wolldecken gehüllt zum gemeinsamen Schweigen auf die Stufen und blicken still auf das prasselnde Riesenfeuer. Wenn schließlich die Sonne das Licht des Feuers ablöst, bekommen sie – sofern sie nicht eingeschlafen sind – eine der Blumen, die in großen symbolischen Arrangements ausgestreut das Theater schmücken. Mit der Blume in der Hand laufen sie dann zum Besucherzentrum, wo es Tee und süße Brötchen gibt.

Jugendkrisen aurovillianisch

Ein Kind Aurovilles zu sein, bedeutet, Kind einer selbsternannten Aurovilleantgarde zu sein, das bringt besondere Chancen und besondere Bürden mit sich. Die Chancen liegen in der kosmopolitischen Vielfalt, dem sorgfältigen pädagogischen Angebot und der inspirierenden natürlichen und geistigen Atmosphäre. Doch an einem auserwählten Ort mit auserwähltem Evolutionsauftrag aufzuwachsen, prägt das Seelenleben vermutlich auch in einer sehr heiklen Weise, man ist nicht einfach ein normales Kind an einem normalen Ort der Welt! Während aber die Eltern aus bewusstem, mündigem Entschluss hier sind, ist man als Kind einfach so da und muss die bewusste Bejahung ja irgendwie innerlich nachreichen.

Wenn man Auroville verlassen will, muss man wiederum einen ziemlichen Kraftakt vollbringen, in die weite Welt aufbrechen, gegebenenfalls den offenen Bruch mit den Eltern und Auroville vollziehen, unter Umständen kontinentale Entfernung ertragen oder sogar anstreben. Es wundert mich nicht, wenn Aurovilles Jugendliche schwierig und innerlich gebeutelt sind, sich zwischen Arroganz und Selbstzweifeln hin und herwerfen und Entlastung in Alkohol oder Marihuana suchen. In Auroville gibt es ein mehr oder weniger verstecktes Drogen- und Alkoholproblem bei Jugendlichen, ihre Parties – fernab elterlicher Kontrolle und fernab konventioneler Regeln – gelten weit über Auroville hinaus als Sündenpfuhl, auch gibt es hin und wieder mal eine Schlägerei oder einen Skandal, der dann mühsam abgefangen werden muss, damit nicht gleich ganz Auroville in Misskredit gerät. Denn bei allem, was dort geschieht, steht die Stadt immer gleich als Ganzes am Pranger.

Ein Problem scheint auch Langeweile zu sein und gemeinsames Herumhängen dehnt die Zeit der charakteristischen früh dunklen Stille Aurovilles, wo nur noch einzelne Motorräder oder ein bellender Hund zu hören sind und sonst nichts weiter los ist. Da es wenig Straßen- und Gemeinschaftsleben gibt- von kulturellen Events abgesehen – ist man auf sich selbst zurückgeworfen. Es fehlt die Turbulenz und das Treiben eines

Dorf- oder Stadtplatzes, in dem man einfach mal so mitströmen könnte, man muss dann schon nach Pondicherry, um mal ein normales Straßenleben als Kulisse zu haben, und das ist wiederum eine Indien-Kulisse, die ganz anders ist als Auroville. Und man braucht für Pondy-Ausflüge Geld, das man meistens nicht hat.

Aurovillianische Jugendliche leben aber noch in anderen Konflikten. Viele sind mit tamilischen Bediensteten aufgewachsen und ihr Ego hat sich dabei etwas arg aufgeblasen, ohne substantielle Entsprechung im eigenen Innern. Die Erfahrung ständiger Ungereimtheiten und Ungerechtigkeiten zwischen erster und dritter Welt vor der Haustüre kompensieren sie unter Umständen mit ausgeprägter Schnodderigkeit. Andererseits haben sie tamilische Freunde und müssen die Gegensätze zwischen Dorfleben und Aurovilleleben in ihren Seelen irgendwie harmonisieren. Eine eigene Identität zu finden, ist jedenfalls in Auroville eine Herausforderung ganz eigener Art und in vorgegeben Bahnen einfach so vor sich hinzutrotten, ist so gut wie unmöglich.

In der Regel führt allerdings das vielseitig geförderte Selbstbewusstsein dazu, dass sich ein eigener Lebensweg früher oder später klar abzeichnet und die Eltern aufatmen können. Wenn dieser Lebensweg den Abschied von Auroville bedeutet, wird es tapfer hingenommen. Wenn sie in Auroville bleiben und zu einem kraftvollen Eigeneinsatz finden, ist es für die Eltern natürlich schön, ihre Liebsten in geistiger und leibhaftiger Nähe zu wissen. Schön ist auch die dritte Variante, dass sie sich erst entfernen und dann aber doch zurückkehren, mit einem Bündel an Welterfahrungen und Kenntnissen, die sie Auroville nun vollen Herzens widmen möchten.

Chali Versöhnung, Rückkehr und neue Schule

Chali als Kind: Bis zum Alter von 11 in Auroville und nach USA-Aufenthalt heimgekehrt.

Sie war gerade mal 6 Monate alt, da beschlossen ihre Eltern, am Aufbau Aurovilles mitzuwirken. Namrad, diesen Namen gab die Mutter ihrem Vater und sie vertraute ihm die Leitung der Baumschule an, obwohl er (oder weil er?) eigentlich Musiker war. Sie traute ihm die nötige Empfindsamkeit für ihre geliebte Blumenlehre zu. Er lebte schon seit den 50er Jahren im Ashram, wechselte 1970 ganz nach Auroville, die Baumschule, die er aufgebaut hat, gibt es bis heute. Doch er wandte Auroville den Rücken, als sich die Machtkämpfe in den 70er Jahren grotesk zugespitzt hatten. Er war sogar Opfer einer der gewalttätigen Auseinandersetzungen geworden, die angeblich von bezahlten

Schlägern der damaligen SAS (Sri Aurobindo-Society) angezettelt worden waren. Enttäuscht und verbittert wandte er sich ab, ließ Auroville mit vielen Hoffnungen und hinter sich und kehrte in die USA zurück.

Chali im Center for further Learning.

Da war Chali 11 Jahre alt und lernte nun also amerikanisches Leben kennen, in Texas. Sie ging zur Highschool, studierte Biologie, war mehrere Jahre in der medizinischen Forschung in einem Ausbildungskrankenhaus tätig. Ihr Vater verlegte sich aufs Schreiben von Pflanzenbüchern. Doch immer wieder hörte sie in sich diesen Ruf Aurovilles, nach acht Jahren Amerika reiste sie 1994 erstmals wieder hin, 19-jährig, wohnte in der Baumschule, die ihr aus der Kindheit noch ganz vertraut war und wo jetzt die Inderin Menakshi lebte.

Mit jeder Reise wurde der Sog stärker und schließlich verkündete sie ihren Eltern, sie wolle nun in Auroville leben. Sie unterstützten sie, wollten selbst aber nicht wieder zurück, zu tief saß die Traumatisierung. Sie lebten zwar geistig verbunden mit Sri Aurobindo und Mutter, aber sie fürchteten inzwischen auch die physischen Strapazen Indiens und wollten sich ihnen nicht mehr aussetzen. Chali kehrte nun ihrerseits den USA den Rücken, fand in Auroville eine neue Aufgabe und eine neue Liebe, bzw. eigentlich eine alte, denn Jan war ein Spielkamarad aus Aurovilles Kindertagen! Als dann ihr Sohn zur Welt kam, sind auch ihre Eltern zu Besuch gekommen, nach 16 Jahren!

Inzwischen sind es zwei Söhne, sie sind 4 und 6 Jahre alt, allerdings gab es zwischen Jan und ihr eine Trennung und die Beziehung beschränkt sich auf die gemeinsame Elternschaft.

Die Großeltern wiederum haben Auroville durch die Enkel neu entdeckt. Die Wunden sind ein wenig geheilt, neue Erfreulichkeiten legen sich wie Balsam darüber.

Ist Narad versöhnt?

»Nein, aber inspiriert und auch wieder optimistisch. Er empfindet die Atmosphäre hier als friedlich und aufrichtig engagiert, daran freut er sich und er ist voller Hoffnung.«

Chali und ihre SchülerInnen im brandneuen Center for further Learning.

Chalis Kindheit inmitten von Pflanzen und pflanzenliebenden Menschen hat sie geprägt, sie ist selbst begeistert Biologin und ihr Herzensanliegen ist, diese Begeisterung an die Kinder Aurovilles weiterzugeben. Wenn sie die geheimnisvollen

Feinheiten der Muskelkraft lehrt, dann erforscht sie mit ihren SchülerInnen selbstexperimentell die Phänomene von Spannung und Entspannung. Fühlend erkunden sie, wie sie seltsamerweise gleichzeitig wirksam sind. Und dann wird die Frage bewegt, ob wohl Tiere auch Rückenschmerzen haben können.

Das CFL wurde *ihr* Anliegen, ihr Kind. Im Januar 2003 wurde das neue Gebäude bezogen, mit Labors und allen Finessen. Manchmal ergänzen Gäste das Lehrangebot, neulich gab es zum Beispiel eine Lektion in moderner Gehirnforschung, von einer Neurologin, die zu Besuch war! Das Vertrauen der Aurovillianer ist trotz der Examens-Skepsis gewachsen und Chali freut sich, dass ihre eigenen Kinder Auroville jedenfalls niemals verlassen müssen, um irgendwo an einem unpassenden oder teuren Ort ein höheres Examen zu machen.

Samrat: »Nichts kann mich so begeistern wie Yoga!«

Ashram oder Auroville? Samrat hat einen Selbsttest hinter sich.

Er begegnet mir zufällig im Youth Camp, einer Art Jugendherberge, und fällt mir auf, weil er sich so ausnehmend freundlich um neu ankommende Gäste kümmert. Es ist eine Art der dienenden, aber nicht devoten Freundlichkeit, die sich offenbar aus tieferen spirituellen Quellen nährt, denn die Gäste sind es nicht, die solche Freundlichkeit hervorrufen könnten, es sind durchaus nervige dabei!

Überrascht höre ich, dass er nicht in Auroville, sondern im Ashram aufgewachsen ist, also in dem mehr klösterlichen Sri-Aurobindo-Gemeinwesen in Pondicherry. Es macht mich neugierig, wie anders er das Leben hier und dort erlebt und welche Geschichte er hat. Viel Zeit hat er zwar nicht, aber er setzt sich eine Weile zu mir und beantwortet geduldig meine aufdringlichen Fragen!

Aus Westbengalen stammt er, seine Eltern sind treue Sri-Aurobindo-Anhänger und weil sie sich wünschten, dass Samrat im Sinne seines Yoga aufwächst, zog die Mutter in den Ashram nach Pondi, während der Vater berufsbedingt in Bengalen blieb. Da war Samrat drei Jahre alt, lebte fortan mit seiner Mutter als Ashram-assoziierte Familie und kam in den Genuss der sorgfältigen Kinderförderung.

Als er zehn war, wechselte er ins Internat und seine Mutter kehrte zu ihrem Mann zurück, worüber Samrat einerseits traurig, andererseits glücklich war, denn nun war er befreit von dem belastenden Gefühl, dass seine Mutter und sein Vater seinetwegen getrennt lebten! Als er mit dem College fertig war, entschloss er sich – gut gebildet und von ganzem Herzen – richtiger Ashramit zu werden, also sich den strengeren Regeln für Yogis zu unterwerfen und ohne Sexualität und ohne Geld zu leben. Im Ashram arbeitet man lohnlos und wird versorgt mit Grundgütern, Wohnung und Essen. Natürlich sind auch Alkohol und Nikotin tabu.

Doch eines Tages beschlich Samrat das Gefühl, sich innerlich nicht genügend sicher zu sein, ob der strenge Yoga-Weg wirklich sein Weg ist und da bot sich Auroville als Prüfstein an!

Er wechselte vom Ashram nach Auroville, vom geregelten ins völlig ungeregelte Leben! Geld, Sexualität, wechselnde Liebesbeziehungen, wechselnde Jobs ... er sprang mitten hinein in die Fülle des Lebens und begriff es als Experiment für seine innere Haltung.

»Deshalb hatte ich ja den Ashram verlassen, weil ich Sehnsüchte und Begehren fühlte, nach Vergnügen und Liebe, nach Befriedigung und Beziehung. Ich wollte es genauer wissen! Zwar fühlte ich tief die Sicherheit, dass ich ein spirituelles Leben will, aber eine andere Stimme in mir drängte danach, auszuprobieren, wie es wirklich ist, wenn man Vergnügungen haben kann und sie nicht einfach per Regel ausschließt! Jetzt ist Frieden eingekehrt, ich fühle mich gelassener und will nichts mehr erzwingen. Das Leben kann kommen, wie es will!«

Und hat er denn erlebt, dass auch eine Liebesbeziehung Yoga ist??

»Klar, aber ich habe festgestellt, dass man nur bis zu einem bestimmten Punkt kommt und dann geht es nicht weiter. Am Anfang denkt man, man kommt durch die Beziehung weiter und wird liebender, aber dann kommt der Punkt, an dem man merkt, dass es im Hinblick auf die Beziehung zu Gott, zum göttlichen Bewusstsein eine Grenze gibt. Und Yoga bedeutet ja, hinter diese Grenze zu gelangen!

Jetzt fühle ich andererseits umso mehr, dass ich es in die Richtung bringen kann, in die ich es haben will!

Samrat hat diverse Jobs gemacht, außer als Ansprechpartner im Jugendhotel hat er am Matrimandir-Bau mitgearbeitet, Bäume beschnitten, Gerüste aufgebaut, in der Schule unterrichtet. Er liebt den Wechsel von körperlicher und geistiger Arbeit.

»Das Schöne ist hier, wählen zu können. Ich habe zum Beispiel an der Lastschool englische Literatur unterrichtet, aber dann bemerkte ich Ermüdungserscheinungen, ich hatte es satt, soviel zu sitzen und wechselte zu körperlicher Arbeit in die Matrimandir-Gärten. Alle Wechsel ergaben sich fließend und natürlich.«

Und wie sieht er den Umgang mit Geld, der für ihn ja völlig neu war? Er hat für seine Jobs zum Teil ja konkreten Lohn bekommen, während im Ashram geldlos gelebt wird:

»Im Ashram geht es vorwiegend um den Yoga, es ist kein Weltmodell. Aber Auroville ist eine wachsende, internationale Stadt, da muss man die Idee des Teilens und des Austauschens gerade m i t dem Medium Geld, den Umgang mit Geld als Macht vorleben. Die Tauschringe und unsere Experimente mit öffentlichen Budgets sind ein guter Anfang! (siehe auch Kapitel Ruth) Geld kann vielfach genutzt und missbraucht werden, und natürlich sind wir dabei mit der äußeren Welt verbunden, brauchen die

Interaktion mit draußen. Draußen ist das Geld verstrickt mit dem menschlichen Ego, dass diese Power will.

Man muss vor allem bei sich selbst schauen, ob man in Übereinstimmung mit den höheren Zielen handelt. Das braucht Zeit. Es kann nicht mit einem Schritt passieren, mit einem Schnitt. Wir müssen beharrlich der Idee des Sharing, des Teilens nachgehen.

Als ich nach Auroville kam, war es eine neue Erfahrung für mich, über Geld frei zu verfügen, das habe ich gründlich ausgelotet, war in Restaurants essen, habe mir diese und jene Unternehmung geleistet. Jetzt kommt es langsam wieder in eine ruhige Mitte, es ist nicht mehr etwas, was ich zur Selbstgenugtuung brauche, denn das war es eine Zeit lang für mich. Jetzt weiß ich, dass das nur eine Phase war und die ist jetzt wieder zu Ende! Glücklicherweise, denn jetzt ist das Gefühl wieder zurückkehrt, dass mir aus dem Ashram-Leben vertraut war: das man nicht viel braucht, um froh zu sein! Diese Gewissheit ist wieder da!«

Ich weiß jetzt auch, dass mich nichts so begeistern kann wie Yoga! Und da habe ich noch viel vor mir, denn man kann ja nicht sagen dass man, wenn man ein spirituelles Leben führt, nicht weitere Fortschritte machen müsste!«

Doch dann hat er wirklich keine Zeit mehr für weitere Fragen, ich hätte allerdings auch keine dringenden mehr, denn ich bin völlig überzeugt von seiner Überzeugung!

Selvaraj: »Ich möchte auf beiden Seiten stehen!«

Foto: Sven Ulsa

Mit Aurora zusammen blickt Selvaraj 1990 voller Ernst und voller Anliegen in seine Auroville-Zukunft.

Er ist ein Kind Aurovilles ebenso wie ein Kind des benachbarten Tamildorfs Kuilapalayam, seine Mutter hatte einen Job in Auroville und er wuchs hinein, war wissbegierig, nutzte seine Chancen und gehörte schließlich sogar zu den Kindern, die eine »richtige«, und nicht nur eine informelle Schule wollten!
Im Pondicherry-Ashram hat er eine Ausbildung als Mechaniker gemacht und sich dann bei Aurelec, der aufstrebenden Computerfirma Aurovilles als Elektroniker fortgebildet und wurde Aurovillianer.

Immer galt sein Engagement der Bildungsverbesserung und mit 26 Jahren berief man ihn zum geschäftsführenden Sekretär der Bildungsstiftung SAIER, die 1984 gegründet wurde. Er fühlt sich von ganzem Herzen als Aurovillianer, doch seine Eltern und seine Schwester sind in ihrem Ursprungsdorf geblieben, auch aus ganzem Herzen.

Als ich ihn 1990 zum ersten Mal traf, war er 25 Jahre alt und hatte gerade die Holländerin Aurora geheiratet, auch ein Kind Aurovilles. Es schien ihnen alles ein bisschen zu »loose«, ein bisschen zu unverbindlich in Auroville. Sie wollten dem Außeneindruck allzu lockerer Bindungen in Auroville entgegenwirken, deshalb auch heiraten, obwohl das in Auroville nicht üblich ist. Und sie wollten auch zeigen, dass das trotz vermeintlicher Kulturunterschiede möglich ist.«

»Dass wir aus verschiedenen Kulturen kommen, hatte kaum eine Bedeutung, wichtiger war die gemeinsame Idee von Auroville. Ich hätte mir auch nicht vorstellen können, eine unbedarfte Frau zu heiraten, die mich womöglich bedient und die ich herumschicken kann. Ich bin kein Macho, ich bin von unserer Dorftradition weit entfernt. Meine Eltern akzeptieren uns, aber es ist kein sehr herzliches Verhältnis. Wir haben nicht viel Kontakt. Sie sehen, dass ich eine gute Arbeit habe, und es war ihnen wichtig, dass ich eine Ausbildung bekomme, aber ansonsten leben sie ihr Leben und wir leben unseres.«

Selvaraj mag die Idee von Auroville als Campus, er möchte sie stärker verwirklicht sehen, für Jugendliche aus aller Welt, als Austauschschüler, Studenten und Praktikanten oder einfach so, zur Selbstfindung und als Erfahrungsabenteuer, aber auch für aurovillianische Jugendliche selbst, denn er sieht mit Sorge und auch mit Traurigkeit, wenn junge Leute weggehen, weil sie »draußen« in der Welt bessere Chancen sehen.

»Auroville bietet den Jugendlichen noch nicht genug. Alles liegt an ihrer eigenen Initiative, aber damit sind sie überfordert. Sie haben viel Energie, aber sie wissen nicht, wohin damit. Sie brauchen mehr Struktur, mehr Sicherheit und auch ein bisschen mehr Führung. Es reicht nicht, immer zu sagen: Du musst deinen eigenen Weg finden!

Viele Jugendliche verlassen Auroville, um irgendwo zu studieren. Sie kommen zwar in den Ferien her und sagen, ach, ist dieses Auroville herrlich, aber sie bleiben nicht, weil sie eine Karriere angefangen haben und dann auch den Erfolg sehen wollen. Aber wir brauchen schließlich Leute jeden Alters hier. Es ist zwar gut, immer wieder mal rauszugehen, aber nur als Erfahrung ist es gut. Es darf nicht so sein, dass man Auroville verlassen muss, um zu studieren und zu finden, was man sucht. Ich selber war ein paar

Das Jugendwohnhaus Keilash

In Auroville haben Jugendliche die Freiheit, schon mit 15 oder 16 ins Jugendhaus zu ziehen, 14 Zimmer gibt es dort, einen großen Gemeinschaftsraum, gemeinsames Kochen und Haushalten, und montags einen Bewohnertreff für Freuden und Konflikte. Wohnen, Essen, Strom und Wasser kosten 1.100 Rupees monatlich.

Seit einem Jahr lebt zum Beispiel auch Savitri hier, er hatte Probleme mit den Eltern, jetzt ist er froh, mit Gleichaltrigen entspannt leben zu können. Auch das Kochen macht dann richtig Spaß.

Das Jugendwohnheim Keilash: schon mit 16 von Hause ausziehen.

Wochen in den USA, das war eine wichtige Erfahrung für mich, aber meine Aufgabe ist hier und langfristig möchte ich gerne im Erziehungsbereich arbeiten.

Zum Beispiel kann man eine Art Jahrespraktikum gestalten, mit Einführungskursen in Kunst, Wiederaufforstung, alternativer Energie, Computertechnik, Medienarbeit, Architektur und Bautechnik. All das passiert ja sowieso in Auroville, es müsste nur mehr Mühe aufgewandt werden, das im größeren Stil zu organisieren und zu begleiten. So eine Art praktisches Jahr mit einer breiten Grundausbildung kann auch für Jugendliche von außerhalb interessant sein. Hier ist doch viel mehr Möglichkeit zum Experimentieren und Ausprobieren als anderswo, wo du immer gleich riskierst, auf der Straße zu landen. Hier wird Scheitern nicht gleich zum Verhängnis; deine Lehrer oder Meister kannst du dir selbst aussuchen und du brauchst keine Zeugnisse und Zulassungen!

Im Moment ist es noch so, dass die Eltern nicht zuversichtlich genug sind und ein zu starkes Sicherheitsdenken haben. Sie schicken ihre Kinder dann aber in genau das System, das sie doch eigentlich hinter sich lassen wollten. Westliche Bildung wird maßlos überschätzt!

Selvaraj hat in den letzten Jahren einiges für Jugendliche bewirkt und mit auf den Weg gebracht. (siehe Kasten nächste Seite)

Im Februar 2003 treffe ich ihn wieder, die Ehe mit Aurora ist Vergangenheit, sie lebt in einer anderen Siedlung, mit der gemeinsamen Tochter und mit dem Musiker Nadaka. Es war halt doch nicht die ersehnte Verbindung für immer, sondern eine Lebenabschnittspartnerschaft, wie sie in Auroville in der Natur der Sache liegt, nämlich ständigem Wandel unterworfen und dem Ruf freiheitlicher Wahrhaftigkeit folgend. Nach einer Phase von Abschied und Trennung hat eine neue Liebe sein Leben getroffen. Diese Liebe heißt Priya, kommt aus London, und die Story dazu ist mal wieder typisch aurovillianisch und geht etwa so: Eine Indienreise hat sie (Schicksal!) nach Pondycherry in ein Cafe gespült, sie saß so da und dachte über ihr Leben nach, kam dann in ein langes Gespräch über Waldorf-Pädagogik und Erziehungsziele, mit einem Mann vom Nebentisch. Der sagte dann, da müsse sie unbedingt mal seinen Freund, den Selvaraj aus Auroville kennenlernen, der würde genauso denken wie sie! Am nächsten Morgen schleppte er Selvaraj an und ehe sie sich über die gemeinsamen Erziehungsideen näher kommen konnten, war für Pryia das weitere Schicksal besiegelt.

»Ich hatte eigentlich nur einen halben Tag bleiben wollen, daraus wurden drei Wochen und dann weitere 4 Monate.« Kurz: sie verliebte sich nun auch in Auroville, was allerdings etwas länger brauchte, brach ihre Londoner Lebenzelte als Lehrerin ab, zog ins Haus von Selvaraj und managt inzwischen ihrerseits Studenten-Austauschprogramme mit ihrer Heimat.

Das war vor zwei Jahren. Inzwischen hat die Liebe wiederum Nachwuchs gezeugt: der kleine Neuaurovillianer heißt Kabir Vyasa, sein Name geht auf einen altehrwürdigen Sufi-Philosophen zurück, er ist drei Monate alt und Selvaraj freut sich auf den zweiten väterlichen Auftrag!

Auroville, Selvaraj und Kabir Vyasa, das Überraschungsschicksal für Priya (Mitte).

Ich besuche die drei an einem Sonntagmittag, Selvaraj kommt gerade vom Sonntagmorgenbesuch aus seinem Heimatdorf gedüst, in dem seine Schwester noch immer wohnt. Sie hat ihm eine Tüte mitgeben. Einen ganzen Berg Idlis packt er aus, das sind Reismehlkücherl, die man in scharfe Chutneys tunkt. Er legt sie auf den Esstisch, auf dem Pryia schon liebevoll Salat und leckere Nudeln angerichtet hat.

Selvaraj erzählt, dass seine Schwester ihm immer etwas »Anständiges«, also Indisches mitgibt, weil sie sich um seine Ernährung sorgt! Priya schaut ein wenig irritiert, schluckt und lächelt dann aber tapfer!

Ich selbst gebe mir Mühe, nun die Schwestergaben und das Pryia-Mahl gleichermaßen zu kosten wie zu loben, und Selvaraj tut es auch. Er ist darin geübt, zwischen beiden Kulturen zu versöhnen!

Selvaraj ist für die umliegenden Tamildörfer inzwischen zu einer unverzichtbaren Brückenperson geworden. Die Leute im Dorf akzeptieren ihn als eine Autorität und in Auroville drückt sich die Achtung seiner Person darin aus, dass er zum zweiten Mal ins Working-Comitee gewählt wurde, eine Art höchste Schiedsstelle. Er ist vor allem bei Konflikten zwischen Auroville und den Dörfern zur Stelle, riskiert Prügel, wirkt als Schlichter, organisiert unermüdlich Treffen, damit der Dialog nicht abreißt.

»Es sind 30.000 Menschen! Wenn die wütend wären, wäre das Leben in Auroville keine Freude mehr! Es gibt immer wieder gegenseitiges Unverständnis, die Sprache ist ein großes Problem, viele Aurovillianer separieren sich schon deshalb von den Tamilen. Leider denken die meisten auch, im Dorf könne man nur mit Geld etwas ausrichten, aber es gäbe auch vieles ohne Geld zu machen, wenn man nur vom, Herzen her wollte!«

Ein Problem sieht er auch darin, dass aurovillianische Pläne nicht genügend mit Tamilen abgesprochen werden und sie sich dadurch zurückgesetzt fühlen.

»Der Masterplan z.B. (der offizielle Stadtentwicklungsplan) ist nicht kommuniziert mit den Einheimischen. Stadtplanung findet ohne sie statt; obwohl zum Beispiel etliche geplante Straßen durch die Dörfer führen werden! Sie wissen nicht, was eigentlich läuft. Ich fühle mich dafür verantwortlich, dass ihre Interessen nicht untergehen. Schließlich hat auch die Mutter immer geraten: separiert euch nicht, macht es *mit* ihnen, bindet sie ein! Und die Angst, die Tamilen könnten etwas gegen die Stadtentwicklung haben, ist unbegründet. Sie meisten sind froh, dass es Auroville gibt und finden die Pläne gut.«

Ich stelle mir vor, wie schwer es sein mag, sich immer zwischen den Kulturen aufzureiben, immer all diese Brüche auszuhalten, in sich selbst und um sich herum. Selvaraj

Aurovilles Angebote für Jugendliche

- Um die Möglichkeit zu »höherer Bildung« auch in Auroville zu schaffen, kann man die Möglichkeiten zum elektronischen Fernstudium nutzen und neben der Bibliothek wurde ein Raum für Fernstudierende eingerichtet, damit sie sie auch gemeinsam arbeiten können und eine Atmosphäre der Konzentration und des Zusammenhalts finden. Dies scheint eine reelle Chance zu sein, internationalen Bildungsstandard zu erreichen, dabei in Auroville zu bleiben und die Vorzüge des selbstbestimmten Lernens zu genießen.
- In einer Art Jugendherberge, dem Youth Camp, können Jugendliche aus aller Welt bis zu 6 Monaten billig wohnen. Für 140 Rupees (= 2 Euro) täglich bekommt man Unterkunft, Frühstück, Abendessen und Fahrrad. Rauchen, Alkohol und Drogen sind hier tabu. Von dieser Basisstation auch kann man Auroville beschnuppern, einen Job oder eine Praktikumsstelle finden und sich abends zum gemeinsamen Kochen und zum Austausch treffen! Bezahlte Jobs sind allerdings eher selten!
- Auroville bemüht sich, im Zusammenarbeit zum Beispiel mit dem deutschen Auroville-Freundesverein für Zivildienstleistende, also für den sogenannten »anderen Dienst im Ausland« Einsatzplätze zu schaffen, vor allem in der Dorfentwicklung, im Gesundheits- und Bildungsbereich.
- Ein neu errichtetes Sprachlabor hat attraktive Lernmöglichkeiten geschaffen, durch die Verknüpfung von Internetmöglichkeiten und Superlearning-Methoden.
- Die Aktivitäten der Bildunsgstiftung SAIER (Sri Aurobindo International Institute of educational Research), die auch Finanzmittel von der indischen Regierung bekommt, haben den ganzen Menschen und sein Potential im Blick, entsprechen dem Ziel des unbegrenzten Lernens im Dienste der Evolution zu sein und verstehen sich »integral«, also fortschreitende Integration des Mentalen, Emotionalen und Spirituellen.
- Zu den Angeboten gehören neben Schule und Kindergarten auch eine Pony-Farm, ein Atelier für jugendliche Künstler und das vielfältige Sportprogramm.
- Internationale Studenten-Austauschprogramme finden nicht organisiert, aber vereinzelt und erfolgreich statt.
- Manchem Schüler (siehe Kapitel »Fabian»!) gelingt es, auf eigene Faust ein Schuljahr in Auroville zu verbringen.
- geplant ist eine Auroville-High School, als Ergänzung zum CFL, dem Centre for further Learning (siehe Kapitel »Chali«)
- Es gibt auch ein eher klassisches Jugendzentrum in Auroville, ein Ort, der mal mehr und mal weniger genutzt wird, für Musik, Flohmärkte, zum gemeinsamen Kochen, Abhängen und für Videoabende.

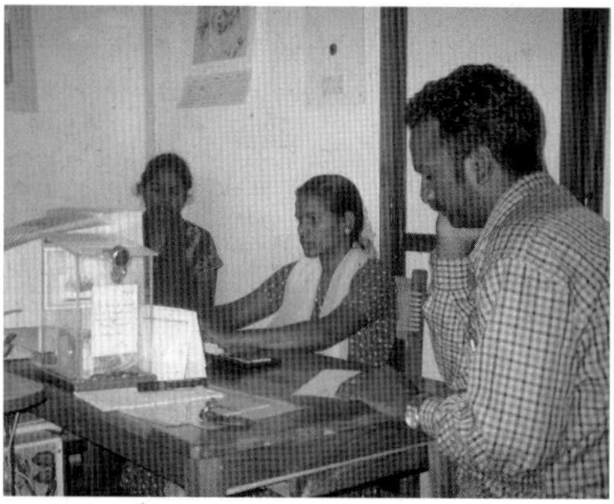

Dawn (Mitte) ist eine der Computer-Ladies in Auroville, bei ihr bekommt man eine eigene Auroville-Datei und einen Gästepass!
Privat hat sie ein kleines Haus hinter New-Creation übernommen und bewohnt es seit fünf Jahren mit ihrem Freund Ashock, in einer für ein Tamil-Mädchen aus dem Dorf unvorstellbaren Freiheit.
Als ich sie 1990 kennenlernte, kletterte sie noch auf Palmen. Jetzt serviert sie Tee auf ihrer Terrasse, erzählt selbstbewusst von ihren Lebensentwürfen und scherzt mit ihrem Freund darüber, wer auf dem Motorrad vorne sitzen darf!

scheint mir eine Menge Lasten auf seinen Schultern zu tragen. Aber er sagt nur: »Ich möchte auf beiden Seiten stehen!«

Dawn: »Nicht nur die Freiheit, auf dem Motorrad vorne zu sitzen!«

Dawn ist die Morgenröte, wie auch Auroville die Stadt der Morgenröte bedeutet. Dawn ist ein tamilisches Waisenkind, das vor gut 20 Jahren von einer Aurovillianerin adoptiert wurde und in der Waldsiedlung Forecomers aufwuchs, naturnah, freiheitsnah.

Sie entfremdete sich ihrem Dorf und wuchs zu einer jungen Frau heran, die Lust auf die Freiheiten und Möglichkeiten der Welt hat und sich von Traditionen nicht beschränken lässt. Inzwischen kann man sie beim Financial Service hinter dem Bildschirm sitzen sehen, da, wo man als Auroville-Besucher einen Gästepass bekommt und ein Konto eröffnet. Sie verwaltet die Gästedateien.

Ashock hat sich ebenfalls für Auroville und gegen das Dorf entschieden. Als er 14 war, starb sein Vater und er musste sich selbst ernähren, arbeitete als Gärtner und in der Auroville-Boutique, kümmerte sich neben den Jobs aber immer auch um seine Ausbildung. Heute arbeitet er in einer Mischung aus Motorradmechaniker und Fahrlehrer, denn seit sich Unfälle in Auroville mehren, ermuntert man dazu, einen Motorradführerschein zu machen!

Mit dem Abstand als Aurovillianer interessiert er sich nun neu und anders für seine Herkunftskultur, engagiert sich im Tamil Cultural Centre in Kuilalapayam, interessiert sich für traditionelle Saiteninstrumente, hilft, eine Bibliothek aufzubauen.

Wie sieht er sich als Mann??

»Wenn ich im Dorf geblieben wäre, würde ich leben wie mein Großvater, meine Frau hätte eine Hausfrau zu sein und für mich und die Kinder zu sorgen, jetzt ist es natürlich ganz anders, aber auch viel interessanter! Du bekommst mehr als Mann!? Jaa... (er lacht!)

Dawn war 2001 für drei Monate in Deutschland, bei Auroville- Freunden in Gladbach. Sie fand zwar alles ganz spannend anders, aber sie fühlte sich auch ein bißchen einsam und hat dann zu viel Fernsehen geschaut. Imerhin kann sie sich nun außer in Englisch, Tamil und Französisch auch recht passabel in Deutsch unterhalten und genießt ihre sprachliche Beweglichkeit.

Und heiraten oder so? Will sie das mal?

Da erzählt sie von einem indischen Weg, der mir neu ist: dass man sich offiziell als Mann und Frau registrieren lassen kann, ohne traditionell verheiratet zu sein! Das haben sie gemacht, um auch im Dorf akzeptiert zu sein, vor allem wegen Ashocks Mutter. Dawn selbst sieht es aber auch ganz pragmatisch und meint kichernd. »Dann bekomme ich alles von Ashock, wenn er mal wegläuft. Also ich fühle mich jetzt sicher!«

Manchmal darf aber auch Ashock vorne sitzen und fahren!

Und was ist der Unterschied? »Man hat nur ein Papier von der Regierung, aber man hat keine traditionelle Feier, überhaupt keine Feier!«

In Auroville sind die beiden das einzige Tamil-Pärchen, das ohne traditionale Heirat zusammenlebt. Pioniere eben!

»Ashock mag schon lieber das Traditionelle, aber das ist mir egal! Ich bin aurovillianerischer! »

Während sich also Ashock – für später mal – eine traditionelle Hochzeit vorstellen kann, fürchtet Dawn vor allem eins: »So eine traditionelle Hochzeit, das ist doch der totale Stress!«

Und dann tauschen die beiden kichernd weitere Unterschiede zwischen sich aus und ich freue mich daran, dass bei den beiden die Vielfalt in der Einheit jedenfalls erst mal gesichert ist!

Fabian: Gastschüler in Auroville

Es war im Sommer 1998, als ich zum ersten Mal von Auroville hörte. Ich war nachts in meinem kleinen Heimatdorf in Norddeutschland unterwegs, als zufällig ein Freund mit einem fremden Jungen im Auto auftauchte; er erzählte, er komme aus Indien, genauer aus Auroville.

Als er mehr davon berichtete, wurde mein Interesse immer größer. Ich hatte bereits seit längerem die Idee gehabt, als Gastschüler ferne Länder zu besuchen, doch wusste ich mehr, warum ich hier weg wollte, als warum ich woanders hin sollte. In Deutschland konnte ich zu der Zeit keine neuen, inspirierenden Ansätze sehen, geschweige denn hoffnungsvolle Durchbrüche in Richtung einer sinnvolleren Lebensweise. Die Schule schien selten ein wirkliches Lernen anzustreben sondern nur ein Kopf-Auffüllen, um für den Grad der Füllung Punkte zu erhalten. Die alljährlichen heftigen Pro-

Fabian im Praktikum mit Eremalai bei der Zubereitung von Coconut-Chutney.

teste gegen Atomtransporte durch meine Heimat erschienen mir wie ein Ventil; es gab immerhin einige, die das Rad der Geschichte in die Hand zu nehmen versuchten, bei Wind und Wetter.

Aber willkürliche Polizeiprügel, Hundebisse und Tage in Gefangenschaft ließen eine Wut und Verzweiflung aufkommen, die nicht mehr produktiv war. Es schien kein Dialog, keine Bewegung mehr möglich, dem war ich nicht gewachsen.

Doch nun gab es ein Projekt, um das sich die Ideen und Träume in meinem Kopf rankten. Ich schrieb Briefe an Lehrerinnen der Last School in Auroville, sprach mit Lehrern und meinem Schuldirektor in Deutschland – und natürlich mit meinen Eltern. Viele Fragen. Geld? Schulabschluss? Visum? Impfungen? Ich plante, die 11. Klasse in Indien zu verbringen und hoffte, danach hier gleich in der 12. Klasse weitermachen zu können.

Die Fächer, die ich dafür belegen mußte, wurden alle in Auroville angeboten. Allerdings nicht in ein und derselben Schule, doch es war gar kein Problem, verschiedene Fächer in verschiedenen Schulen zu belegen. Dank der großen Hilfe meiner Eltern und besagter Lehrer aus Auroville ließen sich in den folgenden Monaten auch alle finanziellen und bürokratischen Hürden nehmen.

So fand ich mich im März 1999 dann mit meinem Vater im Flugzeug nach Chennai, um vor Ort in drei Wochen die letzten Formalitäten zu klären und noch einmal zu prüfen, ob Auroville wirklich der richtige Ort für solch einen Austausch ist. Und Auroville schien es tatsächlich zu sein.

Anfang Juli ging es dann richtig los, mit einem riesigen Rucksack auf dem Rücken und einer Mischung aus Neugierde und Unsicherheit im Herzen.

Ankunft morgens um drei. Das Taxi fährt ab, Dunkelheit. Aspiration Community, Hunde bellen, sonst nichts. Nach langer Zeit erscheint ein verschlafenes Tamil-Mädchen und schliesst mir den Fernsehraum der Community auf, wo ich bis zum nächsten Morgen schlafen kann.

Doch beim Frühstück werde ich warmherzig empfangen, man hatte meine Ankunft nicht vergessen und es war wohl offensichtlich, dass ich ein paar freundliche Worte gut gebrauchen konnte. Nach wenigen Tagen dann Schulanfang. 15 Schüler in der Last School, und etwa 10 Lehrer, die größtenteils nur wenige Stunden pro Woche unterrichten. Halt das, was sie beherrschen. Die wenigsten sind ausgebildet, das zählt in Auroville nicht viel. Wichtig ist, was man sich zutraut – und ob Schüler zum Unterricht kommen.

Man unterrichtet nicht hauptsächlich, um einen Beruf und ein Einkommen zu haben, sondern wegen eines ernsthaften Anliegens an der Sache. Dieses Anliegen kann man auch in Deutschland vielen Lehrern nicht absprechen, doch ist man hier extrem an eine gefällte Berufsentscheidung gefesselt. Merkt man nun, dass die eigene Berufung doch ganz woanders liegt, so bedarf es enormer Konsequenz, den Schritt zu einem Berufswechsel zu tun, und das kriegen die Schüler zu spüren. In Auroville hingegen kann man sehr spontan die Arbeit wechseln, dies ist gewissermaßen eine Garantie für ein Engagement und für den guten Willen der Lehrer. Und das merkt man an der großen Zufriedenheit vieler Schüler.

»Offenes Haus« beim Sonntagshappening in *Fertile.*

Allerdings fehlt dadurch auch eine Kontinuität, sowohl Lehrer als auch Schüler kommen und gehen extrem häufig, und nicht nur am Schuljahresende. Dadurch ist es schwierig, etwas Festes aufzubauen und Projekte über einen längeren Zeitraum zu planen. Im »Center for Further Learning« (CFL) bereiten sich etwa 25 Schüler auf international anerkannte Schulabschlüsse wie das englische A-level vor, mit der Hilfe einiger sehr engagierter Lehrer. Die Prüfungen finden am Schuljahresende unter Aufsicht des englischen Konsuls in Chennai statt. Während die Last School versucht, die von der Mutter gegebenen Ideen zum Schulwesen umzusetzen, geht es im CFL in erster Linie darum, jenen Schülern zu helfen, die Auroville nicht verlassen wollen, um einen anderswo anerkannten Abschluß zu erhalten. Beide Schulen gleichen sich jedoch in der Freiheit, die den Schülern gegeben wird. So war es überhaupt kein Problem, nach einiger Zeit nur noch drei Tage pro Woche zur Schule zu gehen um drei weitere Tage für diverse Praktika in Aurovilles interessanten Betrieben zu nutzen.

Während des Monsuns bedeutete das in Pitchandikolam Bäume zu pflanzen, später in Auroannam Cashewnüsse zu kultivieren und jeden Freitag bei Dominique im Architekturbüro »Lines« mitzuarbeiten, so gut es denn ging. Doch die aurovillianische Kälte war nicht immer leicht zu ertragen, ebenso wie die indische Hitze. Es ist einfach zu verlockend, aus der Ferne alle Träume auf diesen Platz zu projizieren. Große und kleine Enttäuschungen können nicht ausbleiben, trotz unzähliger Warnungen Kundiger im Voraus. Egal wo sich Menschen mit guten Vorsätzen zusammenfinden, egal wie groß der gute Wille und der Idealismus sind, es treten bald dieselben Probleme wie woanders in der Welt auf. Das ist eine große Lehre aus Auroville.

Ich schwankte zwischen Enthusiasmus und Ernüchterung, je nachdem ob ich soeben bei Varagu* und Spirulina** die neuesten Möglichkeiten zu solarer Stromgewinnung und Meerwasserentsalzung kennen lernte, oder ob ich mal wieder erleben musste, dass auch Auroville keineswegs frei von Ignoranz und Engstirnigkeit ist. Der Autoverkehr nimmt zu. Es ist unangenehm, wenn man auf dem Fahrrad auf einer Sandstraße von Autos überholt wird. Staub klebt auf der Haut und in der Lunge, doch die, die ihn produzieren, kurbeln einfach das Fenster hoch, wenn es zuviel wird.

Und ist es wirklich notwendig, den Rasen zu bewässern, während auf einigen Farmen die mittlerweile 30 Meter tiefen Brunnen austrocknen? Auroville ist Vielfalt. Allein die unzähligen kleinen und größeren Communities spiegeln eine Vielzahl von Lebensformen wieder. Wie bereits erwähnt wohnte ich zunächst in der »Aspiration Community«, etwas außerhalb, am Rande des Dorfes Kuilapalayam. Aspiration ist mit etwa 60 Bewohnern der größte und auch einer der ältesten Plätze Aurovilles. Es wird gemeinsam gegessen und gekocht und ab und zu ein gemeinsamer Abend gestaltet, ansonsten geht weitestgehend jeder seine eigenen Wege. Ich wurde sehr freundlich in einer Gästehütte aufgenommen, gegen einen festen monatlichen Gästebeitrag. Im Winter traf ich dann bei einem Jazzabend Johnny aus Fertile, der mir anbot, dort eine freie Hütte zu beziehen. Fertile liegt tief im Greenbelt verborgen, es ist ein kleiner, sehr offener Platz mit einigen Kühen, Hühnern, etwas Ackerbau und viel Kultur. Auch Fertile zählt zu den ältesten Communities, dementsprechend wurde schon viel ausprobiert, einiges für gut befunden und anderes verworfen. Die Bäume sind nach 30 Jahren der Aufforstungsarbeit schon ziemlich kräftig.

Ich bezog meine kleine »Kapsel«*** und genoß die letzten Monate an diesem besonderen Platz. Es wurde selten über Geld gesprochen. Als ich Johnny und Paul, der damals auch dort wohnte, einmal nach einem angemessenen Gästebeitrag fragte, sagten sie bloß, es gäbe kein »Guesthouse« in Fertile. Also beteiligte ich mich an der Nahrungsbeschaffung und zahlte in die Kasse, was ich für angemessen und nötig hielt. Sonntags ist die (nicht vorhandene) Tür noch weiter geöffnet als sonst, die Musikanlage wird hervorgeholt, Gäste trudeln ein und bringen Essen mit oder auch nicht, es wird gequatscht, vielleicht musiziert oder am Nachmittag zum Strand gefahren. Jeder ist gleichermaßen willkommen, ob alt oder jung, Gast oder Aurovillianer – oder Dörfler.

Hier entstehen auch häufig die Ideen für neue Theaterprojekte, Vollmondwanderungen, Expeditionen in die nächsten größeren Wälder und was der guten Dinge mehr wären. So wird zum Beispiel im Winter, wenn am meisten Menschen in Auroville sind, über mehrere Wochen ein Theaterstück vorbereitet, in dem aktuelle Debatten und Probleme der Kommune auf lustige Art aufgegriffen werden. Jeder kann mitmachen, völlige Laien treffen auf versierte Schauspieler und es kommt immer etwas Besonderes dabei heraus. Doch auch in Fertile sind die Billigarbeiter aus den umliegenden Dörfern kaum wegzudenken. Vier oder fünf Männer kommen täglich aus Mathur, dem nächsten Dorf, um bei den anfallenden Arbeiten zu helfen bei vier Menschen, die selbst in Fertile wohnen! Aber das geringe Wohlstandsgefälle und ein aufrichtiges Interesse an der dörflichen Kultur und Lebensweise sorgen für ein gutes Verhältnis zu den Arbeitern. Es kommt selten zu Diebstählen; Feuerholz und Früchte können einfach so mitgenommen werden, das Werkzeug darf jeder benutzen und ansonsten gibt es einfach nicht sehr viel zu stehlen. Was mir in Fertile so gut gefiel, waren der sehr einfache aber doch äußerst kultivierte Lebensstil und die Aufrichtigkeit. So wurde es zum Ende meines Aufenthaltes zusehends schwieriger, sich mit dem Gedanken der Heimkehr abzufinden. Zwar freute ich mich auf ein Ende des ab und zu aufflackernden Heimwehs doch würde das Fernweh in Deutschland kaum weniger schmerzhaft sein!

Die Gaben der Natur Aurovilles zum Frühstück in Fertile: Ragi-Brei (eine Hirse-Art), Salat, Spirulina, Brot, Reis, Gomasio, Erdnussbutter, Joghurt und Datteln.

Der Wiedereinstieg in die zwölfte Klasse klappte gut, es schien nicht viel passiert zu sein während meiner Abwesenheit – sehr zu meinen Gunsten. Ich fühlte mich nicht mehr in der Schule gefangen, es war meine Entscheidung, die letzten zwei Jahre durchzustehen. Und plötzlich konnte ich große Freude am vielen Regen und an den langen, geselligen Winterabenden finden. Auch ermöglichte mir der gewonnene Abstand eine neue Sicht der Dinge. Zwar war es zunächst schwer, den unbewussten Umgang mit dem schier endlosen Überfluss im Westen zu ertragen, doch wusste ich nun auch die grandiosen Möglichkeiten zu schätzen, die mir dieser Überfluss bot. Gleichzeitig hatte ich aber die Gewissheit errungen, auch in Einfachheit Zufriedenheit finden zu können. Ich wusste nun, dass ich den Reichtum nicht brauche, wenn ich in einer kreativen, inspirierenden Umgebung lebe, also konnte ich mit ihm spielen. Außerdem hat mich Indien eine gewisse gesunde Gleichgültigkeit gelehrt. Nicht, dass ich die Zivilcourage verloren hätte, ganz im Gegenteil. Aber ich habe gelernt, Dinge als ein Spiel der Zeit zu sehen und dadurch nicht an ihnen zu verzweifeln.

So glaube ich heute, drei Jahre später, dass noch kein einziger Tag ohne Gedanken an diesen wunderbaren Platz in Tamil Nadu vergangen ist, und letzten Winter konnte ich auch endlich wieder etwas Zeit dort verbringen. Doch hörte ich einmal eine Aurovillianerin sagen, Auroville sei überall, der Gedanke könne und solle auch an anderen Orten der Erde gelebt werden...

* Varagu ist eine sehr nahrhafte lokale Hirseart, die mit den trockenen, kargen Gegebenheiten Tamil Nadus äußerst gut zurecht kommt.

** Die Spirulinaalge wird in Auroville seit langer Zeit in großen Wassertanks gezüchtet und ist auf Grund ihrer großen Nahrhaftigkeit sehr beliebt.

*** In den »Pionierjahren« entwickelte einfache, hoch funktionale und wohnliche Hütte aus lokalem Baumaterial (Palmwedel, Kokosseile, Casuarina-Stämme und Granitpfeiler); Baukosten: etwa 150 Euro und einige Arbeitstage

Christiane: Auroville für VoluntaristInnen

Christiane und ihre neuen Freundinnen aus dem Life Education Center.

Ein Bericht von Christiane Miethge, die nach dem Abitur für sieben Monate nach Indien reiste und davon drei in Auroville blieb.

Voluntary Work in Indien – dafür ist Auroville ein sehr geeigneter Ort. Schulen, Farmen, Dorfprojekte, überall ist Hilfe gern gesehen und die die Möglichkeiten sind vielfältig. Zudem hat man die Freiheit, sich sein Projekt vor Ort auszusuchen, ohne sich gleich festlegen zu müssen.

Ich persönlich fand meinen Platz im Life Education Centre (LEC), das Karin (siehe auch Kapitel Karin) und Zerina aufgebaut haben. Dreißig Mädchen aus den Tamil-Dörfern zwischen 15 und 20 Jahren, die bisher nicht zur Schule gingen, werden hier ausgebildet. Sie lernen außer Englisch und Mathe auch den Umgang mit Computer und Nähen, können in den angegliederten Workshops als Näherin dann auch arbeiten.

Betritt man den palmüberdachten Raum, umfängt einen sogleich die entspannte Atmospähre. Es ist ein Ort, an dem die Mädchen loslassen können, an der Türe werden die die Probleme von zu Hause abgestreift, hier können sie endlich einmal rauslassen, was außer waschen, putzen und kochen noch so in ihnen steckt! Da wird getobt, gelacht, gescherzt und natürlich auch gelernt... zwischen all dem Lachen sieht man dann allerdings auch mal eine Träne aufblitzen – das Abschalten von den heimischen Zwängen ist halt doch nicht so einfach. Gut, dass es einmal die Woche Gruppengespräche gibt, da können alle Probleme angesprochen und Lösungen gesucht werden – mal hilft schon das Reden, mal hilft auf spielerische Weise ein kleines Theaterstück.

Für uns Westlerinnen übersetzt Zerina, die sich um die Mädchen mit bewunderswerter, mütterlicher Stärke kümmert. Sie nimmt sich die Zeit, jeder Einzelnen zuzuhören und schafft es nebenbei noch, uns Voluntaristen dabei zu integrieren. Genauso, wie die Mädchen uns an ihren Problemen und Träumen und Wünschen teilhaben lassen, erzählen wir ihnen von den unsrigen. Wie wichtig es doch für die Mädchen ist, dass wir das Bild vom goldenen, perfekten Westen ein wenig relativieren.

Unsere Freiheit und unsere Möglichkeiten bringen uns schließlich nicht unbedingt mehr Glück. Das Leben der Mädchen ist hart, aber die engeren Familienbande bringen auch Positives mit sich. So beruht unser Austausch auf Gegenseitigkeit, es ist für mich eine einmalige Chance, wirklichen Kontakt zu indischen Frauen aus dem Dorf zu bekommen. Die Probleme, die die Mädchen in den Theaterstücken darstellen – zu hohe Mitgift, arrangierte Verheiratungen, auch gegen den eigenen Willen, Selbstmorde – wirken für uns sehr fremd. Eine Liebesheirat ist für die Mädchen schwer vorstellbar, an einen Ehemann zu geraten, der sie schlägt, hingegen leicht vorstellbar.

Amudha näht auf einer guten alten Singer-Maschine (sie braucht keinen Generator und kann hier auch leicht selbst repariert werden!) ein Kinderkleid. Sie lernte im LEC aber auch Englisch und Maschineschreiben. Ihre Familie lebt im nahen Tamil-Dorf. Sie ist froh, hier in dieser heiteren Atmosphäre sein zu können, ernährt mit ihrer Arbeit auch die Eltern, ihr Bruder ist arbeitslos, hatte Alkohol-Probleme und ist aus dem Dorf spurlos verschwunden.

Trotz alledem geht es bei den Gruppengesprächen meist lustig zu. Zerina, die immer offen für Impulse ist, gibt mir die Gelegenheit für mein eigenes kleines Projekt: Ich nehme einige Mädchen mit auf Spaziergänge durch Auroville und unterrichte sie dabei in spoken English. Sie geniessen diese kleine Freiheit, Manju bringt Blumen mit und Lakschmi versucht geduldig, mir umgekehrt Tamil-Wörter beizubringen. Abends besuche ich einige der Mädels bei sich zuhause, zum Beispiel Anusha. Sie hat zum Glück einigermaßen verständnisvolle Eltern, wir trinken Tee zusammen, schauen uns Fotos an. Der Fernseher läuft nebenher, die ganze Zeit, wie üblich in den meisten Familien.

Das Haus ist klein und spartantisch, das Bad lediglich eine Nische mit Wasserhahn und Eimern zum Duschen. Sie schläft zusammen mit ihren Eltern auf dem Boden, in einem der zwei Zimmer. Das Haus wirkt dennoch wunderbar gemütlich und friedlich, auch wenn ich weiß, dass sich die Ruhe angesichts der strengen Lebensvorschriften für eine Tamilin auch schnell in Enge verwandeln kann. Anusha träumt davon, einmal in ihrem Leben Sängerin zu werden. Sie hatte sogar schon mal das Angebot, auf einer Hochzeit in Madras zu singen, doch das strenge Verbot der Mutter war unerbittlich, man darf nicht allein als tamilisches Mädchen durch Indien reisen! So muss Anusha es beim Träumen belassen und stellt sich ansonsten auf eine Arbeit als Verkäuferin und eine arrangierte Hochzeit in ein oder zwei Jahren ein, trägt es mit Fassung: »You know, I take the things simple as they are and I dream of freedom in my head!« Sie ist froh, im LEC wenigstens ein wenig Freiheit geschnuppert zu haben. Und sie weiß: ihren eigenen

Zerina, stolz auf die Erzeugnisse ihrer Mädels.

Kindern wird sie einmal all das erlauben, was ihr nicht erlaubt worden ist.

Ich hingegen darf all diese Dinge schon jetzt und weiß sie nun viel mehr zu schätzen! Man hat wirklich in Auroville als Jugendlicher ein anregendes Leben. ‚No Problem' lautet die Devise. No Problem, Freunde aus den verschiedensten Ländern zu finden. No Problem, auch immer wieder umzuziehen – heute in einer Kapsel am Strand zu leben, morgen in einer Villa am Wald und übermorgen bei einer indischen Familie. Vor allem no Problem, sich die Zeit zu vertreiben: Sport, Theater, Filmabende, Parotaessen, Fahrradfahren durch die umliegenden Dörfern, schwimmen im Meer...

Ich habe viele schöne Momente in Auroville erlebt, es war für mich eine gute Mischung aus indischem und westlichem Lleben. Es ist zwar kein Paradies und es hat einige Schattenseiten, aber es ist eine gute Startbasis, wenn man wie ich im raueren Indien weiterreisen möchte. Ich war froh, durch die Auroville-Erfahrung in Indien ohne allzu großen Kulturschock angekommen zu sein und eine Ruheinsel zu haben, zu der ich immer wieder zurückehren konnte!

KünstlerIn sein in in Auroville

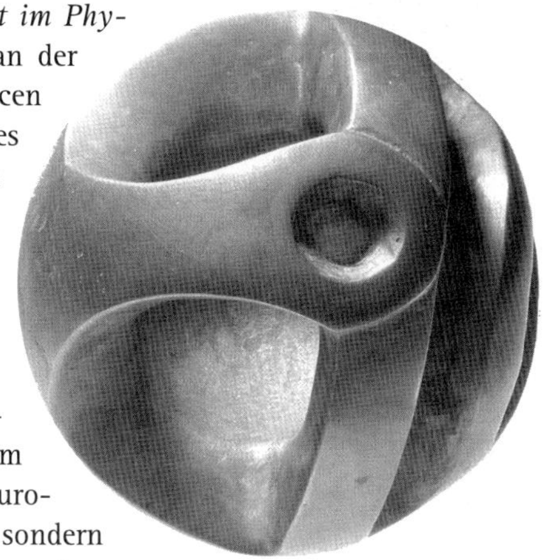

Bronzeskulptur von Chantal

»Das Göttliche manifestiert seine Schönheit im Physischen«, dieser Spruch der Mutter hängt an der Wand der Kunstakademie Aurovilles, im chicen weißen Pyramiden-Bau. Es ist ein großzügiges Atelier für SchülerInnen wie für Erwachsene und es ist wesentlich das Werk von Chantal.

Auroville ist außer für Architekten auch ein Dorado für KünstlerInnen. Hier inspiriert nicht nur die Natur und die kosmopolitische Vielfalt, hier ruft auch eine extrastarke innere Stimme nach schöpferischem Ausdruck. Kunstvolle Schönheit ist in Auroville nicht Dekoration oder Selbstzweck, sondern Vervollkommung, Huldigung und Verfeinerung der Schöpfung. Aurovilles KünstlerInnen sind in einem viel umfassenderen Sinn gefragt als bei uns, möchten auch den Alltag künstlerischer gestalten, zur musischen Erziehung beizutragen und schließlich zum menschlichen Fortschritt als solchem.

Zudem ist Auroville ein Ort, an dem man sich ein großzügiges Atelier eher leisten kann als anderswo und an dem man die Kunst mit anderen Arbeiten leichter vereinbaren oder kombinieren kann. Man ist hier nicht entweder-oder, sondern sowohl-als auch. Man ist sowohl Musiker als auch Bäcker, sowohl Malerin, als auch Ingenieurin, usw. Manche der KünstlerInnen haben auch auswärts Erfolg, zeigen weltweit ihre Werke oder vertreiben CDs. Und es liegt ihnen am Herzen, die künstlerische Ader auch derer zum Fließen zu bringen, die sich für notorisch unbegabt halten.

Als Kunstschaffender gilt man in Auroville aber auch ohne sonstige Arbeit als Werktätiger und ist somit unterhaltsberechtigt. Im Gegenzug ist man bereit, zur Gemeinschaft nicht nur durch die Kunst an sich, sondern zum Beispiel auch unterrichtend beizutragen, oder durch künstlerische Mitwirkung am Matrimandir. Man bespricht seine finanzielle Lebenssituation im entsprechenden Gremium, erwähnt ehrlichkeitshalber auch Einkünfte wie Ersparnisse oder Renten und vereinbart dann auf dieser Gesprächs- und Vertrauensbasis einen Unterhaltsbetrag, als Teilsumme oder im vollen Umfang, je nach Notwendigkeit und Angemessenheit. Formulare, Nachweise und Kontrollen werden bisher in Auroville nicht verlangt und es ist ein bemerkenswerter Aspekt, dass dieses System freier Vereinbarung sich bewährt und gelegentlicher Missbrauch es bisher nicht unterhöhlt hat!

Chantal: »Es sind so viele gnadenvolle Gelegenheiten, die das Leben einem schenkt!«

Chantal vor ihrer Lebensaufgabe, der Kunstakademie in den Pyramiden

Chantal ist eine französische Künstlerin, die mit ihren Skulpturen, Gemälden und Collagen in Frankreich und Deutschland bekannt wurde, dann aber an Auroville ihr Herz verlor und nun dort als Lehrende und Lernende ihr Bestes gibt. Sie ist gefragt, wenn es um die Lösung von Farb- und Materialfragen rund ums Matrimandir geht, sie hat die Kunstakademie Aurovilles aufgebaut und sie sorgt in ihrem eigenen Atelier dafür, dass auch die ganz persönlichen Quellen der Inspiration nicht versiegen. Ihre Geschichte ist aber auch eine besondere Geschichte von biographischer Versöhnung, von Heilung familiärer Wunden.

Und wie ist sie nach Auroville gekommen? Natürlich typisch aurovillianisch! Sie kam als harmlos neugierige Besucherin und der Sog Aurovilles besorgte eigentätig das Weitere.

»Als ich 1991 zum ersten Mal nach Auroville kam, gemeinsam mit meinem acht-jährigen Sohn Coriolan, traf ich nach 15 Tagen Roger Anger (den Chefarchitekten), es entwickelte sich ein kurzes intensives Gespräch und daraufhin fragte er mich, ob ich nicht eine Kunstschule aufbauen wolle! Das hat mein Leben verändert, ich habe die Aufgabe übernommen und gemerkt, dass diese Schicksalsfügung eng mit meiner Familiengeschichte zusammenhängen muss: meine französische Mutter und mein deutscher Vater waren vor dem Krieg nach Frankreich geflüchtet und lebten als Künstler verbunden mit der Widerstandsbewegung. 1946 jedoch hat mein Vater unsere Familie verlassen. Ich war zweieinhalb Jahre alt, hatte ihn sehr geliebt, habe ihn schmerzlich vermisst und auf ihn gewartet, zumal meine Mutter immer sagte, dass er wiederkommt. Er hatte mich und meine zwei Geschwister verlassen, weil ein Auftrag als Künstler ihn rief. Und dieser Ruf war ihm wichtiger als die Familie! Er hatte die Chance bekommen, in Saarbrücken die kriegszerstörte Werkkunstschule wieder aufzubauen. Es war ein Drama für ihn, dass er Familie und Kunst nicht vereinbaren konnte. Er ging nach Deutschland zurück und verließ für die Kunst uns Kinder und seine Frau. Bei meiner Mutter war es umgekehrt. Sie verließ die Kunst für die Kinder! Die Familie fand auch später nie mehr zusammen, mein Vater verband sich in Saarbrücken mit einer anderen Frau.

In mir blieb sehr stark dieses Bild vom Vater mit Malerei, aber ohne Familie. Und von meiner Mutter mit Familie, aber ohne Malerei. Ich wollte beides und bekam ich in Auroville genau diese Chance! Solch interessante Konstellationen vermag das Leben zu schaffen!

Ein lichtdurchfluteter Ort in einer Pyramide für werdende KünstlerInnen.

Ihr Ehemann ist in Deutschland noch als Arzt tätig, doch sie kann sein Herz für Auroville erwärmen. Es gab für die beiden schon lange eine Verbindung zu Indien, und zwar zu dem geistigen Lehrer Ram Chandra aus Shahjahanpur, der inzwischen verstorben ist und dessen Nachfolger Parthasarathi Rajagopalachari einen Ashram in Madras führt. Es wird dort der Raja-Yoga gelehrt, eine Meditations-Methode rund um die Idee des göttlichen Lichts im Herz-Chakra eines jeden Menschen, jenseits einer konkreten Gottesvorstellung. Heinrich und Chantal meditieren bis heute nach dieser Methode und verstehen sie als lebenspraktische Ergänzung zur Lehre Sri Aurobindos. Sie schätzen es, einen lebenden Meister zu haben, und es sind durchaus nicht wenige Aurovillianer, die auf diese Weise mit einem zusätzlichen, noch lebenden Meister ihr spirituelles Leben stützen.

Solange man damit nicht mit den Hausheiligen in offene Rivalität tritt, ist dies ein still geduldeter Fakt in Auroville, ebenso still geduldet wie die Situation, dass auch Menschen in Auroville leben, die sich wenig um die Lehren Sri Aurobindos scheren und einfach nur die kosmopolitische Idee mögen, oder einem geliebten Aurovillianer als Ehepartner, als Kind oder auch als (leibliche!) Eltern folgen.

Chantal gelingt es jedenfalls, nicht nur ihren Sohn, sondern auch ihren eher skeptischen Ehemann Heinrich zu überzeugen. Ihn lockt immerhin die Gelegenheit, in Auroville seiner zweiten inneren Passion, der Musik, zu folgen und den alten Lebenstraum eines Musikerlebens – eingebettet in spirituelle Praxis – zu verwirklichen. Alle Ersparnisse werden nun für eine Existenz in Auroville zusammengesammelt, es reicht für ein eigenes Haus mitsamt Atelier für Chantal und einem stattlichen Musikraum für Heinrich, der groß genug ist für den geliebten Flügel und sogar für kleine Konzerte. *»Salle Auropax«* nennt er seine kleine Konzerthalle und bringt mit dem ironischen Wortspiel seine kleine, bleibende Distanz gegenüber allzu gläubiger Aurovillianerei und allzu eifrigem Harmoniestreben unter.

Chantal baut nun die Akademie auf, ihr Sohn Coriolan geht zur Schule (siehe Kapitel »Coriolan«) und alle drei Familienmitglieder finden ihren ganz eigenen, aber nicht getrennten Weg in Auroville. Für Chantal ist es die Versöhnung mit ihrer Familiengeschichte, mit ihrem Vater, von dem sie sich verlassen fühlte.

»Ich habe gespürt, dass es der Moment ist, wo diese alte familiäre Wunde geheilt werden und der Schmerz überwunden werden kann und muss. Jeder von uns hat solche Wunden, von der Familie, von der Liebe, von der Schule. Ich kann meinen Eltern nun dankbar sein und meine Lebensreise selbstverantwortlich weiterführen, kann es besser machen ohne mit dem Finger auf sie zu zeigen und sie zu Schuldigen zu machen. Die Eltern tun, was sie können und was ich besser machen kann, muss ich besser machen! Kritik hat nur einen Sinn, wenn wir es anders machen wollen!

Es gibt diese Gelegenheiten, diese Momente, wo Wunden geheilt werden können. Diese Chance musst Du ergreifen! Das hat auch mit Gnade zu tun, die Gnade des Schicksals. Das Leben bietet gnadenvoll solche Gelegenheiten!«

Chantal versteht sich wie die meisten Künstler in Auroville dem größeren Ganzen und nicht nur der eigenen Kunst verpflichtet. In der Kunstakademie will sie von ihrer Schaffensliebe weitergeben, will andere auf ihrem Weg zum Selbstausdruck begleiten.

»Die Schönheit hat hier einen großen Platz, Architektur, Gärten, Blumen innen und außen, überall ist sie sichtbar, wie eine Meditation. In der Pyramide sind wir mehrere KünstlerInnen, die unterrichten und ihre Zeit für andere geben, doch es ist sehr schwierig, selbst Künstler zu bleiben, während man lehrt. Man braucht viel Extra-Energie, um diese zwei Zeiten, diese zwei Sphären zu tragen. Die Kinder saugen dich aus, fragen dir Löcher in den Bauch und dann gehst du total leer nachhause. Ich beanspruche deshalb zwischendurch auch Zeiten ganz für mich und mein eigenes Schaffen, um die Quellen wieder zum Sprudeln zu bringen.

Ich wünsche mir, eine Meisterin der Zeit zu werden, die Meisterschaft im Umgang mit meiner Zeit. Eine Balance zu schaffen mit Zeiten des Lehrens und Zeit für meine Kunst.

Das besondere an der Kunstakademie in Auroville ist, das jeder kommen kann, Hauptsache, die Motivation stimmt. Auch Jugendliche und Kinder nutzen hier Möglichkeiten und Kurse über den Schulunterricht hinaus. Chantal bietet das Arbeiten mit verschiedensten Materialien an und öffnet sich für das, was an Wachstumsbedürfnissen vorgebracht wird. Sie hört zu, schaut zu, gibt kleine Hilfen, kleine Übungen. Einzeln oder in Gruppen. Sie selbst ist eine hoch experimentelle Künstlerin, setzt sich gerne immer wieder neuen Materialien aus, schreckt auch vor Zement als Gestaltungsmaterial nicht zurück, arbeitet ganz kleinformatig ebenso wie ganz großformatig, benutzt gerne auch mal Fundstücke wie eine Fahrradkette oder einen Gitterstab, spürt gerne ihre Hände im vollen Einsatz, gewinnt Farben aus Sand und Erde. Sie liebt das Wechselspiel aus Intuition und Kontrolle, aus Geschehenlassen und Disziplin. Wenn sie ein Bild oder ein Skulptur für gutes Geld verkauft, geht ein Teil davon in den Auroville Fonds, zum Beispiel für den Kauf weiteren Landes. Das machen die anderen KünstlerInnen auch so.

Chantal mit einem ihrer Werke und ihr Mann Heinrich.

Und über all dem wölbt sich das hohe Ideal menschlichen Fortschritts, an dem Chantal mitwirken möchte:

»Hier haben wir die Hoffnung, die positiven Ziele für dieses Leben kräftigen zu können. Im Westen hat die Kunst morbide Tendenzen, sie neigt für mein Gefühl zum Nihilismus, zur Todesnähe. Das entspricht durchaus einer großen Sensibilität der Künstler, die diese Stimmung einzufangen vermögen, doch ich selbst möchte diese Todesnähe nicht.

In der Kunst mag ich zunächst die Leere, die Wüste, die Freiheit von Vorstellungen, das weiße Blatt. Ich beginne mit dieser Haltung der konzentrierten, offenen Ruhe. Wenn diese Ruhe da ist – was oft Stunden dauert und manchmal kommt sie auch gar nicht – dann entsteht etwas und zwar ist es in Kontakt mit dem Kosmos. Ich bin wie eingeschwungen und dann entsteht etwas. Ich will nichts Destruktives, ich will z.B. keine Wut ins Bild bringen, denn dann habe ich die Wut zwar raus aus mir, aber sie ist auf dem Bild, sie ist im Material manifestiert und Material nimmt es auf von mir und trägt es weiter. Das Material nimmt meine Stimmung auf und lebt darin weiter, diesen Weg will ich nicht!

Für das, was mit dem Bild weiterlebt, was ich in die Welt hinaustrage, muss ich doch Verantwortung übernehmen!

Die Kunst ist etwas Reines, ich nutze sie, wenn ich etwas zu sagen habe, aber doch nicht als Therapie!

Das, was ich zu sagen habe, muss durch eine gewisse Klärung hindurch. Wir sind als Künstler ein Instrument, wir müssen dafür sorgen, dass es gut gestimmt ist und möglichst rein klingt!

Auch muss ich mich mit dem Material aufrichtig auseinandersetzen, muss mir Techniken sorgfältig aneignen. Der künstlerische Drang vereint sich mit der Disziplin auf eine natürliche Weise, wenn man sie braucht. Meine Liebe geht ins Material hinein, die Farbe zum Beispiel gibt dir ihr Geheimnis nur, wenn du sie sehr liebst.

Andererseits gehört mir die Malerei nicht selbst. Die Malerei hat mir die spirituelle Dimension eröffnet. Gott ist seitdem eine Frage, wie sie es vorher nicht war. Mensch und Gott, was ist wirklich damit, was ist Gott? Ich weiß es nicht, aber das Wort war da, als ich ernsthaft zu malen begann. Ich habe viel bei Rilke gefunden und bei Krishnamurti. Und dann rief mich Auroville. Wer ruft da? Ist es ein Engel? Oder eine innere Stimme?«

Wer nun neugierig ist auf Chantals Werke, kann sie bestaunen auf der Homepage, die ihr Sohn Coriolan für sie eingerichtet hat: www.chantalgowa.de

Coriolan: »Ich mag es, von allem und allen etwas zu lernen.«

Coriolan, Informatik-Student in München und Paris, Auroville fern und nah zugleich.

Er war acht, als seine Mutter 1991 einen Rucksack packte und sich mit ihm nach Auroville aufmachte. »Jetzt kommen wir heim«, soll er gesagt haben, als sie im Hüttendorf Aspiration landeten. Chantal hatte dann wenige Tage darauf ihre schicksalweisende Begegnung mit Roger Anger, der sie im Handstreich zur Mitarbeit gewann.

Auch für Coriolan wurde nun aus dem Reiseziel Auroville die neue Heimat und er machte, so entnehme ich seinem Erzählen, entschlossen das Beste daraus. Bald kam Heinrich, der Vater, nach, und die Familie war wieder komplett.

Coriolan zog nun – zunächst nur mit seiner Mutter – von Community zu Community, stolze 34 Umzüge vermag er zu zählen!

Ein paar Wochen hier, ein paar Monate dort. Und dann durfte er in einem eigenen Baumhaus wohnen und gestaltete sich schon mit neun Jahren ein ausgeprägtes Eigenleben.

Chantal schwebte zwischen Baumhaus, Matrimandir und Kunstakademie hin und her, brachte Coriolan schließlich auf der Miramukki-Schule unter, der damaligen, brandneuen Experimentierschule. Miramukki sollte ein Ort ausgeprägter Treue zu den Idealen von Mutter sein, geriet dann aber zu einem eher »fundamentalistischen« Ort und löste sich nach einigen Jahren wieder auf, als die Allgemeinheit Aurovilles in zu großen Widerspruch damit geriet. (Anmerkung: Einige der damaligen LehrerInnen und auch

SchülerInnen verließen Auroville in großer Enttäuschung, und gründeten in Frankreich eine eigene, kleine Community!)

In Miramukkhi gab es sehr freien Unterricht, spontan jeden Morgen geplant, es wurde viel getöpfert, gewerkelt und auch gedichtet und aus den Werken *Sri Aurobindos* und *der Mutter* gelesen. Merlin mochte die Schule und den Eifer ihrer Lehrer, aber wenn er sich an gewisse Regeln erinnert, muss er schmunzeln:

»Bestimmte Farben waren zum Beispiel verpönt, Rot galt als zu vital, Schwarz stand für Hass und Rache. ›Wir wollen diese Vibrationen nicht mit uns tragen‹, erklärte man uns. Natürlich waren auch Comics verpönt, stattdessen gab es viele Gedichtbände und wir übten, Gedichte vorzutragen, wenn wir wollten, auch gerne eigene. Und Pfeil und Bogen gab es, als Yoga-Disziplin, das fand ich toll. Von den Sitten anderer Kinder und Jugendlicher hielt man sich eher fern, man grenzte sich ab.»

Als Coriolan älter wurde, wechselte er ins Gymnasium nach Pondicherry, denn das Centre for further Learning gab es noch nicht. Plötzlich musste er mit Stundentakt und Noten leben, und hatte nun auch mehr Berührung mit den anderen, mit solchen, die Alkohol probieren und Banyon-Rinde rauchten, die »Anfängerzigarette«! Doch da hatte er schon ein stabiles inneres Immunsystem aufgebaut, hielt sich zurück, versagte sich später auch Haschisch-Experimenten und gehörte dennoch friedlich dazu, zur Jugendlichen-Gruppe. Überhaupt: Ausgrenzungen unter den Jugendlichen gibt es – nach allem, was ich gehört habe – erfreulich wenig. Die, die nichts trinken und nichts rauchen – und Coriolan ist nicht der einzige – sind deshalb nicht uncool.

Die Eletronik und der Computer hatten es Coriolan aber mehr angetan als Parties, er nutzte alle Lernchancen und Aurovilleancierte zu einem gefragten mobilen Nothelfer für Aurovillaner in Computerkrisen.

Inzwischen ist er Student der Informatik in München und als ich ihn im englischen Garten treffe, interessiert mich natürlich besonders, wie er sich von Auroville geprägt fühlt und ob er sich irgendwie anders fühlt inmitten der normalen westlichen Studentenschaft. Ja, er fühlt sich anders und man merkt ihm an, das er sich freiwillig eher isoliert und sein Eigenleben führt. Und das besonders am Computer, lernend, im Mail-Kontakt mit Auroville, ambitioniert den Blick auf eine Zukunft dort als Informatiker gerichtet. Datenbanken für das innovative Sprachlabor will er einrichten und vieles mehr. Und seiner Mutter hat er eine Homepage eingerichtet, denn er verehrt ihre Kunst und fühlt sich ihr als Mutter sehr verbunden, dankbar für das Abenteuerleben, das sie ihm eröffnet hat. (chantalgowa@web.de) »Sie hat mich nie zu etwas gezwungen, hat immer nur Vorschläge gemacht!«

Und was für geistige Prinzipien Aurovilles sind bei ihm hängen geblieben?

»Das Prinzip des andauernden Lernens, der ›ever learning youth‹. In der Informatik habe ich dieses Prinzip des dauernden Lernens ja auch. Mich interessiert alles, was ich unter die Finger bekomme. Geistiger Fortschritt ist für mich die Übung darin, von allem und allen zu lernen. Aus jeder Qualität ein Beispiel zu nehmen und an jedem Fehler eine Vorsicht zu bilden!

Ich lasse diesen letzten, ungewöhnlichen Satz in mir wirken. Er erläutert weiter, wie wichtig es ihm ist, fremde Perspektiven einzunehmen zu können und wie er andere Standpunkte immer erst mal mit Forschergründlichkeit analysiert – nach dem Motto: wie könnte es gemeint sein? – bevor er sich selbst dazu positioniert. Und wenn es keinen gibt, der einen fremden Standpunkt vertritt, dann vertrete er den Anderen eben in sich selbst! Die Mutter hätte ihre Freude an ihm, denn das ist genau, was sie anstrebte! Die Auroville-Bildung hat offenbar gute Wirkung geleistet und die Welt hat einen kritischen und zugleich mitfühlenden Geist mehr.

Dabei hat sich Coriolan mit Philosophie und Meditation nie sehr viel beschäftigt, auch nicht mit Mutter und Sri Aurobindo (abgesehen von dem, was ihm vorgelesen wurde), aber er will es bald mal tun.

Wie findet er denn die Idee, dass man als Mensch als Schrittmacher die Evolution voranbringen kann?

»Ja, davon redet man in Auroville dauernd. Es ist die Idee, Auroville geht in die Evolution rein und zieht dann die Welt mit sich; nach dem Motto: wir gehen voran und vielleicht folgen die anderen nach. Die böse alte kapitalistische Welt, wo das Geld regiert und man eine schlecht funktionierende Demokratie hat, soll hinter sich gelassen werden!«

Coriolan sagt das zwar ironisch, aber als ich ihn frage, was denn als Alternative zur Demokratie in Frage käme, wirft er ernsthaft den Gedanken an einen freundlichen Tyrannen in die Waagschale, oder eine Monarchie der Weisen!« Das wäre dann sozusagen eine Übergangsregierung bis zur erhofften göttlichen Anarchie.

Wir reden auch über die heiklen Seiten der aurovillianischen Jugend und den weitreichenden Ruf der legendären Partys:

»Die sind sehr begehrt auch bei Jungens aus Pondicherry, und sogar aus Madras (zwei Autostunden entfernt!) kommen sie angereist, wegen der Freizügigkeit und wegen der Mädchen. In den Dörfern verbieten sie ihren Kindern lieber, diese Parties zu besuchen.

Das größte Problem ist aber die Langeweile. Die meisten wollen nichts und hängen deshalb herum. Sie haben nicht gelernt, ihre Zeit zu vertreiben, die Hitze tut das Ihre, da ist Marihuana eine schnelle Lösung. Man steht ja auch nicht in Arbeitszwängen und Muss-Strukturen. Wer dann aber rüber geht nach Europa, muss hart arbeiten und ist bereit dazu.

»Man bräuchte in Auroville auch Jobs, wo man mehr Geld verdient, es ist zu verlockend, dass man außerhalb so viel mehr verdienen kann. Jungaurovillianer, die ohne Job und ohne ein Erbe starten, können wenig schaffen, während die meisten, die bisher kamen, Extra-Geld mitbrachten, als Startbasis. Für das tägliche Leben reicht ein Auroville-Einkommen zwar aus, aber um ein Haus zu bauen eben nicht.«

Coriolan will den Verlockungen hoher Verdienste im Westen ebenso widerstehen wie zuvor den Verlockungen des Alkohols und des Marihuana-Rauchens. Er freut sich darauf, sich in Auroville nützlich machen zu können und etwas anzutreiben dort im Bereich der Computeranwendungen. Er liebt und verteidigt die Ideenvielfalt, das kosmopolitisches Klima, die Inspiration ohne Limitation. Er vermisst im Westen den fortschrittlichen Geist!

Im März 2004 kehrte er nach Auroville zurück und führt sein Informatik-Studium in Pondicherry fort.

Miriam: In Auroville erwachsen werden

Miriam kam nach Auroville im Schlepptau ihres Vaters. Sie war neun und er war von Mutters Traum infiziert. Inzwischen ist sie 43, hält Auroville die Treue und leitet den Kindergarten. Ihre Eltern wohnen eine Community weiter, der Vater arbeitet als Farmer, die Mutter macht Theater.

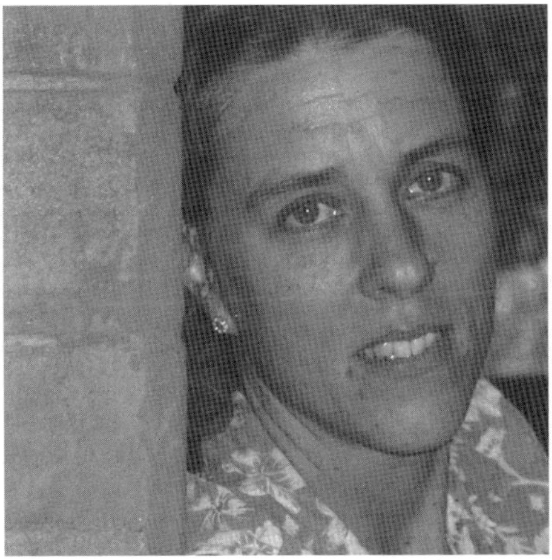

Miriam – in Auroville aufgewachsen. Heute leitet sie den Kindergarten.

Ihre Eltern seien nun wie Freunde oder wie ältere Geschwister für sie, entspannt.

1990 traf ich sie zum ersten Mal und ich hörte fasziniert die Geschichte ihrer Kindheit an der Seite eines spirituell ergriffenen Vaters.

»Mein Vater hatte eine Weltreise gemacht und war in Indien der Mutter begegnet. Als er heim kam, verkündete er, dass er unbedingt in Auroville leben möchte, dort wäre sein Platz! Meine Mutter war davon völlig überrascht und wollte nicht mit, und mich fragten sie, ob ich lieber in Berlin bleiben oder meinen Vater begleiten möchte. Ich dachte, Indien ist bestimmt eine prima Alternative zur verhassten Schule und toll aufregend, mit Elefanten und Palmen. Außerdem hing ich mehr an meinem Vater als an meiner Mutter. Also wollte ich mit!

Als wir ankamen und Auroville von weitem sichtbar wurde, zeigte mein Vater aufgeregt auf ein schwaches Licht in der Ferne: Schau, da vorne ist Auroville!« Wir schleppten unsere Koffer über den stolprigen Sandweg, von Palmen und Elefanten keine Spur! In den ersten Wochen brachte mein Vater mir im Crash-Kurs Englisch bei und kümmerte sich intensiv darum, dass ich mich einlebe. Er sagte, *die Mutter* sei jetzt meine wirkliche Mutter und Ellen meine leibliche.

Es war ihm wichtig, dass mir klar wird, dass wir jetzt an einem sehr bedeutenden Ort leben. Einmal wurden wir von Mutter persönlich empfangen und ich erinnere mich noch gut, wie fremd es mir war, als mein Vater wie ein Kind seinen Kopf in ihren Schoß legte. Ich selber blieb scheu daneben stehen.

Nach drei Monaten beschloss mein Vater, dass ich ihn nun nicht mehr brauche und ich lebte fortan in einem speziellen Kinderhaus. Die Kinder sollten früh selbständig werden, es war ein bisschen die Erziehungsmentalität der Kibbuzim. Das wurde eine harte Zeit für mich.

Meinen Vater sah ich kaum, meiner Mutter konnte ich mich nicht anvertrauen. Meine Briefe an sie waren belanglos und ich schrieb ihr nichts von meiner Einsamkeit, um nicht zurückgeschickt zu werden. Trotz alledem fühlte ich mich irgendwie beschützt in Auroville, wollte in der Nähe meines Vaters bleiben und liebte die Natur, die Tiere, das wilde Leben und das viele Draußen-sein. Meine Mutter kam dann mal zu Besuch und wurde selbst Auroville-begeistert. Als ich siebzehn war, kam sie für immer, aber sie wurde mir als Mutter nie mehr wirklich vertraut.

Schwierig war für mich, dass ich von meinem Vater den Druck spürte, mich Auroville sozusagen würdig zu erweisen. Er hatte einen gewaltigen spirituellen Anspruch, verlangte sich große Disziplin und Demut ab. Ich sollte ihm nacheifern, aber da sträubte sich alles in mir und im Zuge der internen Spaltungen in den 70er-Jahren grenzte ich mich von ihm ab. Er gehörte für mich zu den Fundamentalisten. Das war eine wichtige Zeit der Loslösung von ihm. Ich habe heute eine sehr einfache Auffassung von Spiritualität, es ist für mich die Übereinstimmung mit dem Herzen, mit meinem Wesen, meinen Möglichkeiten. Die Balance zwischen innen und außen. Das ist alles.

Heute arbeite ich selber mit Kindern, vielleicht ist die eigene Erfahrung eine Art Mission geworden. Der Erziehungsstil hat sich sehr gewandelt, die kollektivistische Pädagogik gibt es nicht mehr. Wir haben einen lebhaften Austausch mit Pädagogen aus aller Welt, die hier Weiterbildungen anbieten. Ich selber habe in den USA und in Delhi Fortbildungen gemacht und dabei auch ein bisschen Ausland genossen! Es ist spannend, sich auch einmal richtig zu messen, am internationalen Bildungsstandard zum Beispiel. Aber auch allgemein das Leben hier und dort zu vergleichen. Ich habe gemerkt, dass mein Sinn für das, was wesentlich ist, viel stärker ist als bei amerikanischen Gleichaltrigen. Wir waren hier eben nie so abgelenkt, sind nie irgendwelcher Werbung ausgesetzt, haben nicht diesen Leistungsirrsinn.

Durch die Erfahrungen allein im Ausland bin ich innerlich weiter geworden. Jetzt entdecke ich einerseits meine vergrabenen kindlichen Seiten wieder und gönne sie mir. Und ich bin nicht mehr das schüchterne Mädchen, das es seinem Vater recht machen will, sondern ich habe selbst eine ziemliche Führungskraft, muss mich dabei aber nicht profilieren. Ich kann überzeugen, ohne andere niederzuwalzen, und es macht mir zunehmend Freude, in Auroville Verantwortung zu übernehmen. Ich habe hier noch viel vor!«

Im Jahre 2003 besuche ich Miriam wieder, inzwischen leitet sie den modernen, großzügigen Kindergarten mit Pool und großem Garten. Als ich komme, dringt gerade Gesang heraus. Frere Jaque, jede Strophe in einer anderen Sprache!

Die Gruppen sind altershomogen, aber es im Gespräch, die montessorianische Idee der heterogenen Gruppen auszuprobieren, wo das Geben und Nehmen, das Lernen und Lehren untereinander natürlicher animiert sind.

Ansonsten gibt es natürlich viel künstlerische Anregung im Kindergarten, viel Körperübung und viel persönliche Freiheit, die aber immer aufs größere Ganze bezogen bleiben soll.

Die ErzieherInnen kommen aus den verschiedensten Regionen der Welt und bringen entsprechend unterschiedliche Akzente mit ins Kindergartenleben.

Miriam macht sich viel Gedanken über eine Auroville-gemäße Pädagogik, maßgeblich sind die Leitideen der Mutter:

Eindrücke aus dem beneidenswert üppig ausgestatteten Kindergarten. In Auroville wird gute Bildung nicht nur nach dem Papier wichtig genommen!

»Sie hatte selbst ja konkret erzieherisch im Ashram gearbeitet und auch philosophische Anhaltspunkte gegeben, was aus dem Menschen wird und wozu er auf der Erde ist. Es ist immer der größere, evolutionäre Zusammenhang, in den wir alles stellen.

Sie wollte zum Beispiel, um das Eigene zu weiten, dass vier Sprachen gelehrt werden, Französisch, Englisch, Tamil und Sanskrit. Das machen wir ab drei Jahren. Nicht schreiben und lesen, aber singen und spielen! Manchen fällt das schwer, anderen macht es Spaß und sie tun sich leicht. Wenn die Kinder klein sind, ist die Sensibilität für Ton und Klang noch besonders groß. (Miriam selbst kann alle vier Sprachen, wenn auch Sanskrit nur schriftlich!)

Und wie halten sie es mit der Disziplin? Gibt es einen Verhaltenskonsens?

»Disziplin, auch soziale Disziplin, ist uns wichtig, aber man darf die Harmonie nicht verlieren! Disziplinierung darf nicht zu streng und schmerzhaft sein, Grenzen müssen sanft und harmonisch gesetzt werden.«

Harmonisch? Was meint sie damit?

»Passend zu Situation und Inhalt, du auch als Disziplinierer nicht weh tun, sondern musst der sein, der zu verstehen sucht, frei von unreflektierten Eigenaffekten. Die darf man sich allenfalls als Eltern mal leisten, aber nicht als ErzieherIn !

Der Einzelne bleibt überdies immer Teil des Ganzen und doch auch Einzelperson. Beim Ringen und Raufen z.B. schauen wir zu, solange nicht eine Grenze des Wehtuns erreicht ist. Doch dann greifen wir ein, klären, bereinigen, entzerren... sie müssen sich miteinander befassen! Und wenn jemand mal sehr stark die Gruppe stört, sagen wir: »Warte mal einen Moment draußen und wenn du dich so fühlst, dass du wieder mit den andern sein willst, kommst du wieder rein!« Es geht uns darum, dass sie ihre Eigenverantwortung empfinden.

Wird viel über die Mutter gesprochen?

»Nein, zu ihrem Geburtstag malen wir ihr etwas Schönes, aber viel gesprochen über sie wird nicht.«

Miriam will keine eigenen Kinder bekommen, ihre mütterliche Kapazität verausgabt sie lieber auf professionelle Weise:

»Ich liebe dieses Alter zwischen 3 und 6, da sind sie noch voller Gefühl, aber auch schon über den Kopf ansprechbar. Das passt gut zu mir und ich mag es, eine gewisse Distanz halten zu können. Das könnte ich als leibliche Mutter natürlich nicht!

Sie ist befreundet mit Sanjev, einem Inder aus Dehli, er hatte im Kindergarten gearbeitet. Und ist seinerseits eher eine Familienmensch.

»Er fühlt sich für alle in seiner Familie verantwortlich, als ältester Sohn!«

Sie leben nebeneinander in Certitude, doch einen Drang zu einem eigenen Kind hat sie nicht und bleibt dabei:

»Als Erzieherin muss ich nicht bemuttern, nicht glucken. Ich mag lieber die reflektierte Form der Kommunikation, mag Abstand halten, als leibliche Mutter ist die Sache zu nah an mir dran! Und es ist schwer, nicht zu projizieren, auf die Situation, auf das Kind. Als Erzieherin kannst du das besser beobachten, wenn es passiert, findest leichter Abstand. Du kannst auch die Schmerzen. ob nun das geschundene Knie oder Seelenkummer – viel besser auffangen, weil du immer eine etwas weitere Perspektive hast wie wenn du mitten drin steckst wie leibliche Eltern!

Außerdem liebe ich es, selbst eine Lernende zu sein, ich unterrichte dann auch am besten. Wenn ich etwa sage: ich habe von dem und dem Tier das und das gesehen und ich habe es so verstanden... in dem Moment nehmen sie alles in sich auf. Wenn ich aber doziere, nehmen sie nur die Hälfte! »

Und was sind ihre Quellen der Kraft?

»Die Musik! Ich singe in unserem wunderbaren neuen Chor, ich spiele Flöte und Klavier in einem Ensemble, und ich meditiere.«

Meinerseits meditiere ich auf dem Heimweg – von ihr inspiriert- über den Unterschied zwischen leiblicher und sozialer Elternschaft, und die Rolle der Distanzfähigkeit beim Erziehen!

Lukas und Merlin

Mit dem Grenzen setzen am Computer müssen die Eltern sich herumschlagen wie andere in der Welt auch, aber in Auroville hilft die Mutter (vom Wandbild aus) ein bisschen mit.

»Dieses Jahr haben wir wirklich klasse Lehrer!« erzählt mir der 11-jährige Merlin. Auf so eine Aussage würde ich an einer herkömmlichen Schule wohl vergeblich warten, schon allein, weil es völlig uncool ist, Lehrer zu loben. Nicht so in Auroville, da sind die Kids mit ihren Erziehern richtig zufrieden!

Merlin kann mir »ich esse jetzt« auf Tamil, Englisch, Französisch und Sanskrit sagen. Kosmopolitisch eben. Auch anderes ist ungewöhnlich. Body-Awareness gibt´s an ihrer Schule, regelmäßiges Arbeiten in der Bibliothek, Ausflüge auf die Bauernhöfe und eine Projekt, wie man Plastik ersetzen kann bzw. welches nicht so giftig ist. Er belehrt mich: »Parson ist höchstgiftig, PE und PET sind nicht giftig und machen kein Kohlendioxid, na ja, ein Prozent vielleicht, okay, aber das ist fast nix!«

Die Schule ist eines Tagesschule, mittags liefert die Solarküche gutes vegetarisches Essen, nachmittags sind noch mal zwei Stunden Schule, dann gemeinsamer Sport bis 17 Uhr 15, am liebsten mag Merlin Basketball, Kricket und Fußball. Manchmal geht's auch zum Schwimmen an den Strand oder zum Reiten auf die Pony-Farm. Im Moment ist die aurovillianische Olympiade, das ist immer ein großes Event mit allem drum und dran. Gruppen gegen Gruppen, aber auch Einzelne gegen Einzelne, Laufen, Werfen usw. Wetteifern jedenfalls ist nicht verpönt!

Um 17 Uhr 30 fährt er dann mit seinem Fahrad heim, entweder zu Papa nach Grace, oder zu Mama, bald ins neue Haus nach Petite Ferme. Bei Papa ist dann manchmal auch Suhasinsi, Lukas neue Freundin, bei Mama immer auch Dirk, ihr Neuer! Die, Do und So bei der Mutter, Mo, Mi und Frei/Sa beim Vater.

Ist das nicht etwas schwierig? Hat er immer alles, was er braucht, beieinander? Verwechselt er nicht Termine??

Nee, das hat er im Kopf, automatisch, hat bei beiden ein Zimmer. Okay, manchmal vergisst er etwas, aber das wichtigste ist ja immer da, der Gameboy (...echt? Ja! in Deutschland gekauft!) bei der Mama, der Computer beim Papa. Wochentags kommt er aber fast gar nicht dazu und am Wochenende darf er so zwei bis vier Stunden.

Und Fernsehen? Haben sie so etwas?

Jawohl, und zwar seit zwei Wochen, die Oma hat 300 Euro dafür gegeben, m i t Video und DVD! Merlin lüftet das Tuch im Hintergrund und ein stattlicher Fernseher steht da, für mich ein neuer Eindruck in Auroville. »Aber es geht nur für Video, denn wir haben keine TV-Antenne. Manche in der Nachbarschaft haben aber eine, da gehen wird dann manchmal rüber. Fernsehen hat Mama aber nicht!«

Und was ist sonst noch anders?

Naja, bei der Mama ist nur jedes zwanzigste Essen richtig gut (und darüber – so witzelt er – gäbe es Übereinstimmung mit Dirk). Bei Papa muss man dafür immer mit demselben vorlieb nehmen, nämlich überbackenen Toast oder Hühnchen mit Reis und Sauce, oder Rührei.

Was weiß er denn so über die Mutter? Wird etwas in der Schule von ihr vorgelesen oder so?

Nein, aber vom Papa kennt er ein paar Geschichten.

Was denn für Geschichten?

Zum Beispiel, dass bei der Mutter immer, wenn sie Milch gekocht hat, kleine Zwerge am Rock gezupft haben; um sie zu warnen, dass bald die Milch überkocht!

Oder einmal, da ging die Mutter gerade an einer Baustelle vorbei, als ein Kran wegen Überlastung umkippte. Den hat sie mit ihrer schieren Konzentrationskraft wieder aufgerichtet!

Ich werfe einen Blick zu Lukas herüber, ob er irgendetwas richtig stellen will. Nein, keine Anzeichen, er bereitet mit einem einverstanden Lächeln die überbackenen Toasts!

Besucht er manchmal seine Familien in Deutschland?

Ja, und die findet er alle echt okay, aber

»Hier kann ich zum Beispiel ohne Geld Essen bekommen, ich wohn halt hier, ich bin Aurovillianer«

Aber die Hitze? Wie kommt er mit der klar?

»Heiß ist es schon, man muss das gut aushalten können, aber mit dem Fahrrad ist es erträglich.

Dann fällt plötzlich der Strom aus, Gott sei Dank sind die Toastsfertig schon fertig überbacken, aber wir sitzen im Dunkeln.

Lehrer können auch mal raus zum spielen gehen.

»Das ist ganz normal, der fällt jast jeden tag mal aus, vor allem in der Monsunzeit. Dann machen wir eben eine Kerze an. Der Strom schwankt hier auch ständig zwischen 250 und 160 Volt, erklärt er mir noch sachlundig. Aber dann muss er ins Zimmer verschwinden für seine Hausaufgaben.

Was hat er auf?

Sie sollen ihr Lieblingslied analysieren. Was ihnen warum daran gefällt.

Als ich ihm später Tschüss sagen will, tanzt er in seinem Zimmer zu dem Lied. Er muss sich erst mal einfühlen dadurch.

Und was ist sein Lieblingslied?

»Sounds like a melody... ich mag Musik zum Tanzen!«

Ein 11-jähriger, der gerne tanzt! So ist auch das Ende unseres Interviews eine kleine Überraschung!

Nun hat Lukas Zeit für meine Fragen, die Toasts sind gegessen, Merlin beschäftigt.

Seit einiger Zeit ist er nicht mehr Arzt, obwohl er extra für den Auroville-Einsatz Medizin studiert und voller Energie das Gesundheitszentrum aufgebaut hat. Er arbeitet sich jetzt in die biologisch dynamische Landwirtschaft (nach Rudolf Steiner) ein und betreibt entsprechende Feldforschung zum Beispiel -mit Cashews. Sogar eine Vertriebsfirma für Eigenprodukte ist inzwischen mit mehreren anderen zusammen entstanden: »AuroAnnam- Food for Health of Man and Enviroment« (gesunde Nahrung für Mensch und Umwelt). Im Angebot sind Kaffee, Nüsse, Sonnenblumenöl, Früchte und Gewürzkräuter. Ein spezielles Forschungsprojekt gilt der sogenannten EM-Technologie. Die ist gerade der Renner in Auroville, heißt übersetzt »Effective Micro-organisms« und geht zurück auf Forschungen des Japaners Prof. Terugu Higa. Es ist eine Methode, mit bestimmten, zugesetzten Mikroorganismen die Qualität der Nahrung oder auch des Wassers zu erhöhen. Es ergänzt sich mit den Wasser-Energieforschungen von Rolf. (siehe »Rolf«)

Als ich am nächsten Tag an Lukas ehemaligem Wirkungsort, dem Health Centre, vorbeikomme, sitzen drei Kühe davor. Warten sie auf ihre kranke Menschenherrin? Oder demonstrieren sie dafür, dass man ihren Beitrag zur ganzheitlichen Gesundheit doch nicht vergessen möge? Ich denke daran, was Lukas über die heiligen Kühe und die Parallelen zur biodynamischen Landwirtschaft gesagt hat. Die Kühe sind derzeit in Indien überhaupt ein bewegendes Beispiel, wie Tradition und Wirtschaftskalkül in Konflikt geraten. Einerseits sind sie zum Zerrobjekt im Wahlkampf hinduistischer Fundamentalisten geworden (»Wir sind die wahren Hüter religiöser Symbole, wir schützen unsere Kühe am heiligsten!«). Andererseits fegen die internationalen Regeln der Welthandelsorganisation WTO alle Heiligkeits-Rücksichten hinweg und bescheren Indien nun die Konkurrenz der EU-Kühe.

Lukas bietet entsprechende Fortbildungen an und ist umgekehrt indienweit mit biologisch-dynamischen Bauernkollegen vernetzt. Er hat also wieder eine große Aufgabe übernommen?

»Als Arzt war ich ständig mit den Folgen schlechter Umwelthygiene und Ernährung konfrontiert, ich wollte mich mehr den Ursachen zuwenden! Im Winter 1992 hatten wir eine kleine Typhus-Epidemie, zehn Fälle innerhalb von 3 Monaten (sonst sind es nur 1–2 im Jahr!). Die Ursache war eine Fliegenplage wegen unsortiertem, schlechtem Müll. Doch gute Kompostierung und Mülltrennung ist langwierig und kostspielig ! Ein anderes Problem ist, das zu kurzzeitig gedacht wird. Die Bauern in den Dörfern bauen

Heilige Kühe oder Turbo-Kühe?

Die Kühe repräsentieren zum einen die gesamte Götterwelt (in jedem Körperteil eine eigene Gottheit!) zum anderen aber auch die Berge und die Flüsse.
Auch das Wasser ist ja den Indern aus gutem Grund heilig, in der indischen Verfassung genießen deshalb Gewässer und Boden besonderen Verfassungsschutz als Allgemeingut und Projekte wie Großstaudämme und Wasserverkäufe an Coca Cola rufen besonders tiefe Empörung hervor.
Die Kühe gelten zudem als urmütterliches Symbol der Fruchtbarkeit. In der Geschichte Raghuvamsa des berühmten, auch von Goethe gern gelesenen indischen Autors Kalidasa führt das unfruchtbare Herrscherpaar aus der Raghuvamsa-Dynastie ihre Kuh täglich auf eine Weide mit den allerfrischesten Kräutern und allerfeinsten Gräsern, schaut ihr meditativ beim Widerkäuen zu und zehn Monate später stellt sich Kindersegen ein!
Der Urin der Kühe ist geschätzt als natürliches Desinfektionsmittel, findet in der ayurvedischen Medizin- wenn auch nicht getrunken – vielerlei Anwendung.
Fußboden, der mit Kuhdung »gewachst»ist, hält Keime, Insekten und ggfs. auch Schlangen fern. Kuhfladen dienen als Brenn- und Baumaterial. Tagsüber spazieren die freilaufenden Kühe umher, widmen sich ihrer Aufgabe des Wiederkäuens und schenken jedem, der ihnen in die Augen schaut, eine Extra-Portion Gelassenheit. Allerdings leben sie in den Stadt recht gefährdet, wenn sie zu viel Plastik, Filmplakate oder giftgespritzte Bananenschalen gegessen haben! Abends finden sie von alleine heim, dahin, wo sie hingehören, wo sie getränkt und gemolken werden.
Die Familien haben in der Regel nur einige wenige Kühe, freie oder in kleinen Ställen, und sie geben jeweils nur zwei bis drei Liter Milch (unsere Turbo-Kühe bis zu 30!). Davon wird etwa ein Drittel selbst getrunken und der Rest zur nächsten Kooperative getragen. 100.000 gibt es landesweit von diesen indientypischen Kooperativen, mit 11 Millionen Mitgliedern. Sie funktionieren gut und sichern den Familien ein kleines Extra-Einkommen. Doch seit 1970 wurde – in Folge der grünen Revolution – die weiße Revolution ausgerufen und die EU wirkte aktiv daran mit, teils aus Entwicklungshilfe-Gedanken, teils, weil neue Absatzmärkte lockten.
Die Quantität sollte gesteigert werden, Inder an bisher unbekannte Milchprodukte, vor allem an Käse usw. – gewöhnt und der Markt erweitert werden. Die EU schickte als Anschubgeschenk ihre Überschüsse an Butter und Milchpulver, bis 1986 waren es

vor allem Cashews an, mit Pestiziden, weil's schnelles Geld bringt. Zu zeigen, das man Cashews ökologisch anbauen kann, ist mir dann zwar gelungen, aber übernommen haben sie es trotzdem nicht! Dafür habe ich wieder mal viel gelernt: dass wir es bei den Dorfbauern in unserer Umgebung nicht mit landwirtschaftlichen Gemeinschaften

600.000 Tonnen insgesamt; vom Erlös wurden moderne Kühlsysteme, Verpackungsfabriken und Vertriebswege geschaffen. Kredite der Weltbank machten zusätzlich Dampf. Tatsächlich wurde die Milchwirtschaft intensiviert – noch lebensdienlich im Rahmen der Kooperativen, als vorsichtiger Versuch, heilige Traditionen und sinnvolle Nutzung auszubalancieren. Doch neuerdings wendet sich das Blatt, weil die internationalen Freihandelsregeln ihre Eigendynamik entfalten. Der indischen Markt wird mit Billigimporten überschwemmt, mit Käse, Butter, Fruchtyoghurts usw. Das kaufen die Menschen besonders in den Metropolen auch gerne, wenn sie es sich leisten können.
Weil aber die indische Milchwirtschaft – noch immer im Rahmen des Schutzes für heilige Kühe, also unter Verzicht auf Massentierhaltung, industrieller Schlachtung usw. – nicht mit den subventionierten Billigprodukten der leistungsgetriebenen Turbo-Kühe aus Europa mithalten kann, werden die Kleinbauern wohl bald ihre Milch nicht mehr los bekommen. (Mit zwei Euro täglich wird jede EU-Kuh subventioniert, leider nicht mal im Sinne artgerechten Lebens, während 600 Millionen Indern von einem Euro pro Tag leben!) Schutzzölle auf die Importware zu erheben wäre der Ausweg, aber das ist im Rahmen der WTO- Handelsregeln, die Indien 1995 unterschrieben hat, nun nicht mehr möglich, zumindest nicht in dem Ausmaß, das die heimische Produktion wirkungsvoll schützen könnte. Indien hat es verpasst, vor Abschluss des WTO-Vertrags entsprechend hohe Importzölle (75 % wären nötig) festzulegen. Europa und die USA haben da besser vorgesorgt. Die EU kann auf ein indisches Milchprodukt einen Zoll von 90% erheben, subventioniert aber obendrein die eigene Landwirtschaft und überschwemmt mit den Erzeugnissen seiner Turbo-Produktion ferne Märkte armer Länder.
Staatliche Subventionen wiederum werden ärmeren Ländern untersagt, sobald sie auf Kredite der Weltbank oder des IWF angewiesen sind und deren Bedingungen erfüllen müssen. Dazu gehört das Verbot der Subventionierung. So entfaltet sich eine Dynamik zunehmender Ungleichgewichte in der Weltwirtschaft und Indien spürt es am Beispiel ihrer heiligen Kühe auf besonders absurde Weise. Während im Wahlkampf Hindu-Politiker die Verteidigung der Heiligkeit der Kühe auf ihre Fahnen schreiben, werden an der wirtschaftlichen Basis ganz andere Welthandelsfakten geschaffen.
Die Dorfkühe wissen davon noch nichts, sie dürfen noch umherspazieren, sich eines herrlichen Kuhlebens freuen und weiser Gemächlichkeit frönen. Auroville kann das nur gut tun! (Quellen: taz 20.2.2003 und Neue Züricher Zeitung vom 17. Mai 2003)

zu tun haben, sondern mit Kasten, die nicht traditionell Bauern sind, sondern Händler. Sie bewirtschaften durchschnittlich 10 – 20 Hektar Landfläche, aus der sie maximalen Profit rausholen wollen, ohne Sinn für Zukunft und Ressourcen. Unsere Kontaktversuche sind mehr oder weniger gescheitert. Wir schaffen es einfach nicht, die Gemütsverfassung umzukrempeln! Der Anbau von Cashews wurde in ganz Indien in den 6oern extrem angepriesen, weil er anspruchslos ist, auch auf verwahrlostem Land wächst und wenig Pflege braucht. Der südindische Cashew-Gürtel reicht 70 km rund um Auroville. Viele Bauern haben damit angefangen und einheimische Nahrungsmittel vernachlässigt. Jetzt sind die Preise von 50 auf 30 Rupees pro Kilo Rohnüsse gefallen, aber das ist immer noch viel Geld. Es ist hier der Exportschlager, geht in die USA und nach Europa! Die Nüsse wachsen ideal in subtropischen Küstenstreifen wie hier. Es ist ein typisches Beispiel dafür, wie eine exportorientierte Monokultur entsteht und sich dabei die Eigenversorgung verschlechtert. Die Verarbeitung ist zudem nicht im Kleinen möglich sondern nur zentralisiert, in industriellen Großanlagen, in denen 5–6 Tonnen pro Tag verarbeitet werden. Dafür braucht man wiederum riesige Investitionssummen.«

Zu Aktivistinnen der indischen Bauernbewegung bestehen keine Kontakte, Auroville ist ein unpolitischer Ort und muss mit jeder Regierung zusammenarbeiten. Aber einen kritischen Blick auf die landwirtschaftliche Linie Indiens leistet er sich dennoch:

»Wir sind hier von den Grasroot-Bewegungen wenig berührt, sie sind auch stärker im Norden. Der Regierungskurs ist trotz dieser Bewegungen kaum von Dogmen der Grünen Revolution abgekommen, weder von Monokultur, noch von Wachstum durch Chemie und dem irrsinnigen Wasserverbrauch in der industrialisierten Landwirtschaft. Damals war das ja auch ehrliche, redliche Überzeugung, aber nach 30 Jahren müsste man gelernt haben und weiter sein. Dabei würde ein Ansatz wie zum Beispiel der biodynamische (nach Rudolf Steiner) viel besser zu Indien passen. Die Astrologie spielt ja hier eine Rolle. Und mit den Kühen geht man ganz ähnlich, nämlich ganzheitlich um: der Kuhdung dient als Bodenbelag, ist völlig geruchsfrei, nimmt Feuchtigkeit auf und schafft ein angenehmes Raumklima, es ist geradezu eine Bio-Technologie! Naserümpfen über Dung wie sonst in der Welt gibt es hier nicht. Und dann die Bedeutung des Mondes und all die astrologischen Berechnungen, nach denen ja auch Hochzeiten ausgerichtet werden. Kosmische Rhythmen sind hier noch tief eingeprägt!«

Als ich Lukas 1990 traf, erzählte er ähnlich inspiriert von der Medizin. Wie sieht er seinen Wandel?

»Das schöne ist, das solche Wechsel und Wandlungen hier leicht möglich sind, es gibt nicht dies eingebauten Systemzwänge. Ich kann das System selbst ändern, meine Selbstbestimmung hat freieren Raum. Aber natürlich habe ich für eine Nachfolge im Health Centre gesorgt, damit ich wirklich mit gutem Gefühl gehen kann.«

Und was hat sich für ihn in Auroville verändert nach 20 Jahren?

»Für mich persönlich, dass ich nicht mehr so leicht und sicher urteilen kann(er lacht) Damals kam ich mir wissender vor, aber Ideale und Illusionen zu verlieren kann auch gesund sein! Naiv-Versionen von Idealen mögen ihren Sinn haben, aber sie müssen auch wieder absterben können. Man wird hier in allem zurechtgestutzt. Es beutelt eigentlich jeden hier und das ist ja auch ein Grund, warum man da ist!«

Kann er das Göttliche oder das Absolute trotzdem noch für sich definieren?

»Die konkreten Definitionen sind nicht interessant, sind nicht wichtig. Wichtig ist Surrender oder Self-Dedication (Eine Sri- Aurobindo-Terminologie): also sich der inneren Führung anvertrauen, sich nicht festnageln lassen, Umstände akzeptieren, die einen zur Änderung bringen.

Der größeren inneren Freiheit entspricht die Freiheit von Systemzwängen in Auroville. Auch unangenehme Erfahrungen nimmt man hier bereitwilliger an, erlernt das Vertrauen: irgendwann wird es eine Bereicherung sein.

Das gilt auch für private Trennungen, mit denen man kräftig hadert! Das ist ein weites Feld in Auroville, ein weites Feld des Lernens: Ob man wegkommt von der Vorstellung: Ah, die eine, die wahre, die für immer! Also ehrlich gesagt lebe ich noch immer mit dieser Vorstellung von der e i n e n Wahren, das sitzt tief!«

Er erzählt dann noch, dass die Trennung von Chinmayi schwer war und wie überraschend und schön dann wiederum das gegenseitige Entdecken mit Suhasini, einer indischen Architektin. Denn er kannte sie zwar schon lange, aber dann wurde alles anders...

Da halte ich mich aber gerne an die aurovillianische Sitte, Privates auch privat bleiben zu lassen!

Auroville und die Welt

Das große Ziel der Human Unity

Mitten in den Brandherden der Welt will Auroville eine Stätte menschlicher Einheit sein. Während in weiten Teilen der Welt Kriege um Ressourcen, Lebensraum und Identität toben, will Auroville demonstrieren, dass die Menschheit eine Gattungsfamilie ist. Während Kinder zunehmend mit einer Kalaschnikow oder mit Sklavenarbeit ihre Existenz bestreiten müssen, während Väter arbeitslos, während das Wasser, die Gene und andere Gemeingüter zur Ware gemacht und die zarten Errungenschaften internationaler Abkommen wieder zurückgenommen werden: Auroville will ein Hort universeller Verbundenheit sein, eine Keimzelle des neuen Menschen, der endlich sein kleines, egoistisches Selbst über Familie, Clan, Rasse und Nation hinaus erweitert und das Zusammengehörige in Allem empfindet. Es ist mehr als der Slogan »Global denken und lokal handeln«, es soll mehr sein als die erwachende neue »Zivilgesellschaft«, mehr als eine Weltregierungsfähigkeit.

Human Unity in Auroville hat den ganz besonderen Glaubenshintergrund aurobindischen Denkens, und das wiederum den Hintergrund hinduistischen Denkens. Für die menschliche Einheit genügt es nicht, sein Bewusstsein zu bemühen und die Welt als Gesamtgewebe wahrzunehmen, sondern die göttliche Kraft darin wirken zu sehen, ist das Entscheidende. Eine göttliche Kraft, die dem Menschen nicht wie im Westen dualistisch und unerreichbar gegenübersteht, sondern eine universelle göttliche Kraft, die sich in Allem und also auch im Menschen selbst zu offenbaren sucht. Das, was sich dann zeigt, ist das, was in den Upanishaden Brahman genannt wird, die eine, höchste, unteilbare, unendliche Wirklichkeit, das uranfängliche Sein und Wesen, woraus alle geboren wurden, worin sie leben und wo hinein sie zurückkehren werden. Die Vereinigung von Gott und Mensch ist das höchste Ziel des Yoga, eine Gemeinschaft, die die drei Aspekte Wahrheitswissen, bewusstes Wirken und glückselige Wonne verwirklicht.

Sri Aurobindo hat diesen Glauben um die evolutionäre Sichtweise, den Gedanken des Integralen und der Bedeutung des Individuums erweitert. Menschliche Einheit ist für ihn erreicht, wenn Menschen mit der befreiten Macht einer gottesdienlichen Individualität das irdische Leben »mit allumgreifendem Wissen und allumgreifender Liebe« als friedliches Gemeinwesen führen. Ein bisschen sei ausgeholt, was Sri Aurobindo über Gott und die Welt, über die Entwicklung zum Guten und die Bedeutung des Bösen auf dem Weg dorthin denkt. Es ist eine evolutionsgestützte Offenbarungslehre, sie sieht das Göttliche als involvierten, »eingefalteten« Geist, der allem Leben wie schlafend innewohnt und sich im Zuge der Evolution »ausfaltet«, mit Hilfe der Natur. Sie ist das Mittel der göttlichen Selbstoffenbarung, sie spielt im evolutionären Lernprozess mit allen möglichen Kombinationen, bis die Welt reif ist für das voll entfaltete Wahrheitsbewusstsein!

Der Mensch ist mit seiner Bewusstseinskraft die höchste bisherige Errungenschaft der Evolution, doch gerade sein Bewussteins führt mit der dazugehörigen Freiheit auch zu den Irrungen und Wirrungen, zu Blutbädern und Barbarei. Weil die Pflanzen und die Tiere noch vorwiegend instinktgeleitet existieren, hat die Natur mit ihnen ein sicheres, ein leichtes Spiel gehabt und ihr Entwicklungsbeitrag blieb ohne die bedrohlichen Versagensgeschichten der Spezies Mensch!

Die Menschen sind aus instinktiven Sicherheiten herausgefallen und ihr Stolpern und Straucheln ist unvermeidbarer Teil des Bewusstseinsprozesses. Mit ihrem in die Freiheit gefallenen Geist irren sie umher, grübeln über ihren Daseinszweck, haben auch Erfolge und können manchen sittlichen Fortschritt als Vernunftwesen erringen.

Insbesondere in der europäischen Aufklärung, der föderativen Idee und dem wissenschaftlichen Fortschritt sieht Aurobindo brauchbare Errungenschaften. In der westlichen Welt machte man seiner Meinung nach dann aber den Fehler, sich ausschließlich der Materie zu unterwerfen, um sie beherrschen zu können. Die Anhimmelung des Mentalen und Materiellen gipfelt in der Gehirnforschung, die den Menschen zum Geschöpf und Sklaven der Materie macht. Auch die im Westen geprägte Anschauung, die Vererbung (heute: die Gene!!) und ein bisschen noch die Erziehung dominierten das Dasein, lässt keinen Raum für ein irgendwie geartetes transzendentes, geistiges Prinzip mit einem Eigenleben.

Der östliche Yoga führte aus dieser Enge hinaus, indem er entdeckte und zeigt, dass sich der Geist völlig aus der Körpergebundenheit zu lösen vermag und sich in der selbst geschaffenen Distanz umso machtvoller als Instrument einsetzen lässt. Ein geübter Yogi kann sich über die Schwerkraft und über andere Naturgesetze hinwegsetzen! Der Geist wird dadurch ein Quell unermesslicher Kraft, Macht und Seinsfreuden jenseits zwanghafter Verstrickungen. Yoga macht die Vereinigung mit dem Göttlichen Geist durch Disziplin möglich!

Doch auch der Osten hat laut Aurobindo Fehler gemacht, er hat sich »Trägheit und unbewegte Selbstbewahrung« geleistet und damit viel von seinem Potential brach gelegt. Er habe zu viel Routine geschaffen, sich in den religiösen Formen fixiert und Weltdistanz gepredigt. Durch die Lebensentsagung aber opfere man auch die volle Macht und Dienlichkeit für die Welt. Genau die nun hat Sri Aurobindo als der große Vermittler zwischen Ost und West im Sinn!

Bei den Bemühungen aurobindischen Yogas geht es immer um die Hebung der gesamten Gattung, es geht immer um das Ganze! Er unterscheidet sich damit ausdrücklich von Yogaschulen, die sich mit persönlichem Einzelglück begnügen. Auch vom Gleichmut altgriechischer Philosophieart grenzt er sich ab:

»Dieses sich auf das Leben einlassen mag freilich um des eigenen Einzelgeistes willen geschehen, mit völliger Gleichgültigkeit gegenüber den Formen des stofflichen Daseins oder der Hebung der Gattung. In ihrer höchsten Erscheinung ist diese Gleichgültigkeit in der epikuräischen Selbstzucht zu sehen und fehlt auch in der Stoischen nicht ganz; sogar Altruismus tut Werke des Mitleids häufiger um seiner selbst als um der Welt willen, der er hilft. Doch auch dies ist eine begrenzte Erfüllung.

Der fortschrittliche Geist bekundet sich am edelsten, wenn er die ganze Gattung zu seiner eigenen Stufe zu heben trachtet, sei es durch breitwürfiges Aussäen des Abbilds eines Denkens und seiner Erfüllung, sei es durch Umbildung des stofflichen Lebens der Gattung in frische, religiöse, intellektuelle, gesellschaftliche oder politische Formen, die jenes Ideal von Wahrheit, Schönheit, Gerechtigkeit und Redlichkeit, von welchem des Menschen eigene Seele erleuchtet ist, unverfälschter darstellen sollen. Scheitern auf solchem Felde macht wenig aus; denn schon der bloße Versuch ist dynamisch und schöpferisch. Das Ringen des Geistes, das Leben zu erhöhen, ist die Verheißung und Voraussetzung für die Eroberung des Leben durch jenes, was höher ist als selbst der Geist.« (S. 96; Alle Zitate dieses Kapitels entstammen dem Buch »Einführung in die Gesamtschau vom Yoga« deren Übersetzung von Ruth und Peter Steiger manchem ungewohnt erscheinen mag.)

Derart ermuntert ist für die Aurovillianer die Hebung der Gattung eine ehrenvolle Aufgabe! Hier sollen die mentalen Vernunftbemühungen der Aufklärung integriert und das Feld für höhere Vernunft bereitet werden, für die erhabeneren Kräfte von Inspiration, Intuition und universaler Schau. Hier will man sich in Fühlung mit dem Göttlichen bringen, will Werkzeug sein und aktiv als Individuum mitarbeiten, will empfangsfähig für die Wirkkräfte werden, die die Lichtabsichten im Dunklen der Welt erkennen lassen.

Zu Hilfe kommen ihnen Sri Aurobindo und Mutter selbst, denn sie wirken und werden verehrt als Awatare, die für die große Weltarbeit ins menschliche Sein herabgeschickt wurden, um bei der Offenbarung des Göttlichen im Menschentum zu helfen. Awartare sind sozusagen die Beschleuniger der ersehnten Metamorphose zum Übergeistigen, zum supramentalen Bewusstsein. Man geht davon aus, das solche Awartare – ähnlich wie frühere Propheten – in mehr oder weniger verborgener Mission schöpfungswirksam werden und für die Herabkunft des supramentalen Geistes in der Verkörperung von Sri Aurobindo gibt es sogar ein konkretes feierliches Datum, den 29. Februar 1956!

Im supramentalen Zeitalter wird sich die Weltnatur ihrer selbst wieder bewusst, vereinigt sich mit dem Göttlichen. Dazu ist der Mensch nicht aus sich selbst heraus fähig, sondern braucht nach der Lehre von Sri Aurobindo zum einen die herabkommende göttliche Hilfe, ähnlich dem christlichen Verständnis von Gnade:

»Einzig er, der überseiend ist, kann uns zum Selbstübersteigen befähigen; Er allein, der allheitlich ist, kann uns über unser begrenztes Sonderdasein hinaus weiten.«

Und notwendig ist umgekehrt der heraufstrebende Drang des Menschen in einer »persönlichen, innigen Frömmigkeit«:

»Ohne glühende Anbetung des Göttlichen im Herzen, ein starkes Aufstreben zu ihm im Willen oder ein heftiges Verlangen nach ihm im Lebensgefühl können wir weder den Antrieb haben, anders zu sein als wir sind, noch die Kraft, etwas so schwieriges zu unternehmen, wie unsere eingewurzelte und beherrschende Natur zu übersteigen. Immer zu diesem Zweck haben die Propheten gesprochen und sind die Awatare herabgestiegen: uns zu Gott zu rufen und unsere empor sich mühenden Energien für dieses Große zu beflügeln, oder auch, um etwas vorzubereiten in der Welt, was helfen wird, die Menschheit dem Ziel ihrer schwierigen Aufwärtsreise näher zu bringen.« (S. 15/16) Was aber ist mit dem »Bösen« in der Welt? Es ist nach Sri Aurobindo in Gottes Werk inbegriffen, ist nicht einfach eine Entartung menschlicher Freiheit, sondern in Kauf genommenes Wirken Gottes.

»Alles geht aus ihm hervor, darum muss auch das Böse aus ihm hervorgehen, muss in ihm existieren. Da er all-weise ist – denn alles Wissen ist seines – muss es zu irgendeinem weisen und vollkommenen Zweck da sein. Da er All-Liebe ist, muss es zu Gutem bestehen und nicht zu etwas diesem Widersprechenden. Das Böse trägt zum Guten bei, es tritt auf, damit die Menschen das mindere Gute ablehnen und zum höheren aufsteigen mögen.« (S. 36/37)

Gott ist dabei durchaus ein Spieler, er geht aufs Ganze, vermeidet nichts und lässt nichts aus. Die Welt ist ein Meer von Kräftewogen und man muss dem Ansturm schon gewachsen sein, um sich seines künstlerischen Werks würdig zu erweisen! Schmerz und Leid sind Mahnungen und Fingerzeige, verbergen eigentliche Geheimnisse. Große Prüfungen harren derer, die ihren gewachsen sind, es fügt sich nichts einfach so, in harmonischer Eintracht!

»Gott hat die Welt mit dem Stampfen der Streiter und dem Geschrei eines großen Ringens und Kämpfens erfüllt. Willst du seinen Frieden erschleichen, ohne den Preis zu zahlen, den er dafür festgesetzt hat?«

Ziemlich niederschmetternd klingt Sri Aurobindo's Diagnose über den Fortschrittswiderstand im Menschen:

»Warum hämmert Gott so grimmig auf seiner Welt herum, tritt und knetet sie wie Teig, wirft sie oft in das Blutbad und die rote Höllenhitze des Schmelzofens? Weil die Menschheit in ihrer Masse immer noch ein hartes, grobes oder gemeines Erz ist, das sich anders nicht schmelzen und formen lässt; wie das Material, so die Methode. Möge es mithelfen, sich in ein edleres und reineres Material zu verwandeln, und Gott wird mit ihm sanfter und angenehmer verfahren, es viel reiner und schöner verwenden.« (S. 68)

Doch er verbreitet auch den unerschütterlichen Glauben, dass es mit der Welt und dem Experiment Mensch ein gutes Ende nehmen wird, seine Prophezeiungen trösten gerade dann, wenn man selbst nicht daran glauben kann:

»Wo immer du ein großes Ende siehst, darfst du eines großen Anfangs sicher sein. Entsetzt eine ungeheure, schmerzvolle Zerstörung deinen Geist, so tröste ihn mit der

Gewissheit einer großen und weiten Schöpfung. Gott ist nicht nur in der leisen, ruhigen Stimme, sondern auch im Feuer und im Wirbelsturm.«

»Je größer die Zerstörung, desto freier die Gelegenheiten zum Erschaffen; doch schleppt die Zerstörung sich oft lange und bedrückend hin, und die Schöpfung säumt oder wird in ihrem Triumpf unterbrochen. Immer wieder kehrt die Nacht zurück und der Tag stockt oder scheint sogar ein trügerischer Anbruch gewesen zu sein. Verzweifle deswegen nicht, sondern wache und wirke. Wer ungestüm hofft, verzagt schnell; hoffe weder noch fürchte, sondern sei der göttlichen Absicht und seines Vollbringungswillens gewiss!« (S. 67/68)

Wenn die Ausfaltung des Göttlichen vollbracht ist, lockt nicht nur das Gefühl der universellen Verbundenheit, sondern auch die zweifelsbefreite Gewissheit über den Daseinszweck der Gattung und den Sinn des Lebens:

»Das Welträtsel braucht kein Rätsel mehr zu sein; das zweifelhafte Mysterium der Dinge legt seinen Dämmerzustand, seine dauernde Zweideutigkeit ab, die verschlungenen Inschriften werden lesbar und verständlich.« (S. 154)

Auroville's Anstrengungen auf dem Weg zur menschlichen Einheit sind zwar offensichtlich von viel Scheitern begleitet, aber ebenso offensichtlich sind sie ungebrochen zukunftszuversichtlich. Sie äußern sich weniger in politischen Sichtweisen auf das Weltgeschehen, als im Bemühen, die menschliche Gattung im aurobindischen Sinne als evolutionäres Geschehen voranzubringen und empfangsfähiger für das göttliche Wirken zu werden. Konkret soll im Aufbau der internationalen Zone der Beitrag der verschiedenen Nationen zum Menschheitsfortschritt dargestellt werden.

Auroville selbst will eine lebendige Verkörperung der menschlichen Einheit jenseits von nationalen Identitäten sein, doch weil es ein integraler Ort ist, soll die Herkunftskultur, die in das Größere Ganze eingeht, so bewusst wie möglich gemacht werden. Allerdings sind auch die Ideen zur internationalen Zone nicht unumstritten. Kritiker befürchten, dass da eine Meile von Pavillons entsteht und in jedem hockt ein müder, angestellter Inder, der eine langweilige Ausstellung zu bewachen hat und hochglänzend geistreiche Broschüren ausgibt, wenn mal jemand reinschauen sollte. Auch erfährt man, wenn man nachbohrt, die eine oder andere Kuriosität. Dass ein Grundstein nicht mehr gefunden wird, der vor Jahren schon mal von einer Nation gelegt worden war. Und dass das aber nicht schlimm war, weil eh kein Geld zum Weiterbauen da war. Auch hört man Stimmen, dass ein gemeinsames Haus völlig ausreichend wäre und die Idee, jede Nation solle ein eigenes Haus haben, unangemessen sei. Bauruinen gab es schon genug in Auroville. Die Frage, wie man Konzepte wirklich mit Leben füllt, wird bei der Gestaltung der internationalen Zone spannend.

Human Unity und das »City-Networking-Projekt«

Es ist ein neues, ambitioniertes Projekt in Anlehnung an das Asia Urbs Programm der EU, das asiatische und europäische Städte vernetzen will, zu Austausch, Dialog und Forschung zu Fragen nachhaltiger Stadtentwicklung. Es ist aurovillianischen Architekten gelungen, die europäische Kommission im Rahmen dieses Asia Urbs Programms als Kooperationspartner zu gewinnen und im Jahre 2002 eine beachtliche internationale Konferenz unter dem Titel »City-networking for a sustainable Future and Human Unity« auszurichten. Es war die erste internationale Konferenz nach 17 Jahren inneraurovilianischer Konsolidierung! Das Asia Urbs-Programm der EU geht davon aus, dass die globalen ökologischen Probleme die Städte weltweit gleichermaßen treffen und gemeinsames Handeln geboten ist. Gemeinsame internationale Treffen, das erste davon in Auroville, sollen für Vernetzung der Stadtplaner sorgen. Aus der ersten Konferenz 2002 sind mehrere indisch-deutsche Städtepartnerschaften hervorgegangen, zum Beispiel mit Venedig und Paris. Die erfolgreich gemanagte Mammutveranstaltung zu den Themen Wasser, Müll, Verkehr usw., mit Delegationen aus 30 Ländern, war für Auroville ein enormer Schub auf dem Weg internationaler Anerkennung als Stadtprojekt, als Laboratorium mit Relevanz, allerdings ist fraglich, ob aus der Vernetzung mehr wird als die Ausrichtung weiterer Konferenzen und der Austausch von viel Papier, gutem Willen und gutem Wissen. Die Wirkungen weltwirtschaftlicher Krisen und die Durchsetzungskraft kapitaler Marktinteressen spülen den guten Willen und das gute Wissen davon und das Papier türmt sich in den Schubladen der Gutmenschen und der Gutabteilungen.

Ein neues Projekt ist außerdem CIRHU, das Zentrum für internationale Forschung in menschlicher Einheit (Centre of internationale Reserach in Human Unity). Forschungsfragen sind dort zum Beispiel:

- Worin besteht der unterschiedliche Beitrag der indischen und der abendländischen Kultur zur menschlichen Einheit und ihrer Evolution?
- Wie kann sich der menschliche Körper und die menschliche Natur vervollkommnen, mit Körperwahrnehmung und Yoga-Techniken, Kraft des Bewusstseins und mit feinstofflich energetisierenden Methoden.
- Welche Handwerkstechniken, Künste und Technologien bewähren sich im Dienste menschlichen Fortschritts und wie sollten sie fortentwickelt werden.

Auroville ist der Welt verpflichtet!

Dr. Kireet Joshi war lange Jahre der Vorsitzende des Regierungsrates (Governing Board) und zugleich auch des internationalen Beirates. Als solcher war und ist er die wichtigste Verbindung zwischen der indischen Regierung zu Auroville. Viel von der Geduld der jeweiligen indischen Regierungen mit den inneraurovillianischen Turbulenzen ist ihm und seinem Engagement in Delhi zu verdanken. Denn immer wieder bestehen Zweifel

Foto: Pino

Kireet Joshi erklärt Kindern den integralen Yoga und verkörpert: Begeistern kann man nur, wenn man selbst begeistert ist!

an der Selbstregierungsfähigkeit Aurovilles, immer wieder muss mit Eingriffen und Regulierungen seitens der Regierung gerechnet werden.
Man hat an Auroville im Sinne von Sri Aurobindo und Mutter, die in Indien weit geachtet sind, zwar ein vitales nationales Interesse, doch allzu chaotisch möge es bitteschön nicht zugehen und man erinnert sich auch nicht gerne an die alten Zeiten als Hippie-Oase.

Kireet Joshi ist ein Verfechter der Treue zu Sri Aurobindo. Er erwartet sich von Auroville die konsequente Materialisierung seiner Ideen, manchmal muss er seines Amtes streng walten und zur Disziplin rufen. Wenn wieder mal Probleme verschleppt werden, wenn wieder mal Planungen von ein paar Querköpfen vereitelt werden, wenn wieder mal ein Skandal den Ruf zu ruinieren droht, wenn die spirituellen Ziele der Zukunftsstadt beim Alltagsstolpern verloren gegangen sind und wieder aufgesammelt werden müssen.

Das Treffen der internationalen Auroville-Vereine am 5. Februar 2003 nutzte er für einen Appell, auch von draußen über diese Ziele zu wachen. Seine Rede sei hier gekürzt und frei übersetzt wiedergegeben:

»Sobald wir beginnen, Ideale zu leben, stoßen wir an Schwierigkeiten, lassen uns von ihnen absorbieren und verlieren die Ideale aus dem Blick. Wenn die Mutter von der Qualifikation sprach, die man braucht, um in Auroville zu leben, nannte sie die Disziplin, ein williger Diener des göttlichen Bewusstseins zu sein... das impliziert ein hohes Stadium des forschenden Yoga.

Wir brauchen dazu zunächst eine Vorstellung des Göttlichen, dann ein Streben, das Göttliche zu erfahren, mit ihm vertraut zu werden, es kennenzulernen. Und dann das Streben, dem Göttlichen zu dienen. Diese drei Schritte sollten eigentlich Voraussetzung sein, in Auroville zu leben. Ich selbst habe allerdings persönlich erfahren, dass selbst der erste Schritt, sich das Göttliche vorzustellen, schon schwer zu erreichen ist!

Mutter sagte aber auch einmal: das Göttliche zu erkennen und sich nicht in es zu verlieben, ist unmöglich! Und deshalb: je mehr man sich auf das Göttliche besinnt, desto mehr erfüllt ist man von der psychischen Qualität, von der inneren Berufung. Je vertrauter man mit dem Göttlichen wird, desto stärker wird der Wunsch, ihm nahe zu bleiben und ihm zu dienen, es ist dann keine Anstrengung mehr. Diesen inneren Zustand hat sich die Mutter für Auroville vorgestellt, es war für sie der Grundstein für

Fortschritt! Wenn man das nicht immer wieder gut versteht, kommen wir nicht weiter und geraten in den Strudel tagtäglicher Schwierigkeiten.

Einmal fragte ich die Mutter, was der Inhalt von Sri Aurobindos »Action« für Auroville ist, wie sie es nannte.

»Sri Aurobindo gab uns Lösungen für die Weltprobleme, doch wenn man nicht überzeugt ist davon, dass Sri Aurobindo die Lösungen hat, dann können sie nicht wirken und man kann nicht leben in Auroville!

In seinem Buch »The Life Divine« sprach er von der Beziehung zwischen dem Individuum und der Gemeinschaft, dem Kollektiv.

Es sei ein permamenter Kampf: dass das Individuelle nicht versteht, sich auf das Kollektiv zu beziehen und das Kollektiv nicht, mit dem Individuellen umzugehen. Das Individuelle scheint stets aus der Kollektivität, der Sozialität, flüchten zu wollen und herauszuspringen. Es scheint ständig proklamieren zu wollen: Ich bin mehr als das Kollektiv! Aber was ist dieses Mehr? Weder das Individuelle, noch das Kollektiv verstehen das. Sie haben einen ständigen Konflikt miteinander und das ist auch das Problem in Auroville.

Deshalb muss hier dieses Verhältnis zwischen Individuum und Kollektiv verstanden, geübt und in Lebenspraxis harmonisiert werden!

Das Individuelle muss zwar die Wurzeln seiner Ziele in sich selbst finden, aber es muss sie ins Kollektiv zurückwirken lassen. Beide bedingen sich gegenseitig. Das Kollektiv wird reicher durch die Individuen, aber es ist auch die Lebensquelle.

Wir Aurovillianer sind eigentlich hoch motiviert, uns selbst zu geben. Wir kommen alle für das Ziel der Brüderlichkeit, und dennoch haben wir solche Schwierigkeiten!

Wir wollen hier alle unsere Egoismen überwinden und sie verbrennen, aber es scheint ein verdammt langwieriger Verbrennungsprozess zu sein! Das Problem ist nicht, dass Probleme auftauchen, sondern dass man nicht hindurchgeht und sich stattdessen festkrallt!

Doch Auroville will schließlich ein Laboratorium der Weltprobleme sein, es muss voranschreiten. Das Ziel muss sein, Grundbedürfnisse zu sichern und dabei das Menschenspezifische, die Humanität herauszuarbeiten. Doch auf dem kollektiven Level ist Auroville weit hinter dem Individuellen (wenn auch hoch motivierten!) zurück. Die Auroville-Vereine müssen die Rolle eines Wachhundes übernehmen und kritisch über die Ziele wachen! Denn Auroville dienen heißt auch der Welt dienen. Vor allem müssen ökonomische Alternativen hier sichtbar werden. Die Mutter gab uns da die sehr simple Vorgabe: kein Geldaustausch innerhalb der Community! Das Geld ist überall auf der Welt das Problem! Es ist nicht nur der Herrscher, sondern kreiert Illusionen. Die realen Ziele müssen hingegen sinnvolle Güter sein, gegenseitige Befriedigung der Grundbedürfnisse, was nicht Armut bedeuten muss. Armut ist nicht das Ziel, insbesondere nicht für das Kollektiv! Weder ist der Kapitalismus, noch der Sozialismus die Lösung. Auroville muss als Laboratorium zeigen, dass man in einem bewusst gestalteten Wohlstand leben

Vor 20 Jahren saß Aster mit den AurovillianerInnen noch auf dem Boden, ein elegantes Meetingshaus wie heute gab es nicht.

kann! Dass man seine Bedürfnisse auf das reduzieren kann, was wirklich gewollt und gebraucht wird. Dass die Befriedigung der Grundbedürfnisse und schöpferisches Tun für jeden gesichert ist. Dass die Idee des Teilens Formen annimmt. Es ist mir ein innerlicher Schmerz, dass wir von diesem Ideal so weit entfernt sind. So viele Menschen würden Auroville gerne helfen, aber Finanzhilfen bleiben aus, weil dieses Ideal so weit entfernt ist. Insbesondere von Indern gäbe es viel großzügigere Hilfen für den Landkauf, wenn die Ideale fortgeschritten wären. Mutters Ideale müssen verwirklicht werden, dann fließt auch die finanzielle Unterstützung. Warum entscheiden wir nicht ganz einfach auf einen Schlag: kein Geldaustausch von Geld, einfach per Beschluss auf einem Meeting?

Die Tauschzirkel sind ein guter Anfang, aber immer läuft es so: wir machen einen Schritt und dann kommt Widerstand!!

Oder nehmen wir die Organisationsstrukturen und das Ziel, weder die Autorität, noch die Freiheit zu missbrauchen. Wie kann man nicht-autoritäre Strukturen schaffen, die frei, aber nicht unverbindlich sind? Keine Macht in Auroville – gut und schön, aber eine Bürokratie kann es ja auch nicht sein.
Für Sri Aurobindo sollte eine Gesellschaft im Idealzustand vom göttlichen Bewusstsein geführt sein, das sich im Herzen und in den Köpfen der Menschen manifestiert. Also in den Versammlungen müssten diese Manifestationen ja sitzen! Das muss doch möglich sein, das spürbar zu machen! Aber da sind wir noch nicht. Und wie soll es auch gehen, wenn das göttliche Bewusstsein noch nicht in den Köpfen und Herzen angekommen ist? Damit sind wir wieder am Anfang: das göttliche Bewusstsein zu erkennen, ist Bedingung für Aurovillianer! Es nicht in einem Buch zu suchen, sondern in den Herzen und Köpfen der Menschen!«

Aster Patell: Das Wesentliche ist Kommunikation!

»Das Wesentliche ist Kommunikation! Und das ist etwas sehr Weibliches!«
Auch der Inderin Dr. Aster Patell, lange Jahre mit Kireet Joshi im Governing Board, liegt das Ziel der Human Unity am meisten am Herzen. Sie ist studierte Philosophin, wuchs im Ashram auf, studierte in Paris, lehrte an der Sorbonne und wählte schließlich das einfache Leben in Auroville.

»Als ich nach Auroville kam, war es für mich wichtig, mit den Händen zu arbeiten. Über sieben Jahre lang habe ich kein Buch aufgeschlagen und keinen Bleistift angerührt! Ich habe lauter Dinge gemacht, dir mir extrem fern lagen, habe ein Haus gebaut, mich mit Zement und Ziegeln statt mit Ideen beschäftigt und die ganzen intellektuellen Gewohnheiten abgelegt. Ich habe auch in der Marmeladen- und Chutneyherstellung gearbeitet, um herausfinden, ob Bewusstsein auch durch die Hände gehen kann!

Aster Patell,
eine indische Lady.

Ich kam hier an mit meinen Vorstellungen von Ganzheit und dann habe ich gemerkt, wie schwer es wirklich ist, das Bewusstsein in die Materie zu bringen, physisch, emotional. Im Kopf ist das alles wunderbar verbunden, aber wirklich integrieren kann nur das innere Wesen. Der Verstand integriert nicht, die Emotionen integrieren nicht, nur das spirituelle, seelische Zentrum vermag zu integrieren und da sind wir uns in Auroville einig, das verbindet uns alle.«

1990 wurde Aster Patell, die inzwischen im eleganten Auromodel lebt, gebeten, eine der Auroville-VertreterInnen im Verwaltungsrat in Delhi zu werden, es ist erneut ein ganz unvertrautes Arbeitsfeld.

»Ich bin an Organisation ja überhaupt nicht interessiert! Ich werde sehen, was ich da zu lernen habe! Ich möchte in dieser Arbeit auch die weiblich-indischen Aspekte betonen. Das Wesentliche ist Kommunikation und Kommunikation ist etwas sehr Weibliches: die feminine Energie, die Shakti, die aktive Kraft, die alles zusammenfügt; die Frau geht nicht mit Ideen um, sondern mit dem Leben an sich!

Die weibliche Energie überwindet Polaritäten. Im Westen brauchen die Menschen das Prinzip der Polarität, um sich in der Abgrenzung individuell zu fühlen. Im Osten ist Individualität nicht getrennt vom Prinzip der Einheit. Wenn Menschen aus dem Westen kommen, tun sie sich damit so schwer. Indien, speziell Auroville, ist eine wunderbare Hilfe, die Einheit wieder zu finden!«

Im Jahre 2003 frage ich sie, wie es ihr in all den Jahren mit der ungewohnten Repräsentationsarbeit im »Governing Board« gegangen ist?

»Politische Arbeit ist eine Arbeit des Verstehens und Integrierens, Auroville muss seinen Platz in Indien einnehmen, das ist keine normale Organisationsarbeit! Das war eine extrem lohnende Aufgabe für mich.

Wenn wir in die Welt sehen, sehen wir, dass die Entwicklung des Verstandes, der demokratischen Institutionen, der Forschung und der Erziehung in einer Sackgasse stecken. Es gibt da einen Höchstpunkt, der teilende Verstand sucht die Einheit, aber er findet immer nur Analyse und wieder nur Analyse und Reduktionismus.

Wie müssen gerade auch in den wissenschaftlichen Sektor hinein einen anderen Weg finden, mit Kriterien des Ganzen, der Ganzheit.

Sri Aurobindo erreichte diesen neuen Zustand, nannte es den Prozess des integralen Yoga, es gibt da eine Linie kontinuierlicher Entwicklung, aber die Persönlichkeit des Menschen ist noch nicht reif dafür, er handelt nicht danach, er fühlt und denkt nicht danach, im Sinne von Ganzheit.

Und welche Rolle spielt in dieser Ganzheit die Unterschiedlichkeit der Geschlechter?

»Die Art der weiblichen Shakti-Energie ist eine Art von Bewusstseinsenergie, die auch Männer empfinden können. Männer haben allerdings eher eine andere Perspektive auf die Welt, technologisch, ökonomisch, konfrontierend.

Der weibliche Blick ist auf das Lebendige gerichtet, beide Sichtweisen bilden ja erst das Ganze. Frauen im Westen schauen meiner Meinung nach zu viel auf Gleichheit und Wettbewerb, aber brauchen wir nicht viel mehr die Freude am Unterschied!?«

Die Frage nach einer Seele der Nationen

Bemerkenswert sind in Auroville die Diskussion um Kultur, Volkscharakter und die »Seele der Nation«. Sri Aurobindo hat sich über nationale Seelenphänomene ausgiebig geäußert, hat sie eingeordnet in das Konzept der Entwicklung zu menschlicher Einheit, die sowohl die individuellen wie auch die nationalen Seelen übersteigt, sobald ihre Aufgaben im supramentalen Zeitalter verzichtbar werden.
Er sah diese Entwicklung über den Übergangsweg einer Förderation freier Nationen. Dass die weltpolitische Lage im Moment von einer föderativen, kulturell ausgerichteten Weltregierungspolitik eher wieder wegführt und sich globalisierte Gewaltverhältnisse ökologisch wie wirtschaftlich zuspitzen, wird in Auroville als eine Art Drama gesehen, das nun noch durchlitten werden muss. Wie ein dunkles Tal, das durchschritten werden muss, um ans geklärte Licht wahrerer Weisheit zu gelangen.

Peter vor seinem Haus in Petite Ferme, einem Eigenentwurf.

Das Definieren von nationalen Seelencharakteren ist natürlich heikel. Was ist mit ethnischen Gruppierungen ohne Nation, zum Beispiel den Kurden? Und kann eine Nation oder ein künstliches Staatsgebilde einen gewachsenen kulturellen Raum überhaupt hinreichend abbilden? Kann man einen subjektbezogenen Begriff wie seelische Identität auf eine Nation übertragen? Kann man von der Bildung eines Volkscharakter so sprechen wie von der Bildung eines persönlichen Charakters?

In Auroville ist die Frage nach kulturell-nationaler Identität gerade aktuell, weil in der internationalen Zone – eine der vier geplanten Zonen der Zukunftsstadt – nationale Pavillons für Ausstellungen, Lesungen, Performances usw. entstehen sollen. Nun sind die NationsgenossInnen gefragt, Positionen herauszuarbeiten. Was bedeutet zum Beispiel Deutschsein??

Peter, über das Deutsche und die Seele der Nation

Er begibt sich immer wieder gerne für einige Zeit außerhalb Aurovilles, um dann, in neuer Liebe entbrannt, zurückzukehren. In Berlin erlebte er fasziniert die friedliche Revolution und den Mauerfall, in Prag den aufständischen Frühling. Den Kommunismus sah er als starre Ideologie ohne Spiritualität untergehen, der Kapitalismus wird sich trotz Triumpfgebaren auch nicht mehr lange halten können. Er beobachtet die Irrwege in Ost wie in West mit der Distanz dessen, der den großen Überblick über das Spiel der Geschichte sucht. Peter wirkt in der deutschen Pavillon-Gruppe mit, in der man sich schon seit mehreren Jahren den Kopf darüber zerbricht, was man als typisch deutsch empfindet und worin gar eine Seele des Deutschen bestehen könnte. Es ist wie ein archäologisches Graben in der Herkunftsgeschichte.

»Es kamen zunächst große Widerstände hoch: Wir wollen mit Deutschsein nichts zu tun haben, wir sind Weltbürger, was soll das, wir wollen hier nicht ein Bierzelt aufbauen und das Horst Wessel-Lied singen! Doch durch die vielen Nationalitäten, die in Auroville vertreten sind, haben wir ganz besondere Lernchancen. Jede Nation, jede Kultur bringt ja hier etwas anderes ein, eine Art Identität, die das Gesamte bereichern soll. Das ist ja auch die Idee von Sri Aurobindo, dass jedes Volk seine eigene Aufgabe in der Menschheitsgeschichte durchzuspielen hat. So wie jedes Individuum seine spezifische Aufgabe hat, hat auch jede Nation ihre spezifische Aufgabe. Und wenn wir von Einheit sprechen, dann heißt das eben nicht, dass ein weltumfassender Einheitsbrei entstehen soll.

Ich glaube, dass sich in unserer deutschen Geschichte der subjektive Charakter des Seins sehr stark auszudrücken versucht hat. Aber wir haben es nie geschafft, die Kräfte des Verstandes und des Gefühls um ein inneres Wahres zu zentrieren. Sri Aurobindo hat den Beitrag des Subjektivismus in der Evolution vor allem aus deutscher Sicht betrachtet. Von ihm stammt der Satz: Die Deutschen haben besonders intensiv ihre Seele gesucht, aber sie haben immer nur ihre Kraft gefunden!«

Peter hat sich intensiv mit dem Nationalsozialismus auseinandergesetzt, seine mythologischen Hintergründe, seine religiösen Elemente studiert.

»In der Renaissance über die Klassik bis zu Nietzsche war da noch eine seelische Kraft, eine Möglichkeit, ein Licht. Ich denke auch an das blaue Licht von Leni Riefenstahl; doch es wurde dann faschistoid verbrämt und sein geistiger Kern ist bis heute verstellt.

Kraft durch Freude z.B. ist ein fantastisches Wort, aber wer kann das noch sagen? Oder wer spricht noch über Heimat? Oder vom Über-Menschen!? Selbst das Wort *Mutter* geht einem kaum über die Lippen. Die Esoterikwelle im Westen schafft nun ihrerseits allerlei vernebelnden Popanz, aber man muss ran an das Thema der Mythen und Kulte!

Sri Aurobindo meint, es gibt nicht nur Individualseelen, sondern auch Gruppenseelen und Nationalseelen, und die wollen geachtet sein, um auch andere Nationen achten und umarmen zu können. Sonst gibt es nur den Wettbewerb von Interessen und transnationalen Konzernen.

Nationen sind die höchste Entwicklung von Menschengruppen als sozialer Organismus im Weltengeschehen. Nur wenn man diese nationale Seele achtet, ist ein weiterer, versöhnlicher Horizont möglich.

Die zivilsatorische Schicht ist sehr dünn, sie immer nur ein bisschen zu polieren, ist gefährlich! Insbesondere den Jugendlichen muss mehr als Coca Cola und irgendein Job geboten sein, sie suchen die geistigen Kräfte, brauchen Vorbilder, damit sie nicht in neofaschistischen Ecken hocken bleiben. Es ist ja alles da! Goethe, Meister Eckart, aber das müsste konsequent ins gesellschaftliche und auch wirtschaftliche Leben umgesetzt werden. Wie also kommen wir dieser Seelenerfahrung als Quelle des Friedens näher? Die höchsten Momente einer Nation nachzuempfinden und zu ergründen, das sind die Möglichkeiten, sich näher zu kommen.

Man kann sich dann auf einer reiferen Ebene begegnen. In einer Zweierbeziehung ist es ja auch so: dem anderen kann ich nur reif begegnen, wenn ich dem anderen weder kopiere, noch ihm zu Füßen liege, sondern ich selbst bleibe. Und in dem Maße, wie jeder Mensch und jede Nation eine Selbstwerdung vollzieht, wächst die Vielfalt.

Es gibt alle möglichen Gruppenseelen, die Nation ist auf der mentalen Ebene die bislang höchste Errungenschaft des erweiterten Selbst, höher als der Clan, die Familie, das Dorf, Blut und Boden. Europa wiederum könnte die nächste Stufe des erweiterten Selbst werden. Aber es braucht dafür die gelungenen vorherigen Stufen, die europäische Einigung ist gefährlich, wenn sie nicht wirklich auf nationaler Reife aufbaut!

Und auch die USA sind als Großform nur materiell, auf der vital-mentalen Ebene miteinander verbunden und knallen deshalb nun auf diesen Ebenen durch. Alles Forcierte führt zu Rückschlägen. Bismarck zum Beispiel wollte seinerzeit auch zu schnell eine Vereinigung und das schwache Weimar war gegen Hitler dann machtlos.

Alle Konstruktionen, die einzelne Aspekte überbetonen – wie auch der Kapitalismus oder der Kommunismus – sind gefährliche Konstrukte. Wenn sie sich verselbständigen und vom Seelischen lösen, werden sie zerstörerisch. Umso mehr schreit alles nach den Seelenkräften, was etwas anderes ist als religiöse, ideologische Verfestigungen und Vordergründigkeit. Die subjektive Ebene will mit all ihren Seelenkräften in die Welt kommen!

Das ist nicht blinder Mystizismus, sondern präzises Arbeiten an sich selbst, der Genius der Nation muss auf der innersten Ebene ebenso seinen Ausdruck finden wie in der individuellen Seele. Der spezifisch deutsche Genius besteht unserer Meinung nach erstens in der intuitiven, idealistischen Kraft von Philosophie, Lyrik und Musik und zweitens im praktischen Talent in der Umsetzung von Technik. Nur: die müsste halt in den Dienst der Seele gestellt sein!!

Der Aufklärungsanspruch hat einen guten Anfang gemacht, muss aber weiter gehen. Die Homöopathie ist dafür ein gutes Beispiel. Da hat sich subtile Wissenschaft auch in Grenzbereiche vorwagt, im Dienst eines ganzheitlichen Fortschritts. Die neuesten Forschungen über Wasser als Informationsmedium sind ein anderes aktuelles Beispiel. Im deutschen Pavillon wollen wir am Thema Wasser die neuen Erkenntniswege und ihre Vertreter darstellen.

Auch Yoga ist ein gutes Beispiel für präzise Wissenschaft und Technik im Dienste der Seelenkräfte! Wir brauchen die transpersonale Psychologie, die Tiefenökologie und andere ganzheitliche Konzepte, statt der klassischen Psychologie, der Gen-Technik, dem Sozialismus und anderer mentaler Konstrukte und materieller Ideologien. Wenn der Traum eingekerkert wird in ein mentales, mechanisches Korsett, stirbt er schnell ab! In Auroville sehen wir selbst, wie schwer das ist, dem »Neuen« in einem größeren Stadtgebilde eine Form zu geben, Irrwege und Verkrustungen zu überwinden. Als Individuen und in Kleingruppen ist hier viel geleistet worden, aber das Große, das kollektive Gewebe, müssen wir noch schaffen! Die internationale Zone ist da ein wichtiger Impuls, um uns auf die Weltebene zu bringen, die Weltbedeutung von Aurovile zu verkörpern, sonst sind wir bloß eine interessante, aber unbedeutende Projektblase. Erst durch die Bezogenheit auf die Welt gewinnt Auroville an Bedeutung.

Hier müsste exemplarisch an einer intuitiven Intelligenz gearbeitet werden, eine Intelligenz, die sich durch Inklusivität auszeichnet, nicht nur im Denken, sondern im Überzeugen, im Ausstrahlen, im Wirken.

Ein tägliches Ringen ist es, weder Ideologie noch Religion zu produzieren, sondern Offenhaltung und Integration. Wir brauchen solche in sich ruhenden und zugleich angeschlossenen Menschen. Eigeninteressen und Anhänglichkeiten hingegen blockieren uns. Das Kunststück ist die Koordination des Organismus ohne Chef und Hierarchie. Ermächtigungen sind sinnvoll zuweilen, auch das Rätesystem oder ein Rat der Weisen könnte helfen, aber das braucht einen reifen Unterbau durch eine Befähigung der Vielen, solche Fähigen zu sehen und anzuerkennen! Jemandem auch mal Verantwortung übergeben, z.B. für zwei Jahre, und sagen: Mach mal, und dann sehen wir, wohin es führt. Man kann schließlich nicht jeden Pups im Konsens lösen wollen!

Jedenfalls: Das Spiel ist offen! Weltweit ist das so! Die aktuellen Krisen weltweit sind eine karmische Notwendigkeit, um sich selbst aufzurütteln: Was willste? Willste wirklich leben oder willst weiter diese Todesspiele weiterspielen?«

Jill: »Die amerikanischen Gründerväter hatten ja auch eine tiefere Vision von Aufbruch!«

Jill, die ehemalige Greenpeace-Aktivistin: In Auroville auf die Straßen gehen?

Wie empfinden amerikanische Aurovillianer fern der Heimat die herrschende Rolle der USA in der Welt? Ich frage dies Jill. Seit 12 Jahren lebt sie hier, ist die Kontaktfrau für den Auroville-Freundesverein in den USA.

In Washington DC war sie früher Mitglied bei Greenpeace, hat Schauspielunterricht gegeben und Theaterstücke geschrieben, was sie in Auroville fortführt.

Ich spreche mit ihr Anfang Februar 2003, einige Wochen vor Ausbruch des Irakkrieges, während weltweit die größten zivilgesellschaftlichen Demonstrationen gegen den Krieg stattfinden. Auroville wirkt davon relativ unberührt, der Irakkrieg ist weder ein aufgeregtes Diskussionsthema, noch finden Friedensmeditationen statt.

Jill: »In den 60er und 70er Jahren war ich selbst in der US- Friedensbewegung aktiv, habe aber auch die Begrenztheit des Politischen erlebt, habe all diese politischen Spielchen durchlitten. In Auroville nun ist das anders. Unsere Vision ist ein ganz eigenes Experiment, es ist viel weiter angelegt, es ist der Ruf an uns, ein größeres Licht zu bringen. Wenn wir nun durch eine Phase der Dunkelheit gehen, ist es unsere Aufgabe, auf der anderen Seite für Licht zu sorgen. Wenn die Kräfte der Dunkelheit die Oberhand gewinnen und alles zu verdunkeln scheinen, ist dies für uns umso mehr Auftrag, die lichten Seiten zu verstärken. Es ist ein Hindernis, das überwunden werden muss, um eine größere Wahl zu haben. [...]

Es ist wirklich spannend, jetzt zu leben. Ich sah die Nachkriegsjahre, den Wohlstand in den USA, dann heute die Kinder, für die alles allzu selbstverständlich ist. Ich selbst gehöre zu dieser Generation, für die alles möglich war: Mobilität, Individualität, Wohlstand, Ausbildung, Selbstorgansisation. Nun sind die Grenzen erreicht. Schon in den 70er Jahren kam die Frage: »Und? Das ist ja alles ganz nett, aber ist dahinter nicht noch etwas anderes?« Daraufhin entstanden all diese spirituellen Bewegungen in den USA. Wer bin ich, wohin gehe ich, was ist die Bedeutung meines Lebens? Die seelische Suche wurde immer bedeutender.

Für mich war Auroville auch deshalb von Anfang an sehr vertraut, weil diese Stimmung des Aufbruchs mich an die Gründung Amerikas erinnert hat. An die amerikanische Idee von Freiheit, an den Glauben an ein neues Leben in einer neuen Welt! Die amerikanischen Gründerväter hatten durchaus eine tiefere Dimension, ja sogar eine okkulte Basis für diese neue Welt, diesen Aufbruch. Es war eine Haltung, Raum für Selbstausdruck zu schaffen, für Freiheit und Erlösung von den Begrenztheiten in den Ländern, die sie verlassen haben und wo sie die Last von jahrhundertealten Kulturen auf ihren Schultern getragen hatten. Nun konnten sie frei und neu anfangen, es muss wie freie Atemluft für sie gewesen sein, in diesen offenen, weiten Raum zu treten! Eine solche Weite habe ich auch in Auroville erlebt. Es schien mir sehr ähnlich zu dem, was die US-Gründerväter empfunden haben müssen, auch wenn sie dann eher gescheitert sind. Aber Scheitern und wieder aufstehen ist schließlich das Natürliche. Uns geht es in Auroville da nicht anders. Etwas anstreben, losgehen, stolpern, scheitern, wieder aufstehen... und sich freuen an kleinen Erfolgen!«

Was die Kriegsgefahren angeht – wobei uns der Konflikt zwischen Indien und Pakistan näher bedroht als der Golfkrieg –: wir haben manchmal Friedens-Meditationen unter dem Banyon-Baum beim Matrimandir. Alles in allem geht Auroville nach innen, wenn äußere Bedrohungen wachsen. Nach innen gehen, Bewusstsein halten, das Streben nach Frieden halten ist auch ein Beitrag; die Idee von wirklichem Frieden lebendig halten zu können! Aber »auf die Straße gehen«? Wir haben gar keine Straßen! Straßentheater geht deshalb auch nicht, und auch für Mahnwochen oder so etwas ist es hier kein richtiger Ort. Unser Beitrag ist ein anderer, wir denken insbesondere an *Sri Aurobindo* und *Mutter* und hoffen auf ihr Wirken in der Welt. Wir haben großes Vertrauen in ihr Wirken!

Und wie sieht sie die Rolle des Amerikanischen in der Welt? Was würde in einem künftigen amerikanischen Pavillon in der internationalen Zone als Beitrag dargestellt?

»Von Mutter hatten wir viel gehört von Europa, aber nichts über die USA! Ich glaube, wir fixieren als Amerikaner nicht so, alles ist entwicklungsoffen, wir leben eine besondere Art von Energie. Aber das Experiment USA hat seine Geschichte und die Kriege sind Teil unserer Geschichte. Vietnam, Korea, Afghanistan und die Golfkriege ... es ist der Stoff, aus dem unsere Geschichte gewoben ist, in die wir mit verwoben sind. Wir hoffen, dass wir zur Klärung der spezifischen US-Seelen-Evolution beitragen können, indem wir uns ihre Aspekte genau anschauen. Wir arbeiten daran, uns darüber klarer zu werden!«

Marti, die Universalistin: »Sich darauf besinnen, worauf es wirklich ankommt!«

Marti im Café mit den Unterlagen für ihr neuestes, ehrgeiziges Projekt »Nada Brahma« (»Klang ist Gott«), das *Scientific Resonance Research Centre*. Es soll internationale Klang- und Resonanzforscher nach Auroville locken!

Sie ist eine weltreisende Auroville-Botschafterin und tummelt sich überall dort, wo WeltverbesserInnen sich zu internationalen Konferenzen treffen. Sie ist eine gefragte Öko-Fachfrau und hat in Genf den Status einer UNO-Repräsentantin mit Permanent-Pass in Fragen von Nahrungssicherheit. Sie ist eine gelehrte Universalistin, lebt aber in Auroville gewollt karg in einer Waldhütte ohne Strom, ohne Kanalisation, ohne Fleisch und ohne Fernsehen, mit Fahrrad, mit Regenwassertank, Kochkiste und Feuerplatz und einem Solarpanel, das ihr abends zwei Stunden Licht zum Malen, Schreiben oder Lesen schenkt. Ihr Wohnplatz ist nahe der Siedlung Forecomers, eine der Pioniersiedlungen Aurovilles, in einer bis heute weitgehend motorradfreien Waldzone. Ihre klangerfüllte, duftende und nährende Naturoase ist das inspirierende Umfeld, um ansprechende kleine Meditationsfibeln für den Schulunterricht zu schreiben und zu illustrieren: »Ich bin ein Baum.« oder »Ich bin ein See.«, inzwischen werden sie in viele Sprachen übersetzt. Jetzt arbeitet sie – gemeinsam mit der Inderin Meenakshi – an einem Buch über Kolams, die mit Kalkpuder gestreuten Blumenornamente, mit denen Inderinnen allmorgendlich vor ihren Hütten mystische Botschaften oder freundliche Begrüßungssymbole malen, eine der Traditionen, die Marti gerne bewahren helfen möchte.

Wenn sie mal Urlaub hat, schwimmt sie am liebsten mit Delphinen, genießt ihre Verspieltheit, ihre Musikalität, ja ihre Sozialität, empfindet dann so etwas wie eine kosmische Verbundenheit von Spezies zu Spezies.

Sie befasst sich begeistert mit Forschungen an den Grenzen des Bewusstseins, ihr neues Projekt ist ein Haus der Klänge, es soll »Nada Brahma« heißen, das heißt »Klang ist Gott« oder wissenschaftlich gewendet: *Scientific Resonance Research Centre*. Auroville ist ihrer Meinung nach der goldrichtige Platz, um die Geheimnisse des Behagens im Zusammenhang mit Klängen zu erkunden.

»Wenn wir alle mal dasselbe Mantra singen würde, hätten wir bestimmt keinen Krieg!«

Sie stammt aus den USA, hat Soziologie und Physik studiert, dann als Wissenschaftsjournalistin gearbeitet und lange Jahre in Frankreich gelebt. Dort hat sie am Mont Martre noch ein kleines Zimmer und wenn sie mal geldknapp ist, arbeitet sie dort zeitbegrenzt als Consulting-Beraterin. Sie führt ihr Leben spartanisch, aber kunstvoll.

Ihre sensiblen Ölbilder schmücken so manche Auroville-Wand und werden als Postkarten verkauft. Ihr ökologisches Wissen verbreitet sie in den Buchprojekten mit Poesie und malerischen Illustrationen. Ihr globales Selbstverständnis bildet sie mit Lektüre aus aller Welt und aller Wissenschaft. Ihrer Weiblichkeit folgt sie auf den Spuren der Shakti, hatte vor Auroville zunächst Indien für sich entdeckt und fühlt sich seiner Kultur verpflichtet:

Kolams, Symbole aus buntem Kalkpuder gestreut, eine der indischen Traditionen, die Marti lieb gewonnen hat und über die sie ein Buch schreibt.

»Die Geheimnisse und der Schlüssel zum Ursprung sämtlicher Dinge sind hier zu finden. Besonders beeindruckt war ich von Rabindranath Tagore. Ich verliebte mich in Indien und wollte hier leben. Von Auroville war ich zunächst eher schockiert. Es schien mir kolonialistisch und zu scharf abgegrenzt von den Tamilen. Ich dachte, mein Platz sei irgendwo im Himalaya. Doch dann begegnete mir mein Freund Forrest, und ich blieb mit ihm hier und schlage seitdem Brücken zwischen Auroville und Indien, zwischen Auroville und der Welt. In Frankreich hingegen hatte ich nie mein inneres Gleichgewicht gefunden, obwohl ich als Journalistin gute Möglichkeiten hatte. Auf jeder Stufe der Karriere hielt mich irgendwas davon ab, den ganzen Weg zu gehen. Erst in Auroville bzw. in Indien fand ich mein Gleichgewicht. In Auroville kann ich stark intuitiv arbeiten, während ich in Frankreich Dinge perfektioniere. Manchmal nehme ich literarische oder gemalte Arbeiten von mir mit nach Frankreich und vollende sie in der rationalen Atmosphäre dort. So ergänzen sich beide Welten ganz konkret!

Spannend ist für mich, mich einerseits technisch zu vervollkommnen und andererseits eine gewisse Unschuld zu wahren, damit die Seele nicht verloren geht. Ich möchte einen frischen Blickwinkel für meine Bilder behalten. Das Licht ist wichtig für mich, Farben... Formen..., rein und ungeschliffen. Wenn ich eine Person male, sind die Augen besonders wichtig... manchmal kann ich ein Feuer in die Augen zaubern und dann auch wieder überhaupt nicht. Auf jeden Fall habe ich ein zwingendes Bedürfnis, mich auszudrücken. Aber Marti, die Künstlerin? Nein. Nicht Marti, die Künstlerin. Ich fühle ein Bedürfnis, Marti zu sein, das ist alles.«

Mit ihrem guten Freund Sumit, einem nordindischen Filmemacher, für gemeinsames Filmprojekt über die indigenen Malana Peoples in Himal Pradesh.

Marti lebt ohne Amma, ihre Wäsche wäscht sie selbst, zum Kochen nimmt sie sich die nötige Zeit und die Pflege ihres Platzes und ihrer Hütte gehört für sie zur Lebenspflege. Im Rhythmus der Natur zu leben, gibt ihr Geborgenheit, dafür nimmt sie vermeintliche Einschränkungen in Kauf.

»Hausangestellte würde ich nicht haben wollen. Seit ich mal ein Jahr in Südafrika gelebt habe und die Apartheid hautnah erlebt habe, lehne ich diese kolonialistischen Aspekte ab. Keine Angestellten mehr! Das ist für mich eine ganz bewusste Entscheidung. Das bedeutet, dass ich mein Leben vereinfachen muss. Bestimmt haben wir nicht das abwechslungsreiche Essen wie die Leute, deren Hausangestellte Stunden damit verbringen, Gemüse zu schneiden etc., es bedeutet auch, dass ich meine Wäsche selber waschen muss, und weil ich zudem hier nicht bügeln kann, muss ich mich auch beim Kauf meiner Kleidung danach richten. Ich trage Sachen, die nicht so dreckempfindlich sind wie weiße Sachen. Die trägt hier nur, wer eine Amma hat, die sie täglich wäscht!

Ich versuche, so einfach wie möglich zu leben. Oft habe ich Besuch und wir machen Musik, mit Tablas und Ektara, das ist ein Percussions-Instrument mit Saiten.

Der Grund, dass wir hier im Waldgebiet keine Elektrizität wollen, ist die Tatsache, dass so viel damit zusammenhängt. Es zieht zum Beispiel den Bau von Straßen nach sich und auf so eine Art »Erschließung« verzichten wir lieber. Dafür freuen wir uns an den seltenen Echsen- und Vogelarten, die man woanders in Auroville nicht sieht!

Es ist wichtig für mich, etwas für die Natur in Indien zu tun. Als Vorbild dienten mir die indischen Frauen vom Chipco-Projekt in Nordindien, die die Bäume vor Kommerzialisierung zu schützen versuchten, mit ihren eigenen Körpern.

Das Konzept der Natur ist ein weibliches Prinzip, das Shakti-Prinzip, auch Prakriti genannt. Damit verbunden ist für mich ein bewusst einfaches Leben. Man sollte die Begriffe Elend und Armut nicht verwechseln. Man kann arm sein und trotzdem sehr glücklich. Elend stellt sich ein, wenn man einer Sache auf psychologische Art und Weise beraubt wird. Elend ist, wenn du Werbung für Zigaretten oder Schokolade im Kino siehst und dir klar wird, dass eine Tafel Schokolade 4 Rupien kostet und du nur einen Tageslohn von 10 Rupien verdienst! Armut ist etwas anderes. Vielleicht hast du keine Toilette im Haus, musst auf Holzfeuer anstelle eines Gasofens kochen, hast Kerzenlicht oder Kerosinlampen anstelle von Elektrizität, aber all das bedeutet nicht notwendigerweise Elend. Es heißt nicht, dass du dem Leben unglücklich gegenüberstehen musst.

Wir lernen zu verstehen, dass es in vielen Regionen den Menschen besser ging, bevor Technologien benutzt wurden. Das weibliche Prinzip wurde durch den Einzug moderner Technologien zerstört. Das maskuline Konzept dominiert nun das traditionelle weibliche Prinzip. Vieles von dem, was früher als logisch, stark und gesund galt, muss weichen, wenn man die Erde in einer bestimmten Art und Weise benutzt.

Marti, ganz Shakti, 1990.

Zum Beispiel die Auswirkungen des Gebrauchs kommerzieller Dünger: Die Bodenkultur wurde durch Monokultur und Überdüngung zerstört. In bestimmten Gegenden wurden haufenweise Dämme gebaut und das Land bewässert. Am Ende wurde Weizen produziert, ja, aber auf einem Boden, der zuvor für den Anbau von Zuckerrohr, Rübenzuckern, Ölen und lokalen Getreidesorten genutzt worden war. Als Konsequenz musste Indien Zucker und Öl importieren, und die einheimischen Getreidesorten verschwanden.

Wenn man das feminine Prinzip auf ökonomische Zusammenhänge anwendet und die Natur respektiert und versteht, wie sie arbeitet, dann lebt man gut, vielleicht nicht im Luxus, aber gut. Ich bin nicht gegen Technologie; ich benutze im Internet-Cafe gerne den Computer. Wir brauchen aber sowohl das Wissen, als auch die Weisheit. Ohne praktisches Wissen lässt sich Weisheit nicht richtig anwenden. Und Wissen ohne Weisheit wirkt zerstörend.

Im Französichen ist nicht umsonst das Wort Macht »le pouvoir« maskulin und das Wort Kraft »la force« feminin! Dass in Indien trotz aller Überlagen die weiblich-intuitive Kraft überlebt, liegt unter anderem an dem naturnahen Leben und den unmittelbaren Schwingungen, für die man in dem ländlichen Leben empfänglicher ist als in städtischen Betonburgen. Allein das Barfußgehen! Wir westlichen Menschen haben den Kontakt zur Erde ja auch ganz konkret verloren. Wir sind in Betonwänden gefangen und leben abgeschnitten von den kosmischen Schwingungen. In unmittelbarer Natur ist das ganz anders. Sie öffnet den Weg zur Intuition. So wissen zum Beispiel die Buschmenschen der Kalahari-Wüste in Südafrika oft von Ereignissen, die 400–600 km entfernt stattfinden. Sie fühlen ihren Bauch und sagen z.B. »Oh, mein Onkel ist gerade gestorben.« Sie wissen es ohne Telefon und Zeitung, und wenn man es ihnen später bestätigt, sagen sie, »Ja, der Onkel starb. Es war drei Uhr nachmittags.«

In den einfachsten Personen Indiens lebt das Wissen um die Existenz Gottes in allen Dingen. Einer in vielen und viele in einem. Wir sind alle Teil von etwas Größeren als wir selbst. In den Upanishaden und den Veden ist es die Idee des Atman und des Brahman. Brahman ist Alles, Atman ist die individuelle Seele. Daran arbeiten wir in Auroville. Auf der individuellen Ebene ist es Atman, die Suche nach unserem eigenen Weg, unsere Suche nach einer Ebene des supramentalen Bewusstseins, die uns auf einer kollektiven Ebene in der Evolution unserer Art vorantreiben soll.

Meine Hoffnung für Indien ist, dass es sich an das Wesentliche erinnern wird und die Erinnerung an seine Weisheiten nicht verliert. Die Indianerkulturen in Amerika haben z.B. ihre Philosophie nicht schriftlich festgehalten, und heute sind nur noch wenige Leute im Besitz dieses überlieferten Wissens. Ich sehe meine Aufgabe als Aurovillianerin darin, den indischen Besitz an Weisheiten wahren zu helfen, ihn »abzurufen« und tief innen zu speichern.

Die Mutter verstand es übrigens wunderbar, Elemente beider Kulturen miteinander zu verbinden. Ich habe zu ihr als Frau und als Französin eine starke Beziehung, obwohl ich nicht viel von ihr gelesen habe. Sie geht über die kulturellen Zusammenhänge hinaus. Ich glaube an ihren Einfluss, ihre Kraft. Mutter ist die Shakti, das weibliche Prinzip. Manchmal sehe ich sie aber auch ganz anders: Für mich könnte sie auch Tara sein, die tibetanische Transformation der Mutter, oder auch Mutter nur im Sinne der Gestaltungskraft in einer Blüte, als Teil der Natur.

Ich denke, dass man eine Verbindung zu Mutter und Sri Aurobindo haben muss, um hier in Auroville zu leben, aber es können Menschen aus verschiedenen Traditionen kommen. Zum Beispiel kann jemand Buddhist sein und zugleich anerkennen, dass Mutter und Sri Aurobindo die »Schutzheiligen« dieses Platzes sind.

Mit der Mutter fühle ich mich auch auf einer anderen Ebene verbunden: Ich habe durch die Naturwissenschaften zum Göttlichen gefunden. Ich bin als Protestantin erzogen worden, und sobald ich zur Universität kam und an Sonntagen nicht mehr zu Hause war, hörte ich auf, in die Kirche zu gehen. Es war vorbei für mich. Ich habe mich damit nicht von der Existenz eines Gottes losgesagt, sondern nur damit aufgehört, darüber nachzudenken. Und als ich dann anfing, Physik zu studieren und besonders, als ich mich mit Einstein und seiner Relativitätstheorie beschäftigte, hatte ich das Empfinden, als ob sich mir das ganze Universum wieder öffnen würde. Ich sah die ganze moderne Physik, die Quantenphysik und die erregenden Ideen von Raum und Zeit... da habe ich das Göttliche wieder entdeckt.

Ich bin sicher, dass auch Einstein immer mit dem Göttlichen verbunden war, und auch Isaac Newton. Viele wirklich große Naturwissenschaftler, die sehr materialistisch eingestellt waren, dialektisch in ihren Denkprozessen und empirisch in ihren Schlussfolgerungen, haben niemals die Möglichkeit einer alle diese Dinge verbindenden göttlichen Kraft in Frage gestellt. Dann habe ich Fritjof Capra in Moskau getroffen. Er ist Österreicher, hat viele Jahre in Amerika gelebt, aber man spürt die europäische Tradition in der Art und Weise, wie er denkt. In seinem Buch »Das Tao der Physik« beschreibt er die Verbindungen zwischen alten Traditionen und moderner Physik.

Mutter war auf einer ähnlichen Reise mit ihrer Arbeit am Bewusstsein der Zellen. Sie hat verstanden, dass die Erinnerungen des gesamten Universums jeder einzelnen Zelle eingepflanzt sind. Es muss ein kollektiver Prozess sein, damit die gesamte Menschheit eine höhere Bewusstseinsstufe ereichen kann.

Das ist die Idee der kritischen Masse... Sri Aurobindo hat darüber gesprochen, und diese Idee existiert auch bei Rupert Sheldrake (»Das schöpferische Universum«). Es gab eine solche kritische Masse schon mal in den 60-er Jahren, als es in Amerika und auch in Europa diese erstaunliche Bewegung gab, die auch mit einer Öffnung dem Kosmischen gegenüber einher ging. Teils durch den Gebrauch von Drogen, teils auch durch neue Musik oder durch neue Ideen und den Bruch mit Traditionen. All das wurde dann durch Geld- und Machtdenken verfälscht und ungünstig beeinflusst. Die Idee war zu neu, und die Leute hatten noch nicht die Disziplin und die nötige Voraussicht, um die Sache langsam und weise angehen zu können.

»The Water makes us one!«, ein Gemälde von Marti.

Hier in Auroville ist deshalb das langsame Wachsen lebenswichtig und Gott sei Dank sind wir dadurch geschützt, dass wir wenig Geld haben, da gehts schon von daher eher langsam!«

Alt werden mit Auroville

Die 68er, die Auroville aufgebaut haben, gehen nun selbst auf die 68 zu, sie haben der Vision ihr Leben gewidmet und werden nun mit ihr alt. Das Wort Ruhestand hält zaghaft Einzug, und auch einige Gräber gibt es inzwischen. Auroville ist auf der Suche nach passenden Formen des Altwerdens, Abschiednehmens und Erinnerns.

Eine erste Antwort ist das Projekt Arka, eine Art Altersresidenz, mit Apartments, Malstudios und Werkstätten, Body-Räumen und einem öffentlichen Restaurant. Unumstritten ist es allerdings nicht, denn man will natürlich zum einen kein Ghetto schaffen, und zum anderen Auroville auch nicht zu einem attraktiven SeniorInnen-Standort mit Inspirations- und Komfort-Plus machen. Andererseits steht man vor der blanken Notwendigkeit, sich dem Altwerden und seinem größeren Pflegebedarf zu stellen. Das Leben auf dem Motorrad und der Yoga der Arbeit hält zwar lange jung, aber auch AurovillianerInnen leben in den Grenzen der Zeitlichkeit!

Man darf gespannt sein, wie die Frage des Altwerdens sich gestalten lässt, vor allem, wenn kein privates Extra-Geld für Extra-Pfleger vorhanden ist. In den Ruhestand wird man hier jedenfalls nicht geschickt, es gibt keinen abrupten Abbrüche und keine Abstellgleise. Ein geschmeidiges Wandeln und Anpassen ist möglich, Erfahrung landet nicht auf dem Müll der Beschleunigung, Tätigkeitsfelder gibt es in Hülle und Fülle, und die spezielle Milde und Gelassenheit des Alters kann zu den Häutungen Aurovilles segensreich beitragen.

Frederick: »Wir müssen nach vorne und nach oben blicken!«

Er war der erste, der in Auroville ein stabiles Haus aus Stein baute, auf Wunsch *der Mutter*. Es sollte ein Zeichen sein: Auroville nimmt dauerhafte Formen an! Frederick sollte und wollte diese Kontinuität verkörpern und das tut er bis heute in Treue und Festigkeit. Wenn er zuweilen der Bürgermeister genannt wird- obwohl solch eine Position vermieden wird – drückt sich darin der Respekt für sein jahrzehntelanges Wirken aus, insbesondere als verlässlicher Kontaktmann in den komplizierten Verhandlungen mit der indischen Zentralregierung in Delhi.

Als ich ihn frage, ob er diese Verpflichtung, hier die Kontinuität zu verkörpern, noch immer empfindet, ist es das Wörtchen *hier,* das er aufgreift.

»Ich glaube, das mit der Kontinuität gilt noch, doch ich würde das Wörtchen ‚hier' neu definieren. Damals habe ich das Haus gebaut, doch das Haus wird längst von anderen bewohnt und genutzt. Und auch sonst hat sich für mich persönlich die lokale Interpretation von Kontinuität erweitert, in Richtung vielerlei Kontakte in der Welt, in Richtung einer Repräsentation von Auroville in der Welt. Es hat hier zwar noch einen Stellenwert als Laboratorium an einem spezifischen Ort, doch meine Kontinuität ist mehr im Sinne von einer weiteren Ausstrahlung in den Staat Tamil Nadu, nach Indien und in die Partnerschaften mit der Welt.

Ich würde heute zur *Mutter* sagen: meine lokale Aufgabe hier vor Ort ist zu Ende gegangen, doch der Botschaft Aurovilles auf einer weiteren Austrahlungsebene bin ich weiterhin verpflichtet!«

Foto: Ireno

Der Auroville-Veteran Frederik: »Nach vorne und nach oben blicken.«

Und repräsentiert er es mit Stolz? Kann es sich in seinen Augen sehen lassen? Gar als ein Vorbild für die Welt?

»Das Wirken von Sri Aurobindo und der Mutter in der Welt hat seinen Stellenwert unabhängig von dem, was hier vor Ort gelingt oder scheitert. Im Moment gehen wir hier durch eine intensive Phase der Umstrukturierung, Man könnte sagen, dass Auroville sich jetzt anstrengen muss, mit der Gesamtentwicklung in der Welt Schritt zu halten. Bislang haben wir uns vor allem bemühen müssen, diesen Standort zu festigen, jetzt müssen wir nachholen und den Weltbezug schaffen.

Sri Aurobindo ist an vielen Plätzen der Welt tätig, das müssen wir fruchtbarer in Wechselwirkung bringen. Wir brauchen dazu mehr Durchlässigkeit und Gastfreundschaft, sollten uns befruchten lassen, statt immer nur selbst als Glücksbringer aufzutreten. Da helfen uns die Jugendlichen, sie befördern diesen Wandel zu mehr Durchlässigkeit. Und die entstehenden Programme für Lehr- und Lernstätten für Jugendliche und Studenten - von der Regierung gefördert- werden dazu viel beitragen.

Dass wir Veteranen flexibel und lebendig genug sind... da muss ich mich allerdings selbst immer wieder ermahnen! Kurzum: Wir müssen nach vorne und nach oben blicken!«

Wie sieht er als jemand, der bei den wechselnden indischen Zentralregierungen die Rückendeckung für Auroville immer wieder neu sichern muss, die Gefahren eines zunehmenden Fundamentalismus?

»Da muss man nur Sri Aurobindo lesen, er war ja sehr engagiert in der nationalen Bewegung, aber das nationale Interesse wollte er immer überwunden wissen, es entspricht nicht Indiens Dharma, Indien hat vielmehr seine speziellen Aufgaben für die Welt, für die Human Unity, auch die jetzige Zentralregierung ist sich dessen bewusst, meine ich.

Auroville muss natürlich gegen jede Form der Einengung wirken, und der Fundamentalismus ist eine Form der Einengung. Wir positionieren uns gegen Nationalismus und Fundamentalismus, mischen uns allerdings nicht in die Tagespolitk ein. Politik verstehen wir ja allgemein eher platonisch, als engagierte Beteiligung an den Angelegenheiten der Gemeinschaft. Der feine Grad ist uns wichtig, also einerseits nicht ins polarisierte Politikum der Tageskämpfe hinein zu stolpern, aber andererseits auch nicht abzuheben. Wir wollen kein Interessenlobbying, wir lehnen Politik als Business ab, aber wir sind doch engagiert und interessiert für die Welt.

Als er nach Auroville kam, war für ihn wie für viele Indienreisenden aus dem Westen die Frage nach der Dualität drängend. (siehe Kapitel Auroville und die Mutter), In welchem Verhältnis steht die zu Grunde liegende Einheit und Ganzheitlichkeit zur Dualität, zu den Pendelbewegungen und Polarisierungen im Vollzug des Lebendigen?

»Ich empfinde das Älterwerden als ein der Einheit entgegen wachsen. Man ist durch die Spreizungen der Dualitäten hindurchgegangen. Frau, Mann, Himmel und Erde, Maya, Lila... als Spiel, als Tanz ist das schön! Aber wenn es eine Zwangslage wird und man nicht dahinter auch Brahman oder die Einheit sieht, verengt man sich. Man muss auf beiden Flächen spielen. Man wird weiblicher, komplementärer, weniger konträr. Ich muss nicht mehr der Fahnenträger in eine bestimmte Richtung sein.

Es geht nicht um Einförmigkeit, nicht mal um Einheit, sondern um Ganzheit. Die Begriffe Unity und Oneness sind etwas verschiedenes. Unity setzt als Begriff immer noch zu sehr die Getrenntheit zweier Elemente voraus, die sich vereinigen, zwei Komponenten wie Ying und Yang. Während Oneness existenziell eins ist. Um diese Frage geht es in Auroville ständig. Oneness bedeutet das zugrunde liegende Eins-Sein, nicht die Vereinigung von ursprünglich getrennten Elementen.«

Vor 30 Jahren war es seine intensive Begegnung mit der Mutter, die die Bindung an Auroville geschaffen hat. Trägt ihn diese innige Verbindung noch immer?

»Wenn ich ihre Stimme innerlich höre, wallt noch immer eine Wärme in mir auf, aber ich hänge nicht mehr sentimental daran, ich muss auch kein Bild mehr von ihr aufhängen. Mutter verstand sich selbst ja in erster Linie als Empfängerin von Sri Aurobindo, als Dienerin seines Wirkens. Alles kommt von ihm. Die supramentale Manifestation auf der Erde ist Sri Aurobindo, sie ist nicht biografisch gebunden. Wir müssen an dieser Manifestation, an dieser Freisetzung mitwirken, jenseits der biografischen Einengung. Ich würde zum Beispiel all die Bilder von der Mutter an den Wänden hier lieber nicht sehen! Wir sollten nicht in Religiosität flüchten, das wäre das Ende der Spiritualität!«

Und stellt er sich vor, in Auroville alt zu werden? Mit den anderen VeteranInnen zusammen??

»Ich habe mein Leben *der Mutter* und Sri Aurobindo gewidmet und ich wünsche mir, dass Auroville auch der Ort ist, an dem ich alt werden kann, aber wenn andere Zeichen kommen, würde ich auch woanders ihre Sache vertreten... ich habe mir gestern ein Zelt gekauft!«

Das Zelt braucht er für eine Himalaya-Reise, er macht sich immer wieder gerne auf den Weg, allein, oder mit anderen, in die Einsamkeit der Berge Indiens oder in das tosende Leben der Weltstädte, wo er Freunde hat. Und dann kehrt er wieder zurück nach Auroville, wo ja auch seine Schwester sowie inzwischen eine beträchtliche Anzahl von Frederick-Kindern und Kindeskindern, Nichten und Neffen leben! Heimweh und Fernweh spielen bei ihm offenbar versöhnlich zusammen.

»Das Feuer muss immer wieder entflammen, man muss sich etwas lockerer bewegen, darf nicht erstarren!

Wenn ich merke, es wird mir zu eng, dann breche ich aus, bin mit dem Rücksack auf Achse, von Herberge zu Herberge. Wie heißt es so schön: In die Ferne gehen, um das Fürchten zu lernen!«

Aurovilles Eltern

Die Geschichte Aurovilles ist zugleich die Geschichte zweier außergewöhnlicher Sucher an den Grenzen zwischen Abendland und Morgenland: Mira Alfassa und *Sri Aurobindo*. Ihre Wege kreuzten sich 1914 in Pondicherry, nachdem beide einen turbulenten Weg innerer und äußerer Suche hinter sich gebracht hatten. *Sri Aurobindo* als anglisierter Inder, der im englischen Cambridge ausgebildet wird und als Jugendlicher leidenschaftliches Heimweh und politische Befreiungsambitionen entwickelt. Er kehrt als Erwachsener mit den Schätzen abendländischen Geistesguts heim und wird in Indien zur Leitfigur der aufkeimenden radikalen Unabhängigkeitsbewegung. Nach seiner Inhaftierung 1908/09 zieht er sich jedoch von der Politik zurück, um sich in Pondicherry dem Werk der spirituellen Transformation zu widmen, als Schriftsteller, als Seher und Meister, an der Seite *der Mutter*.

Mira Alfassa als Französin mit türkisch-ägyptischer Abstammung, die schon als Kind spirituelle Visionen hat, aber im bürgerlichen Elternhaus unverstanden bleibt. Sie studiert Mathematik, Kunst und Musik, verkehrt im Kreis der Pariser Impressionisten, heiratet und wird Mutter eines Sohnes, überlässt sich einer okkulten Schulung in Ägypten, verbringt die Jahre des ersten Weltkriegs in Japan und findet schließlich im Zusammenwirken mit *Sri Aurobindo* ihre erlösende Bestimmung.

Lebensstationen von *Sri Aurobindo*

Am 15. August 1872 wird *Sri Aurobindo* als dritter Sohn der Arztfamilie Bose in Kalkutta geboren. Sein Vater hält seine Kinder von indischen Einflüssen fern, Aurobindo kommt mit fünf Jahren in ein englisch geführtes Internat, als er sieben ist, zieht die Familie nach England.

Nach einem Jahr kehren die Eltern mit der Tochter und dem vierten Sohn jedoch nach Indien zurück. Aurobindo bleibt mit seinen beiden Brüdern in der Obhut eines kongregationalistischen Geistlichen. In Indien zerbricht die Familie Bose nach dem Ausbruch einer geistigen Störung der Mutter.

Aurobindo wird zum Musterschüler, lernt neben Englisch auch Latein und Griechisch, vertieft sich als Jugendlicher in das Studium europäischer Philosophie, Geschichte und Literatur und schreibt für ein Familienmagazin.

Die abendländische Kultur zieht ihn an, obwohl er sich nie wirklich heimatlich in ihr fühlt. Er empfindet, dass sein Wesen indisch ist und vollzieht gleichsam die Zerrissenheit seines Vaterlandes, dessen darniederliegenden Nationalstolz und unterdrückten Charakter, im eigenem Innersten nach.

Während er mit erstklassigen Zeugnissen und mehreren Literaturpreisen brilliert und nach außen die hohen Erwartungen seines Vaters und seiner Lehrer erfüllt, entflammt in ihm Sehnsucht nach seiner Heimat; einer befreiten Heimat! Aurobindo empfindet eine wachsende politische Berufung, sein Land zu seinem Stolz und seiner Aufgabe in der Welt als »Mutter Indien« zurückzuführen. So scheint sein inneres Suchen wie verwoben mit dem Schicksal seiner kolonialisierten Heimat, in der es zu dieser Zeit noch keine Unabhängigkeitsbewegung gibt.

Gleichzeitig kämpft er mit Existenznot. Er wohnt in ärmlichsten Zimmern, bekommt vom Vater nur noch unregelmäßig Geld und kann es sich im Winter nicht leisten, zu heizen. Doch das verstärkt nur seine Anstrengungen zu innerer Selbstmeisterung.

Von Lehrern und Mitstudenten wird er als ernst, still und introvertiert beschrieben. Obwohl er selten lächelt oder gar lacht, wird doch sein feinsinniger, distanzierter Humor geschätzt.

Ein nobler, bescheidener Charakter wird ihm bescheinigt; doch rebellisch entzieht er sich jedweder Vereinnahmung. Weder gelingt es seinen Erziehern, ihn zu christianisieren, noch (später), ihn als Beamten für den indischen Verwaltungsdienst zu gewinnen. Stattdessen schließt er sich einer radikalen Geheimgesellschaft mit dem programmatischen Namen »Lotus und Dolch« an, deren Mitglieder sich schwören, das Vaterland von der Fremdherrschaft zu befreien.

1893 verlässt er England, kehrt nach Indien heim und sagt rückblickend: »Wenige Freundschaften wurden in England geschlossen, und keine war sehr persönlich. Die geistige Atmosphäre entsprach mir nicht!« (*S.A. On Himself,* S.18). Aurobindo grenzt sich jedoch nie – wie etwa Mahatma Gandhi – vom Westen ab. Er verehrt Goethe und schätzt die englische Literatur, er ist angetan von der Entwicklung eines föderalistischen Europa, er respektiert die ideellen Errungenschaften westlicher Demokratien, ohne sie jedoch zu verherrlichen.

Über die Beziehung zwischen Europa und Asien sagt er:

»Es ist zur Gewohnheit geworden, sich über die Kluft und den Unterschied zwischen diesen beiden Gruppen der menschlichen Familie zu äußern und sie sogar in Gegensatz zueinander zu bringen. Meiner Einstellung entspricht es jedoch mehr, von Einheit und Gemeinsamkeit statt von Kluft und Verschiedenheit zu sprechen. Osten und Westen haben dieselbe menschliche Natur, dasselbe Verlangen nach Vervollkommnung, dasselbe Suchen nach etwas, das höher ist als sie selbst, dem innerlich und sogar äußerlich zuzustreben unser Wunsch ist ... Osten und Westen sind sich immer begegnet und haben sich mehr oder weniger miteinander eingelassen. Sie haben sich gegenseitig stark beeinflusst und sind heute durch Natur und Schicksal zunehmend genötigt, es in noch höherem Maß zu tun als je zuvor.« (Message of Sri Aurobindo and The Mother, S.19).

Er beobachtet jedoch den Zerfall abendländischer Kultur und versteht den geistigen Reichtum Indiens als heilende Ergänzung im universalen Geschehen. Indien braucht seiner Meinung nach die vital-mentale Stärke des Westens und der Westen die geistig-spirituelle Stärke des Ostens, sein Urwissen um die universale Wesensverbundenheit.

Ankunft in der Heimat

Sri Aurobindo kehrt 1892 nach Indien zurück, doch seinen Vater sieht er nicht mehr wieder, er ist kurz zuvor gestorben. Nun beginnt die Zeit des Kampfes für die bedingungslose Unabhängigkeit Indiens und zugleich auch die persönliche Verwurzelung in der eigentlichen Heimat. Aurobindo lernt Bengali, Sanskrit und Hindi und nimmt die politische Arbeit auf.

Es gibt zwar schon seit 1885 den Indischen Nationalkongress, doch der vertritt vornehmlich die Interessen der verwestlichten indischen Bourgeoisie. Erst um die Jahrhundertwende beginnt sich die Unabhängigkeitsbewegung zu formieren, und *Sri Aurobindo* wird leidenschaftlicher Führer der radikal-nationalen Bewegung »Swaraj« (Selbstregierung), verfasst Kampf- und Propaganda-Schriften, wird als gelehrter, brillanter Redner verehrt, ist Mitarbeiter mehrerer nationalistischer Zeitungen.

Gleichzeitig vertieft er sich in die Praxis des Yoga, wenn auch zunächst im Sinne des alten Sanskrit-Wortes »Yoga = anschirren, sich rüsten«. Yoga-Übungen sollen seine politische und literarische Kraft intensivieren.

Beruflich arbeitet er von 1893–1906 als Privatsekretär des Maharadscha von Baroda, quittiert dann aber die gut bezahlte Stellung und wird Professor am Bengal National College in Kalkutta, was ihm mehr politischen Freiraum lässt. Er avanciert bald zum stellvertretenden Direktor, lehrt Französisch und Englisch, gibt nebenher die Zeitschrift *»Bande Mataram«* heraus, das Organ der Unabhängigkeitsbewegung *»Swaraj«*.

Als 1905 Bengalen geteilt wird, flammen die nationalen Strömungen landesweit auf, die Swaraj-Bewegung mit *Sri Aurobindo* als ihrem charismatischen Führer hat landesweite Erfolge. Das moderne Indien empfängt von dem Universalisten *Sri Aurobindo* prägende Impulse.

Privat ist er inzwischen verheiratet. 1901 wurde in Baroda die Hochzeit mit der 14-jährigen Mrinalini Bose arrangiert, nach indischer Tradition, wie es damals kaum anders denkbar war. Die Ehe bleibt kinderlos, ein traditionelles Eheleben kommt nicht dauerhaft zustande, Mrinalini lebt getrennt, bei ihrer eigenen Familie. *Sri Aurobindo* versucht vergeblich, sich seiner Frau zu erklären und sie auf dem Weg seiner Bestimmung mitzunehmen:

»... was würde ein Sohn wohl tun, wenn ein Dämon auf der Brust der Mutter säße und ihr Blut tränke? Würde er nicht laufen, seine Mutter zu befreien? Ich weiß, ich habe die Kraft, diese gefallene Rasse aufzurichten. Ich will nicht mit Schwertern und Kanonen kämpfen, es gibt auch die Kräfte Brahmans, die sich auf Wissen gründen. Dieses Gefühl ist nicht neu in mir, damit bin ich geboren, es ist in meinem Mark und Bein. Gott hat mich auf die Erde geschickt, diese große Mission zu erfüllen. Mit vierzehn Jahren ging der Samen auf, mit achtzehn hatte er feste Wurzeln gefasst. Und nun frage ich dich, was willst du dabei tun? Die Frau ist die Shakti, die Kraft und Macht des Mannes, das heißt, der Mann spiegelt sich in der Frau. Das Echo seiner eigenen hohen Hoffnungen findet er in ihr, und das verdoppelt seine Kraft. Willst du uninteressiert bleiben und die Kraft deines Mannes mindern?

... Willst du denn immer so bleiben und nur denken: Ich möchte feine Kleider anziehen, gut essen, lachen, tanzen und mich an allen möglichen Vergnügungen erfreuen? Einen solchen Geisteszustand kann man nicht Fortschritt nennen. Das Leben der Frauen in unserem Land hat heutzutage eine enge und wenig wünschenswerte Gestalt. Lass doch all jene Dinge und geh mit mir zusammen! Wir sind auf die Welt gekommen, Gottes Werke zu tun. Lass uns damit beginnen!« (1905, zitiert aus der Sri Aurobindo-Monographie von Otto Wolff, rororo, S. 31/32)

Es heißt, *Sri Aurobindo*s Frau habe den Versuch gemacht, den Weg des Yoga zu gehen, sei ihm aber nicht weiter gefolgt. Als sie ihrem Mann später - 1918 - dennoch nach Pondicherry folgen wollte, starb sie kurz zuvor an einer schweren Grippe.

Sri Aurobindo 1920 zurück in Pondicherry.

Abkehr von der Politik

Am 4. Mai 1908 wird *Sri Aurobindo* verhaftet, weil er (irrtümlich) in Zusammenhang mit einem Attentat auf einen Regierungsbeamten in Muzaffarpur gebracht wird. Im Gefängnis von Alipur vollzieht sich *Sri Aurobindo*s innere Wendung zum spirituellen Seher und Yogi. Er erfährt dramatische Visionen, und als er ein Jahr später freigesprochen wird, verlässt er das Gefängnis in der Gewissheit, sich nun der inneren göttlichen Führung hingeben und die Bühne der praktischen Politik verlassen zu müssen. Er tut dies in der Gewissheit, dass das in Gang gekommene Nationalbewusstsein auch ohne ihn zur Befreiung führen wird. Fortan sieht Aurobindo sein Ziel über die Einheit der Nation hinaus in der Einheit der Menschheit.

Als Indien am 15. August 1947 unter der Führung Mahatma Gandhis unabhängig wird, ist das zugleich der 75. Geburtstag von *Sri Aurobindo*: Es ist, als ob das unabhängige Indien sich bei einem seiner Wegbereiter bedanken wolle!

Die Zeit in Pondicherry

In Pondicherry, einer französisch regierten Kleinstadt 180 km südlich von Madras, ist *Sri Aurobindo* vor weiteren Repressalien sicher. Hier entwickelt er seinen Integralen Yoga und begründet die philosophische Zeitschrift *»Arya«*, mit der er internationale Beachtung findet.

»Das ist unser Ideal und unser Suchen im ›Arya‹: Wir wollen die tief schürfendsten und lebenswichtigsten Methoden zur psychologischen Disziplin und zur Entfaltung des Selbst entwickeln. Sie sollen auch das Vitale so eng wie möglich berühren, damit das Physische wie das Seelische ein wirklicher Ausdruck des spirituellen Lebens werden kann, und zwar in seiner größtmöglichen Weite, seinem Reichtum, seiner Macht und Komplexität. Und wir

wollen Wege und Motive finden, die des Menschen äußeres Leben, seine Gesellschaft und seine sozialen Institutionen umgestalten, der Wahrheit des Geistes entsprechend, größtmögliche Harmonie zwischen individueller Freiheit und sozialer Einheit zu errichten.«

Er bestreitet diese Zeitschrift allein, sie wird zu seinem persönlichen Organ, aus den Beiträgen gehen später seine literarischen Hauptwerke hervor: *»Das Ideal der menschlichen Einheit«, »Das Göttliche Leben«, »Essays on the Gita«, »Die Synthese des Yoga«, »Zyklus der menschlichen Entwicklung«, »Das Problem der Wiedergeburt«* und *»Geheimnis der Vedas«.*

Als 1920 *die Mutter* für immer nach Pondicherry kommt, wächst die kleine Schülergemeinschaft um *Sri Aurobindo* zu einem Ashram heran.

Nach 1926 lebt *Sri Aurobindo* zurückgezogen in seinem Ashram-Zimmer, der Kontakt zur Außenwelt beschränkt sich auf *die Mutter*, auf seine literarischen Veröffentlichungen und auf umfangreichen Schriftverkehr mit seinen Schülern. Dieser Schriftverkehr ist in mehreren Büchern seiner Schüler dokumentiert. Sie zeugen von intensiver Hingabe der Schüler an ihren humorvollen Meister.

Die Evolution als Schöpfungsplan

Die Evolution vollzieht sich nach *Sri Aurobindo* durch den Prozess einer gelungenen Individuation im Dienste der Vielfalt in der Einheit. Es verbindet sich darin das Bemühen um Selbst-Verwirklichung mit der Vergewisserung der uralten vedischen Weisheit einer kosmischen Wesensverbundenheit.

Sri Aurobindo brachte die Idee des Subjektivismus nach Indien. Eines Subjektivismus, der allerdings nicht um sich selbst kreisend und um seiner selbst willen betrieben wird, sondern zur Bereicherung der Schöpfung.

»Der Einzelne ist das Tor der Entwicklung.« »Sein wirkliches Daseinsziel darf nicht darin bestehen, sich der Masse unterzuordnen oder sich in ihr zu verlieren, sondern diese Wahrheit des Seins in sich selbst zu finden und auszudrücken und der Gemeinschaft, der Menschheit zu helfen, ihre eigene Wahrheit und Fülle des Seins zu finden.« (*Life Divine II*, S.28)

Der wahre Subjektivismus

»Was der wahre Subjektivismus uns lehrt, ist dies, dass wir erstens ein höheres Selbst sind als unser Ego und unsere leiblichen Glieder, dass wir zweitens in unserem Leben und Sein nicht nur wir selbst, sondern alle anderen auch sind. Es besteht eine geheime Solidarität, gegen die unser Egoismus ausschlagen und streiten mag, der wir aber nicht entrinnen können. Das ist die alte indische Entdeckung, dass unser wahres Ich ein höchstes Wesen ist, das unser wahres Selbst ausmacht, das zu entdecken und dessen bewusst zu werden unsere Aufgabe ist. Zweitens aber, unser Sein ist eines in allem, es drückt sich im Individuellen wie Kollektiven aus, und nur indem wir unsere Einheit mit anderen anerkennen und verwirklichen, können wir völlig unser eigenes Selbst-Sein erfüllen.

Die Freiheit aber, die der kämpferische menschliche Geist für das Individuum fordert, ist keine rein egoistische Herausforderung und Revolte, wie egoistisch oder einseitig übertrieben und falsch angewandt sie manchmal auch vorstoßen mag, diese Freiheit ist der göttliche Instinkt im Menschen, das Gesetz seines Selbst, sein Anspruch auf Raum und damit auf die grundlegende Bedingung für seine natürliche Selbstentfaltung.

Kein Staat oder Gesetzgeber oder Reformer kann den Menschen rigoros in ein perfektes Muster hineinpressen. Keine Kirche, kein Priester kann ihm ein mechanisches Heil vermitteln. Keine Lebensordnung, keine soziale Klasse, kein soziales Ideal, keine Nation, keine Zivilisation, kein Bekenntnis, keine ethische, soziale oder religiöse Heilige Schrift kann das Recht haben, ihm für alle Zeit zu erklären: Auf diese meine Weise und so weit sollst du handeln und wachsen, und auf keine andere Weise und nicht weiter soll dir zu wachsen erlaubt sein.« (*The Human Cycle*, S.54, 79 und 80)

Gott als Schöpfer

Sri Aurobindo hat ein personales Gottverständnis. Gott will sich im Menschen manifestieren, die Evolution ist seine Schöpfung, sein Spiel, sein Werk, das zur Vollendung strebt. Gott ist für ihn keine unpersönliche metaphysische Kraft, sondern eine wahre Person und zugleich die Quelle aller Personalität.

»Gott ist ein Wesen und nicht ein abstraktes Sein oder eine Zuständlichkeit reiner, zeitloser Unendlichkeit. Die ursprüngliche und universale Existenz ist Er.

Gott ist mehr als Mann oder Frau, ein Streifen Land oder eine Glaubensformel, eine Meinung, Entdeckung oder ein Prinzip. Er ist die Person über allen Personen, das Heim und Vaterland aller Seelen. Kosmos und Individuum aber gehen auf etwas im Absoluten selbst zurück, das die wahre Wahrheit der Individualität ist, die wahre Wahrheit kosmischen Seins, es leugnet sie nicht und überführt sie nicht als Irrtum.« (*Life Divine*, S.342)

Die Seele

Sie ist für Aurobindo die drängende, sehnende Kraft, die zu höherer Bewusstheit strebt, zu höherer Ordnung, zu feinerer Abgestimmtheit. Sie ist der Motor! In einem Gespräch mit Schülern erläutert er:

»Die Seele ist der Teil des Göttlichen, der in die Evolution als ein göttliches Prinzip in ihr herabsteigt, um die Entwicklung des Individuums aus der Unwissenheit heraus, hin zum Licht zu unterstützen. Sie entwickelt im Laufe der Evolution eine psychische oder seelische Individualität, die von Leben zu Leben wächst und das sich entwickelnde mentale, vitale und körperliche Wesen als seine Instrumente benutzt. Es ist die Seele, die unsterblich ist, während alles andere sich auslöscht. Sie schreitet von Leben zu Leben und ist Träger der Erfahrungen in ihrer Essenz und der Kontinuität der individuellen Entwicklung. Die Seele ist also unser wahres Wesen und Selbst, das sich auch eins weiß mit dem universellen Selbst (Atman).«

»Was ist dann aber die starke trennende Selbsterfahrung, die wir ›Ich‹ (Ego) nennen?«, fragt ein Schüler.

Sri Aurobindo antwortet: *»Es ist nichts zutiefst in sich Wirkliches, sondern nur eine praktische Verfassung unseres Bewusstseins, die die Aktivitäten in uns zu zentralisieren hat ...«* (*S.A. Century Birth Labory,* Bd.18, S.367)

Das Ego wird zum Selbst

Es soll als zeitweilig notwendiger Fokus unseres physischen, mentalen und vitalen Wesens in der spirituellen Entwicklung überwunden werden. An seine Stelle tritt durch Selbst-Erfahrung die individuelle Seele und das universale und transzendente Selbst *(Atman und Paratman).* Die Umwandlung des Selbst erfolgt nach *Sri Aurobindo* in drei Stufen:

- die psychische Transformation
- die spirituelle Transformation durch Verknüpfung des mentalen, physischen und vitalen Wesens mit der universellen Ebene und ihren Attributen Friede, Licht, Erkenntnis, Kraft, Seligkeit und Gottesschau
- der supramentalen Transformation, die die bis dahin transzendente, göttliche Natur im Menschen endgültig zur Entfaltung bringt und von der Unterwerfung unter Irrtum, Leiden und Tod befreit.

> *»So wie der Impuls zu einem denkenden Bewusstsein von den bereits empfindlicheren Reaktionen des Lebens in Metall und Pflanze bis hinauf zu seiner vollen Organisation im Menschen reicht, so gibt es im Menschen selbst das gleiche Aufwärtsstreben, und zwar die Vorbereitung – wenn nicht mehr – eines höheren und göttlicheren Lebens. Das Tier ist ein lebendes Laboratorium, in dem die Natur sozusagen den Menschen entwickelt hat. Und der Mensch selbst mag ebenso gut ein denkendes und lebendes Laboratorium sein, in dem sie mit seiner bewussten Mitarbeit den Übermenschen, den Gott erschaffen – oder sollten wir nicht eher sagen, Gott offenbaren möchte?«* (*Life Divine, II*)

Der Yoga wird integral

Der *»Integrale Yoga«* soll nicht in metaphysische Fernen entrücken, sondern er sucht wache Bewusstwerdung. Unbewusstes und Überbewusstes sollen integriert werden, ähnlich wie es C.G. Jung auf seinem Weg der Individuation nennt.

»Geistige Religion scheint oft etwas dem irdischen Leben Fernes, von ihm Verschiedenes, ihm Feindliches zu bedeuten. Sie scheint die Verfolgung irdischer Ziele zu verdammen, als seien diese dem geistigen Weg entgegengesetzt, als seien die Hoffnungen des Menschen auf Erden Trug oder Eitelkeit, mit der Hoffnung des Menschen im Himmel nicht vereinbar. [...] *Der der Welt ausweichende Mönch, der reine Asket, mag wohl für und durch seine Entsagung sein eigenes und besonderes Heil finden, die geistige Belohnung, wie sie der Materi-*

alist durch eine ihm eigene Methode, mit entsprechender Belohnung für Energie und konzentriertes Mühen, zu erlangen vermag. Beide aber können nicht der wahre Führer der Menschheit und ihr Gesetzgeber sein. Die mönchische Haltung schließt Angst, Abneigung, Misstrauen gegen das Leben und seine Zielsetzung ein. Man kann aber nicht das weise führen, was man nicht schätzt und was man auf das geringste Maß beschränken und entmutigen möchte. Würde die rein asketische Haltung Leben und menschliche Gesellschaft bestimmen, so könnte sie diese nur dazu anleiten, sich selbst zu leugnen und von den eigenen Antrieben zu befreien. Eine asketische Führung wird vielleicht die niederen Tätigkeiten zunächst dulden, aber nur, um sie zu überreden, sich immer mehr zu beschränken und sich am Ende jeder Wirksamkeit zu enthalten.« (*Human Cycle*, S.17)

Sri Aurobindo 1945

Sri Aurobindo vertritt keine konkrete Yoga-Schule, aber er würdigt in seinem Buch »Synthese des Yoga« traditionelle Disziplinen wie Hatha- oder Tantra-Yoga und die Kraft der Kundalini. Doch all das ist für ihn nur der Anfang.

»Die Disziplinen des Hatha-Yoga, die verschiedensten Meditationstechniken, die sich besonders der Vervollkommnung der Konzentrationsfähigkeit widmen, das Studium gesunder Ernährungsweisen, autogenes Training und neue Entwicklungen der Psychologie stellen Aspekte einer Disziplin des Physisch-Mentalen dar, das von einer offenbar globalen Transformation ergriffen worden ist. [...]

Der ursprüngliche Zweck eines jeden Yoga ist die Befreiung der Seele des Menschen aus ihrer naturhaften Unwissenheit und Begrenztheit. Sie soll in das spirituelle Wesen freigelassen und eins werden mit dem höchsten Selbst und dem Göttlichen Wesen. Gewöhnlich wird aber daraus nicht nur der Anfangszweck, sondern das Endziel gemacht. Gewiss kommt man dabei zum glücklichen Besitz spirituellen Wesens. Das geschieht jedoch entweder durch Auflösung des Menschlichen, des Individuellen im Schweigen des Selbst-Seins, oder, auf höherer Ebene, in einer anderen Existenz. [...]

Es muss zwar immer erstes Ziel des Yoga sein, die menschliche Seele individuell zu befreien [...] *sein zweites Ziel ist jedoch die Teilnahme des Menschen in freier Weise am kosmischen Sein des Göttlichen Wesens.*

Mitwirkung am göttlichen Werk

Ein drittes Ziel: Der Mensch soll die Bedeutung der göttlichen Einheit mit allen Wesen dadurch wirksam machen, dass er mitfühlend und aktiv an der spirituellen Absicht teilnimmt, die das Göttliche Wesen mit der Menschheit hat. So tritt der individuelle Yoga aus seiner Abgeschiedenheit hervor und wird zu einem Teil des kollektiven Yoga der Göttlichen Natur im Menschen. In seinem natürlichen Wesen wird nun der individuelle Mensch, dessen Selbst und Spirit in Gott geeint ist, zu einem sich immer weiter vervollkommnenden Instrument für das Aufblühen des Göttlichen Wesens in der Menschheit [...] Deshalb wird der dreifache Pfad von Wissen, Wirken und Hingabe zum Grundton unseres Yoga. Dieser Weg ist das Mittel, durch das die im Mentalen wirkende Seele zur höchsten Höhe emporsteigen kann, von der aus sie in die Einheit mit Gott weitergeht. Eben darum muss der Yoga integral sein. Wäre ein Hineinsinken in das Unendliche oder eine unmittelbare Einung mit dem Göttlichen Wesen unser ganzes Ziel, wäre der Integrale Yoga überflüssig. (Zitiert nach *M. Klostermann, »Auroville«,* Fischer TB 1976, S. 284/85)

Wichtiger als konkrete Methoden sind für *Sri Aurobindo* spezifische Elemente geistiger Übung:

- Sich öffnendes Vertrauen und Hingabe an das Göttliche Selbst. Vertrauen auch auf die Umwandlung aller Schattenseiten des Menschseins.
- die Fähigkeit des Beiseitetretens, Beobachtens und Abstandnehmens
- Disziplin und Aufrichtigkeit im Sinne eines Meisterns der vitalen Kräfte
- die Entwicklung einer »schauenden Intuition«
- und schließlich immer wieder: Mut zur Unmöglichkeit!

Das *Sri Aurobindo*-Symbol

Das nach unten weisende Dreieck symbolisiert die herabkommende Dreiheit Gottes: Sein, Bewusstsein und Seligkeit. Das nach oben weisende Dreieck symbolisiert den Weg der Materie (und des Menschen als Teil in ihr) zu höherem Bewusstsein, in der Dreieinigkeit von Leben, Licht und Liebe, als aufwärts strebende, sehnende Kräfte, die einem inneren Ruf folgen. Dieses Dreieck bezeichnet den bewusst werdenden Aufstieg. Die gegenseitige Durchdringung wird im Schnittpunkt vollendet. Das Viereck im Zentrum mit der Lotusblüte, die auf dem Wasser als dem Symbol der Schöpfung schwimmt, symbolisiert die offenbarte und verkörperte Göttlichkeit.

Zeitzeugen über *Sri Aurobindo*

Sri Aurobindo wird in Indien als Erleuchteter und Seher verehrt. Außerhalb Indiens wird vor allem sein universeller Beitrag zur Evolutionsphilosophie gewürdigt, er wird deshalb zuweilen auch der Teilhard de Chardin des Ostens genannt.

Ken Wilber, amerikanischer Evolutionsphilosoph:

»Sri Aurobindo war der erste große Philosoph und Weise Indiens, der Natur und Bedeutung des modernen Evolutionsgedankens in seiner vollen Tragweite begriff. Und so finden wir bei ihm die erste große Darlegung einer evolutionären Spiritualität, die das Beste der alten Weisheit mit den großen Errungenschaften des modernen Wissens zusammenführte.«

Rabindranath Tagore, indischer Philosoph, Dichter und erster indischer Literatur-Nobelpreis-Träger, schrieb über ein Treffen mit ihm:

»Sofort, als ich ihn sah, gewahrte ich, dass er die Seele gesucht und gefunden hatte. Sein Gesicht leuchtete von einem innerem Licht und seine klare, heitere Gegenwart machte es mir gewiss, dass keine tyrannische Doktrin, die ihr Vergnügen daran hat, dem Leben Wunden zuzufügen, seine Seele auf ihr Maß reduziert, verkrüppelt und verkrampft hatte. Der Spruch des alten Hindu-Sehers lag auf seinen Lippen. Sie haben das Wort, sagte ich zu ihm, und wir warten darauf, es von Ihnen zu empfangen.«

Der französische Schriftsteller *Romain Rolland:*

»Sri Aurobindo ist heute der größte Interpret Indiens, der die vollkommenste Synthese realisiert hat, die das Genie des Westens und des Ostens wohl überhaupt erreichen kann. Indem er die geistigen Antriebe Indiens mit den Aktivitäten des Abendlandes zu harmonisieren suchte, richtete er alle Kräfte des Geistes auf eine aufsteigende Bewegung. Er nimmt die materiellen und geistigen Eroberungen des Geistes Europas vollständig an, betrachtet sie jedoch nur als einen neuen Ausgangspunkt. Aurobindo Bose ist von einem Glauben ohnegleichen an die unbegrenzten Kräfte der Seele und an den menschlichen Fortschritt entflammt.«

Über die Verbindungen von *Sri Aurobindo*s Lehre zum Christentum sagt *Ernst Benz*, deutscher Theologe und Asienforscher:

»Die Lehre Sri Aurobindos vom Übermenschen erscheint mir als ein wichtiger Beitrag der indischen Religionsphilosophie zur Überwindung der rein restaurativen Anthropologie, die sich innerhalb der christlichen Theologie festgesetzt hat, und zu einer Neubesinnung auf das Anliegen der urchristlichen Anthropologie mit ihrer dynamischen Auffassung von der schöpferischen Wirkung der Gnade, die neue Seinsbereiche, Wirkformen und Bewusstseinsstufen des wieder geborenen Menschen eröffnet.«

1950 wird *Sri Aurobindo* für die Verleihung des Literatur-Nobelpreises vorgeschlagen, und die Schriftstellerinnen *Gabriela Mistral* und *Pearl S. Buck* schreiben zur Vorschlagsbegründung:

»Wir schauen auf Sri Aurobindo als einen, der zu der Familie der Seher und Weisen der Welt gehört; ihr Geschlecht endet niemals und ihre Majestät der Seele wirkt immer ein Licht

Ein Aphorismus

Was ich jetzt noch nicht kann,
zeigt mir an,
was ich künftig tun soll.
Das Bewusstsein der Unmöglichkeit
ist der Beginn aller Möglichkeiten.
Weil diese zeitgebundene Schöpfung
paradox und unmöglich war,
schuf sie der Ewige aus Seinem Sein.

Das Unmögliche
ist nur die Summe der größeren
unverwirklichten Möglichen.
Er verschleiert kommende Entwicklungsstufen
und eine noch unbeendete Reise

(Aus: S. A.: Kaskaden des Lichts, S. 9)

über alle Teile der Welt und zu allen Zeiten.« (Zeitzeugen zitiert aus der S.A. Monographie von Otto Wolff, rororo, S. 148)

In den letzten Jahren erlebt *Sri Aurobindo*s Lehre eine Renaissance. Transpersonale Psychologen und New Age Wissenschaftler kommen auf ihn zurück. 1991 erschien im Aquamarin Verlag ein Buch, das ihn als *»Vorbote des neuen Zeitalters«* vorstellt. Darin urteilt der amerikanische Philosophieprofessor *Robert McDermott:*

»Mehr als irgendeine andere Gestalt des modernen Indien gibt Sri Aurobindo in dramatischer Weise ein Beispiel für das Ideal einer harmonischen Verbindung von gesellschaftlich-politischer Aktivität und spiritueller Disziplin. [...] *In Sri Aurobindos Leben, Denken und Einfluss werden das Geistige und das Geschichtliche so nachhaltig aufeinander bezogen, dass sie miteinander verbunden als Maßstab der spirituellen Entwicklung dienen.«*

Das Neue

Es ist nicht unsere Aufgabe,
ewig zu wiederholen,
was immer schon getan wurde;
unsere Aufgabe besteht darin,
Neues zu verwirklichen und
noch ungeträumte Meisterschaften
zu erlangen.

Zeit, Seele und Welt
Vision, Hoffnung und
schöpferische Einbildungskraft
sind unsere Souffleusen;
Wille, Denken und Arbeit
sind die Instrumente,
die alles bewirken.

Und was ist das Neue,
das wir noch immer zu verwirkli-
chen haben?

Liebe,
denn bis jetzt haben wir es nur
zu Hass oder Selbstgefälligkeit
gebracht;

Erkenntnis,
denn bis jetzt haben wir es nur
zu Irrtümern, Vorstellungen
und Meinungen gebracht;

Seligkeit,
denn bis jetzt haben wir uns nur in
Genuss, Leiden und
Gleichgültigkeit geübt;

Macht,
denn bis jetzt haben wir nur
Schwäche, Anstrengung und
verlorene Siege zustandegebracht;

Leben,
denn bis jetzt haben wir nur
Geburt, Wachsen und
Sterben geübt;

Einheit,
denn bis jetzt haben wir nur
Kriege und Bündnisse geschafft,
kurz,

Göttlichkeit:
uns wieder
zum Ebenbild Gottes zu machen.

Aus: Sri Aurobindo, Kaskaden des Lichts, S. 14. Patmos Verlag, hrsg. von Theodora Karnasch.

Lebensstationen der Mutter

Die Mutter in Frankreich 1885

Am 21. Februar 1878 wird sie in Paris geboren. Ihre Mutter Mathilde Ismaloun ist Ägypterin, ihr Vater Maurice Alfassa ein Bankier aus der Türkei. In ihrer Herkunft gleichsam an der Nahtstelle zwischen Okzident und Orient mag sich ankündigen, was zur Lebensmission wird.

Schon als Vierjährige erlebt Mira innere Offenbarungen, und anstatt mit Puppen zu spielen, übt sie sich in geistiger Hingabe!

»Ich hatte einen kleinen Stuhl, auf dem ich still zu sitzen pflegte, in Meditation vertieft. Ein strahlend leuchtendes Licht pflegte dann über meinen Kopf herabzukommen und einen Wirbel in meinem Gehirn zu verursachen. Natürlich verstand ich nichts, es war nicht das Alter, um zu verstehen. Doch allmählich begann ich zu fühlen, ‚ich werde ein gewaltiges Werk zu tun haben, von dem noch niemand weiß!«

Ihre Mutter fragte sie: »Warum sitzt du denn da mit einem so ernsten Gesicht, als ob die ganze Welt auf dir lastet?« Miras Antwort: »Aber so ist es doch, ich fühle das ganze Elend der Welt auf mir lasten!« (zitiert aus der Biographie von Wilfried, S.5). Ihre Mutter reagiert befremdet, und Mira behält fortan ihre inneren Erlebnisse in sich verschlossen. Geborgen fühlt sie sich eher in der Natur, wenn sie unter Bäumen sitzt, mit Tieren spricht oder in ihr Tagebuch schreibt, das sie vor ihren Eltern sorgfältig verbirgt. Als gut bürgerliches Kind lernt sie Klavierspielen, Malen und Tennisspielen (eine Leidenschaft, die sie bis ins hohe Alter pflegt). In der Kunst findet sie ihr Ausdrucksmittel, später auch ihr soziales Milieu.

In ihren Träumen und Meditationen begegnet sie immer wieder einem Wesen, das zur spirituellen Schlüsselfigur für sie wird und dem sie den Namen Krishna gibt, ohne irgendetwas von der indischen Götterwelt zu wissen. Sie fertigt von ihm eine Skizze an und erkennt später in *Sri Aurobindo* eben dieses Wesen wieder.

Charakteristisch für ihren Ernst und ihr Empfinden, einer göttlich geführten Mission folgen zu müssen, ist eine Vision, die sie im Alter von dreizehn Jahren mehrmals hat:

»Jede Nacht schien es mir, sobald ich im Bett lag, als ob ich aus meinem Körper heraustrat und mich gerade über das Haus erhob, dann über die Stadt, weit nach oben. Ich sah mich dann ein herrliches goldenes Gewand tragen, das länger als ich selbst war; und indem ich weiter aufstieg, wurde jenes Gewand länger, breitete sich um mich herum in einem Kreis aus, um gleichsam ein unermesslich großes Dach über der Stadt zu bilden. Dann sah ich, wie von überallher Männer, Frauen, Kinder, Alte, Kranke, unglückliche Menschen

herbei kamen; sie versammelten sich unter dem weit ausgebreiteten Gewand, baten um Hilfe, berichteten von ihrem Unglück, ihren Leiden, ihren Schmerzen. Als Antwort darauf streckte sich das Gewand geschmeidig und gleichsam lebendig individuell zu ihnen hin, und sobald sie es berührten, waren sie getröstet oder geheilt und sie kamen glücklicher und stärker in ihren Körper zurück, als sie es je gewesen waren, bevor sie ihn verlassen hatten!« (*Glimpses of the Mother's Life I,* S. 24)

Mira lacht fast nie, ist aber von wilder Entschlossenheit, wenn ihr eine Ungerechtigkeit begegnet. Als Siebenjährige vertrimmt sie einen dreizehnjährigen Jungen, der die Mädchen belästigt (und erklärt später, Mahakali, die göttliche Kriegerkraft, habe ihr dabei geholfen).

Sie fällt durch ihr glänzendes Gedächtnis und ihre mathematische Begabung auf, sie lernt mit Leichtigkeit, aber nur, wenn sie etwas interessiert. Am liebsten macht sie sich darüber Gedanken, was »Gott« und »die Welt« sind und vor allem darüber, was Gott mit ihr in der Welt vorhat! Verstehen will sie, lernen will sie, Wahrhaftigkeit üben will sie; alles andere interessiert sie nicht.

Mit fünfzehn beginnt sie ihr Studium der Malerei, zum Missbehagen ihrer Eltern, die Kunst nur als Zeitvertreib akzeptieren. Sie absolviert die *École des Beaux-Arts,* bewegt sich im Umfeld der Avantgarde Pariser Impressionisten, heiratet mit neunzehn Jahren den Maler Henri Morisset. Mit zwanzig kommt ihr Sohn André zur Welt, der vor allem von Morissets Schwestern großgezogen wird. Sie sieht ihren Lebenssinn nicht im Ehe- und Familienleben.

Mich hätte sehr interessiert, was Mira Alfassa die leibliche Mutterschaft bedeutet hat, wie *die Mutter* sich als Mutter gefühlt hat, aber meine Neugierde fand trotz wiederholten Fragens und Forschens keine wirkliche Antwort. Angedeutet wurde mir, dass eine spirituelle Mutter eben nicht in einer individuellen, leiblichen Mutterrolle aufgehen kann. Angedeutet fand ich weiterhin, dass *die Mutter* der Meinung war, Mutterschaft zwinge die Frauen auf ein biologisches Level des alltäglichen Überlebens und des Körpers. Zwar hat sie später engagiert und viel über Kinder gesprochen, doch ich habe keine Aussagen von ihr gefunden über die spezifische spirituelle Tiefe in Schwangerschaft, Geburt und Mutterschaft. Ich bin darüber verwundert, weil doch gerade im Yoga von ihr und *Sri Aurobindo* die Durchdringung von Materie und Bewusstsein so betont wird, und Zeugung, Schwangerschaft, Geburt und Elternschaft bergen doch da ganz besondere Möglichkeiten!?

Mit ihrem Mann erlebt sie zwar einen künstlerisch-schöpferischen Austausch, aber ihre spirituelle Einsamkeit bleibt. Erst als sie mit 21 Jahren eine französische Übersetzung der *Bhaghvadgita* in den Händen hält (und in einem Monat verschlingt) und *»Raja Yoga«* von Vivekananda liest, findet sie darin Verständnis und Erklärung. Das Wissen des Orients zieht sie nun in den Bann. Sie versammelt in ihrem Haus spirituell interessierte Intellektuelle, gründet Studiengruppen wie *»Idea«* oder *»Cosmique«* und bearbeitet Texte der *Gita* und der *Upanischaden.*

Die Jahre 1905/1906 verbringt sie in Algerien und erfährt durch die Okkultisten Max und Alma Theon eine intensive Schulung. Danach kehrt sie nach Paris zurück, trennt sich von ihrem Mann, heiratet 1909 den Theologen und Philosophen Paul Richard, mit dem sie ihr Interesse am vedantischen Yoga teilt und mit dem zusammen sie auch ihre erste Reise nach Indien unternimmt.

Die Mutter in Japan 1919

Im März 1914 begegnet sie *Sri Aurobindo*, ihrem »Krishna«.

»Ich kam in Pondicherry an [...] *und etwas in mir sagte mir, dass ich Sri Aurobindo das erste Mal lieber ganz allein treffen wollte. Richard ging am Morgen zu ihm und ich hatte meine Verabredung am Nachmittag. Ich stieg die Treppe zu ihm hinauf und er stand da, oben an der Treppe, und wartete auf mich ... GENAU meine Vision! Genauso angezogen, dieselbe Position, dasselbe Profil, der aufrechte Kopf. Er drehte sich zu mir* [...] *und ich sah in seinen Augen, dass ER es ist! Die beiden Dinge klickten im selben Augenblick, die innere Erfahrung wurde sofort eins mit der äußeren Erfahrung und verschmolzen miteinander – der entscheidende Flash (the decisive shock). Ich stand also neben ihm. Zwar war mein Kopf nicht genau auf seiner Schulter, aber da wo seine Schulter war (ich weiß nicht, wie ich es sagen soll, es war ja kein direkter körperlicher Kontakt). So standen wir Seite an Seite, schauten durch das offene Fenster und dann fühlten wir gemeinsam, in genau demselben Moment: Nun wird das Werk vollendet! Ich fühlte, wie es mich gewaltig durchdrang, mit derselben Gewissheit, die ich in meiner Vision gefühlt hatte. Von diesem Augenblick an gab es nichts mehr zu sagen – keine Worte – nichts. Wir WUSSTEN: Das ist ES!«* (*Mothers Agenda, Vol 2,* S. 405/6).

die Mutter erkennt in *Sri Aurobindo* einen *»Avatar«*, einen Meister und Botschafter des göttlichen Willens auf der Erde. Wenn sie von der gemeinsamen Verwirklichung des göttlichen Plans spricht, geht sie davon aus, dass bestimmte Menschen dazu ausersehen sind, eine neue Bewusstseinsebene auf der Erde zu verkörpern und dadurch auch für andere wirksam werden zu lassen. Ihr Zusammentreffen geht weit über die uns vertraute Dimension einer Seelenverwandtschaft hinaus. Sie sehen sich als Schrittmacher der Evolution, und sie werden als solche verehrt.

In die Zusammenarbeit ist zunächst auch noch Ehemann Paul Richard miteinbezogen, er ist Mit-Initiator der Zeitschrift *Arya* und lebt mit Mira in der Nähe des Ashrams. Als der erste Weltkrieg ausbricht, wird er zum Kriegsdienst einberufen, sie folgt ihm gegen ihren eigentlichen Willen, wird in Frankreich mit den Gräueln des Krieges konfrontiert und bleibt währenddessen in innigem Briefkontakt mit *Sri Aurobindo.* Schließlich wird ihr Mann vom Militärdienst befreit, und das Ehepaar reist für vier

Jahre nach Japan. Mira Alfassa, bzw. Mira Richard, lässt sich von der japanischen Kultur inspirieren, ihre Leidenschaft für Blumen und Ästhetik erfährt neue Impulse, sie bewundert die Vereinigung von konzentrierter Vitalität und der Kultur des Schweigens und Feinsinns. Sie geht im japanischen Lebensgefühl auf, trägt Kimonos, lernt die Kunst des Blumen-Arrangements, widmet sich mit Hingabe ihrem Garten mitsamt dem Anbau von Gemüse, studiert und praktiziert japanische Yoga-Lehren.

Ihr Sohn André, inzwischen herangewachsen, muss derweil in der französischen Armee dienen. Es heißt, ein starker innerer Kontakt zu seiner außergewöhnlichen Mutter habe ihn schützend durch den Kriegsdienst begleitet, obwohl sie im Alltag nicht für ihn da war.

1919 trifft sie Rabindranath Tagore, er wohnt eine Zeit lang im selben Hotel wie sie. Tagore ist so von ihrer geistigen Präsenz so angetan, dass er ihr die Leitung seines Kulturzentrums *»Shantiniketan«* übertragen will. Doch Mira zieht es zurück zu *Sri Aurobindo*, für immer. Sie reist im April per Schiff von Japan nach Pondicherry, ihr Ankunftstag, der 24. April 1920, wird später zum internen Feiertag im Ashram. Ihr Mann bleibt von ihr getrennt und gründet später ein Zentrum für asiatische Studien in den USA. Mira wohnt zunächst in einem eigenen, gemieteten Haus und zieht später in *Sri Aurobindo*s Haus, das zum Ashram-Hauptgebäude wird.

Als Paar, als Mann und Frau verkörpern *Sri Aurobindo* und *die Mutter* die Symbiose aus Idee und Verwirklichung. *Sri Aurobindo* steht für die geistige Idee und *die Mutter* für die manifestierende Kraft. *»Ohne ihn wäre ich nicht, ohne mich wäre Er unoffenbart!«* (*Botschaften und Verwirklichungen*, S. 44).

Die Mutter über *Sri Aurobindo*s Werk

»Das Bewusstsein ist wie eine Treppe: In jeder großen Epoche hat es ein großes Wesen gegeben, das der Treppe eine Stufe hinzuzufügen vermochte, ohne die Fühlung mit dem Materiellen zu verlieren – das Höchste zu erreichen und gleichzeitig den Gipfel mit dem Grund zu verbinden, anstatt eine Art von Leere die verschiedenen Ebenen voneinander trennen zu lassen. Hinauf und hinab zu steigen und den Gipfel mit dem Grund zu verknüpfen ist das ganze Geheimnis der Verwirklichung, und das ist das Werk des Avatars. Jedes Mal, wenn er eine neue Stufe an die Treppe fügt, gibt es eine neue Schöpfung auf der Erde. Sri Aurobindo hat die Stufe, die er jetzt hinzufügt, den Übergeist genannt; als Ergebnis wird das Bewusstsein imstande sein, die übergeistige Welt zu betreten und doch seine persönliche Form, seine Einzelwerdung zu bewahren ... es ist im Wesentlichen eine Schöpfung der Ordnung, der Harmonie – alles an seinen wahren Platz zu stellen ...

Sogar wenn der, der dafür bestimmt ist, der Avatar, in einen Kerker gesperrt wäre, und niemanden sähe und nie herauskäme, würde er dennoch das Werk tun, weil es ein Werk des Bewusstseins ist, das Werk der Verknüpfung des Übergeistigen mit dem stofflichen Dasein. Er braucht nicht erkannt zu werden, er braucht keine äußere Macht zu haben, um diese bewusste Verbindung herzustellen. Ist das aber einmal getan, so muss es seine Wirkung in der äußeren Welt haben in Gestalt einer neuen Schöpfung, angefangen mit einer Mus-

terstadt und gekrönt von einer vollkommenen Welt.« (*Botschaften und Verwirklichungen*, S. 56).

Sri Aurobindo sagt umgekehrt über *die Mutter*:

»Die Mutter war innerlich schon in ihrer Kindheit über der menschlichen Ebene [...] *sie wirkt hier im Körper, um etwas herabzubringen, das bisher noch nicht in dieser Welt ausgedrückt ist, um das Leben hier umzuwandeln. In diesem Sinne ist sie die göttliche Shakti. Sie ist das im Körper, aber in ihrem gesamten Bewusstsein ist sie auch mit all den anderen Aspekten des Göttlichen vereint.« (On Mother)*

Das Leben im Ashram

Das Leben der kleinen Schülergemeinschaft um *Sri Aurobindo* herum verändert sich nun zu einer familienähnlichen Gemeinschaft mit gemeinsamen Meditationen. »Karma-Yoga«, der »Yoga der Arbeit« bildet einen der Grundpfeiler im Leben des Ashrams, Betriebe und Bildungseinrichtungen entstehen und – der abendliche Sport bekommt seinen festen Platz im Tagesablauf.
Gesundheit und Körperkräftigung sind ein wichtiges Anliegen, der Körper wird als Instrument, als Gefäß, als Diener des Bewusstseins verstanden; Sexualität allerdings gilt in der herkömmlichen Form als überholt – für den Yogi! (Familien werden erst später zugelassen). Verboten sind Rauchen, Alkoholkonsum und »Politik«.

Die Mutter in einem Brief an ihren Sohn:

»Das Leben, das wir hier führen, ist asketischer Abstinenz ebenso fern wie enervierendem Komfort. Einfachheit ist die Regel hier, jedoch eine Einfachheit, die voller Vielfalt ist, einer Vielfalt von Beschäftigungen, Tätigkeiten, Geschmäckern, Tendenzen, Naturen; jeder hat die Freiheit, das Leben nach eigenem Gefallen zu organisieren, die Disziplin ist auf ein Minimum reduziert, das unerlässlich ist, um das Leben von 110 Menschen zu organisieren (die Mutter, Biographie von Wilfried, Ashram Pondicherry, S. 47).

Mit Vehemenz und Mütterlichkeit geht Mira Alfassa im Ashram ans Werk, nimmt sich auch der alltäglichsten Details an und schließt ihre Schüler wie Kinder in ihr Herz. Von der Leitung der Meditationen und Gesprächsrunden über Sport und Spiel bis zur Ausgabe der Suppe: Sie kümmert sich um alles und zudem, so wird berichtet, sei sie eine wunderbare Geschichtenerzählerin gewesen.

Darüberhinaus beschäftigt sie sich intensiv mit Blumen; sie entsprechen ihrem ausgeprägten Sinn für Kunst in der Natur. Sie verleiht bestimmten Blumen symbolische Bedeutung und verfasst eine Art spirituelle Blumenkunde.

Sri Aurobindo, der ihr 1926 die Leitung des Ashrams allein überlässt und sich von äußeren Aktivitäten zurückzieht, würdigt ihr Schaffen als Shakti, als universale Mutter, gemäß der indischen Philosophie der vier weiblich-kreativen, erschaffenden Kräfte des Universums. Sie tauchen auch im Symbol der Mutter auf.

Das Symbol der Mutter

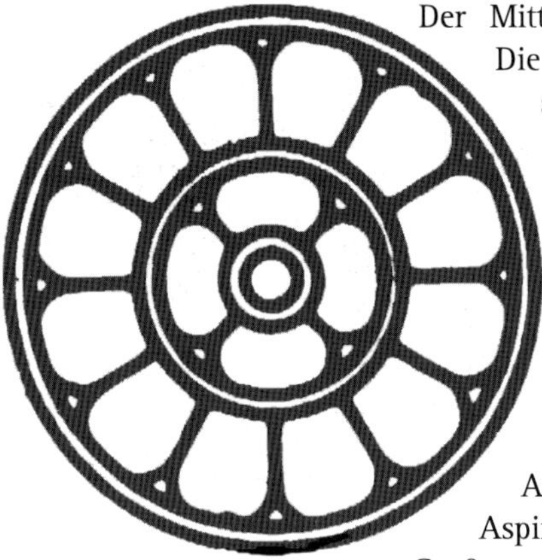

Der Mittelkreis steht für das göttliche Bewusstsein. Die vier ihn umgebenden Blütenblätter symbolisieren die erschaffenden Aspekte der Shakti: *Maheshwari* (Güte und Mitgefühl), *Mahakali* (Stärke, Leidenschaft und Willenskraft), *Mahalakshmi* (Harmonie und Anmut) sowie *Mahasaraswati* (Wissen, Arbeit und Ordnung).

Die zwölf umgebenden Blütenblätter stehen für die Qualitäten, die zur Manifestation der göttlichen Mutterkraft notwendig sind: Aufrichtigkeit, Demut, Dankbarkeit, Ausdauer, Aspiration, Empfänglichkeit, Fortschritt, Mut, Güte, Großmut, Gleichmut und Friede.

Dieses Symbol findet sich später auch in der Architektur des Matrimandir, dem Meditationsmittelpunkt von Auroville wieder. In den 30-er und 40-er-Jahren wächst der Ashram zu einer Größe von 2.000 Bewohnern heran, mittlerweile sind auch Kinder darunter. Florierende Betriebe und großzügige Spenden sichern den Unterhalt. Bildung, Kunst und Sport werden nach wie vor groß geschrieben.

In den letzten Jahren seines irdischen Lebens vollendet Aurobindo sein mystisches Epos *»Savitri«*, mit 23.800 Zeilen im Blankvers! Es beschreibt die Überwindung des Prinzips der Trennung, Begrenztheit und Sterblichkeit:

»Eine flammende Kriegerin von den ewigen Gipfeln, ermächtigt, aufzuzwingen versagtes Tor, schlug von des Todes Antlitz das Unbedingte und sprengte die Schranken von Bewusstsein und Zeit.« (*Sawitri,* S. 21)

Am 5. Dezember 1950 verlässt *Sri Aurobindo* seinen Körper. Am 9. Dezember wird er im Ashram-Innenhof beerdigt, nachdem sein Körper erste Anzeichen der Zersetzung zeigt. Es heißt, es sei für 110 Stunden ein subtiles Glühen von ihm ausgegangen, sein Körper habe eine hohe Konzentration supramentalen Lichts in sich getragen, das sich erst nach vier Tagen zurückgezogen habe. Der Samadhi (Grabmal) wird zum Pilgerort.

Die Mutter führt den Ashram nun allein weiter, die Möglichkeit zu persönlichem Kontakt beschränkt sich jetzt jedoch auf besondere Ereignisse wie Geburtstage und auf den *»Darshan«*, bei dem ein Meister bzw. eine Meisterin sich den Schülern zeigt oder sie empfängt. *die Mutter* pflegt von ihrem Zimmer aus auf den Straßenbalkon zu treten, um die schweigende Menschenmenge, die sich unten versammelt hat, zu grüßen und einige Minuten meditierend zu verharren.

Der tägliche Darshan (1962)

Die Mutter im Alter von 90.

»Lautlos ziehen im Morgengrauen weiß gekleidete Gestalten aus allen Richtungen durch die stillen Seitenstraßen des Ashram-Viertels von Pondicherry. Wie magnetisch angezogen, streben sie ein und demselben Ziel zu. Schweigend stellen sich Männer und Frauen nebeneinander unter »dem Balkon« auf. Einige lehnen an den Mauern der gegenüberliegenden Häuser, einige haben Tücher ausgebreitet und sitzen auf dem Steinrand des Gehweges. Immer dichter wird die Menge der Wartenden. Sie stehen regungslos, das Gesicht erhoben, den Blick unverwandt auf die Stelle gerichtet, wo die Mutter für einige Minuten an den überdachten, langen Holzbalkon hinaustreten wird. Eine seltsam gebannte Stille, eine lauschende Erwartung und Hingabe ist in diesem Stehen. Und dann legen sich zwei Hände auf die Brüstung und fast erscheinungsgleich steht die Mutter da in ihrer zarten Zerbrechlichkeit. Sie hält die Augen weit in die Ferne gerichtet, dann neigt sie den Kopf, ihre Stirn ist von einem Schleier verhüllt, der vom Hauch des Morgenwindes leicht bewegt wird. Sie scheint einige der Untenstehenden stumm zu grüßen, dann schließt sie die Augen. Was mag sich vollziehen hinter der Stirn dieser außergewöhnlichen Frau? Lange steht sie so, ganz nach innen gekehrt, während die Sonne aufgeht und ein goldener Schein sich langsam über ihr Gesicht legt. Dann lösen sich die Hände wieder vom dunklen Holz der Brüstung, und ihre Gestalt taucht zurück in die Tiefe des Wohnhauses. Ebenso lautlos und fast feierlich gehen alle wieder auseinander, ein jeder seinem Tagwerk zu. Jeden Morgen vollzieht sich diese kurze Besinnung schweigender, unpersönlicher Übereinstimmung, wie ein Erinnertwerden an die Wesenseinheit aller, wie ein Zurückführen des Bewusstseins zu seinem ursprünglichen Ausgangspunkt« (zitiert aus dem Fischer TB *»Auroville«* von 1976, S. 60/61, von der Besucherin Gertrud Lietz)

Die Beziehung zur Mutter vollzieht sich in Stille und keineswegs in den in Indien üblichen turbulenten Zeremonien. Die Kraft erschließt sich nicht als Gruppenempfinden, etwa in gemeinsamem Gesang, sondern in innerer Sammlung. Die »Wesenseinheit aller« soll nicht in Gemeinschaftsritualen herbeibemüht werden.

Der Aurovillianer Peter erinnert sich bis heute lebhaft an seine ersten Eindrücke beim Darshan:

»Als ich hierher kam, eigentlich wegen Sri Aurobindo, wollte ich von der Mutter gar nichts wissen, ich wollte »den Papst auf dem Balkon« gar nicht sehen ... aber dann stand sie da, ich unten bei den tausend anderen, sie zeigte sich drei Minuten und verschwand wieder. Ich konnte aber nicht weggehen ... stand da wie angenagelt ... der Kontakt war wie körperlich und der Blick von ihr ging so tief rein, ich hab mich persönlich angeschaut gefühlt,

was irgendwie auch stimmt – und später habe ich begriffen, dass sie der erste Mensch war, dem ich total vertrauen konnte, spontan und völlig unerwartet ... und jedenfalls ... ich blieb da kleben mitten auf der Straße und ich weiß noch, dass vorher ein paar Amerikaner neben mir standen, die gemeint hatten: ›Die Frau ist ja vielleicht alt und tatterig!‹, und ich gedacht habe, mein Gott, sehen die denn nichts?«

Die Aurovillianer und *die Mutter*

Die Begegnung mit der Mutter ist in der Biographie vieler Aurovillianer ein dramatisches, alles veränderndes Erlebnis. Beispielhaft mag die Geschichte von Frederik sein, einer der ersten und bis heute treu gebliebenen Auroville-Pioniere.

»Mit 21 Jahren (1960) kam ich zum ersten Mal nach Pondicherry. Ich hatte zwischen Abitur und Studium ein Jahr ausgesetzt, war nach Indien gereist auf der Suche nach innerer Führung, und Sri Aurobindo stand sozusagen auch auf meiner spirituellen Shopping-Liste. Ich hatte etwas von ihm gelesen und dachte, ja, der Mann ist interessant, aber diese Französin da ... also ich weiß nicht ... ich hatte dann Geburtstag und an Geburtstagen konnte man Sie persönlich sprechen, darauf wollte ich mich mal einlassen! Ich bereitete mich innerlich mit einer Frage vor, und die war entsprechend meiner humanistischen Bildung – die Frage nach der ›Liebe‹ – ich hatte gelernt, dass Liebe sich nur in der Dualität entfaltet, ja Dualität das ganze Universum geschaffen hat, während im Indischen das ja nicht der Fall ist. Da besteht immer die Gewissheit einer zugrunde liegenden Einheit, sie muss nicht erst gebaut oder gefunden werden. Jedenfalls ging ich also, innerlich gut vorbereitet und gewaschen und gekämmt in Mutters Zimmer. Man musste da so eine Treppe hinauf, dann rechts und also: Die Tür ging auf und ich betrat das Zimmer und stand so da und sah aber niemand. Plötzlich hörte ich hinter mir so eine kleine Stimme: »Yes?« und dann saß sie direkt neben der Tür, durch die ich hereingekommen war ... saß da, klein, vorgebeugt, auf einem großen Lehnstuhl, mit ihren Füßen auf so einem kleinen Hocker. Ich hab mich dann vor sie hingekniet, und sie fragte: »Was willst du? Willst du reden oder meditieren?« Das Einzige, was ich dann noch sagte, war »Ich will beides!« Aber meine ganzen Fragen waren plötzlich weg, mein Kopf war leer, da war einfach nichts mehr drin, es war ... also dieser Blick hat mich wie ausgebrannt ... Schließlich schloss sie ihre Augen und meine gingen auch automatisch zu. Dann entstand in mir ein Bild: Auf einem dunklen Hintergrund erhob sich eine große Säule, wie ein Reagenzglas; es stand völlig frei dort und war angeleuchtet von einem Licht, so dass man im Grunde genommen nur die Außenlinien des Glases sah. Es war ein durchsichtiger, heller, erhabener, riesengroßer Glaspfeiler, mit einem runden Boden. Ganz unten am Boden war etwas angesammelte, bläuliche Flüssigkeit, und darüber erhob sich dieses große leere Glas. Dann drang eine Art Botschaft zu mir durch: Dieses Blaue da, das ist, wo du jetzt bist und das andere ist das, was du werden kannst! Eine unglaubliche Bejahung und eine Art Versicherung, dass von jetzt ab dieser Pfeiler über mir möglich ist; dieser Pfeiler, diese Möglichkeit, in diesen erleuchteten gläsernen Raum hinein zu wachsen ...

Eine enorme Kraft ging von ihr aus. Ich hab sie aber auch erlebt mit verheerender Zerstörungskraft, wenn etwas in mir unaufrichtig war; obwohl am Schluss, bevor Sie einen entließ, immer diese Güte da war. Was mich dabei so befreite, war dieser fast wissenschaftliche Blick: Komm her, alles wird ausgeleuchtet, ohne Kommentar, ohne Urteil ... Es war eine solche Erleichterung! Die Gewissheit, dass ein anderer mich total erkannt hat, mit allen kleinen Nischen!

Es war, als ob sie zu einer Inspektion kommt. Ihre Augen leuchteten wie Scheinwerfer. Wo immer sie hinschaute, wurde alles aufgehellt, und dann blieb es als Hohlraum da, wie wenn man in ein Zimmer kommt und man macht Licht und alles Dunkle verschwindet. So etwas wie Tilgung. Irgend so etwas geschieht, wenn plötzlich Licht gemacht wird.«

Doch auch ohne persönliche Begegnung entfesselt *die Mutter* starke Assoziationen und Kräfte. Elisabeth kennt sie nur vom Foto und erzählt:

»Wenn ich Mutter auf dem Balkon stehen sehe, habe ich immer das Gefühl: Jetzt ordnet sie die Seelen! Und ich habe in mir das Bild, dass ich am Ufer eines Flusses stehe und sie auf der anderen Seite; und dass eine starke Kraft von ihr ausgeht, die mich zieht und mir Vertrauen gibt; die ruft: Ja, du schaffst es! Du schaffst es, herüberzukommen!«

Auch Chinmayi hat *die Mutter* nicht persönlich kennen gelernt und fühlt sich doch intensiv von ihr angezogen:

»Was mich an der Mutter fasziniert, ist diese Weite und das Spielerische. Sie wird immer so ernst dargestellt, dabei steckt sie voller Humor. Sie sagte zum Beispiel mal, der Mensch sei ein Tier, das sich selbst schrecklich ernst nimmt. Über sich selbst lachen zu können, sei das machtvollste Mittel, sich zu übertreffen. Ich habe einen Satz von ihr in mein Tagebuch geschrieben, der mir besonders gut gefällt. Er heißt: »Diese Sonne, die Sonne göttlichen Lachens, strahlt auf dem Grund von allem, ist die Wahrheit von allem. Wir müssen lernen, es zu sehen, zu fühlen und zu leben. Lasst uns die, die das Leben allzu ernst nehmen, lieber hinter uns lassen. Sie sind die langweiligsten Wesen auf der Erde. Das ist alles!«

Transformation der Zellen

Abgesehen vom täglichen Darshan lebt auch *die Mutter* in ihren letzten Lebensjahren sehr zurückgezogen. Sie widmet sich neben den Gesprächen mit Aurovillianern nun ganz der »Transformation der Zellen«. Ihr wichtigster Vertrauter, sozusagen ihr Meisterschüler, wird der Franzose Satprem. Er wird Zeuge dramatischer innerer Veränderungen der Mutter und zeichnet die täglichen Gespräche mit ihr auf. Später entstehen daraus Tagebücher, die als *Agenda* veröffentlicht werden.

Satprem stammt wie sie aus Paris und hat wie sie die halbe Welt bereist. Er hat Dschungel durchkreuzt, hat im zweiten Weltkrieg wegen Widerstandsaktionen Jahre im Konzentrationslager verbracht, kam dann zu *Sri Aurobindo* und *der Mutter* – verließ sie wieder für weitere Reisen, kam zurück und blieb ab 1954, dem Geburtsjahr von Mutters »Traum« schließlich ganz an der Seite der »größten Abenteurerin der Erde«, die *die Mutter* für ihn war. Satprem übernahm ihr Vermächtnis und lebt heute als Autor – wiederum zurückgezogen – in Indien. Er konnte sich auch in Auroville nie ganz heimisch fühlen.

Satprem über die Abenteuerin des Bewusstseins

»Sie war die Mutter der Evolution, die eine neue Schneise in die alte faselnde Gewohnheit des Menschseins bringen wollte. Sie mochte die Faseleien nicht, sie war eine Abenteurerin par excellence – die Abenteurerin der Erde. Sie erkämpfte für den Menschen das große Mögliche, das schon in seiner ersten Lichtung pochte und das er glaubt, einen flüchtigen Augenblick lang mit seinen Maschinen gefangen zu haben. Sie erkämpfte eine Materie, frei, frei, ohne die Gewohnheit, zwangsläufig wie ein Mensch zu sein, der sich für alle Ewigkeit wiederholt, mit einigen kleinen Verbesserungen der Organtransplantation und Geldzirkulation ...

Jetzt ist die Zeit, wo Wissenschaft und Spiritualität am Ende ihres Weges entdecken müssen, was die Materie wirklich ist, denn dort liegt wirklich der Geist, den wir nicht kennen. Jetzt ist die Zeit, wo all die »Ismen« der alten Art zerfallen [...]

Mutter ist die Geschichte der freien Erde. Frei von ihren spirituellen und wissenschaftlichen Papageien. Frei auch von ihren kleinen Ashrams – dies sind die hartnäckigsten aller Papageien.

Tag für Tag rief sie mich zu sich, um mir ihre unmögliche Reise zu erzählen. [...] *Wie lauschte ich ihrer stockenden leisen Stimme, die von weit, weit her zu kommen schien, Räume und den ganzen mentalen Seetang durchquerte, um ihre kleinen Tropfen von reinen, kristallenen Worten fallen zu lassen, ihre Worte, die einen sehen lassen. Ich lauschte der Zukunft, berührte das Andere. Es war unverständlich und wie gefüllt mit einem anderen Verständnis. Es verblüffte mich von allen Seiten und war dennoch von überwältigender Offensichtlichkeit.* [...]

In einer Zelle fängt es an. Eine kleine reine Zelle. Mutter ist die Freude der Zelle ... Dieses Mysterium von Mutter, denn sie hörte nicht auf, ein Mysterium zu sein, bis zu ihrem fünfundneunzigsten Jahr, und selbst heute noch, von der anderen Seite dieser Mauer der Unsichtbarkeit, fordert sie uns heraus und lässt uns im tiefsten Mysterium tappen – mit einem Lächeln. Sie lächelt noch immer. Und das Mysterium bleibt ungelöst.«

(Aus der Einleitung zum 1. Band der »Agenda«)

Satprem hat mehrere Bücher geschrieben, in denen er das begonnene Werk von *Sri Aurobindo* und der Mutter fortzuführen und zu vermitteln sucht. Er hat sich in Forschungen der Physik und Biologie vertieft, um die Transformation der Zellen auch von dieser Seite zu verstehen.

In seinem Buch »Der kommende Atem« versucht er eine Erklärung; es ist der Abdruck einer Sendereihe, die 1980 im französischen Sender Radio France-Culture ausgestrahlt wurde. Ich möchte daraus Auszüge zitieren und Satprem als Zeugen und Vertrauten Der

Parallele zur Morphogenetik des Rupert Sheldrake

Angemerkt sei eine interessante Analogie von der Transformation der Zellen zur Theorie der morphogenetischen Felder, die der englische Biologe Rupert Sheldrake aus der physikalischen Feldtheorie fortentwickelte. Sheldrake gehört zu der neuen Generation von Naturwissenschaftlern, die das deterministische Weltbild als Fiktion verabschieden und Evolution als selbstschöpferischen Geist-Materie-Prozess anerkennen.
Die alte Unterscheidung von Geist und Materie weicht einem ganzheitlichen Verständnis von Schwingungen. Nach Rupert Sheldrake sind morphogenetische Felder eine dritte, bisher vernachlässigte Art von Naturgedächtnis, neben den Genen und der Umwelt. Demnach können neue Verhaltensweisen sich in der Evolution schneller durchsetzen, wenn sie irgendwo von Angehörigen einer Spezies durchbruchartig vollzogen wurden. Deutlich wird das zum Beispiel durch Tierversuche: Wenn man genetisch identische Tiere in zwei Gruppen aufteilt und der einen Gruppe neue Tricks beibringt, lernen die Tiere der anderen Gruppe diese Tricks daraufhin sehr viel schneller! Ein neues Verhalten hat sich dann sozusagen gegen die Macht von Gewohnheiten durchgesetzt und wird durch eine Art energetischer Schwingungen den anderen Mitgliedern der Art eingeprägt. Auf dasselbe Phänomen wird auch zurückgeführt, dass Zwillinge unabhängig voneinander erstaunliche Ähnlichkeiten in Lebensstil, Berufswahl und Vorlieben aufweisen, was ja schwerlich auf die Gene zurückgeführt werden kann. Sheldrake nennt dieses Phänomen morphische Resonanz. Zwillinge leben demnach besonders ausgeprägt auf »gleicher Wellenlänge«.
Umgekehrt bricht die Macht der Gewohnheit schnell wieder durch, wenn neues Verhalten sich nicht als neue Gewohnheit durchsetzt, die entsprechend eingeübt und gelebt wird. So werden etwa domestizierte Tiere schnell wieder zu Wildtieren, sobald sie Gelegenheit dazu haben. Das genetisch ältere Gedächtnis gewinnt dann über das kultivierte oder anerzogene Verhalten wieder die Oberhand. Übertragen auf die Experimente der Mutter könnte man also durchaus spekulieren, dass sie die Macht menschlicher Gewohnheiten zu durchbrechen suchte und per Zellbewusstsein neue Seins- und Wahrnehmungsarten in das Naturgedächtnis einzugeben versuchte. Damit sie an anderem Ort, von anderen Menschen in Zukunft schneller verwirklicht werden können. In diesem Zusammenhang ist aber auch jede andere Art von individueller Bewusstseinsanstrengung von Suchern und Meistern als Pionierarbeit zu verstehen, die dem evolutionären Gelingen der Menschwerdung nützlich sein kann.
Auroville möchte insofern eine Art morphogenetisches Feld bilden, das durch verdichtete Resonanz Evolutionsprozesse forciert.

Rupert Sheldrake ist übrigens ein häufiger Gast in Auroville.

Mutter für sich sprechen lassen:

»Die phantastische Entdeckung ist, dass es keine physischen ›Gesetze‹ gibt. Es gibt nur physische Gewohnheiten, die durch ein spezifisches Milieu bestimmt wurden ...

Erst müssen alle diese Schichten durchdrungen werden, um die Zelle wirklich zu berühren. Dann kann man der Zelle einprägen, was man will! Wenn zum Beispiel bei irgendeiner Kleinigkeit die Zelle in Panik gerät und anfängt, Schichten über Schichten von Haut zu bilden, entsteht ein Tumor. Einzig eine Gewohnheit.

Wenn man aber die Schicht des physischen Mentals mit all seinen Befürchtungen und Ängsten und all den kleinen, ständig wiederholten Gewohnheiten und all die ›Oh! Das bedeutet Krebs!‹, ›Oh, Das bedeutet Tod!‹ durchdringen oder durchqueren kann, wird das erkenntlich, was Mutter und Sri Aurobindo das ›Mental der Zellen‹ nannten. Das heißt, ein Bewusstsein der Zelle, das einer anderen Art des Regierens gehorchen kann.« (S.131, Der kommende Atem)

»In einer gewissen Tiefe oder Reinheit der Zellen, wenn man den Ursprung des Zell-Lebens ohne Hüllen und Einkleidungen erreicht, liegt ursprünglich etwas ›außerhalb‹ des Todes, ›außerhalb‹ aller Unfälle, ›außerhalb‹ aller Krankheiten. Man könnte sagen, dass die so genannte Freiheit des höchsten Bewusstseins in der Tiefe des Körpers wieder zu finden ist.« (S.102)

»In der tiefsten Tiefe des Körpers trifft man auf etwas, das dem erstaunlich ähnlich ist, was man im höchsten Bewusstsein entdeckt, in den weiten Räumen auf dem äußersten Gipfel des Wesens. Aber hier entdeckt man es physisch, in den Zellen.

Der Körper besteht aus Materie. Was ist das, Materie? Man bildet sich ein, sie sei körperlich umgrenzt, aber das ist nicht wahr! Die Wissenschaftler wissen das. Die Materie ist ein Kontinuum: Nirgends gibt es Trennung. Eine elektromagnetische Welle ist augenblicklich überall, in allem.

Mutters Körper begann, völlig Phantastisches zu erleben, wovon sie nur mir erzählte, weil sie wusste, dass ich sie nicht für verrückt halten würde. Sie konnte mir ihre Erlebnisse erzählen, denn sie wusste, dass für mich alles möglich war oder dass ich zumindest wollte, dass alles möglich sei, weil ich dieses Ersticken im Alten durchlebt hatte.

In der Tiefe des ›reinen‹ Zellbewusstseins, das von seinen Einkleidungen befreit worden ist, können wir wirklich völlig phantastische Dinge – in stofflicher Hinsicht – entdecken, die im Übrigen mit den Fakten der Wissenschaft übereinstimmen.

Man erkennt, dass das Bewusstsein des Körpers keine einzige Sekunde lang vom Körper umgrenzt ist: Es befindet sich augenblicklich überall. Wir sind in einer illusorischen Physiologie eingeschlossen. Wenn dieses Zellbewusstsein in der Tiefe unseres Körpers berührt wird, dann ist es nicht mehr nur ›unser‹ Körper: Die gesamte Welt ist augenblicklich zugegen.

In dieser Dimension hatte Mutter phantastische Erfahrungen. Dinge ereigneten sich in New York, in Paris, in Delhi, wo auch immer, und sie war dort! Sie war physisch dabei.

Das Ziel

Sind wir über Kenntnisse hinaus, dann haben wir Wissen.
Vernunft war der Helfer, Vernunft ist die Schranke.

Sind wir über Wollungen hinaus dann haben wir Macht.
Anstrengung war der Helfer, Anstrengung ist die Schranke.

Sind wir über Individualisierung hinaus, dann sind wir wahre Personen.
Ego war der Helfer, Ego ist die Schranke.

Sind wir über Menschentum hinaus, dann sind wir Mensch.
Das Tier war der Helfer, das Tier ist die Schranke.

Wandel die Vernunft in geordnete Eingebung, sei ganz und gar Licht.
Das ist dein Ziel.

Wandle Anstrengung in gleichmäßiges, freies Überströmen von Seelenstärke,
sei ganz und gar bewusste Kraft.
Das ist dein Ziel.

Wandle Vergnügen in gleichmäßige, gegenstandlose Ekstase,
sei ganz und gar Seligkeit.
Das ist dein Ziel.

Wandle das gesonderte Einzelwesen in die Allperson,
sei ganz und gar Göttlichkeit.
Das ist dein Ziel.

Wandle das Tier in den Hirten der Herden,
sei ganz und gar Krishna.
Das ist dein Ziel!

Das Bewusstsein ihres Körpers (keine Vision eines Mediums, die man mit irgendeinem so genannten dritten Auge da oben haben könnte), der Körper selbst kommunizierte mit allem, wo auch immer.

Dieses Bewusstsein der Zellen ist nicht umgrenzt. Die Materie, selbst so wie die Physiker sie sehen, ist nicht umgrenzt – sie ist in Bewegung und befindet sich in vollkommener Kontinuität mit allem. Plötzlich kennt der Körper keine Grenzen mehr! Er weiß alles. Er ist überall. Er lebt überall. Es ist eine Art allgegenwärtiges Bewusstsein.« (S.108/109)

Ja, das Bewusstsein in den Zellen, das eine »Macht« der Zellen, eine »Sicht« der Zellen ist. Es ist eine gänzlich neue Seinsweise in der Materie. Dort hat der Tod, hat die Krankheit keine Macht mehr. Dort ist unsere Sicht anders.

Eine ganz neue Seinsweise entsteht. Und mit stammelnden Worten versuchte Mutter Tag für Tag, mir das zu erklären, neunzehn Jahre lang. Während neunzehn Jahren hörte ich ihr zu.

Das waren jedes Mal Schwindel erregende Erfahrungen für sie. Wenn man plötzlich außerhalb der Maschen des Netzes landet, ist es sehr überraschend, sehr beängstigend für die alte Art, die Dinge zu verstehen. Und zuerst kommt es einem wie eine Verrücktheit vor. Viele Leute in Mutters Umgebung dachten, sie werde verrückt. Es ist sehr exzentrisch, die Menschenhaut zu verlassen, um eine neue Seins-art zu betreten!« (S.104)

»Nach und nach durchdrang Mutter die Maschen dieser überlagerten Netze, die den Körper umspannen, und dann kamen von Zeit zu Zeit seltsame Infiltrationen, während derer der Körper plötzlich für einige Sekunden wie in einer anderen Welt landete, in der all diese Gesetze zerbröckelten, keine Macht mehr hatten. In der all diese scheinbar so unerbittlichen Dinge sich plötzlich in etwas auflösten, das stärker war als der Tod, stärker als das Gesetz der Krankheit. Etwas, für das dies eine Illusion ist.

Mutter hatte zum Beispiel zig Schlaganfälle. Nun, normalerweise stirbt man daran. Aber in dieser Minute, in der sie an der Schwelle des Todes stand, drang etwas anderes in sie ein, wie einige Sekunden von einem Licht oder einer Kraft, die diesen scheinbaren Unfall einfach wegbliesen. Es gab den Schlaganfall nicht mehr. Er existierte nicht mehr! Eine solche Erfahrung muss einmal, zweimal, hundertmal durchgemacht werden, bis die Zellen die Gewohnheit eines ›anderen Gesetzes‹ annehmen, in dem sich die alten Suggestionen auflösen.« (S.101)

»Verstehen bedeutet gewissermaßen, in dem zu sein, was man versteht, es wirklich in seine Arme zu nehmen. Der verfeinerte Mensch ist oft ein schmerzvoller Mensch, weil er viele Dinge versteht und in sich aufnimmt. Mutters Körper umarmte viele Leiden, um an der enormen Lüge, die das Leiden, die Krankheit und der Tod darstellen, zu arbeiten. Und gleichzeitig mit ihrem eigenen Körper flößte sie dem Körper der Welt einen neuen Sauerstoff ein. Einige Tropfen von etwas anderem, das die Dichte oder Undurchdringlichkeit der Dinge veränderte.

Wenn wir dem Körper eine andere Sorte Sauerstoff oder eine anders beschaffene Nahrung geben oder ihn unter ungewohnte Bedingungen stellen, so ist die erste Reaktion Panik. Angst steigt hoch: Alles beginnt zu brodeln, zu bersten, in Unordnung zu geraten. Genau das geschieht seit zwanzig Jahren im Körper der Welt! Man hat den Eindruck, dass alles platzt, alles knirscht. Nichts mehr folgt der gewohnten Ordnung, nichts mehr ist natürlich.

Ratgeber für Auroville-Besucher

Gruppenreise oder Einzelfahrt?

Die meisten Besucher kamen in der Vergangenheit auf eigene Faust nach Auroville. In den letzten Jahren bietet der Verein AVI Deutschland (Adresse siehe unten) in Zusammenarbeit mit einem Reiseveranstalter die zusätzliche Möglichkeit, das Stadtprojekt im Rahmen von gestalteten Einführungswochen zu erleben. Informationen dazu bei AVI Deutschland auf Anfrage (siehe auch die Website von AVI D www.auroville.de unter »Informationen«).

Klima

Auroville liegt an der Ostküste in einer subtropischen Klimazone. Anders als in den meisten Gebieten Indiens fällt hier der Monsun in die Monate Oktober und November. Von Dezember bis März liegen die Tagestemperaturen zwischen 24 und 32° C. Danach steigen die Temperaturen an, bis ca. 36 bis 45° C im Mai/Juni. Von Juli an wird's wieder kühler und erträglicher.

Reservierung der Unterkunft

Günstig ist, sich einen Platz in einem der zahlreichen Gästehäuser Aurovilles reservieren zu lassen, zur Hauptsaison Dezember, Januar, Februar sicherheitshalber vorzeitig! Man kann entweder direkt an ein Gästehaus schreiben, oder sich bei speziellen Wünschen, etwa nach einem deutschsprachigen Gästehaus, an das ›AV Guest Programm Office‹ wenden (beides am besten per E-Mail, Adresse siehe unten).

AV-Einführung und Workshops

In der Regel besteht das Angebot einer umfassenden Auroville-Einführung bzw. zur Mitarbeit an aurovillianischen Projekten nur für die Teilnehmer der Einführungsreisen von AVI Deutschland. Mitunter können aber auch Alleinreisende im Januar an einzelnen Workshops und an einem Kurz-Einführungsprogramm teilnehmen. Termine und Adressen beim Auroville Guest Programm.

Flugverbindungen nach Auroville

Die besten Verbindungen sind derzeit Flüge.

1) entweder mit der Lufthansa Nonstop Frankfurt-Chennai (Madras). Flugpreis je nach Saison zwischen ca. 600,- und ca. 1000,- EUR)
2) mit der British Airways von jedem größeren deutschen Flughafen aus via London nach Chennai. Der Flug kostet im Jahreslauf schwankend zwischen ca. 750,- und ca. 1.000,- EUR. Am besten 6 Monate vorher buchen!

Für alle Buchungen empfiehlt sich ein spezieller Auroville-Reiseservice:
Stefan Timm, Tel.: 0 40 / 89 00 61 76 oder 01 79 / 1 32 85 82,
Fax: 0 40 / 89 00 61 75, E-Mail: info@auroville-reiseservice.de.
Ab Madras fährt man am besten mit dem Taxi bis Pondicherry/Auroville.

Visum

Die indische Botschaft in Berlin oder die Generalkonsulate in Hamburg, Frankfurt und Bonn schicken gegen Rückporto einen Visumantrag für ein bis zu sechs Monate gültiges Touristenvisum (kann auch über das Reisebüro erledigt werden).

Kleidung

Leichte und weitgeschnittene Baumwollkleidung genügt das ganze Jahr über. (Oder von einem Schneider vor Ort etwas nähen lassen!!) In der Monsunzeit wasserdichte Kleidung bzw. Regenmantel. Sweatshirt oder leichten Pullover nur in den Monaten Dezember bis Februar in den Nacht- und frühen Morgenstunden. Badeanzug nicht vergessen, für die herrliche Sandküste des Indischen Ozeans!

Geld

Am besten sind bare Euros bzw. US-Dollar oder Euro- bzw. US-Dollar-Reiseschecks.

Mobilität vor Ort

Überall sind Fahrräder zu leihen. Wenn man ein Moped oder ein Motorrad vor Ort mieten will (sehr beliebt und leicht zu erhalten), braucht man einen *Internationalen Führerschein.*

Medizinische Vorsorge und Impfungen

Eine Typhus-Schutzimpfung ist zwar nicht notwendig, aber empfehlenswert. Tetanus evtl. auffrischen. Darüber hinaus müssen wir zum Thema Impfen auf die jeweils aktuellen WHO-Empfehlungen für Südindien verweisen. Auroville ist ansonsten gut ausgestattet für Notfälle.

Kinder

Familien sind willkommen in Auroville und in den allermeisten Gästehäusern. Es gibt viel natürliches Umfeld für Kinder, in dem sie sich frei bewegen können. Dazu gehört auch der nahegelegene, »bewachte« Sandstrand. Ältere Kinder und Jugendliche können an den Sportprogrammen teilnehmen. Allerdings können Besucher-Kinder nicht in die aurovillianischen Kindergärten und Schulen aufgenommen werden!

Dienstleistungen und Infrastruktur in Auroville

Post, Bank (State Bank of India), ein Healthcenter für ambulante medizinische Versorgung, Zahnarztpraxis, Telefon, Fax- und E-Mail-Service, Lebensmittelcoop, Boutique, Restaurants, Cafeteria, Snackbars, Bus- und Taxi-Service und anderes mehr. Nähere Beratung im AV Guestprogramme Office (im oberen Stockwerk der Solar Kitchen).

AVI Deutschland-Treffen

Man kann an den jährlich von AVI Deutschland veranstalteten AUROVILLE-TAGEN teilnehmen (Termin: meist Ende Mai). An diesem Wochenende besteht u.a. Gelegenheit, Aurovillianer kennenzulernen und jeweils neueste Informationen aus Auroville zu erhalten. Adresse: Auroville International (AVI) Deutschland e.V., Solmsstr. 6, 10961 Berlin, Tel. 0 30 / 42 80 31 50, Fax 030 / 92 09 13 76, E-Mail: info@auroville.de

Medien

Eine guten Einblick in die laufenden Themen Aurovilles bietet die in AV herausgegebene, englischsprachige Monatszeitung Auroville Today. Aktuelle Informationen aus AV und aus der »deutschen Auroville-Szene« stehen im viertejährlich erscheinenden AVI Deutschland-Rundbrief. Beide Infos können über AVI Deutschland bestellt werden. Erhältlich sind dort auch Filme, Bücher, Diavorträge, Kassetten und andere Materialien

Info- und Buchungsadresse für Besucher in Auroville

Auroville Guest Programme, Auroville 605 101, Tamil Nadu, India;
Fax: 0091-413-2 62 20 68 (Direktwahl); E-Mail: avguests@auroville.org.in.
Aktuelle Infos auch unter »Accomodations« bei »Coming to AV« auf der zentralen Website von Auroville: www.auroville.org oder unter »Informationen« auf der Website von AVI Deutschland: www.auroville.de.

Map of the A

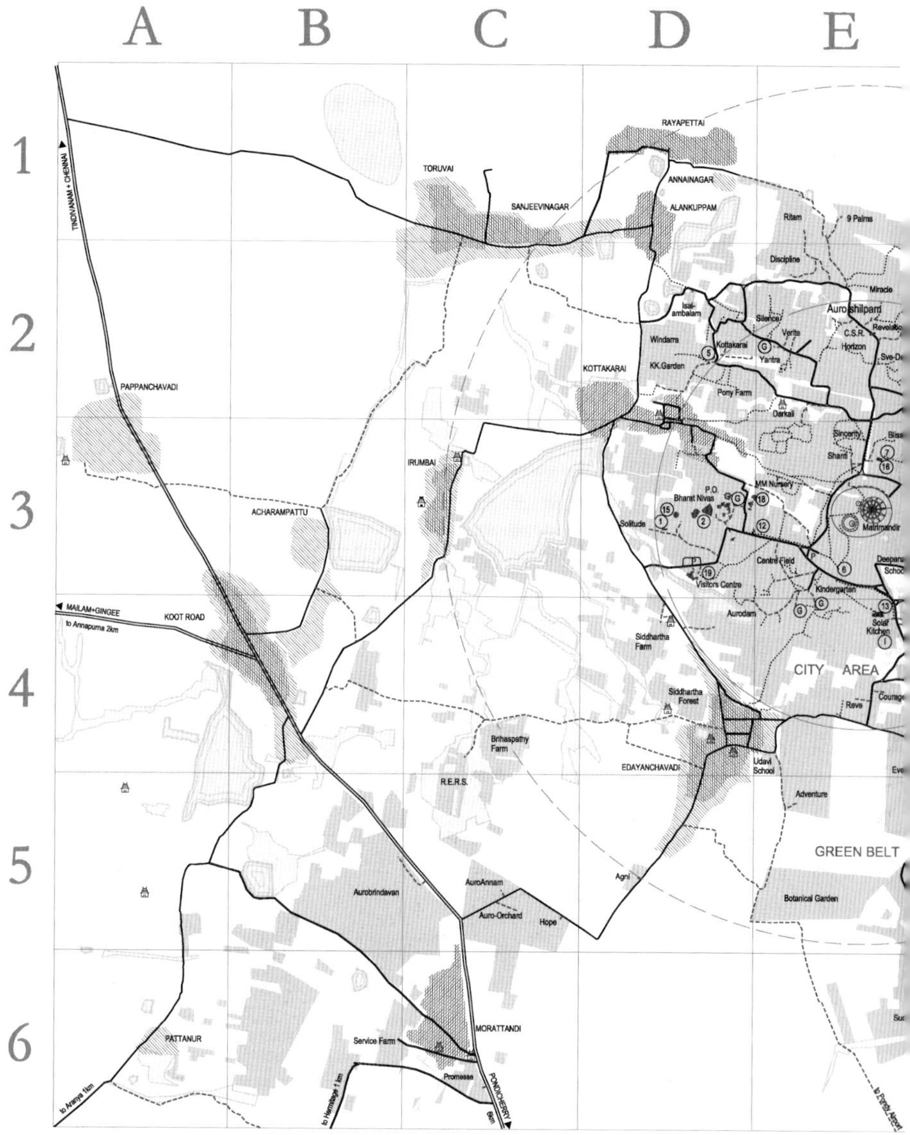
A
B
C
D
E
1
2
3
4
5
6
TINDIVANAM + CHENNAI
TORUVAI
SANJEEVINAGAR
RAYAPETTAI
ANNAINAGAR
ALANKUPPAM
Ritam
9 Palms
Discipline
Miracle
Auroshilpam
Isai-ambalam
Silence
Verite
C.S.R.
Horizon
Revelation
Windarra
Kottakarai
Yantra
KK.Garden
KOTTAKARAI
Pony Farm
Darkali
PAPPANCHAVADI
Sincerity
Shanti
IRUMBAI
P.O.
Bharat Nivas
MM Nursery
ACHARAMPATTU
Solitude
Matrimandir
Centre Field
Visitors Centre
Kindergarten
MAILAM+GINGEE
to Annapurna 2km
KOOT ROAD
Aurodam
Solar Kitchen
Siddhartha Farm
CITY AREA
Siddhartha Forest
Rêve
Courage
Brihaspathy Farm
EDAYANCHAVADI
Udavi School
R.E.R.S.
Adventure
GREEN BELT
Agni
AuroAnnam
Aurobrindavan
Auro-Orchard
Hope
Botanical Garden
PATTANUR
Service Farm
MORATTANDI
Promesse
to Aranya 1km
to Hermitage 1 km
PONDICHERRY 6km

roville Area

F G H I J

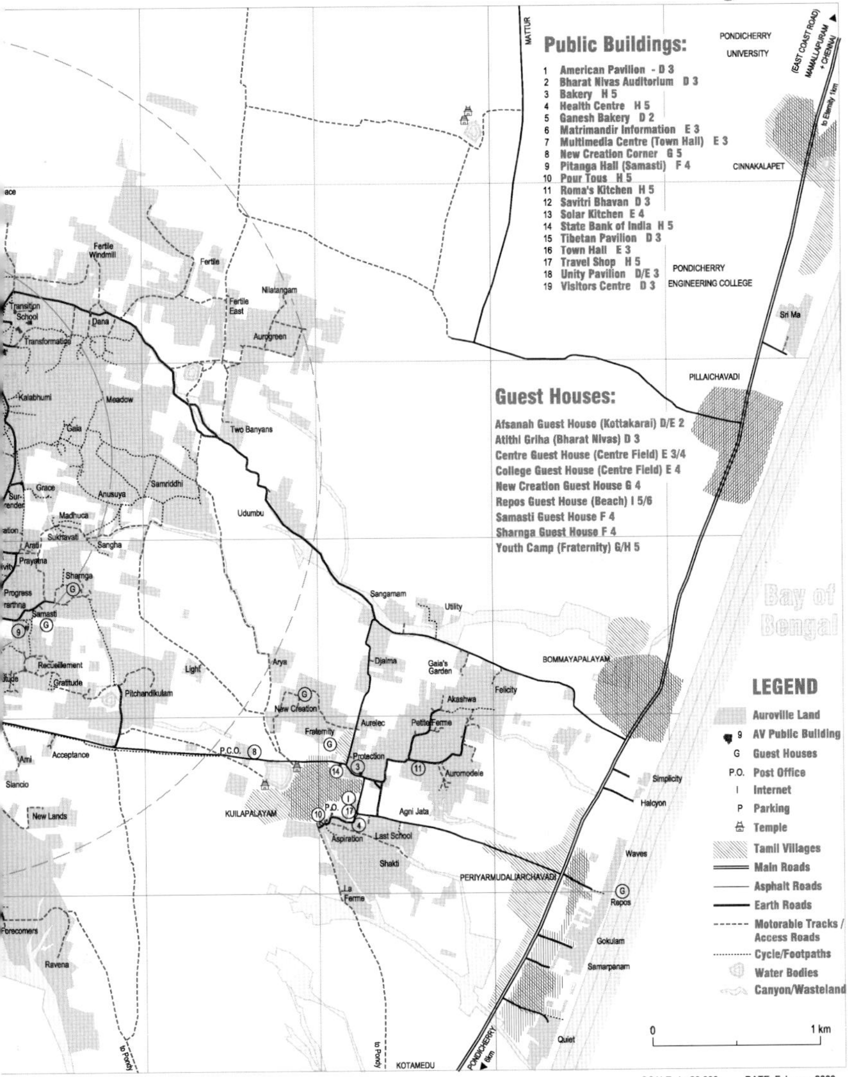

SCALE: 1 : 20.000 DATE: February 2003

Wesentliches

connection
DAS MAGAZIN FÜRS WESENTLICHE

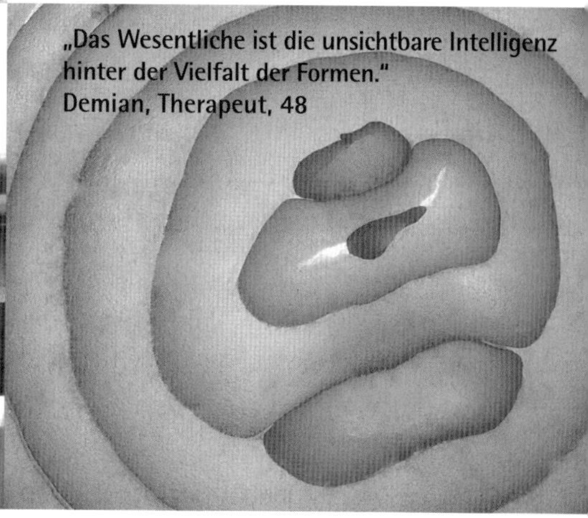

connection versteht sich als Magazin fürs Wesentliche und Vorreiter einer neuen Lebenskunst. Unser Name ist Inhalt und Programm zugleich: Als Kommunikationsmedium schaffen wir Verbindungen, und auch unsere Inhalte stehen für die Verbindung des Konträren. Geist und Materie, Herz und Verstand widersprechen sich nur scheinbar.

Die Zeitschrift **connection** steht mit ihren Beiträgen zu Spiritualität, Liebe und Bewusstsein für religiöse Toleranz, Humor und ein ganzheitliches Verständnis von Mensch und Natur.

Fordern Sie Ihr kostenloses Probeheft oder das Schnupperabo für 9 € an!

connection Medien GmbH, Hauptstraße 5, 84494 Niedertaufkirchen,
Tel: 0 86 39-98 34 0, Fax: 0 86 39-12 19, vertrieb@connection.de, www.connection.de, www.seminar-connection.de

connection specials
fürs Wesentliche

- ❒ 52 Buddhismus im Westen
- ❒ 53 Bewegung, Berührung, Stille
  Ein bewegendes Heft zum Thema Körper
- ❒ 54 Kinder – die neuen Menschen
- ❒ 55 Heilkraft des Wassers
- ❒ 56 Schamanische Wege der Heilung
  Hexen, Druiden, weise Frauen
- ❒ 57 Tantra 2002
  Sex und Geist – Männer auf dem tantrischen Weg
- ❒ 58 Buddha – weiblich
  Frauen im heutigen Buddhismus
- ❒ 59 System Mensch
  Neue Wege in Therapie, Unternehmensführung und Körperarbeit
- ❒ 60 Natur heilt
  Heilungswege der inneren und äußeren Natur
- ❒ 61 Asiatische Wege der Heilung
- ❒ 62 Religiöse Wege in West und Ost
- ❒ 63 Tantra 2003
  Liebe, Eros, Transzendenz – Tantra im Westen
- ❒ 64 Buddhismus als Weltreligion
- ❒ 65 Im Körper zuhause
- ❒ 66 Wellness & Spiritualität
- ❒ 67 Rituale
  Kult, Kunst & Heilung in Religion & Alltag
- ❒ 68 Der neue Mensch
- ❒ 69 Eros im Alltag
  Tantra 2004
- ❒ 70 Buddhismus und Psychotherapie

In 19 Jahren über 180 Magazine und 70 specials, viele davon noch lieferbar.

Fordern Sie das Gesamtprogramm an!

❒ **Bitte schicken Sie mir die angekreuzten specials!**
1–4 Hefte je 9 €, 5–9 Hefte je 7,50 €, ab 10 Hefte jedes nur 6 €

❒ **Special-Schnupperabo**
Hiermit bestelle ich das connection special Schnupperabo zum Preis von 13,50 € für 6 Monate

❒ **Magazin-Schnupperabo**
Hiermit bestelle ich das connection Schnupperabo zum Preis von 9 € für 6 Monate

Zutreffendes bitte ankreuzen

Coupon bitte ausfüllen
und faxen an 08639-12 19 oder ab die Post an:
Connection Medien GmbH
Hauptstraße 5
D-84494 Niedertaufkirchen
Fon: 08639-9834-0 • Fax: 08639-12 19
www.connection.de • www.seminar-connection.de
vertrieb@connection.de

Inhaber ....
Konto-Nr ....
Bank ....
Ort ....
BLZ ....
Datum ....
Unterschrift ....

❒ Euroscheck liegt bei ❒ auf Rechnung